“十二五”职业教育国家规划教材
经全国职业教育教材审定委员会审定

Suidao Gongcheng

隧道工程

（第三版）

张　丽　和秀岭　晏　杉　主　编
陈建勋[长安大学]　主　审

人民交通出版社股份有限公司
China Communications Press Co.,Ltd.

内 容 提 要

本书为“十二五”职业教育国家规划教材。本书按照最新《公路隧道设计规范》(JTG D70—2014)、《公路隧道施工技术规范》(JTG F60—2009)、《公路工程技术标准》(JTG B01—2014)等规范标准进行编写。本书主要有3篇(包括十章),第一篇为隧道的认知、第二篇为隧道的勘察设计、第三篇为隧道的施工。主要内容包括:隧道的常识,隧道的结构构造,隧道的勘察,隧道的总体设计,山岭隧道矿山法施工,隧道施工监控量测,掘进机与盾构,不良和特殊地质地段隧道施工,隧道施工辅助作业。

本书可作为高职职业院校土木工程相关专业教材,也可供相关专业学生和工程技术人员参考使用。

图书在版编目(CIP)数据

隧道工程 / 张丽,和秀岭,晏杉主编. —3版. —北京 : 人民交通出版社股份有限公司, 2015.6

“十二五”职业教育国家规划教材

ISBN 978-7-114-12153-1

Ⅰ. ①隧… Ⅱ. ①张… ②和… ③晏… Ⅲ. ①隧道工程-高等职业教育-教材 Ⅳ. ①U45

中国版本图书馆CIP数据核字(2015)第064927号

“十二五”职业教育国家规划教材

书　　名:隧道工程(第三版)
著 作 者:张　丽　和秀岭　晏　杉
责任编辑:卢仲贤　任雪莲
出版发行:人民交通出版社股份有限公司
地　　址:(100011)北京市朝阳区安定门外外馆斜街3号
网　　址:http://www.ccpress.com.cn
销售电话:(010)59757973
总 经 销:人民交通出版社股份有限公司发行部
经　　销:各地新华书店
印　　刷:北京盈盛恒通印刷有限公司
开　　本:787×1092　1/16
印　　张:19.25
字　　数:490千
版　　次:2001年8月　第1版
2008年6月　第2版
2015年6月　第3版
印　　次:2015年6月　第3版　第1次印刷　总第18次印刷
书　　号:ISBN 978-7-114-12153-1
印　　数:52001-55000册
定　　价:48.00元
(有印刷、装订质量问题的图书由本公司负责调换)

第三版前言

DISANBANQIANYAN

根据2013年8月教育部《关于"十二五"职业教育国家规划教材选题立项的函》[教职成司函(2013)184号],本教材获得"十二五"职业教育国家规划教材选题立项。

本教材编写人员在认真学习领会《教育部关于"十二五"职业教育教材建设的若干意见》(教职成[2012]9号)、《高等职业学校专业教学标准(试行)》、《关于开展"十二五"职业教育国家规划教材选题立项工作的通知》(教职成司函[2012]237号)等有关文件的基础上,结合当前高等职业教育发展和公路行业发展的实际情况,对第二版作了全面修订,形成了本教材第三版。2014年8月,本书被教育部评定为"十二五"职业教育国家规划教材。

随着我国公路建设事业的迅速发展,隧道工程在公路工程中得到越来越广泛的发展,特别在山区公路工程建设中,隧道率一般达到25%~35%,有的甚至达到40%以上。当前,我国隧道及地下工程建设正步入高速发展时期,预计到2020年,我国将成为世界上隧道数量最多、建设规模最大、发展速度最快的国家。

本书按照最新《公路隧道设计规范》(JTG D70—2014)、《公路隧道施工技术规范》(JTG F60—2009)、《公路工程技术标准》(JTG B01—2014)等标准规范进行编写。本书分为三篇(共十章),第一篇隧道的认知、第二篇隧道的勘察和总体设计、第三篇隧道的施工。本书主要针对的是高职高专的学生,在内容的选取上以培养学生的职业能力为基础,注重实用性、时效性和可操作性。第一篇对隧道的组成、结构类型、作用等进行了全面的介绍,第二篇对隧道的勘察和总体设计步骤等进行讲解,第三篇是重点针对当前隧道常用的施工方法的详细学习,包括山岭隧道矿山法、掘进机施工、盾构施工、隧道的施工辅助作业、不良地质地段的隧道施工方法等。本书注重新方法、新技术和新工艺的学习,深浅适度,重点突出,以满足高职高专院校人才培养的需要。

本书由云南交通职业技术学院张丽、和秀岭、晏杉主编并统稿,长安大学陈建勋教授担任主审。具体编写人员分工如下:云南交通职业技术学院尹雪倩编写第一章、第二章,云南交通职业技术学院段树梅编写第三章、第四章,张丽编写第五章、第七章,云南交通职业技术学院施昊飞编写第六章，和秀岭编写第八章～第十章。

本书在编写过程中参考了大量相关文献和资料，并得到众多同仁的大力支持，在此表示衷心的感谢。鉴于编者的水平和经验有限，不妥和谬误之处，敬请读者批评指正。

编　者

2015 年 3 月

第二版前言

DIERBANQIANYAN

公路隧道是供汽车和行人通行的,在山岭或丘陵区建设隧道能缩短公路里程、改善线路通行条件、提高车速、节省营运时间、降低运输成本、保护环境和节约用地等。当今,我国在每一条山区高速公路中修建的隧道,少则几座、多达十几座乃至几十座,长 1 000m 以上的长公路隧道已不胜枚举,长 3 000m 以上的特长公路隧道目前已有 30 多座,长 18km 的秦岭终南山已经建成。我国公路隧道建设水平开始迈上了一个新的台阶。

随着公路隧道建设的发展,隧道工程已成为一门应用科学,为实现隧道建设可持续发展和提高隧道工程科学水平,遵循人类不断总结经验,不断进取的教诲,笔者尽己所能,在总结长期从事隧道工程教学和公路工程监理教学的基础上,吸取国内外隧道建设经验,结合国内隧道建设实际,将公路隧道设计、施工、工程监理、监控与量测技术和方法较系统归纳总结,编写出《隧道工程》一书,作为全国交通土建高职高专公路与桥隧专业和公路工程监理专业教学用书,同时,也可作为交通运输部公路工程监理工程师执业资格考试备考的参考书。

本书所述内容,以现行的《公路工程技术标准》(JTG B01—2003)、《公路隧道设计规范》(JTG D70—2004)、《公路隧道施工技术规范》(JTJ 042—94)、《公路工程质量检验评定标准》(JTG F80/1—2004)(隧道部分)、《交通部公路工程监理工程师执业资格考试大纲》(2007 年版)等为依据,同时参考了公路隧道方面的一些图书和技术资料,分别介绍了公路隧道类别、构造、受力性质和特点、隧道调查与围岩分级、设计与施工方法、公路隧道掘进施工、支护与衬砌、工程地质和地下水对隧道稳定性的影响、防水与排水、监控与量测、公路隧道机电及其他设施和工程监理等基本知识,培养学生分析与解决实际问题的能力,贯彻执行相关规范和标准的实践能力。

本书在编写过程中,突出了"调整内容、加强实践、培养能力、适应需要"的思想,理论紧密联系实际,注重培养学生操作能力、应用能力和实作能力,力图使所编教材具有科学性、先进性、实用性及可操作性。本书共分十章。第一章公路隧道构造和总体设计;第二章隧道工程调查与围岩分级;第三章隧道支护结构设计与施工;第四章隧道施工准备和施工测量;第五章山岭公路隧道洞身开挖施工；第六章隧道衬砌结构设计与施工；第七章隧道监控量测与施工质量监理服务；第八章隧道防水与排水；第九章隧道交通工程及通风与照明；第十章公路隧道施工组织设计与管理示例。

本书由云南交通职业技术学院黄成光担任主编，冼长策、和永诚和牟云担任副主编，其中冼长策负责编写前言、绪论、第一章、第二章、第三章；和永诚负责编写第四章、第五章、第六章、第七章；牟云负责编写第八章、第九章、第十章。

全国交通土建高职高专规划教材编审委员会特邀西南交通大学关宝树教授担任本书主审，关教授十分认真地审查了本书书稿，提出了许多宝贵意见和建议，在关教授的指导下，作了较大的修改。在此，向关教授深表谢意。全书由云南省交通职业技术学院杨亚楠、汪晓明、苏晓梅、墨金宝、晏美良、陶用会、李鸿武绘图及统稿。

在本书的编写过程中，得到各兄弟院校和有关设计、科研、施工及监理单位有关领导、专家的大力支持和帮助，人民交通出版社卢仲贤、韩敏同志给予了具体指导，在此一并致谢！

编　者

2008 年 3 月

目录

MULU

第一篇　隧道的认知

第二篇　公路隧道的勘察设计

第三篇　隧 道 施 工

第一篇

隧道的认知

第一章　隧道的常识

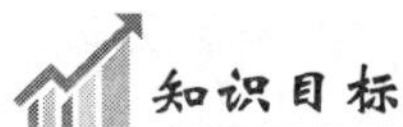

知识目标

认识隧道的组成；了解隧道工程的历史、现状和发展方向；掌握隧道的概念、种类及不同类型隧道的作用、特点。

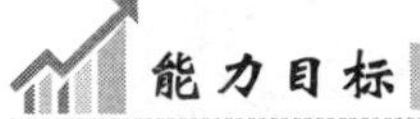

能力目标

能对隧道工程现状和发展趋势有一定的了解，掌握不同类型隧道的作用及特点。

第一节　隧道的构造及作用

隧道通常是指修建在地下或山体内部，两端有出入口，供车辆、行人等通过的工程建筑物。1970 年 OECD(世界经济合作与发展组织)隧道会议从技术方面将隧道定义为：以任何方式修建，最终使用于地表面以下的条形建筑物，其空洞内部净空断面在 $2m^2$ 以上者均为隧道。

隧道是地下工程建筑物，在修建时，要先在地层内挖出具有一定几何形状的"坑道"，由于地层开挖后，容易变形、坍塌或有水涌入，为了保持坑道岩体的稳定，保障交通安全，就需要修建主体建筑物和附属建筑物。前者包括洞身衬砌和洞门建筑(图 1-1)；后者包括通风、照明、防排水、安全设备等。洞身衬砌的作用是承受围岩压力、结构自重和其他的荷载，防止围岩坍塌、风化，防水等。洞门的作用是防止洞口塌方落石、保持边仰坡的稳定等。附属建筑物的作用是保证运营的安全与舒适，关于这部分内容会在后面章节详细阐述。

图 1-1　隧道的组成

a)洞身；b)洞门

隧道的构造形式可用结构物在“纵断面”及“横截面”上的形状来反映。纵断面的构造形式如图 1-2 所示：

隧道的进口外称为“洞门”；

洞门上被挖掉的原覆盖物体的部分称为“仰坡”；

仰坡面延长线与隧道底线的交点称为“开挖点”；

隧道顶部至地表面的距离称为“覆盖层厚”；

已建承重结构的部分，称为“安全部分”；

兴建临时支撑结构的部分，称为“临时安全部分”；

未建支撑结构的开挖工作面，称为“不安全部分”；

从未支撑处正向前开挖的部分，称为“开挖工作面”。

隧道横截面的构成可分为未开挖和开挖后两种形式。未开挖的截面称为“开挖孔洞”，如图 1-3 所示。

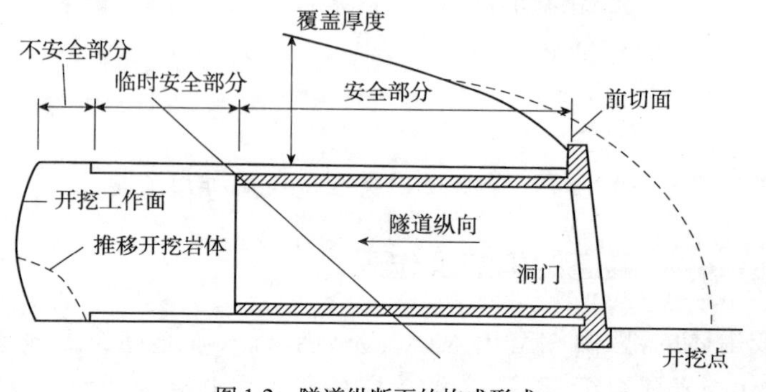

图 1-2　隧道纵断面的构成形式

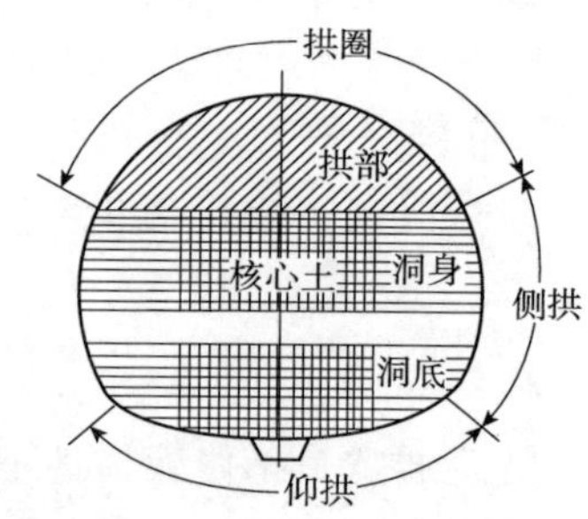

图 1-3　隧道开挖横截面示意图

开挖孔洞上部约 1/3 的部分，称为“拱部”；中部约 1/3 的部分，称为“洞身”；下部约 1/3 的部分，称为“洞底”；洞身及洞底的对称中心部分，称为“核心土”；开挖后对应于拱部上边缘人工结构的弧线部分，称为“拱圈”；洞身对应的人工结构弧线边缘部分，称为“侧墙”或“侧拱”；洞底对应的下边缘人工结构的弧线部分，称为“仰拱”。隧道横截面在开挖后所建的人工结构包括支护结构及承重结构。支护及承重结构的结构形式可分为传统隧道结构和现代隧道结构两种形式。传统隧道结构的构造形式，其支护结构为临时性的木支架或钢支架，在承重的砖石结构砌筑后被拆除。承重结构则主要由回填层、砖石拱圈、侧边墙及支承基座构成。

现代隧道结构的构造形式（包括钢锚杆在内的永久性的支撑结构）为初次支护及二次衬砌的复合式结构。

隧道在不同地区起着不同的作用。在山岭地区，隧道可用于克服地形或高程障碍、改善线形、提高车速、缩短里程、节省时间、节约燃料、减少对植被的破坏、保护生态环境；隧道还可用于克服落石、塌方、雪崩、崩塌等危害。在城市中，可减少用地、构成立体交叉、解决交叉路口的拥挤阻塞和疏导交通。在江河、海峡、港湾地区，修建隧道可不影响水路通航。修建隧道能使路线平顺、行车安全、节省费用，提高舒适性，战时能增加隐蔽性和提高防护能力，且不受气候影响。

隧道是在地下形成的建筑空间，所以在结构计算理论和施工方法两方面与地面结构物相比有许多不同之处，最主要的原因是埋置在地层的衬砌结构要受到原地层条件好坏的影响，所承受的荷载比地面结构要复杂。在隧道设计方面，除计算复杂多变的围岩压力外，还要考虑围岩的自承载能力及衬砌与围岩之间的相互作用；在隧道施工方面，其与地面建筑施工有很大不同，包括空间有限、工作面狭小、光线暗、劳动条件差等不利因素，都给施工增加了难度。所以地质调查工作在隧道的勘察设计中是头等大事，从规划设计初期开始，就应该在较大范围内做好详细的工程地质调查和水文地质调查，以便选择合理的隧道位置，并考虑好与引线的连接方式，判断可能的断面形状和施工方法以及可能遇到的问题等，切实保证隧道在各阶段的安全可靠。

第二节 隧道的发展概况

一、世界隧道工程的发展

早在远古年代，人类便会利用天然洞穴作为栖身之所，并且逐步会在平原地区自己挖掘类似天然洞穴的窑洞来居住。在古代的文明地区有很多著名的古隧道，如公元前2180～2160年，在古巴比伦城幼发拉底河下修筑的人行隧道，是迄今已知最早用于交通的隧道，该隧道为砖砌构造物，长为190m，它是奴隶在极危险的作业条件下完成的。

隧道技术的进步是在进入罗马时代以后，随着测量技术的出现，人们开始利用棚架支撑岩层和卷扬提升土石，从两端洞口开挖隧道，此时各种用途的隧道和水工隧道开始增多，隧道技术有了一定进步，尤其是在约公元7世纪发明了火药，1679年法国拉恩开得克运河隧道开挖，获得极大成功，从此隧道挖掘技术得到飞速的发展。19世纪的产业革命，使隧道开挖出现了各种新方法，迎来了近代隧道开挖技术的新曙光。1818年布鲁内尔（Brunel）发明了盾构，意大利物理学家欧拉顿（Erardon）提出以压缩空气平衡软弱地层涌水压力防止地层坍塌的方法后，英国的科克伦（Co-Chrane）利用这个原理，发明用压缩空气开挖水底隧道的方法，第一次应用压缩空气和盾构修建水底隧道是1896年由英国人格雷特黑德（Greothead）实现的。铁路的出现又对隧道建造起到了很大的推动作用，第一座供蒸汽机车通行的铁路隧道是1826～1830年在英国利物浦至曼彻斯特的铁路线上修建的，全长1 190m，之后又陆续修建了更多的铁路隧道。火药的改进和钻眼工具的创制，促使隧道的修建技术有了显著的提高，其中比较有影响的是1898年建成的贯穿阿尔卑斯山的辛普郎隧道。在这座隧道中，第一次应用了凿岩机和硝化甘油炸药（TNT）。1857～1871年间建设的连接法国和意大利的仙尼斯山隧道，长为12 850m；1989年意大利又修建了辛普伦隧道，长达19 700m；1971年日本新干线上修建了大清水隧道，全长22 230m，是世界上最长的铁路山岭隧道之一。世界各国修建的部分长度大于10km的铁路隧道如表1-1所示。

世界各国已建成的部分长度大于10km的铁路隧道 表1-1

序 号	国 家	隧道名称	隧道长度（m）
1	英国—法国	英法海峡隧道（英法海底隧道）	50 540
2	日本	大清水隧道	22 230

续上表

序　　号	国　　家	隧 道 名 称	隧道长度(m)
3	意大利	亚平宁隧道	18 518
4	中国	秦岭隧道Ⅰ/Ⅱ线	18 456
5	日本	六甲隧道	16 250
6	瑞士	列奇堡隧道	14 600
7	中国	大瑶山隧道	14 295
8	美国	喀斯喀特隧道	12 540

除了山区的铁路隧道以外，逐步又发展修建了一些在城市附近跨越河海的水底隧道。较为完善的水底道路隧道建于1927年，位于纽约哈德逊河底Holland隧道。美国修建了宾夕法尼亚东河水底隧道，长为7 190m；日本修建了新关门隧道，长达18 675m，1984年又建成了自本洲青森至北海道的函馆间的青函海底隧道，长达53 850m，海底部分就有23 300m，这是目前世界上最长的水底隧道。此外，比较著名的还有1991年建成通车的英法海峡隧道，长50.5km。

由于欧洲运输量急剧增长，迫切需要扩大公路网，因而涌现了不少公路隧道。奥地利修建的阿尔贝格公路隧道，长为13 980m，瑞士修建的圣哥达公路隧道，长为16 918m。目前世界上已建成的公路隧道中，最长的是挪威修建的Aurland-Laerdal公路隧道，长度达24.5km。目前世界各国部分长度大于10km的公路隧道概况列于表1-2。

世界各国已建成的部分长度大于10km的公路隧道　　表1-2

序　　号	国家或地区	隧 道 名 称	隧道长度(m)
1	日本	Hida	10 750
2	中国	秦岭终南山隧道	18 020
3	法国	Le Tunnel Est	10 000
4	中国台湾	坪林(Pinglin)	12 900
5	挪威	Laerdal	24 510
6	挪威	Gudvanga	11 428
7	日本	Kan-etsu(关越Ⅱ)	11 010
8	意大利	Gran Sasso(东向)	10 176
9	瑞士	St. Gotthard	16 918
10	奥地利	Arlberg	13 972

随着城市的发展，城市交通日益繁忙，车辆拥堵严重，又因新的开挖工具——盾构的出现，地下铁路随之兴起。1863年英国伦敦修筑了第一条地下铁路——“伦敦大都会铁路”。截至20世纪末，全世界共有43个国家的117座城市建有地铁，总运营里程接近6 000km。把地上地下的交通连接起来，成为城市中的立体交通网，地下铁路建筑，也一天比一天规模

宏大、雄伟壮观。如德国慕尼黑地下铁路的卡尔广场车站建筑就上下深达六层。第一层是人行通道及商店餐厅;第二层作为货栈及仓库;第三、四层为地下停车场,可同时容纳800辆汽车;第五、六层才是车站集散厅及车道。当然,在战争(如第二次世界大战)时,地下铁路亦会被用作工厂或防空洞。不少国家(如韩国)的地铁系统,在设计时都考虑了战争可能,所以无论是在铁路的深度、人群控制方面,都同时兼顾日常交通及国防的需要。有些地方的铁路建筑在地底下,目的不单是避开地面的繁忙交通及房屋,还有避免铁路系统受到户外的恶劣天气的破坏,如莫斯科地铁4号及L1号地面线,受到极端寒冷天气的肆虐导致维修费用就远远高过地下线路的维修费用。

1964年日本新干线的开通,标志着铁路高速技术进入实用化阶段。高速铁路的发展,必然伴随着大量隧道工程的出现,这是因为高速铁路线路的标准大大提高,如最小曲线半径在多数情况下都需大于4 000m,线路坡度必须比较平缓等。如日本东北新干线宫内—八户段,长60.0km,隧道约占85%;九州新干线八代—西鹿儿岛段,长1 211.2km,隧道约占70%。在这些线路上也出现了几座长隧道,如岩手隧道长25.8km,紫尾山隧道长10.0km等。德国于20世纪80年代初期动工修建的汉诺威兹堡新干线,长327km,隧道总长达118km,占线路长度的37%。德国另一条从曼海姆到斯图加特线路,长100km,隧道长约占30%。

二、我国隧道工程的发展

我国古代在地下工程方面具有悠久的历史和辉煌的成就,远在几千年前就能开采矿石,是世界上采矿工业发展最早的国家。公元前1122年,金属矿石开采已相当发达,公元1271~1368年就有深达数百米的盐井。奴隶为封建统治者修建的墓穴,如长沙的楚墓、洛阳的汉墓、西安的唐墓、明十三陵之一的定陵等都是规模较大的地下工程,这些历史古迹都显示出我国古代在隧道建筑方面卓越的水平。

1949年以前的近百年,由于长期处于半殖民地半封建社会,经济落后,地下建筑发展速度极其缓慢,隧道修建屈指可数,而且主要依靠人力开挖。在新中国成立以前,我国公路隧道数量仅有30多座,其总长约为2.5km,其平均长度不足百米。中华人民共和国成立之初,正处于国民经济恢复时期。在短短的三年内,全国原有铁路线上被破坏了和发生了病害的所有隧道都一一得到修复。在成渝线上修复了13座隧道,在宝天线上改建了136座隧道,并完成了天兰线上的48座隧道,使当时支离破碎、断断续续的铁路完全修整好。为改变国家的经济布局,发展内地和山区的经济,先后修建了数十条隧道比重较大的山区铁路,使得我国在铁路隧道的数量和施工技术上都有了较大发展,逐渐掌握了隧道建筑的近代技术,从以人力为主体的施工转向以机械开挖为主体的施工,在技术上有了质的飞跃。

随着时代的发展,修建隧道的技术不断提高,建成的隧道越来越长,质量越来越好。如20世纪50年代建成的最长隧道是宝成线上的秦岭隧道,长为2 363m;上鹰线上的加马石隧道长为2 387m;60年代建成的最长隧道是川黔线上的凉风垭隧道,长为4 270m;70年代建成的最长隧道是京原线上的驿马岭隧道,长为7 032m;到了80年代,衡广复线上的大瑶山隧道长度更达到了14 295m;90年代建成的最长隧道是西康线上的秦岭Ⅰ线隧道,长达18 456m。截至20世纪末,我国运营铁路隧道的总数达5 000多座,总延长3 000km,其中部分5km以上的隧道如表1-3所示。

我国部分 5km 以上铁路隧道

表 1-3

序号	隧道名称	长度(m)	所在线路
1	秦岭Ⅰ线隧道	18 456	西康
2	大瑶山隧道	14 295	衡广复线
3	长梁山隧道	12 782	朔黄
4	米花岭隧道	9 392	南昆
5	军都山隧道	8 460	大秦
6	云台山Ⅱ线隧道	8 178	侯月
7	中央隧道	8 070	台湾南回
8	分水关隧道	7 252	横南
9	驿马岭隧道	7 032	京原
10	松河隧道	6 905	水柏

与发达国家相比，我国公路隧道的建设起步较晚，但进入 20 世纪 80 年代后期，我国开始大规模兴建高速公路和高速公路隧道，90 年代开通的成渝高速公路的中梁山隧道，把我国公路隧道单洞长度提高到了 3 000m 以上，并在处理通风、塌方、瓦斯、地下水和营运管理与交通监控技术等方面取得了突破性进展，为我国今后修建山岭长大公路隧道积累了一些宝贵经验。进入 21 世纪，我国公路网交通逐渐向崇山峻岭穿越，向离岸深水延伸，截至 2010 年底，全国公路隧道为 7 384 处，总长 512. 26 万米，其中，特长隧道 265 处 113. 80 万米，长隧道 1 218 处 202. 08 万米。目前，我国公路隧道的施工技术水平已接近国际先进水平，部分已达到国际领先水平。国内部分特长公路隧道如表 1-4 所示。

我国部分特长公路隧道

表 1-4

序号	隧道名称	长度(m)	位置	车道数	通风方式
1	秦岭终南山隧道	18 020	陕西	2×2	3 竖井分段纵向式
2	大坪里隧道	12 290	甘肃	2×2	2 竖井分段纵向式
3	包家山隧道	11 500	陕西	2×2	3 斜井分段纵向式
4	宝塔山隧道	10 391	山西	2×2	竖斜井送排式纵向通风
5	泥巴山隧道	9 985	四川	2×2	斜井+竖井分段纵向式
6	麻崖子隧道	9 000	甘肃	2×2	斜竖井送排+射流风机纵向
7	龙潭隧道	8 700	湖北	2×2	立坑送排+射流风机纵向式
8	括苍山隧道	7 930	浙江	2×2	纵向式+半横流式(排烟)
9	米溪梁隧道	7 923	陕西	2×2	左(右)洞单井送排式通风
10	方斗山隧道	7 581	重庆	2×2	2 座斜井送排式纵向通风

随着我国城市化速度的不断加快，特别是山区城市建设的快速发展，与宽阔的城市主干道对应的隧道必然是大跨度隧道；但随着隧道跨度的增加，建设难度和工程造价也迅速提高。我国修建的部分大跨度公路隧道见表 1-5。

我国部分大跨度公路隧道 表1-5

序号	隧道名称	长度(m)	位置	车道数×隧道洞数
1	魁歧隧道	1 596	福建	最宽处27.42m的地下立交
2	白鹤嘴隧道	1 240	重庆	4×2
3	万石山隧道	1 170	福建	最宽处25.89m的地下立交
4	龙头山隧道	1 020	广东	4×2
5	金州隧道	521	辽宁	4×1
6	大阁山隧道	496	贵州	4×1
7	罗汉山隧道	300	福建	4×2(连拱)
8	雅宝隧道	260	广东	4×2
9	金鸡山隧道	200	福建	4×2(连拱)

从20世纪90年代开始,随着隧道工程施工技术的提高,采用水下隧道连接江河两岸的线路已经很常见,例如,上海延安东路隧道、广州珠江隧道、南京玄武湖隧道、宁波常洪隧道及厦门海底隧道等水下隧道。表1-6列出了我国建设的部分水下隧道。

我国部分水下公路隧道 表1-6

序号	隧道名称	长度(m)	位置	车道数	通风方式
1	上海长江隧道(盾构)	8 955	上海	3×2	横向式
2	厦门海底隧道(钻爆)	5 960	福建	3×2	竖井送排+射流风机纵向式
3	南京长江隧道	3 825	南京	3×2	纵向式
4	武汉长江隧道(盾构)	3 630	湖北	2×2	横向式
5	外环越江隧道(沉管)	2 882	上海	4×2	纵向式
6	上中路隧道(盾构)	2 800	上海	2×2	横向式(双层双向)
7	复兴东路隧道(盾构)	2 785	上海	3×2	横向式(双层双向)
8	南京玄武湖隧道(盾构)	2 660	南京	3×2	纵向式
9	大连路隧道(盾构)	2 566	上海	2×2	横向式
10	珠江隧道(沉管)	1 238	广东	3×2	纵向式(道路、铁道并用)

随着隧道技术的发展,在隧道施工机械化方面,早已抛弃了原始的人工开凿方法,机械钻孔已由人力持钻到支腿架钻,20世纪80年代在大瑶山隧道施工中开始应用大型全液压的钻孔台车。修建衬砌已由砖石垒砌,进而用混凝土就地模筑,混凝土泵送,又进而采用喷射混凝土的柔性衬砌,目前已普遍推广使用双层复合式衬砌。开挖程序已由小导坑超前,进而采用少分块的大断面开挖;从木支撑、钢木支撑,进而采用锚杆支撑。在施工方法上,从矿山法逐步过渡到新奥法,以量测信息指导并调整施工。90年代中期,又引进全断面掘进机(Tunnel Boring Machine,TBM)用于西康线的秦岭隧道施工中。目前,在国内城市的地下铁路建造中,已普遍开始使用机械化盾构。

隧道技术的发展表明,今后隧道技术的研究方向为非爆破的机械化施工、合理规划与环境保护、设计可靠合理、使用安全、科学管理等方面。进入21世纪后,随着我国基础设施建设的快速推进和不断完善，经济快速增长，实力不断加强，隧道与桥梁的数量已跃居世界第一。但是，我国是发展中国家，经济和技术力量基础还不太强，在隧道技术开发研究方面，应在引进国外先进技术的同时，立足于国内技术力量，提高我国的隧道技术水平。

第三节 隧道的分类

隧道种类繁多，从不同角度区分，可得出不同的隧道分类方法。按隧道所处的位置划分，可分为山岭隧道、城市隧道、水底隧道；按隧道所处的地质环境划分，可分为土质隧道和石质隧道；按埋置深度划分，可分为浅埋隧道和深埋隧道；按施工方法划分，可分为矿山法、盾构法、沉管法、明挖法、顶进法、掘进机法等；按断面形式划分，可分为圆形、马蹄形、矩形隧道等；按国际轨道协会定义的断面数值划分标准分，可分为特大断面（$100m^2$以上）、大断面（$50 \sim 100m^2$）、中等断面（$10 \sim 50m^2$）、小断面（$3 \sim 10m^2$以上）、极小断面（$3m^2$以下）。通常认为按隧道的用途分类比较明确，现介绍如下。

一、交通隧道

交通隧道是隧道中为数最多的一种，它的作用是提供交通运输和人行的孔道，以满足交通线路畅通的要求，一般包括以下几种。

1. 铁路隧道

铁路隧道是专供火车运输行驶的通道。铁路穿越山岭地区时，需要克服高程障碍，由于铁路限坡平缓，无法拔起需要的高度，同时，某些山岭地区限于地形而无法绕行，常常不能通过展线获得所需的高程，此时，开挖隧道穿越山岭是一种合理的选择，其作用可以使线路缩短，减小坡度，改善运营条件，提高牵引定数。所以，在铁路线上，尤其是山区铁路线上，隧道方案常为人们所选用，修建的数目也较多。如川黔线上的凉风垭隧道，使跨越分水岭时，拔起高度小、展现短、线路顺直、造价降低，越岭高度降低了 96m，线路长度缩短了 14.7km；还有宝成线宝鸡至秦岭段线路上密集地设有 48 座隧道，占线路总延长的 37.75%。由此可见，隧道在山区铁路线上所起的作用重大。

2. 公路隧道

公路隧道是专供汽车运输行驶的通道。公路的限制坡度和最小曲线半径都没有铁路那样严格，在经济不发达年代，为节省工程造价，在山区修建公路，常常选择盘山绕行，宁愿延长距离而避开修建费用昂贵的隧道。因此，过去公路隧道为数不多。随着社会经济和生产的发展，高速公路大量涌现，对道路的修建技术提出了较高的标准，要求线路顺直、坡度平缓、路面宽敞等，因此，在公路穿越山区时，出现了大量的隧道方案。隧道的修建在改善公路技术状态，缩短运行距离，提高运输能力，以及减少事故等方面起到了重要的作用。我国修建的秦岭终南山隧道长 18.02km，它的建成使翻越秦岭的道路缩短约 60km，行驶时间减少两个多小时。

3. 水底隧道

水底隧道是修建于江、河、湖、海洋下的隧道，供汽车和火车运输行驶。当交通线路跨越江、河、湖、海洋时，可以选择的方案有架桥、轮渡或隧道。但当架桥受净空的限制，而轮渡又受天气影响和通行量限制时，采用水底隧道就可以较好地解决上述问题。其优点是不受气候影响(避免了风暴天气轮渡中断的情况),不影响通航,引道占地少,战时不暴露交通设施目标等,因此越来越受到人们青睐。在我国上海的黄浦江、广州的珠江都修建了跨江的水底隧道。水底隧道的缺点是造价较高。

4. 地下铁路

地下铁路是修建于城市地层中的运输通道。地下铁路是解决大城市中交通拥挤、车辆堵塞的有效途径之一。它没有平面交叉,而各自分走上下行线,因而可以高速行车,缩短车次间隔时间,节省乘车时间,便利乘客。由于地下铁路能快速、安全、准时地大量输送乘客,成为大城市解决交通矛盾的有力手段。在战时,其还可以起到人防的作用。我国的北京、上海、广州、天津等城市已经建成的地下轨道交通系统,为改善城市的交通状况、减少交通事故起到了重要的作用。

5. 航运隧道

航运隧道是专供轮船运输行驶而修建的通道。当运河需要跨越分水岭时,克服高程障碍就成为十分困难的问题。如果层层设置船闸则建设投资很大,运转和维修的费用也很高,并且过往船只延误时间很多。如果修建航运隧道,就可以把分水岭两边的河道沟通起来,减少了绕行距离,既可以缩短航程,又可以省掉修建多级船闸的费用,河道顺直,通过效率高,可大大改善航运条件。

6. 人行隧道

人行隧道是专供行人通过的通道。一般修建于城市市区穿越街道,或跨越铁路、高速公路等行人众多,往来交错,车辆密集,以及偶有不慎便会发生交通事故的场合。人行隧道的作用是缓解地面交通压力,减少交通事故,方便行人。

二、水工隧道

水工隧道是水利工程和水力发电枢纽的一个重要组成部分,包括以下几种。

1. 引水隧道

引水隧道是将水引入水电站的发电机组或为水资源的调动而修建的孔道。引水隧道引入的水是水电站的发电机组运转的动力资源,因此,引水隧道作为引水的建筑工程,一般是要求内壁承压,但有时只是部分过水,内壁受大气压力而水压较小,甚至无水压。引水隧道可分为有压隧道和无压隧道。

2. 尾水隧道

尾水隧道是将水电站发电机组排出的废水送出去而修建的隧道。

3. 导流隧道(泄洪隧道)

导流隧道或泄洪隧道是为水利工程中疏导水流并补充溢洪道流量超限后的泄洪而修建的隧道。它是水利工程的一个重要建筑,其作用主要是泄洪。

4. 排沙隧道

排沙隧道是用来冲刷水库中淤积的泥沙而修建的隧道。它是水库建筑物的一个组成部分,其作用是利用排沙隧道把泥沙裹带送出水库;同时当需要进行库身检查或修理建筑物时,也可用来放空水库里的水。

三、市政隧道

市政隧道是城市中为规划安置各种不同的市政设施、战时蔽护人员和重要财产等而在地面以下修建的地下孔道。它与城镇居民的生产生活关系十分密切，是城市生命线工程。它既可以充分利用地下空间，又不致扰乱高空位置和破坏市容环境，对保障城市的正常运转起着重要的作用。其类型主要有以下几种。

1. 给水隧道

给水隧道是为城市自来水管网铺设系统修建的隧道。在城市中，有序合理的规划和布置与人们生活和生产息息相关的给水管路，是城市市政基础设施的重要任务。它要求不破坏市容景观，不占用地面，避免遭受人为的损坏，因此，修建地下孔道来容纳安置这些管道是一种合理的选择。

2. 污水隧道

污水隧道是为城市污水排送系统修建的隧道。城市的污水，除部分对环境污染严重的采用净化返用或排放外，大部分的污水需要排放到城市以外的河流中去，这就需要有地下的排污隧道。这种隧道一般采用本身导流排送，此时隧道的形状多采用卵形，也可能是在孔道中安放排污管，由管道排污。排污隧道的进口处，多设有拦渣隔栅，把漂浮的杂物拦在隧道之外，不致涌入造成堵塞。

3. 管路隧道

管路隧道是为城市能源供给（天然气、供暖、热水等）系统修建的隧道。城市中的管路隧道是把输送能源的管路放置在修建的地下孔道中，经过防漏及保温措施处理，能源就能安全地输送到生产和居家的目的地。

4. 线路隧道

线路隧道是为电力、通信系统修建的隧道。在城市中，为了保证电力电缆和通信电缆不被人们的活动所损伤或破坏，避免悬挂在高空影响市容景观，都修建专门的地下孔道安置它们。

在现代化的城市中，将以上四种具有共性的市政隧道，按城市的布局和规划，建成一个共用隧道，称为“共同管沟”。共同管沟是现代城市基础设施科学管理和规划的标志，也是合理利用城市地下空间的科学手段，是城市市政隧道规划与修建发展的方向。

5. 人防隧道

人防隧道是为战时的防空目的而修建的防空避难隧道。城市中建造人防工程，是为了预防战争空袭的需要。人防工程是在紧急情况下，供人们避难所用的，因此，在修建时应考虑人对生活环境的一般要求，除应设有排水、通风、照明和通信设备以外，还应考虑贮备饮水、粮食和必要救护设备。在洞口处还需设置防爆、防冲击波装置等。同时，要做到多口连通、互相贯穿，在紧急时刻，使人们可以随时找到出口。

四、矿山隧道

矿山隧道又称为矿山坑道或巷道，是从山体以外穿越地层通向矿床，以便开采矿体，并将开采到的矿石运输出来而设置的隧道，包括各类矿物采掘后的洞室和输送矿石的巷道工程。这类工程通常只要求在采矿过程中能维持洞室的稳定、安全,待采矿完成后,或废弃或转作其他用途。通常有以下几种。

1. 运输巷道

向山体开凿隧道通到矿床,并逐步开辟巷道,通往各个开采面。前者称为主巷道,为地下矿区的主要出入口和主要的运输干道;后者分布如树枝状,分向各个采掘面,此种巷道多用临时支撑,仅供作业人员进行开采工作的需要。

2. 给水隧道

送入清洁水为采掘机械使用,并将废水及积水通过泵抽排出洞外。

3. 通风隧道

矿山地下巷道穿过的地层,一般都有地下有害气体涌出,再加上采掘机械不断排出的废气,还有工作人员呼出的气体,使得巷道内空气变得污浊。如果地层中的气体含有瓦斯,在含量达到一定浓度后,将会危及人身安全。因此,净化巷道的空气,创造好的工作环境,必须设置通风巷道,把有害气体排除出去,并把新鲜空气补充进来。

综上所述,隧道工程的应用涉及许多领域,已经成为国家建设、人民生活和生产的重要组成内容。近年来,我国隧道工程的建设取得了很大的成就,隧道技术有了相当大的发展,但是还存在许多问题和有待研究提高的地方。具体地说,到目前为止,我们对围岩的性质还只能从定性的角度去衡量,工程应用中偏离较大,计算模型的选用和计算理论还不完全符合实际,施工技术水平和管理方法还较落后,大量的隧道工程仍旧依靠经验设计施工,人力和物力的消耗和浪费较大,所有这些都有待于隧道工作者去研究解决。今后应当加强隧道环境和地质的现场量测及实验室的试验,以便对各种不同性质的围岩拟出较为符合实际的计算模型和采用不同的计算理论;在施工方面要进一步提高开挖技术和支护方法,配备完善的施工机械,从目前的半机械化程度提高到全机械化,再进一步达到洞内无人、洞外遥控的高度安全化;要提倡采用科学管理方法,用调查的信息,制订出施工计划,又用实测信息反馈,不断调整计划达到最优方案,使之实现质量高、速度快、浪费少、造价低的目的。

思考题

1. 隧道的概念是什么?查阅相关资料,试从修建隧道与环保要求方面分析隧道工程的利弊。

2. 简述隧道的分类及其作用。试从隧道的广泛用途,论述学习、研究与发展隧道技术的重要意义。

3. 简述在交通线上修建隧道的意义。

第二章 隧道结构构造

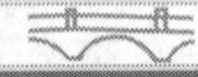

知识目标

认识隧道的洞身衬砌结构的类型和洞门的构造；了解明洞的类型和适用范围；认识隧道建筑物的构造特征（包括隧道平面、纵断面、横断面，初期支护、二次衬砌）；掌握隧道运营的防排水措施和通风、照明系统。

能力目标

能准确判断隧道洞门构造的类型、洞身衬砌，掌握防排水措施，以及通风、照明系统的设置。

第一节 洞身衬砌与洞门构造

公路隧道结构由主体建筑物和附属建筑物两部分组成。隧道主体建筑物是为了保持隧道所通过围岩体的稳定和运营阶段安全使用而修建的人工永久建筑物，由洞身衬砌和洞门构造物组成。在隧道洞口附近容易坍塌或在山体坡面有崩坍和落石地段，则应接长洞身（即早进洞或晚出洞），或修筑明洞。洞门的构造形式由多方面的因素决定，如洞口地形地貌、岩体的稳定性、美观要求以及自然环境等。

隧道附属建筑物是主体建筑物以外的其他构造物，是为了隧道运营管理、维修养护、给水排水、供蓄发电、通风照明、通信等而修建的构造物，包括安全避让设施、检修道、人行道，通风、照明、信号、消防、通信设施及智能控制系统等。

一、隧道洞身衬砌结构

隧道开挖后，为了保证围岩的稳定性，需适时建造支护结构，以稳定岩石，防止塌落，保证孔洞的稳定。隧道工程中常将这种人工修筑的隧道支护结构称为“衬砌”。

（一）洞身衬砌的类型

山岭隧道衬砌结构形式，主要是根据隧道围岩的地质条件，考虑结构受力的合理性（成拱作用原理）、施工方法和施工技术水平等因素来确定的。随着人们对隧道工程实践经验的逐步积累，以及对围岩压力和衬砌结构所起作用的不断认识，出现了各种适应不同地质地形条件的结构形式，大致有以下几类。

1. 直墙式衬砌

直墙式衬砌形式通常适用于地质条件较好的地层中，围岩压力以竖向为主，几乎没有或仅有很小的水平侧向围岩压力的情况。一般适用于Ⅱ、Ⅲ级围岩，有时也可用于Ⅳ级围岩（详见第五章第一节表5-1公路隧道围岩分级）。对于公路隧道，直墙式衬砌结构的拱部可以采用割圆拱、坦三心圆拱或尖三心圆拱。三心圆拱指拱轴线由两种不同半径分别做成三段圆弧组成，其轴线形状比较平坦（$r_1 > r_2$）时称为坦三心圆拱，形状较尖（$r_2 > r_1$）时称为尖三心圆拱，若$r_1 = r_2$时即为割圆拱，如图2-1所示。

为了节省圬工，也可以采用大拱脚薄边墙衬砌，如图2-2所示。如果具备喷混凝土条件时，边墙可以用喷混凝土代替，即把两侧岩壁表面喷浆敷面，以保护岩面不受风化作用的剥蚀，也可以阻止少量地下水的渗透。但该方法最大的问题是大拱脚支座施工困难，在非均质岩层中很难用钻爆法做出整齐稳定的支座。因此，在这种较好围岩中，不如优先考虑喷锚支护。

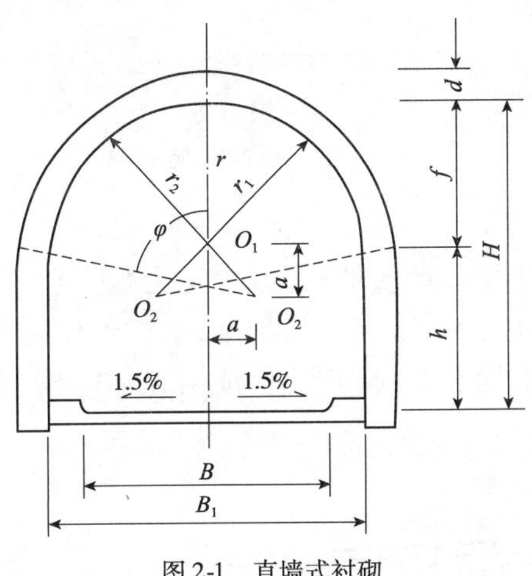

图2-1 直墙式衬砌

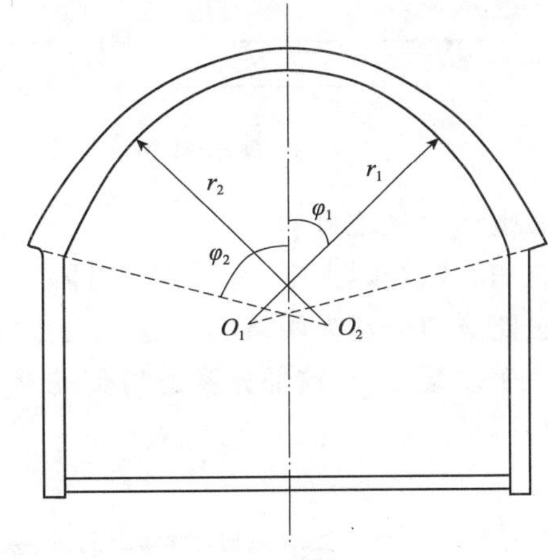

图2-2 大拱脚薄边墙衬砌

2. 曲墙式衬砌

曲墙式衬砌适用于地质条件比较差，岩体较松散破碎，侧向水平围岩压力也相当大的情况。一般适用在Ⅳ级以下围岩中，为了抵抗较大的水平压力，故把边墙做成曲线形状。当地基条件较差时，可能会产生基础下沉的情况，则曲墙应予以加宽，为防止衬砌沉陷，抵御底鼓压力，使衬砌形成环状封闭结构，还应该设置仰拱，如图2-3所示。

3. 圆形断面衬砌

为了抵御膨胀性围岩压力，山岭隧道也可以采用圆形或近似圆形的断面，如岩石隧道掘进机、盾构法和沉管法开挖断面通常采用圆形断面，沉管法有时也可以选用矩形断面。

4. 矩形断面衬砌

用沉管法施工时，其断面可以用矩形形式。用明挖法施工时，尤其在修筑多车道隧道时，其断面广泛采用矩形。这种情况，回填土厚度一般较薄，加之在

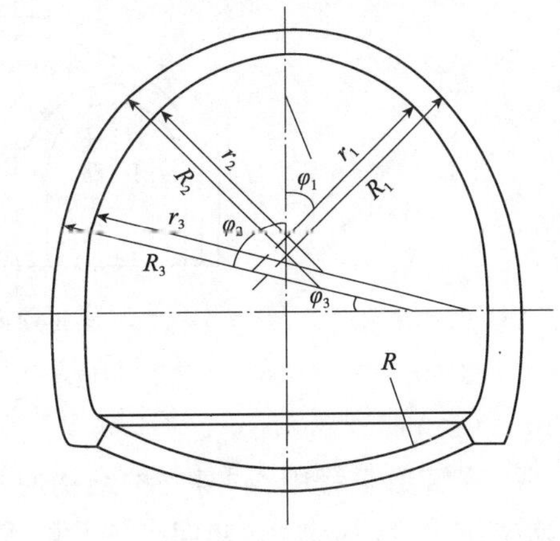

图2-3 曲墙式衬砌

软土中修筑隧道时,软土不能抵御较大的水平压力,因而不应修筑拱形隧道。另一方面,矩形断面的利用率也较高,如图 2-4 所示。城市中的过街人行地道,通常都在软土中通过,其断面也是以矩形为基础组成的。

5. 偏压衬砌

当山体地面坡陡较陡,线路外侧山体覆盖较薄,或由于地质构造造成的明显偏压,衬砌为承受这种不对称围岩压力而采用的非对称变厚度的结构形式,如图 2-5 所示。

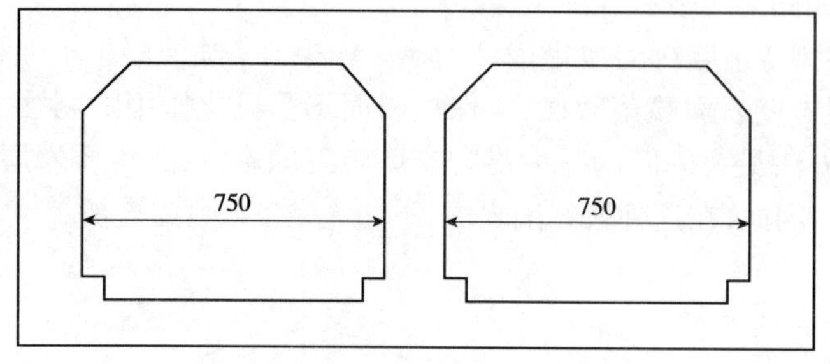

图 2-4 矩形断面衬砌(尺寸单位:cm)

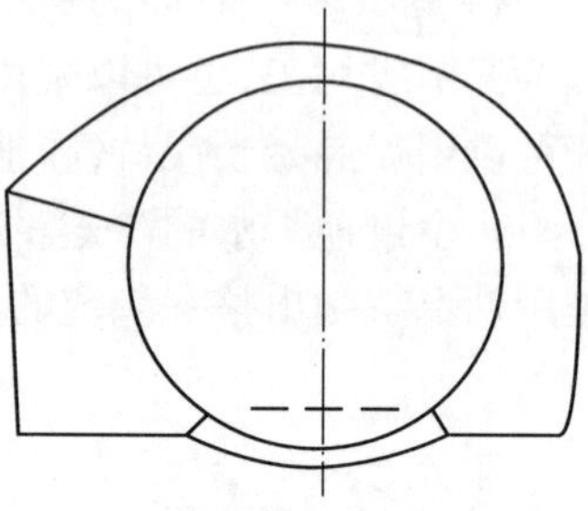

图 2-5 偏压衬砌

6. 喇叭口隧道衬砌

在山区双线隧道中,有时为绕过困难地形或避开复杂地质地段,减少工程量,可将一条双幅公路隧道分建为两条单线隧道或将两条单线并建为一条双幅的情况,这样便使衬砌产生了一个过渡区段,这部分隧道衬砌的断面及线间距均有变化,相应形成喇叭形结构,称为喇叭口隧道衬砌,如图 2-6 所示。

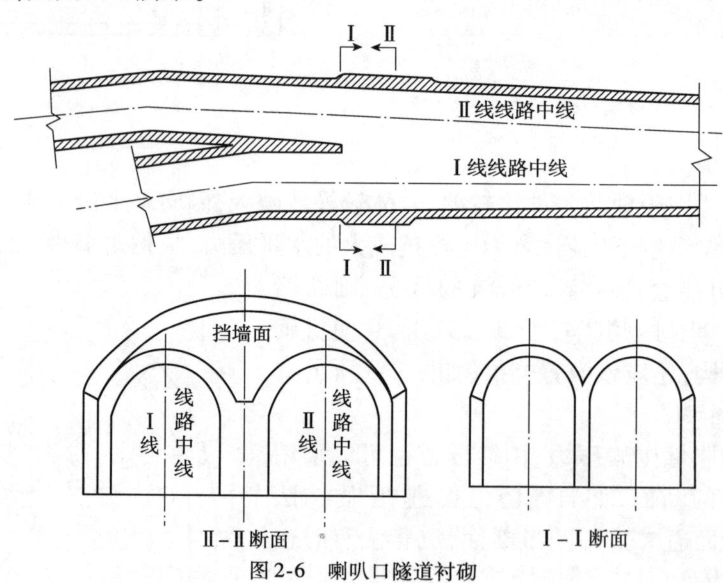

图 2-6 喇叭口隧道衬砌

(二)洞身衬砌的组合类型

在隧道工程中,洞身支护结构通常分为初期支护(一次支护、外部支护)和永久支护(二次支护、二次衬砌)。初期支护紧贴围岩并支撑着坑道围岩,其目的是保证施工的安全,加固岩体和阻止围岩的坍塌而设置的支护措施,常用的形式有钢拱架支撑,格栅钢拱架支撑、锚喷支护等。二次支护从外部支撑着坑道围岩,是为了保证隧道使用的净空和结构的安全而设置的永久性衬砌结构,常用的永久性衬砌形式包括喷锚衬砌、整体式衬砌、拼装式衬砌和复合式衬砌。

1. 整体式衬砌

整体式衬砌是传统衬砌结构形式,在新奥法(NATM)问世前,该形式广泛地应用于隧道工程中,目前在山岭隧道中也还有不少工程实例。该方法不考虑围岩的承载作用,主要通过衬砌的结构刚度抵御地层的变形,承受围岩的压力。

整体式衬砌采用就地整体模筑混凝土衬砌,其方法是在隧道内树立模板、拱架,然后浇灌混凝土而成。它作为一种支护结构,从外部支撑隧道围岩,对地质条件的适应性较强,易于按需成形,整体性好,抗渗性强,且适合多种施工方法,因此在我国隧道工程中广泛使用。

公路隧道一般跨度较大,内轮廓接近限界的高宽较铁路双线隧道为小,拱部一般较铁路隧道平坦,墙高稍低。为减小拱肩及墙部的拉应力,提高围岩及结构的稳定性,衬砌结构形式宜采用曲墙式衬砌。对Ⅲ级及以上围岩,墙部是稳定的,侧压力较小,故一般地区也可采用直墙式衬砌,施工便利,并可减少墙部开挖量。

Ⅰ、Ⅱ、Ⅲ级围岩,由于围岩稳定或基本稳定,拱部围岩荷载较小,且往往呈现较小的局部荷载。施工时临时支撑,尤其是纵横梁一般都能撤走,超挖空间容易回填密实,不易形成偏载,衬砌工作条件较好,故衬砌截面可以采用等截面形式。而Ⅲ级以下围岩与上述情况往往相反,故以采用变截面形式为宜。

Ⅳ、Ⅴ、Ⅵ级围岩,地基松软,往往侧压力较大,故宜采用曲墙带仰拱的衬砌。设置仰拱不仅是满足地基承载力的要求,更重要的是使结构及时封闭,提高结构的整体承载力和侧墙抵抗侧压力的能力,抵御结构的下沉变形,达到调整围岩和衬砌的应力状态的目的,使衬砌处于稳定状态。

在严寒地区修建隧道,由于地下水随季节温度发生变化,围岩易产生冻胀压力,使侧墙内移或开裂;曲墙式衬砌其抗冻胀能力较强,墙部破坏的情况远小于采用直墙式衬砌的隧道,故严寒地区隧道,不管围岩等级如何,只要有地下水存在,衬砌形式仍应采用曲墙式衬砌。严寒地区隧道衬砌施工特别要强调根据情况设置伸缩缝,防止或减少衬砌因温度降低而收缩,从而引起衬砌开裂和破坏,造成病害。

为了避免围岩和衬砌的应力集中,造成围岩压力增加和衬砌的局部破坏,应注意衬砌内外轮廓的圆顺,避免急剧弯曲和棱角。

2. 拼装式衬砌

就地模注的整体式衬砌虽然在我国被广泛应用,但是,它在灌注以后不能立即承受荷载,必须经过一个养生的时期,因而施工进度受到一定限制。随着社会不断地向着工业化和机械化发展,要求隧道施工应向工业化和机械化的方向改进,于是,出现了装配式隧道衬砌。这种衬砌形式是将若干在工厂或现场预先制备的构件,运入坑道内,再用机械将它们拼装成一环接着一环的衬砌。拼装式衬砌具备下列优点:

(1)一经装配成环,不需养生时间,即可承受围岩压力;

(2)预制的构件可以在工厂成批生产,在洞内可以机械化拼装,从而改善了劳动条件;

(3)拼装时,不需要临时支撑,如拱架、模板等,从而节省了大量的支撑材料及劳力;

(4)拼装速度因机械化而提高,缩短了工期,还有可能降低造价。

拼装式衬砌同时具有整体性较差、接缝多、防水性能较差的缺点,必须单独加设有效的防水层,在富水地层中应用时需要有较多的支持措施。

拼装式衬砌的构造应满足下列条件:

(1)强度足够而且耐久;

(2)能立即承受荷载;

(3)装配简便,构件类型少,形式简单,尺寸统一,便于工业化制作和机械化拼装;

(4)构件尺寸大小和重量适合拼装机械的能力;

(5)必须加设防水设施。

国外早在19世纪就已开始试用拼装式衬砌,尤其在地下铁路工程中采用较多。我国在宝兰铁路线上曾试用过拱部为半圆形的拼装式衬砌。在黔桂铁路线上试用过"T"字形镶嵌式拼装衬砌。但它们还存在着一些缺点,如需要坑道内有足够的拼装空间,制备构件尺寸要求一定的精度;接缝多,防水较困难等。由于以上原因,目前多在使用盾构法施工的城市地下铁路中应用,在我国铁路和公路隧道上未能推广使用。相信在科学技术进一步发展的将来,克服了上述的缺点后,拼装式衬砌将是一种有前途的衬砌形式。

3. 复合式衬砌

复合式衬砌不同于单层厚壁的模筑混凝土衬砌,它是把衬砌结构分成不只一层,在不同的时间上先后施作的。顾名思义,它可以是两层、三层或更多层,但是目前一般将其分为"初期支护"和"二次支护"两部分。

复合式衬砌是先在开挖好的洞壁表面喷射一层早强混凝土(有时也同时施作锚杆),凝固后形成薄层柔性支护结构(即外衬常称为初期支护)。它既能容许围岩有一定的变形,又能限制围岩产生有害变形。其厚度多在5~20cm之间。一般待初期支护与围岩变形基本稳定后再施作内衬,通常为就地灌注混凝土衬砌(称为二次衬砌或支护)。两层衬砌之间宜采用缓冲、隔离的防水夹层,其目的是当第一层产生形变及形变压力较大时,仍给予极少量形变的可能,可降低形变压力。而当一次衬砌支护力不够时,可将少量形变压力均匀地传布到二次衬砌上,并依靠二次衬砌进一步制止继续变形,且防止一次衬砌出现裂缝时,二次衬砌也出现裂缝。由于两层衬砌之间有了隔离层(即防水夹层),如图2-7所示,因此防水效果良好,且可减少二次衬砌混凝土的收缩裂缝。

图2-7 防水层的铺设

在确定开挖尺寸时,应预留必要的初期支护变形量,以保证初期支护稳定后,二次衬砌的必要厚度。当围岩呈"塑性"时,变形量是比较大的。由于预先设定的变形量与初期支护稳定后的实际变形量往往有差距，故应经常量测校正，使延续各衬砌段预留变形量更符合围岩及支护变形的实际情况。

复合式衬砌的初期支护和二次支护结构受力状态，一般认为：在比较坚硬的围岩地段，由于围岩具有自承载能力，它与初期支护组合在一起能起到永久建筑物的作用，所以二次衬砌主要用来提供结构的安全储备或承受后期围岩压力；在围岩比较软弱的地段，初期支护和二次衬砌是共同承载受力的；而在一些特殊地质地段中（塌方地段、围岩产生大变形地段），二次衬砌的承载作用是主要的，它不仅能够稳定围岩的变形，而且在整个衬砌结构中占有主导地位。

复合式衬砌的设计，目前以工程类比为主，理论验算为辅。结合施工实际情况，通过施工现场测量、监控取得的数据，不断修改和完善设计。复合式衬砌设计和施工密切相关，应通过量测及时支护，并掌握好围岩和支护的形变和应力状态，以便最大限度地发挥由围岩和支护组成的承载结构的自承载能力。通过量测，掌握好断面的闭合时间，保证施工期安全。确定恰当的支护标准和合适的二次衬砌时间，达到作用在承载结构上的形变压力最小，且又十分安全和稳定。

总之，复合式衬砌的设计、施工工艺过程与其相应的衬砌及围岩受力状态均较合理；其质量可靠，能够达到较高的防水要求；也便于采用锚喷、钢支撑等工艺。它可以满足初期支护施作及时、刚度小、易变形的要求，且与围岩密贴，可起到保护围岩和加固围岩，促进围岩应力调整，充分发挥围岩自承载能力的作用；而在二次衬砌后，衬砌表面光滑平整，又可以防止外层风化，装饰内壁，增强安全感，同时充分发挥了二次衬砌永久支护的可靠作用。因此，复合式衬砌是一种较为合理的结构形式，在我国的各种隧道工程中已被普遍采用。

4. 喷锚衬砌

喷锚衬砌是指锚杆支护和喷射混凝土支护共同形成的一种组合结构。喷射混凝土是以压缩空气为动力，将掺有速凝剂的混凝土拌和料和水汇合成为浆状，喷射到岩壁上，它可以很快凝结、硬化，并和岩壁紧密贴合。锚杆则是把高抗拉性的杆状构件置于岩体中，并与其结合成一体。为了使喷混凝土结构的受力更趋理想，要求采用光面爆破开挖，使洞室周边平顺光滑，成型准确。然后尽快在开挖好的坑道岩壁上喷射混凝土，即为喷混凝土衬砌。根据实际情况，若需安装锚杆的，则要先装设锚杆，再喷混凝土，即为锚喷衬砌。如果以喷混凝土、锚杆或构件支撑的一种或几种组合作为初期支护，对围岩进行加固，维护围岩稳定，防止有害松动，待初期支护的变形基本稳定后，再进行现浇混凝土二次衬砌的，二者合称为复合式衬砌。

锚喷衬砌相对于模筑混凝土衬砌而言，是一种本质上不同的支护方式。从作用原理上看，它不是以一个刚度强大的结构物来抵抗围岩所给予它的压力荷载，而是通过施加一种保护、加固围岩的措施来发挥围岩本身的自稳能力，与围岩合成一体，共同作用，成为柔性的衬砌。从施工方法来看，它不用模板来灌注建筑材料，而是直接把建筑材料喷到岩壁上，凝成支护层，它节约了大量木材，降低了工人的劳动强度，并使坑道的断面缩小，减少了开挖量。

当围岩良好、完整、稳定的地段，只需采用喷射混凝土衬砌即可，此时喷射混凝土的作用为：局部稳定围岩表层少数已松动的岩块，保护和加固围岩表面，防止风化，与围岩形成表面较平整的整体支承结构，确保运营安全；当在层状围岩中，其结构面或产状可能引起不稳定，开挖后表面张裂、岩层沿层面滑移或受挠折断，可能引起坍塌。块状围岩受软弱结构面交叉切割，可能形成不稳定的危石，这些情况下应加入锚杆支护，通过连接作用、组合原理保护和稳定围岩，并通过喷射混凝土表面封闭和支护的配合，使围岩、锚杆和喷射混凝土形成一个稳定的承载结构。锚杆与层面垂直，就能够充分发挥锚杆的锚固作用，有效地增加层面或结构面间压应力和抗滑动摩阻力。锚杆应与没有松动的较完整的稳定围岩体相连接，锚杆还要有足够锚固长度，伸出松动围岩以外或伸入承载环以内一定深度；当围岩呈块（石）碎（石）状镶嵌结构，稳定性较差时，锚喷混凝土主要起到整体加固的作用。依靠锚杆和钢筋网喷混凝土的支护力和锚杆的连接及其本身的抗剪强度，提高围岩承载圈的抗压强度和抗剪强度，达到对围岩的整体加固作用，使围岩和锚喷支护共同成为一个承载结构。当围岩块度较小，围岩的稳定性较差时，围岩内缘及锚杆之间会出现松弛带，要通过钢筋网喷混凝土来保证其稳定性，使其不发生进一步的松弛，甚至是坍落，保证承载圈的可靠性。而且在支护过程中也可能产生较大的形变和形变压力，因而加强喷层结构，提高其强度和变形能力都是必要的。要加入钢筋网，以提高其抗拉强度和整体强度，减少裂缝，并避免过厚的喷层厚度，且使结构更可靠。

锚喷衬砌运用范围很广，除了下列地质条件锚喷支护设计应通过试验确定外，其他情况都有大量的工程实践可供参考，反复证明了锚喷支护的有效性。

（1）膨胀性岩体；

（2）未胶结的松散岩体；

（3）有严重湿陷性的黄土；

（4）大面积淋水地段；

（5）能引起严重腐蚀的地段；

（6）严寒地区的冻胀岩体。

采用锚喷衬砌后，内表面是不太平整顺直的，美观性差，影响了驾驶员在行车中的视觉感观。在高等级道路或城镇及附近的隧道，应根据需要考虑内装的方法，以消除上述缺点，同时也便于照明、通风设施的安装，提高洞内照明、防水、通风、视线诱导功能，减少噪声等。

二、隧道洞门结构

（一）隧道洞门的作用

隧道两端洞口处的结构部分称为“洞门”，它是联系洞内衬砌与洞口外路堑的支护结构。洞门可以保持洞口边仰坡的安全和稳定，汇集和排除地表流水，减少洞口土石方开挖量，保护洞门附近岩体的稳定和使车辆不受崩塌、落石等的威胁，确保行车安全。洞门的主要作用具体有以下几个方面。

1. 减少洞口土石方开挖量

洞口段范围内的路堑是依照地形与地质条件以一定的边坡来开挖的，当隧道埋深较大时，开挖量就很大。设置隧道洞门，既可以起到挡土墙的作用，又可以减少土石开挖量。

2. 稳定边坡、仰坡

由于边坡上的岩体不断受到风化，坡面松石极易脱落滚下。边坡太高，难以自身稳定。仰坡上的石块也会沿着坡面向下滚落，有时会堵塞洞口，甚至破坏线路轨道，对行车造成威胁。建立了洞门就可以减小引线路堑的边坡高度，缩小正面仰坡的坡面长度，从而使边坡及仰坡得以稳定。

3. 引离地表流水

地表流水往往汇集在洞口，如不予以排除，将会浸及线路，妨碍行车安全。修建洞门，可以把流水引入侧沟，保证了洞口的正常干燥状态。

4. 装饰洞口

洞口是隧道唯一的外露部分，是隧道正面的外观。修建洞门也可以算是一种装饰。在城市附近的隧道，尤其应当配合城市的美化及景观要求，予以艺术处理。

（二）隧道洞门的类型

山岭隧道、水底隧道和城市隧道等的洞门构造形式各有其特点。山岭隧道常用的洞门形式主要有端墙式、翼墙式和削竹式（环框式）；水底隧道的洞门通常与附属建筑物，如通风、供电、发电间、管理所、监控室等结合在一起修建；城市隧道既可能是山岭隧道，也可能是水底隧道，不过一般情况下交通量都比较大，对建筑上的要求也较高。

值得一提的是，道路隧道在照明上有较高要求，为了处理好驾驶员在通过隧道时所产生的一系列视觉上的变化，有时考虑在入口一侧设置减光棚等减光构造物，对洞外环境作一些减光处理，这样在洞口位置就不单独设置洞门建筑，而是用明洞和减光建筑将衬砌接长，直到减光建筑物的端部，这样就形成了一种新的洞门形式——遮光棚式洞门。

1. 端墙式洞门

端墙式洞门适用于地形开阔、岩质基本稳定的地区。端墙的作用在于支护洞口仰坡，保持其稳定，并将仰坡水流汇集排出。这种洞门只在隧道口正面设置一面能抵抗山体纵向推力的端墙。它除了起到挡土墙的作用以外，还能支持洞口正面上的仰坡，并将从仰坡流下来的地面水汇集到排水沟中去。

端墙的构造一般是采用等厚的直墙。直墙圬工体积比其他形式都小，而且施工方便。墙身微向后倾斜，斜度约为 1:10，这样可以受到较竖直墙为小的土石压力，而且对端墙的倾覆稳定有好处，是最常使用的洞门形式，如图 2-8 所示。

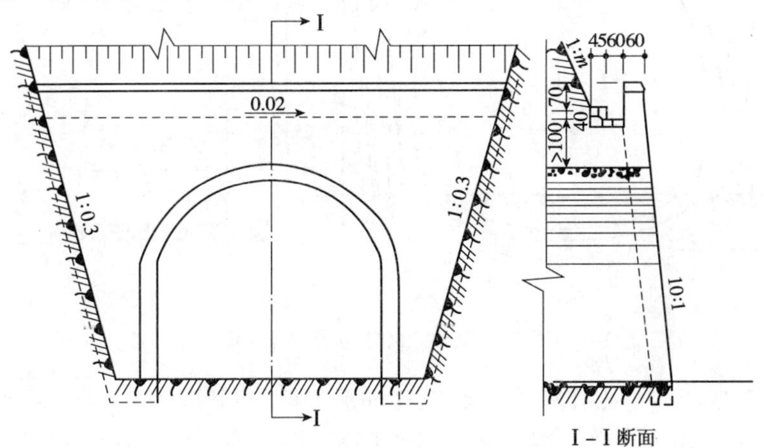

图 2-8 端墙式洞门（尺寸单位：cm）

端墙式洞门构造要求如下：

（1）端墙的高度应使洞身衬砌的上方尚有 1m 以上的回填层，以减缓山坡滚石对衬砌的冲击，洞顶水沟深度应不小于 0.4m；为保证仰坡滚石不致跳跃超过洞门落到线路上去，端墙应适当上延形成挡渣防护墙，其高度从仰坡坡脚算起，应不小于0.5m，在水平方向不宜小于1.5m；端墙基础应设置在稳固的地基上，其深度视地质条件和冻害程度而定，一般应在0.6～1.0m。

（2）端墙厚度应按挡土墙的方法计算，但不应小于表2-1所列数值。

截面最小厚度（单位：cm） 表2-1

建筑材料种类	洞门端墙、翼墙和洞口挡土墙	建筑材料种类	洞门端墙、翼墙和洞口挡土墙
混凝土	30	浆砌粗料石	30
片石混凝土	50	浆砌片石	50

（3）端墙宽度与路堑横断面相适应。下底宽度应为路堑底宽加上两侧水沟及车道底宽度，上方则依边坡坡度按高度比例增宽。端墙两侧还要嵌入边坡以内约30cm以增加洞门的稳定。

2. 翼墙式洞门

当洞口地质较差，边仰坡稳定性较差，山体纵向推力较大时，可以在端墙式洞门以外，增加单侧或双侧的翼墙，称为翼墙式洞门，如图2-9所示。翼墙式洞门由翼墙及端墙组成，翼墙是为了增加端墙的稳定性而设置的，同时对路堑边坡也起支撑作用。翼墙与端墙共同作用，以抵抗山体纵向推力，增加洞门的抗滑动和抗倾覆的能力。

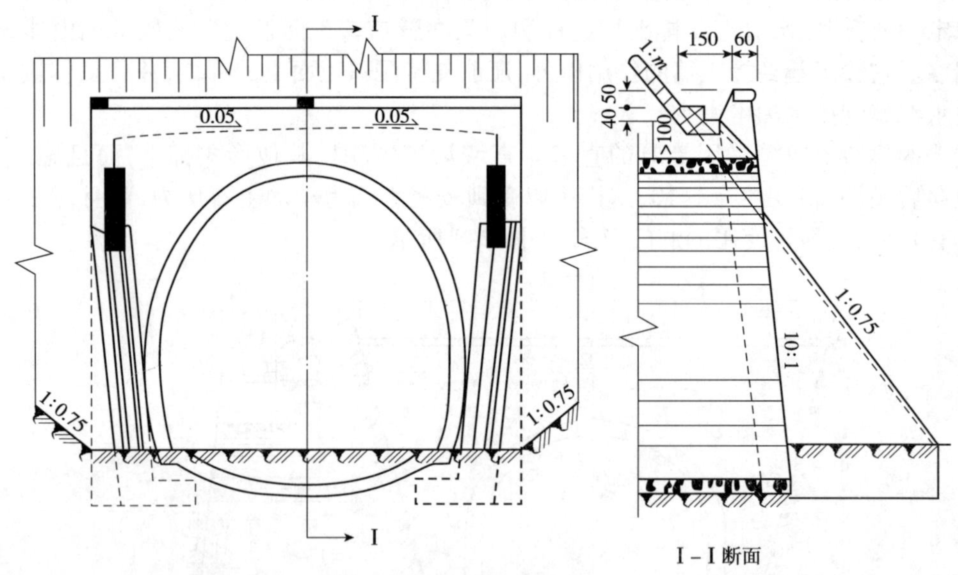

图2-9 翼墙式洞门（尺寸单位：cm）

翼墙的正面端墙一般采用等厚的直墙，微向后方倾斜，斜度为1∶10。翼墙前面与端墙垂直，顶面斜度与仰坡坡度一致。墙顶上设流水凹槽，将洞顶上的水从凹槽引至路堑边沟内。翼墙基础应设在稳固的地基上，其埋深与端墙基础相同。

洞门顶上，端墙与仰坡坡脚之间的排水沟一般采用60cm宽、40cm深的槽形，沟底应有不小于3%的排水坡。排水沟的形式视洞口的地形和洞门构造形式而定。较多使用的是单向顺坡排水，把水引到洞门一侧以外的低洼山体处，或引到路堑侧沟中。当地形不容许向一侧排水时，则可采用双向排水，把水引到端墙两侧，水从端墙后面沿预留的泄水孔流出墙外，也可以引到翼墙顶上的凹槽，使水沿着倾斜的凹槽流入路堑边沟。

3. 环框式洞门

当洞口岩层坚硬、整体性好，节理不发育，且不易风化，路堑开挖后仰坡极为稳定，并且没有较大的排水要求时可采用。环框与洞口衬砌用混凝土整体灌筑如图2-10所示。

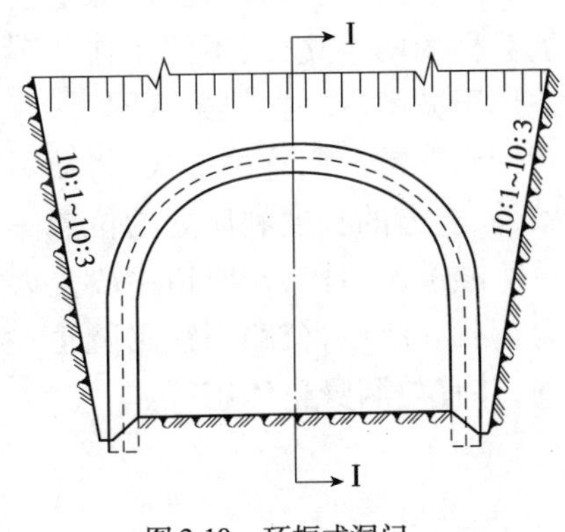

图2-10 环框式洞门

当洞口为松软的堆积层时，通常应避免大刷仰、边坡，一般宜采用接长明洞，恢复原地形地貌的办法。此时，仍可采用洞口环框，但环框坡面较平缓，一般与自然地形坡度相一致。环框两翼与翼墙一样能起到保护路堑边坡的作用。环框四周恢复自然植被原状，或重新栽植根系发达的树木等，以使仰、边坡稳定。在引道两侧，如果具备条件可以栽植高大乔木，形成林荫大道，这样的总体绿化，对洞外减光十分有益，也是一个值得推荐的好方法。不过，环框上方及两侧仍应设置排水沟渠，以排除地表水，防止漫流。倾斜的环框还有利于向洞内散射自然光，增加入口段的亮度。

4. 削竹式洞门

削竹式洞门是在环框式洞门的基础上变化而来的。当隧道洞口段有一节较长的明洞衬砌时，由于洞门背后一定范围内是以回填土为主，山体的推滑力不大时，可采用削竹式洞门，由于其结构形式类似竹筒被斜向削断的样子，故得其名，如图2-11所示。这种洞门结构近些年在公路隧道的建造中被普遍使用。

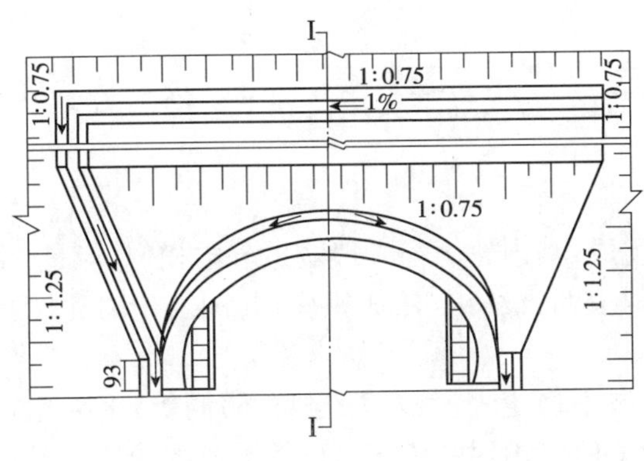

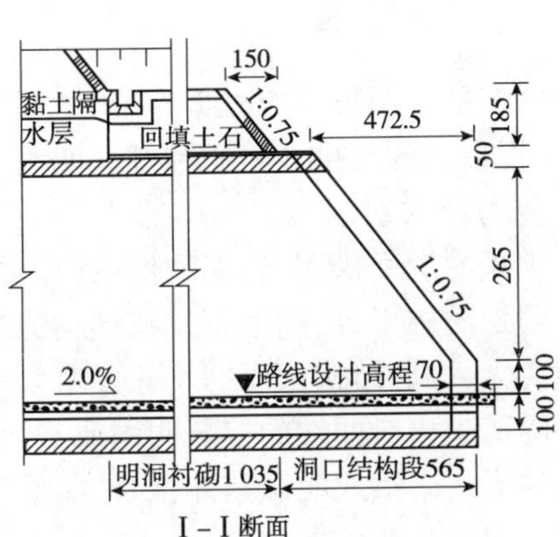

图2-11 削竹式洞门（尺寸单位：cm）

削竹式洞门的特点是：洞口边仰坡开挖量少，有利于山体的稳定，减少对植被的破坏，有利于保护环境；各种围岩类别均能适用。但其使用条件是：地形相对比较对称和不太陡峻。

5. 遮光棚式洞门

当洞外需要设置遮光棚时，其入口通常外伸很远。遮光构造物有开放式和封闭式之分，前者遮光板之间是透空的，后者则用透光材料将前者透空部分封闭。但由于透光材料上面容易沾染尘垢油污，养护困难，因此很少使用后者。形状上有喇叭式与棚式之分。

隧道洞门的形式较多，除上述基本形式外，还有一些变化形式，如柱式洞门，在端墙上增加对称的两个立柱，不但雄伟壮观，而且对端墙局部加强，增加洞门的稳定性，此种形式一般适用于城镇、乡村、风景区附近的隧道。台阶式洞门，为适应山坡地形，在沿线傍山隧道半路堑情况下常采用这种形式，将端墙做成台阶式。在选择洞门形式时，应根据洞口的地形地质条件、隧道的长度和所处的位置等具体情况适当地予以布置。

隧道洞口段，比隧道中段受力复杂，除了受横向的竖直与水平荷载以外，还受纵向的推力荷载。所以，公路与铁路隧道设计规范均规定洞口 5 ~ 10m 范围内应比中段衬砌有所加强，并宜与洞身整体砌筑。

第二节 明　　洞

明洞（图 2-12）是用明挖法修建的隧道，即当隧道埋置较浅时，先露天挖出沟槽，然后修筑结构物，最后再回填覆盖土石。

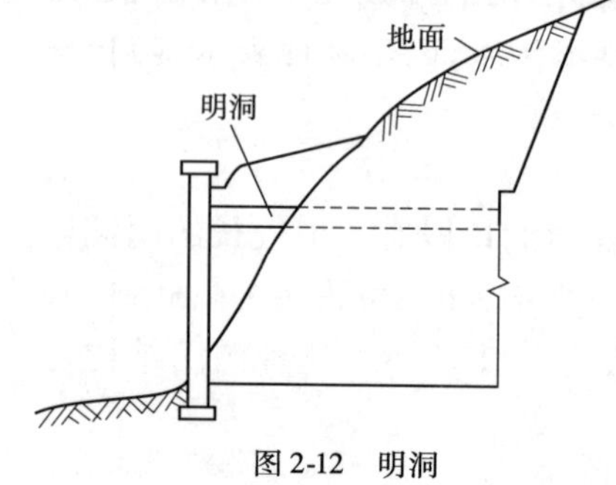

图 2-12　明洞

在山岭隧道中，明洞多用于深路堑或隧道洞口高边坡上有落石、塌方等危及安全的洞口段。当遇到地质条件较差，洞顶覆盖层较薄，用暗挖法难以进洞时，或路堑边坡可能发生塌方、滑坡或泥石流等危害地段时，或铁路、公路、河渠必须在隧道上方通过，且不宜做立交桥或涵渠时，均需修建明洞。它是隧道洞口或线路上起防护作用的重要建筑物，使用广泛。

一、明洞的类型

明洞的结构形式应根据地形、地质、安全与稳定性、经济实用及施工条件等因素综合确定，采用最多的是拱式明洞和棚式明洞。

（一）拱式明洞

拱式明洞由拱圈、边墙和仰拱（或铺底）组成，其内轮廓与一般隧道基本相似，但是，由于采用明挖法施工，周围土石是在结构完成后回填的，没有自然成拱作用，围岩压力比暗挖法隧道要大，因而结构截面的尺寸要略大一些。

隧道进出口两端的接长明洞或在路堑边坡不稳定地段修建的独立明洞等，多采用拱式明洞的形式。拱式明洞整体性好，能承受较大的垂直压力和侧压力，适用范围较广。其形式有以下四种。

1. 路堑对称型

这类形式适用于对称或接近对称的路堑边坡，洞顶地面平缓，边坡岩层基本稳定，仅防止原山坡有少量坍塌、落石以及隧道洞口岩层破碎，洞顶覆盖较薄，难以暗挖法修建隧道的地段，如图 2-13 所示。

2. 路堑偏压型

这类形式适用于两侧山坡高差较大的不对称路堑，高侧边坡有坍塌、落石或泥石流，低侧边坡明洞墙顶以下部分为挖方,且能满足外侧边墙嵌入基岩要求的地段,如图 2-14 所示。

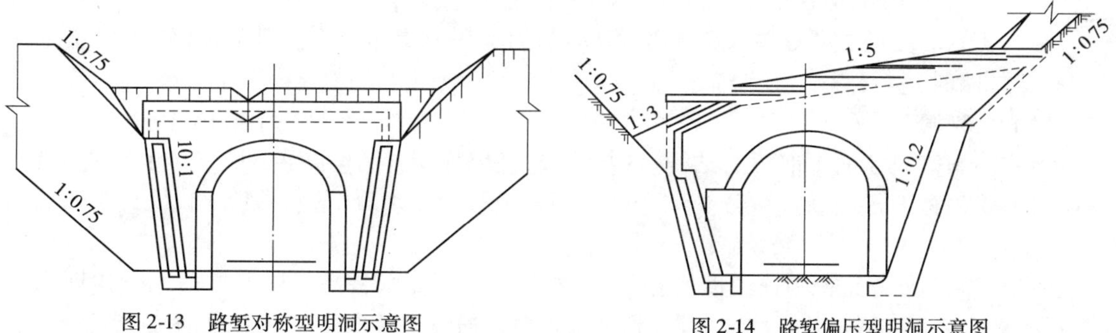

图 2-13　路堑对称型明洞示意图

图 2-14　路堑偏压型明洞示意图

3. 半路堑偏压型

这类形式适用于半路堑靠山侧边坡较高,有坍塌、落石或泥石流等不良地质现象,而外侧地面较为宽敞和稳定,上部填土坡面线能与地面相交以平衡山侧压力的地段,如图 2-15 所示。

4. 半路堑单压型

这类形式适用于靠山侧边坡或原山坡有坍塌、落石等情况,外侧地形陡峻无法回填土石地段,如图 2-16 所示。

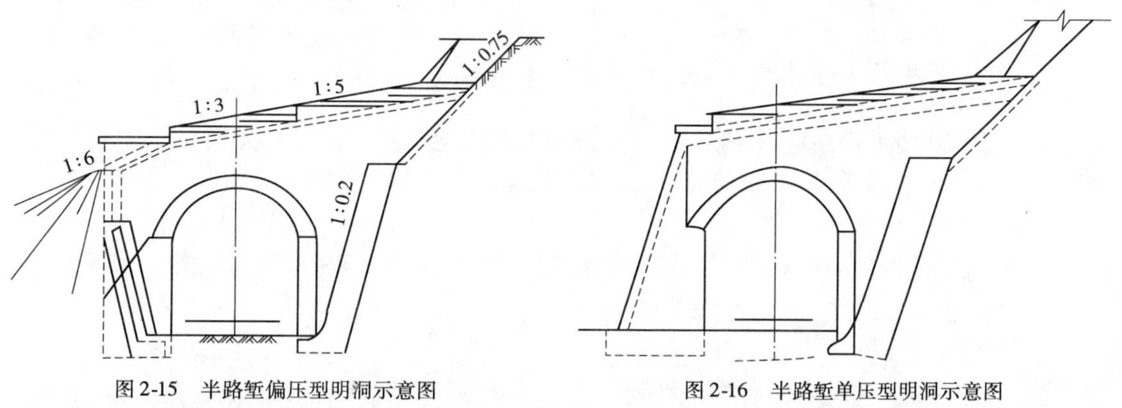

图 2-15　半路堑偏压型明洞示意图

图 2-16　半路堑单压型明洞示意图

当采用拱形明洞时,可按整体式衬砌设计。拱形明洞的边墙,一般采用直墙。半路堑拱形明洞由于衬砌所受荷载显著不对称,靠山侧所受荷载较大,外边墙及拱圈宜适当加厚,也可对称加厚。若当半路堑型单压明洞外墙尺寸较厚(可达 3 ~5m)时,为节省圬工量,通常在浆砌片石的外墙上每隔 3 ~4m 开设一个孔洞。

采用偏压拱形明洞时,要特别注意处理好外墙基础,以防止因外墙下沉而引起拱圈开裂。故外墙必须设置于稳固地基上,如有困难,则可用桩基(或加深基础)及加固地基等方法进行处理。

(二)棚式明洞

当山坡塌方,落石数量较少,山体侧压力不大,或因受地质、地形条件的限制,难以修建拱形明洞时,可采用棚式明洞。

棚洞结构主要由盖板、内边墙和外侧支承建筑物三部分组成。采用棚洞结构时,顶板一般可采用T形、Ⅱ形或空心板截面构件，内边墙可采用挡墙结构，并应置于基岩或稳固的地基与基础上，当内侧岩层坚固完整，山体坡面较陡，采用重力式挡墙开挖量较大时，也可采用钢筋混凝土锚杆挡墙，但在地下水发育地段则不宜采用。

棚式明洞的类型主要取决于外侧边墙的结构形式，通常有墙式、刚架式、柱式和悬臂式（不修建外墙时）。

1. 墙式棚洞

墙式棚洞横向断面类似桥跨结构。内墙除起挡墙作用外，还承受顶板下传的垂直荷载；外墙只承受顶板下传的垂直荷载。该形式适用于边坡存在坍塌、落石地段，如图2-17所示。

2. 刚架式棚洞

刚架式棚洞外墙结构为连续框架，因此对地基承载力要求较高。该形式适用于边坡小量落石，或在连接两座隧道间需修建明洞时，为改善隧道通风条件下而被采用，如图2-18所示。

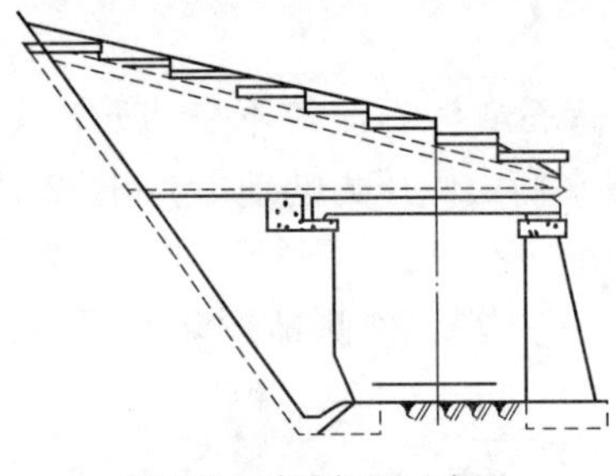

图2-17　墙式棚洞示意图

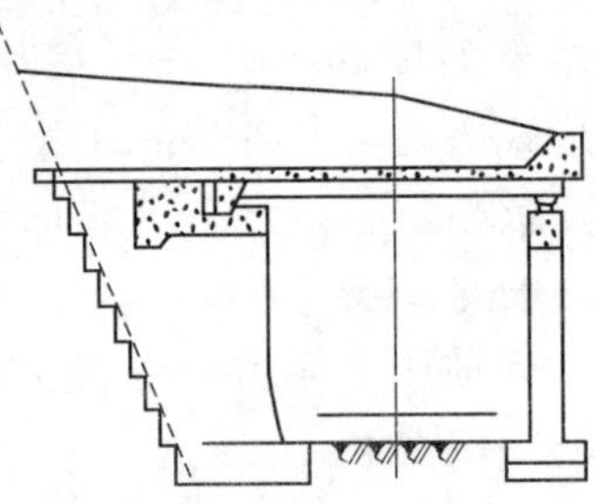

图2-18　刚架式棚洞示意图

3. 柱式棚洞

柱式棚洞外墙采用独立柱和纵梁方式，结构简单，预制吊装方便，但整体稳定性较差。该形式适用于少量落石，地基承载力高，或基岩埋藏浅的地段，如图2-19所示。

4. 悬臂式棚洞

当山坡较陡，坡面有少量落石，且外侧地基不良或不宜设基础时，可采用悬臂式棚洞，如图2-20所示。

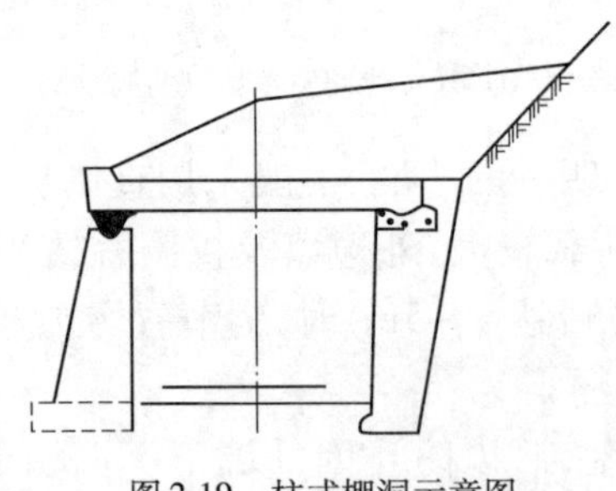

图2-19　柱式棚洞示意图

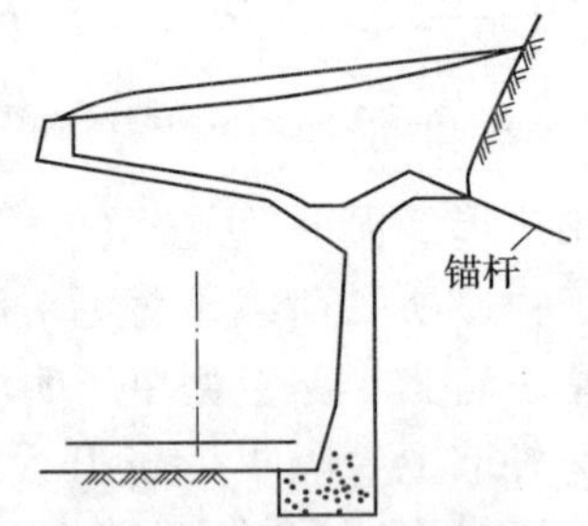

图2-20　悬臂式棚洞示意图

根据山侧岩层的具体条件，悬臂式棚洞内侧可选用重力式边墙或锚杆挡墙等形式。悬臂式棚洞由于结构不对称，抗震性能差，施工要求较高，选用时应慎重。

二、明洞基础

(1)明洞衬砌基础和隧道衬砌基础一样，为防止侧沟及铺底施工开挖时影响边墙地基稳定，基础底高程不宜高于隧道侧沟沟底高程或路面基层高程，并应置于稳固的地基上。

(2)当基岩埋深较浅时，基础可设置于基岩上；当基础位于软弱地基上时，可采用仰拱、整体式钢筋混凝土底板，也可采用桩基、扩大基础、基础加深和地基加固处理等措施。

(3)外墙基础趾部应保证一定的嵌入基岩深度和护基宽度。在冻胀性土上设置明洞基础时，基底埋置深度应不小于冰冻线以下250mm。当地基为斜坡地形时，地基可切割成台阶。明洞墙基嵌入基岩最小深度和护基最小宽度如表2-2所示。

明洞墙基嵌入基岩最小深度和护基最小宽度　　表2-2

岩层种类	埋深 h(m)	护基宽 L(m)	说明
较完整的坚硬岩层	0.25	0.3	（示意图：h、L）
一般岩层(如砂、页岩互层)	0.60	1.0	
松软岩石(如千枚岩)	1.00	1.5	
砂夹砾石	1.50	2.5	

(4)山区傍山沿河公路，设计明洞时，要考虑河岸冲刷可能影响基础稳定的地段，应根据地形、地质、流速等情况，采取加固和防护措施。

(5)明洞外边墙、棚洞立柱基础埋置深度在路面3m以下时(一般是指半路堑单压式明洞的外侧边墙及立柱)，在路基处设置钢筋混凝土横向水平拉杆或锚杆，或给立柱加设横撑和纵撑，以减小墙底的转角，改善受力条件，增加墙柱约束，减小其长细比的影响，以确保整个结构的整体性、外侧边墙及立柱的整体及局部稳定性。

三、明洞填土

明洞有防御落石、坍塌的作用，也有因为公路、铁路、沟渠必须在其上方通过而修建的，有受泥石流等危害而建明洞，也有因为保护洞口自然景观或造型设计需要而修建的明洞。由于明洞的用途不同，洞顶回填土的厚度和坡度也不一样，应根据山坡病害的情况，预计明洞顶可能出现的坍塌量及将来明洞所要起的作用来综合确定。

(1)为防御落石、坍塌的需要而修建的明洞，对明洞顶以上的危石应清除或作加固处理。

边坡防护处理以后不能绝对保证边仰坡不掉块，或有小规模的落石、崩坍的危害，故保证明洞拱背一定的填土厚度，是为了不使落石、滚石直接作用在拱圈上，确保拱圈安全。根据公路、铁路隧道建设的经验，填土的厚度不宜小于1.5m。洞顶回填土表面坡度，应以能顺畅排除坡面水为原则，不小于2%。在满足排水原则的情况下，填土坡度越缓越好，但考虑山坡崩坠的石块，受雨水冲刷带来的泥石，以及坡面零星的坍塌多堆积于坡脚附近，因此设计填土坡度一般为1∶1.5～1∶5。对称式明洞边坡基本稳定的情况可采用1∶5。

(2)当边坡有病害，未来可能发生较大的坍塌，而该隧道又处于地震烈度8度以上地区。

地震时增加了坍塌的数量，应酌情增加填土厚度，如洞顶设计填土厚度可采用2.5～3.0m，设计填土坡度可为1∶3～1∶2。

(3)当洞顶填土目的主要是为了支挡边坡的滑坍和为了防护山坡可能发生的大量塌方、泥石流时，则应将边坡的稳定情况、边坡的刷坡情况结合设计回填坡度，综合分析确定回填厚度，确保边坡和明洞的稳定与安全。一般设计回填坡度为1∶1.5～1∶3。

(4)当明洞是为了保护洞口自然环境，则应将明洞完全伸出自然山坡坡面，以不破坏自然地面及其景观为原则。开挖部分回填至原自然山坡坡度，必要时可在填土表面进行植草。

(5)明洞应重视拱背和墙背的回填，其中拱背回填是为了保护拱背及拱脚，增强拱脚的固结，增加其稳定性，起加强的作用。墙背回填质量的好坏，直接影响到墙背岩土的稳定、侧压力的大小，也影响到墙背抗力的大小。实际采用回填措施时，应根据明洞类型、围岩级别、设计要求和施工方法确定。一般Ⅱ、Ⅲ、Ⅳ类围岩其回填要求用混凝土或水泥砂浆浆砌片石回填密实，并与围岩面接合良好。对Ⅴ类围岩，墙背回填料的内摩擦角不应低于地层的计算摩擦角或设计的回填料的计算摩擦角。

(6)计算明洞墙背围岩主动土压力时，是按围岩计算摩擦角计算的，所以墙背回填料的内摩擦角应不低于围岩的计算摩擦角，不然的话，实际墙背的侧压力较设计的要大，影响结构安全。另一方面，较好的围岩与衬砌之间有低摩擦角的回填"软弱夹层"，突然增加土压力和减小弹性抗力，技术、经济效益方面都是不适宜的。因此，要提高回填的质量。

第三节 防水与排水

水不仅是影响隧道正常施工的因素之一，也是影响隧道正常运营的重要因素之一。施工期间，地下水的作用不仅降低围岩的稳定性(尤其是对软弱破碎围岩影响更为严重)，增加开挖难度，还增加了支护难度和费用。此外，地下水与地表水经常存在联系，若对地下水处理不当，则可能造成更大的危害。如大量排水后将有可能引起地表水补给，造成围岩颗粒流失，形成地下空洞甚至地表塌陷，降低围岩稳定性及水环境的改变，影响农业生产和生活用水；或被迫停工，影响工程进展等。

运营期间，地下水常从混凝土衬砌的施工缝、变形缝(伸缩缝和沉降缝)、裂缝甚至混凝土孔隙等通道，渗漏进隧道中，造成洞内通信、供电、照明等设备处于潮湿环境而发生锈蚀，极大地降低其使用功能和寿命；隧道滴水将使路面积水或结冰，降低轮胎与路面的附着力，造成打滑，危及行车安全。由于结冰膨胀和侵蚀性地下水的作用，不仅使衬砌受到破坏，危及隧道结构的耐久性，而且使得以上危害更加严重。总之，隧道工程中，地下水的存在是必然的，但它对工程的危害却是可以避免和减少的。

隧道防排水应遵循"防、排、截、堵结合，因地制宜，综合治理"的原则，采取切实可靠的设计、施工措施，保证隧道结构物和营运设备的正常使用和行车安全。

(1)"防"就是要求隧道衬砌、防水层具有一定的防水能力，能防止地下水透过防水层、衬砌结构渗入洞内，如采用防水混凝土或塑料防水板等。

(2)"排"就是人为设置的排水系统，将地下水排出隧道。隧道应有畅通的排水设施，将衬砌背后、路面结构层下的积水排入洞内中心水沟或路侧边沟。排出衬砌背后的积水，能减少或消除衬砌背后的水压力，排得越好，衬砌渗漏水的几率就越小，防水也就更容易；排出路面结构层下的积水，能防止路面冒水、翻浆、结构破坏。但必须注意大量排水后引起的后果，应事先妥善处理。

(3)"截"就是在隧道以外的地方将地表水和地下水疏导截流，使之不进入隧道的工程范围内。对易于渗漏到隧道的地表水或有坑洼积水，应采用设置截(排)水沟、清除积水、填筑积水坑洼地、封闭渗漏点等措施。对于地下水，应采取导坑、泄水洞、井点降水等措施。

(4)“堵”即堵住地下水从衬砌背后渗入隧道内。在隧道施工过程中,针对隧道围岩有渗漏水地段,可采用注浆、喷涂、堵水墙等方法堵住;对运营后渗漏水地段,也可采用注浆、喷涂或用嵌填材料、防水抹面等方法,将地下水堵在围岩体内。

隧道的防排水工作,应结合水文地质条件、地下水的水量大小及埋藏和补给条件、工程结构设计使用要求、材料来源和成本、施工技术水平及环境保护要求等情况,因地制宜,综合考虑,选择适宜的方法,以做到技术可行,费用经济,效果良好,保护环境,保证使用期内结构和设备的“正常使用和行车安全”。

下面根据上述原则,介绍治水的常用方法。

一、防水措施

常用的防水措施有喷射混凝土防水、塑料防水板防水、模筑混凝土衬砌防水、防水涂料防水等。

1. 喷射混凝土防水

当围岩有大面积裂隙渗水,且水量、压力较小时,可结合初期支护采用喷射混凝土堵水。但应注意此时需加大速凝剂用量,进行连续喷射,且在主裂隙处不喷射混凝土,使水流能集中于主裂隙流入盲沟,通过盲沟排出。

2. 塑料防水板防水

当围岩有大面积裂隙滴水、流水,且水量压力不太大时,可于喷射混凝土等初期支护施作完毕后,二次衬砌施作前,在岩壁全断面铺设塑料防水板防水。塑料板防水层具有优良的防水和耐腐蚀性能,目前在隧道及地下工程中得到了广泛的应用。

3. 模筑混凝土衬砌防水

模筑混凝土本身就具有一定的抗渗阻水性能,但普通混凝土的抗渗性较差,尤其是在施工质量不高的情况下,如振捣不密实,施工缝、沉降缝、伸缩缝处理不好、配比不当等,则更易形成水的渗漏、漫流。当地下水有侵蚀性时,对混凝土的腐蚀就更为严重。如果能保证混凝土衬砌的抗渗防水性能,则不需要另外增加其他防水、堵水措施。因此,充分利用混凝土衬砌的防水性能,是经济合理的和最基本的防水措施。

工程中,改善和利用混凝土衬砌的抗渗防水性能,可以从两个方面来考虑。

其一是防水混凝土的抗渗强度等级及抗压强度应满足设计要求。其配合比选择应注意以下几点:

(1)水灰比不得大于0.6;

(2)水泥用量不得少于280kg/m^3;

(3)砂率应适当提高,并不得低于35%。

其二是防水混凝土衬砌施工必须采用机械振捣。施工缝、沉降缝及伸缩缝则可以采用中埋式塑料或橡胶止水带,或采用背贴塑料止水带止水。

4. 涂料防水

涂料防水是在隧道内表面喷涂或涂刷防水涂料,如乳化沥青、环氧焦油等,使在隧道内表面形成不透水的薄膜。涂料的黏结力要强、抗渗性要好、无毒、施工方便。涂料防水目前在地下工程结构中已得到应用,但在一般山岭隧道中,应用还不是很广泛。

5. 防水砂浆抹面

防水砂浆是在普通水泥砂浆中掺加各种防水剂，以提高抹面的防水性能。目前使用的防水砂浆种类较多，效果较好的有氯化铁防水砂浆和氯化钙防水砂浆。氯化铁防水砂浆的配合比可采用1:(2~2.5):0.3:(0.5~0.55)(水泥:砂:防水剂:水)。氯化钙防水砂浆中的防水剂掺量为水泥用量的12%~16%。两种砂浆在硬化过程中的收缩量都较大，应注意保持潮湿养生。防水砂浆是一种刚性防水层，在隧道内产生较大变形的部位不能使用。

二、排水措施

排水与防水是紧密结合的，只防不排很难达到治水的效果。因此要求在设计和施作防水设施时，就要充分考虑到排水的组织，做到防排结合，边防边排。

“排”水是利用盲沟、泄水管、渡槽、中心排水沟或排水侧沟等将衬砌背后的地下水引入隧道内，再经由洞内水沟排走，以免造成隧道的病害。盲沟是用片石或卵石干砌而成的厚30~40cm、宽100~150cm的排水通道，见图2-21。渡槽是在衬砌内表面设置环向槽，其尺寸按水量大小确定，其间距一般应与筑拱环节长度配合，施工缝往往是漏水最多的位置。

隧道内的排水一般均采用排水沟方式，类型主要有中心排水沟和路侧排水沟，见图2-22。排水沟断面可为矩形或圆形，通常为矩形，并便于清理和检查。

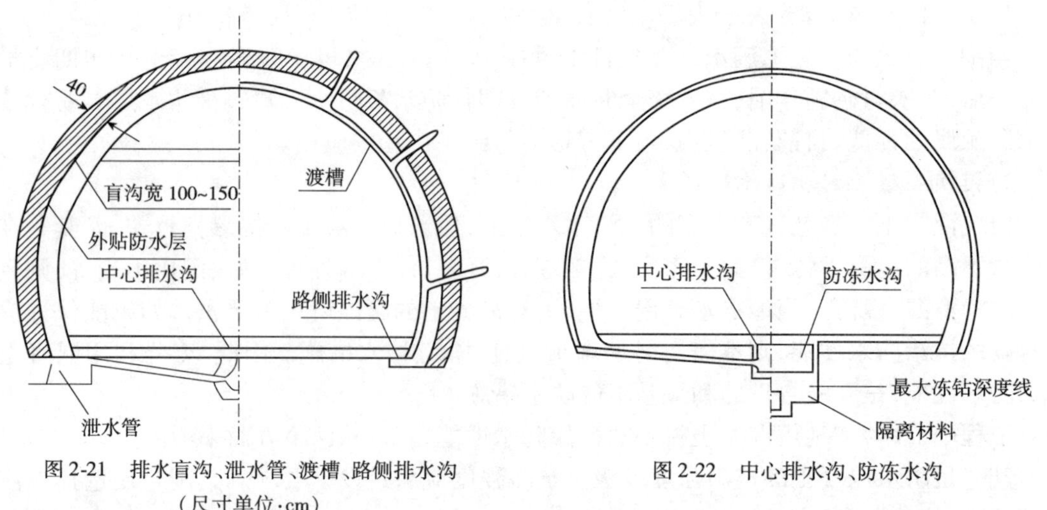

图2-21 排水盲沟、泄水管、渡槽、路侧排水沟（尺寸单位:cm）

图2-22 中心排水沟、防冻水沟

1. 排水沟

排水沟承接泄水孔泄出的水，并将其排出隧道。隧道纵向排水沟，有单侧、双侧、中心式三种形式。它是根据线路坡度、路面形式、水量大小等因素确定的。侧向排水沟设在线路的两侧(双侧)或一侧(单侧)，当为一侧时，应设在来水的一侧，如为曲线隧道，应设在曲线内侧；中心式水沟设在线路中线的下方或设在双线隧道两线路之间。洞外排水应根据地形、地质、气象情况，结合农田水利情况全面规划，综合治理，因地制宜地设置疏水、截水、引水设施。排水沟的施作，通常是与仰拱混凝土或底板混凝土同时模筑，以保证水沟的整体性，防止水向下渗流影响地基。

除常年干燥无水的隧道且长度在100m以下的情况以外，一般的隧道都应设置纵向排水沟,以便将渗漏到洞内的水和公路路基内的积水,顺着线路方向排出洞外。排水沟的断面按排水量计算确定,但一般沟底宽不应小于 40cm,深度不应小于 35cm。水沟上面应有预制的钢筋混凝土盖板遮盖,平时可作为人行道。排水沟沿纵向在适当间隔处应设置检查坑和汇水坑,但不应设在车道中心。水沟边墙上应预留足够的泄水孔。

公路隧道纵向排水沟的坡度与线路坡度一致,一般排水坡不小于 0.5%,困难地段不小于 0.3%,路面横向排水坡度不应小于 1%,横向排水暗(盲)沟坡度不应小于 2%。宜优先设置双侧水沟。有仰拱的隧道或需要设置深埋水沟的隧道,为了避免过深的墙基深度和过低的仰拱底开挖高程,可考虑设置中心水沟。

在严寒地区,为了不使流水冻结而堵死水沟,应采取防寒措施。一般可修筑浅埋保温水沟,即将水沟加深,用轻质混凝土做成上、下两层,各自设钢筋混凝土盖板。两层盖板之间用保温材料充填密实,其厚度不小于 70cm。但当浅埋保温水沟不足以防止冻害时,可考虑设置中心深埋渗水沟,即利用地温本身的作用,达到保温防冻害的目的。

公路隧道除了要排走衬砌后面的地下水外,还要排走道路清洁冲洗后的废水和下雨时汽车带进来的雨水,因此水沟一般设于靠车道一方,而电缆槽设于靠衬砌一方,衬砌背后的地下水则由排水暗管排入水沟,如图 2-23 所示。

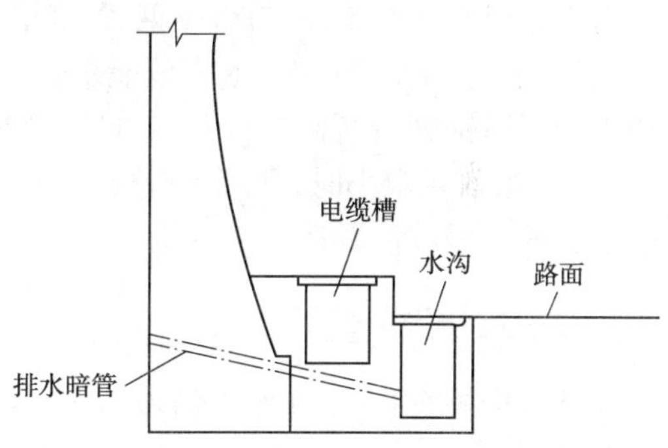

图 2-23 隧道电缆槽与排水沟布置示意图

2. 盲沟

盲沟的作用是在衬砌与围岩之间提供过水通道,并使之汇入泄水孔。盲沟可以根据需要砌至拱脚或砌至边墙底部,然后用泄水管将水引入隧道的排水沟内。它主要用于引导较为集中的局部渗流水。

盲沟沿隧道环向设置,间距视水量大小而定,一般为 4 ~ 10m。环向盲沟之间用纵向盲沟相连,汇集衬砌周围的地下水,把水向下引到墙脚外侧,通过预埋的水管流入隧道内的排水沟中去。

我国较为传统的盲沟有灌砂木盒、灌砂竹筒。因其加工、安装均较麻烦,且接头处易被混凝土阻塞,所以现在逐步被新型柔性盲沟所替代。

柔性盲沟通常由工厂加工制造。它具有现场安装方便,布置灵活,连接容易、接头不易被混凝土阻塞,过水效果良好,成本不高等优点。其构造形式有以下几种。

(1)弹簧软管盲沟。这种盲沟一般是采用 10 号铁丝缠成直径 5 ~ 8cm 的圆柱形弹簧或采用硬质又具有弹性的塑料丝缠成半圆形弹簧,或采用带孔塑料管,以此作为过水通道的骨架。安装时外覆塑料薄膜和铁窗纱,从渗流水处开始沿环向铺设并接入泄水孔。如图2-24所示。

(2)化学纤维渗滤布盲沟。这种盲沟是以结构疏松的化学纤维布作为水的渗流通道,其单面有塑料敷膜,安装时使敷膜朝向混凝土一面,可以阻止水泥浆渗入滤布。这种渗滤布式盲沟重量轻,便于安装和连续加垫焊接,宽度和厚度也可以根据渗水排水量的大小进行调整。这种渗滤布式盲沟是一种用于汇集引排大面积渗水的较理想的渗水盲沟。如图 2-25 所示。

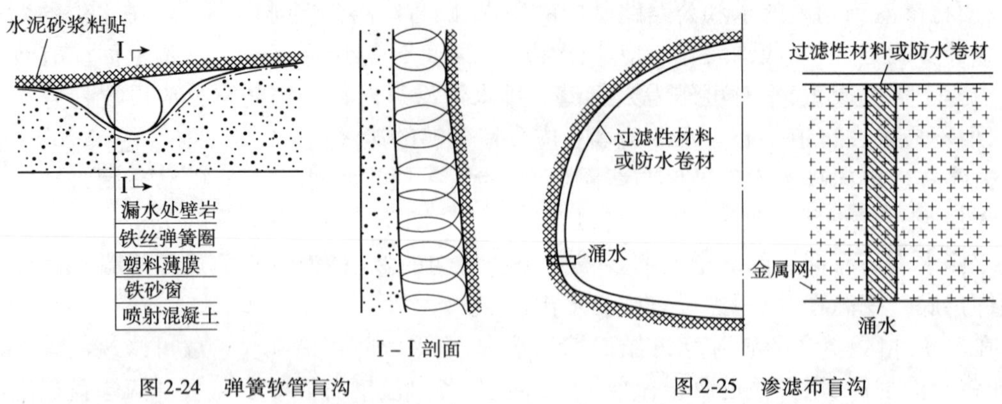

图 2-24　弹簧软管盲沟　　　　图 2-25　渗滤布盲沟

3. 泄水孔

泄水孔是设于衬砌边墙下部的出水孔道，它是将盲沟流来的水直接泄入隧道内的纵向排水沟。泄水孔的施作，有以下两种方法。

(1) 在立边墙模板时，就安设泄水管，并特别注意使其里端与盲沟接通，外端穿过模板。泄水管可用钢管、竹管、塑料管、蜡封纸管等。这种方法主要用于水量较大时。

(2) 当水量较小时，则可以待模筑边墙混凝土拆模后，再根据记录的盲沟位置钻泄水孔。泄水孔的位置应按设计要求设置。

三、截水措施

截水措施有：在地表水上游设截水导流沟，在地下水上游设泄水洞或洞外井点降水。如图 2-26 所示。

如某隧道在运营 10 年后，因水害严重影响行车，后又设计施工了上游泄水洞。

截水导流沟和泄水洞完成后即可自行永久发挥作用，而洞外井点降水，则需用水泵抽水，因此，它只能解决浅埋隧道在施工期间的降水问题。当隧道埋深较大时，可在洞内设井点降水，以解决洞内局部区段的降水问题。此外，辅助坑道中的平行导坑、横洞、斜井、竖井均可以作为泄水洞。

四、堵水措施

为保证隧道衬砌、通信信号、供电线路和轨道等设备正常使用，隧道衬砌应根据要求采取防水措施。在前面介绍了常用的防水措施，当水量大、压力大时，则可采取注浆堵水，注浆既可以堵水也可以起到加固围岩的作用。

1. 注浆堵水

在围岩破碎、含水、易坍塌地段，宜采用注浆措施。注浆在加固围岩的同时，实际上也起到了堵水的作用。由此看来，一种方法或措施，其效用有时是多方面的。因此，在隧道施工工序安排和方法(措施)选择时，一定要充分考虑到它们彼此之间的相互关系和相互影响。

注浆堵水有化学注浆和压注水泥砂浆两类。压注水泥砂浆防水消耗水泥过多，而防水效果不高。向围岩进行化学注浆，是一种有效的堵水措施。化学压浆材料种类也颇多，比较有效的材料如丙凝浆液、聚氨酯浆液、水泥—水玻璃浆液等。

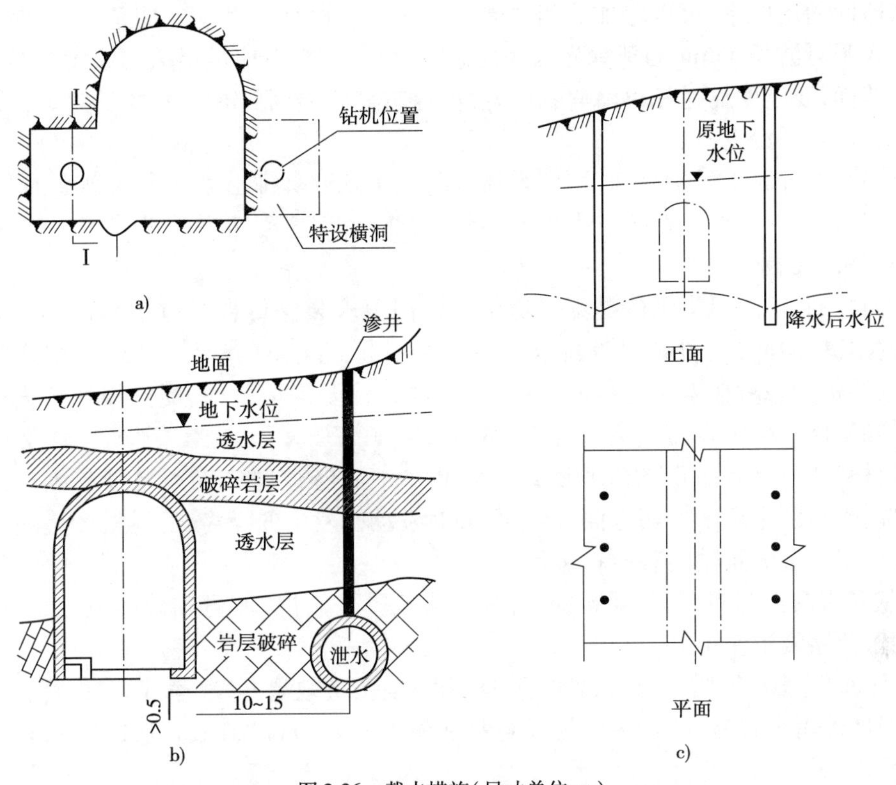

图 2-26 截水措施(尺寸单位:m)

a)洞内钻孔排水;b)上游泄水洞排水;c)深井抽水降水

此外,若二次支护因混凝土质量欠佳而产生渗漏,则可以对其进行结构注浆堵水。

在地下水较丰富的地区,衬砌接缝处常用止水带防水。其类型很多,如金属(铜片)止水带、聚氯乙烯止水带以及橡胶止水带等,目前金属止水带已经很少使用了,聚氯乙烯止水带的弹性较差,只能用于相对变形较小的场所,橡胶止水带则可用于变形幅度较大的场合。在水底隧道中,20 世纪 50 年代以后广泛使用钢边止水带,它是在两侧镶有 0.6 ~ 0.7mm 厚的钢片翼缘的一种橡胶止水带,其刚度较高,便于安装。

2. 防止地表水的下渗

当隧道地表的沟谷、坑洼积水对隧道产生影响时,采取疏导、勾补、铺砌和填平等措施,对废弃的坑穴、钻孔等应填实封闭,防止地表水下渗。隧道附近水库、池沼、溪流、井泉的水,当有可能渗入隧道,影响农田灌溉及生活用水时,应采取措施处理。

第四节 隧道的内装结构

一、内装

为了确保行车安全,在公路隧道中必须采取措施,使墙面亮度在长期的运营中保持在必要的水平以上,墙面须用适当的材料加以内装处理。内装可以改善隧道内的环境,提高墙面反射率,提高能见度和吸收噪声。

提高墙面的反射率，可以增加照明效果。因此内装材料表面应当是光洁的，颜色应当是明亮的。人眼对波长555m的黄绿光最为敏感，所以内装材料应尽量采用淡黄和浅绿色。作为背景的墙面，要能明显衬托出障碍物的轮廓，这就需要墙面具有良好的反射率，减少眩光，最好使这种反射呈漫反射。

未经内装的混凝土衬砌表面，特别容易吸附汽车发动机排出废气中的黏稠油分，可与烟雾、尘埃一起粘在表面上。在隧道内潮湿、漏水的情况下，这种污染的过程更快，会使墙面的反光率降到极低的水平。

经过内装的墙面，污染仍然是不可避免的。但要求装修材料具有不易污染、容易清洗、耐冲刷、耐酸碱、耐腐蚀、耐高温等特点。内装可以起到美观的作用，使隧道漏水不露出墙面，各种管线都能隐藏在内装材料的后面，管线的维修要保证方便，受到损坏的内装部分要便于更换和维修。内装表面应该光滑、平整、明亮。

内装材料还应具有一定的吸收噪声的作用。消除隧道内的噪声是极其困难的课题之一。隧道内噪声源主要来自两方面：汽车行驶时发动机发出的噪声，通风机产生的噪声。

通常用于隧道的张贴内装材料包括：

(1)块状混凝土材料，其表面粗糙，容易污染且不好清洗，但衬砌表面不需特殊处理，一般不适用于公路隧道使用。

(2)饰面板、镶板等质地致密材料，不容易污染，清洗效果好，洗净率高；板背后的渗漏水很隐蔽，即使外露也容易洗净；各种管线容易在板背后隐蔽设置；板背后的空间有利于吸收噪声。

(3)瓷砖镶面材料，表面光滑，容易洗净且效果良好；要求衬砌平整，以便镶砌整齐；隧道漏水部位可用排水导管疏导；镶面后面可以埋设小管线；但这种材料没有任何吸声作用。

(4)油漆材料比块状混凝土材料容易清洗，但不及其他两种材料，对衬砌表面要求很高，需要压光、平整；隧道不能有漏水现象，浸湿的油漆损坏很快；这种材料也没有吸声作用。

随着建筑材料工业技术的发展，新材料相继出现，许多新型材料都可以使用。但用于内装的新材料应该具有：耐火性，在高温条件下仍能维持一定时间，不燃烧、不分解有害成分等；耐蚀性，长期在油垢及有害气体作用下不变质，在洗涤剂等化学物质作用下不被侵蚀；不怕水，大多数隧道都存在漏水问题，在水的浸泡下，在潮湿环境中不变质、不霉烂；材料来源广泛，价格相对便宜，隧道是大型构造物，用材量很大，价格高昂的材料不适于作隧道内装。

二、顶棚

顶棚的反射率对提高照明效果有利，经过顶棚的反射光使路面产生二次反射，能明显地增加路面亮度。顶棚用漫反射材料可以避免产生眩光，其颜色的明亮程度直接影响到路面亮度，所以顶棚颜色应该是浅色的，但是又应有别于墙面，在色调和饱和度上可以有所不同。

顶棚是背景的一部分，特别是在有坡度处和变坡点附近对识别障碍物和察觉隧道内异常现象颇有帮助。

美国在改造早期修建的旧隧道时，为了提高隧道内的亮度水平，曾在顶棚上用瓷砖镶面。其结果是一方面产生严重的闪烁现象，另一方面顶棚很快变脏，清洗工作又很不方便。

由于脏的过程很快，所以不能获得稳定的反射亮度，这是需要今后进一步探索的问题。

顶棚可以美化隧道，特别是与整齐排列的灯具相互衬托时，更可以起到美化的效果，并有明显的诱导作用。

根据实际需要可以把顶棚做成平顶或者拱顶。在自然通风或诱导通风时，可以用拱顶。在半横向或横向通风时可以用平顶。顶棚以上可作为通风道和供管理人员使用的通道，因此设计荷载可按（据国外资料）10MPa 考虑。

三、路面

对隧道内路面的讨论是在其具有足够强度和耐久性的前提下进行的。作为特殊要求，有以下各点。

(1) 路面材料应具有抵御水的冲刷和含有化学物质的水的侵蚀能力。尤其地下水可能为承压水时，更为突出。路面的坡度应能迅速排除清洗用水。

(2) 因为车辆在隧道内的减速及制动次数较高，横向抗滑要求更高，以确保车体横向稳定。

(3) 隧道内环境差，交通组织相对困难，因此，对路面的要求是容易修补。

(4) 路面漫反射率高，颜色明亮，才能获得良好的照明效果。路面作为发现障碍物的背景，与墙面和顶棚相比起着更大的、关键性的作用。

路面材料主要有两种，即混凝土和沥青混凝土。由于混凝土的反射率较沥青混凝土路面高，横向抗滑性好，是过去广泛使用的材料。其最大缺点是产生裂缝时不容易修补，更换时要停止交通，为了减少更换次数，有时宁愿提高路面混凝土强度等级。在高寒地区路面还要受到防滑链的损害，因此必须考虑设置磨耗层。沥青路面的反射率较低，为了改善路面亮度，需要在面层加入石英和铝的混合物，有的加入浅色石子和氧化钛作填充料。

路面与车道分隔线等交通标志之间应保证有明显的亮度对比和鲜明的颜色对比。

隧道内的路基结构应具有足够的承载力，尤其要求在有丰富地下水的条件下也能满足要求，这就要求具备良好的排水设施。衬砌背后应设置盲沟和导水管，在车道板下面也应铺设透水性好的路基材料，必要时设置仰拱。在确定隧道纵坡时，应保证排水沟排水顺畅，保证路面有 1% ~1.5% 的横坡等。

四、噪声的消减

隧道内噪声主要来源于车辆发动机的轰鸣声、轮胎与路面的冲击和摩擦声，以及通风机噪声（隧道内设置通风机时）。隧道内噪声主要影响隧道内从事维修养护人员、救援救护人员，以及需要使用应急电话通话（如报警）的当事人等的正常工作和交流。

隧道内的混响时间（噪声源发音瞬间的声能衰减到 $1/10^6$ 时所需时间，即衰减 60dB 所需时间）为洞外的数千倍，竟达到 7 ~ 11s，而洞外仅为数百分之一秒，在噪声级相当高的隧道内，震耳欲聋，乱作一团，难以忍受。对于交通量大的重要隧道，往往需要设置应急电话等通信设备，这种隧道噪声至少应当控制在可以用电话与管理所通话的程度。由表 2-3 中可知，噪声超过 65dB 时，已经很难利用电话；从使用电话的角度看，噪声水平应保持在 60dB 以下。

噪声水平与噪声状况的对比关系　表 2-3

噪声水平[dB(A)]	状　况	噪声水平[dB(A)]	状　况
40	极安静	55	打电话有时困难，2m 可以对话，4m 大声讲话
45	安静，10m 距离可以对话	60	打电话有少许困难，2m 大声对话
50	打电话无困难，4m 距离可以对话	66	打电话很困难

噪声水平 SL 与汽车交通量 N 之间的关系可按式(2-1)计算：

$$SL = 18\mathrm{Lg}N + 13(\mathrm{dB}) \tag{2-1}$$

式中：N——每小时交通量(辆/h)，其关系曲线用图 2-27 表示。

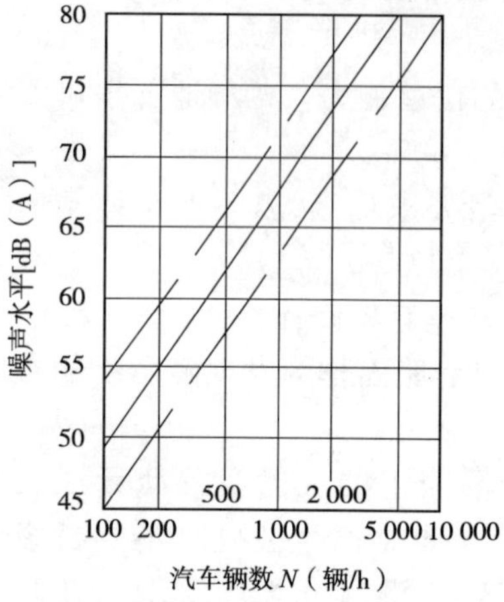

图 2-27　噪声水平与交通量的关系

噪声水平也可以从表 2-4 ~ 表 2-6 中查得。噪声水平除了受车速与车流组成影响外，还与交通量、坡度和车辆技术状态的好坏等有关。各种类别车辆可以达到的噪声级见表 2-4。车速与车流组成不同时，其噪声级可参考表 2-5。交通量修正值见表 2-6。

交通条件修正值如下：

(1)车行道纵坡每增加 2%：+1；

柴油机货车每增加 10%：+1。

(2)路面种类：

沥青混凝土：0；

混凝土：+2；

碎石：+4。

各种类别车辆的噪声级　表 2-4

车辆类别	噪声级[dB(A)]	车辆类别	噪声级[dB(A)]
大载质量柴油机货车	92 ~ 100	摩托车	88 ~ 98
汽油机货车	82 ~ 86	无轨电车	76 ~ 90
柴油机公共汽车	90 ~ 98	轻型汽车	75 ~ 85
汽油机公共汽车	80 ~ 86	轻便摩托车	84 ~ 102

车速与车流组成不同时的噪声级[dB(A)]　表 2-5

平均车速(km/h)	车流组成中货车及公共汽车比例(%)								
	100	90	80	70	60	50	40	30	20
30	80.5	79.5	78.5	77.5	76.5	75.5	74.5	73.5	72.5
40	82.0	81.0	80.0	79.0	78.0	77.0	76.0	75.0	74.0
50	83.5	82.5	81.5	80.5	79.5	78.5	77.5	76.5	75.5
60	85.0	84.0	83.0	82.0	81.0	80.0	79.0	78.0	77.0
70	86.5	85.5	84.5	83.5	82.5	81.5	80.5	79.5	78.5
80	88.0	87.0	86.0	85.0	84.0	83.0	82.0	81.0	80.0

续上表

平均车速(km/h)	车流组成中货车及公共汽车数量(%)								
	100	90	80	70	60	50	40	30	20
90	89.5	88.5	87.5	86.5	85.5	84.5	83.5	82.5	81.5
100	91.0	90.0	89.0	88.0	87.0	86.0	85.0	84.0	83.0
110	92.5	91.5	90.5	89.5	88.5	87.5	86.5	85.5	84.5

交通量对噪声影响的修正值 表2-6

交通量(辆/h)	100	200	300	500	700	1 000	2 000	3 000	4 000
修正值	-10	-7.5	-5.5	-1.5	±0	+1.5	±2.0	±2.0	±2.5

从以上图表中的曲线和数据上看,在隧道内可以使用电话的标准是很高的。由于隧道是封闭结构,声波在横向无法扩散,只能沿纵轴经进出洞口向外扩散。在隧道内设置吸声材料时,理想的状态是材料足够好,可以一次吸收完毕,不再反射,而实际材料在横向只能有限度地吸收一小部分,故只能通过减少反射的次数。把噪声级减缓到60dB(A)是相当困难的,反射材料只能减少共鸣时间,而几乎不能降低噪声能量。

吸声材料应当具有内装材料的特性,吸声结构应当与内装相结合。目前可以使用的吸声材料较多,其中多空隙吸声材料是应用最广的基本吸声材料,如玻璃棉、矿棉、无机纤维材料及其成型板材等。利用吸声结构吸声的有:膜共振吸声结构、板共振吸声结构、腔共振吸声结构,如穿孔板式共振吸声结构等。

第五节 营运通风

隧道通风可分为施工期间的通风和运营期间的通风。施工期间的通风是临时性的,详见第十章。这里主要介绍运营通风设施。

在运营期间,隧道内行驶的汽车会排出大量的废气,含有多种有害成分,如一氧化碳(CO)、二氧化氮(NO_2)、煤烟、铝、磷化物、硫和烟尘等,这些废气是气态和浮游固态微粒的混合物,其中 CO 和 NO_2 对人体健康的影响比较突出。此外,汽车还能携带尘土和卷起尘埃。这些物质造成了隧道内的空气污染。隧道是个相对闭塞的空间,一般只有进出口与大气相通,隧道内的污染物不能很快扩散,污染空气的浓度会逐渐积累。当浓度很小时,通常影响不大。但是,当 CO 和 NO_2 浓度增加时,会使人体产生不同程度的中毒症状,直至危及生命。空气中的烟尘可以影响能见度,含烟(尘)量达到一定程度后,即可使能见度下降到妨碍行车安全的程度。总之,隧道内的空气污染,既会造成对人体的危害,又会影响行车安全。

隧道通风的目的是通过改变隧道内空气的化学组成和气候条件,使之满足人员工作、车辆运行的卫生和安全要求,保证隧道正常运营。隧道通风主要是对 CO、NO_2、烟尘和异味等进行稀释。

道路隧道的通风设计是隧道总体设计的重要环节之一,应综合考虑交通条件、地形、地质条件、通风要求、环境保护要求,火灾时的通风控制、维护与管理水平、分期实施的可能性、建设与运营费用等。通风设计需要考虑的主要问题是:隧道内空气中有害物质的容许浓度;需风量的确定;判断自然通风的能力等。

一、空气中有害物质的容许浓度

我国《公路隧道照明设计细则》(JTG/T D70/2-01—2014)规定了隧道中有害气体和烟尘浓度以及风速应达到的设计标准。

1. 隧道内 CO 和 NO_2 设计浓度标准

(1)正常交通时,隧道内 CO 设计浓度可按表 2-7 取值。

CO 设计浓度 δ_{CO} 表 2-7

隧道长度(m)	≤1 000	>3 000
δ_{CO}(cm^3/m^3)	150	100

注:隧道长度为 1 000m < L≤3 000m 时,可按线性内插法取值。

(2)交通阻滞时,阻滞段的平均 CO 设计浓度 δ_{CO} 可取 150cm^3/m^3,同时经历时间不宜超过 20min。

(3)隧道内 20min 内的平均 NO_2 设计浓度 δ_{CO} 可取 1.0cm^3/m^3。

(4)人车混行通行的隧道,隧道内 CO 设计浓度不应大于 70cm^3/m^3,隧道内 60min 内 NO_2 设计浓度不应大于 0.2cm^3/m^3。

(5)隧道内养护维修时,隧道作业段空气的 CO 允许浓度不应大于 30cm^3/m^3,NO_2 允许浓度不应大于 0.12cm^3/m^3。

2. 烟尘设计浓度标准

(1)采用显色指数 33≤Ra≤60、相关色温 2000～3000K 的钠光源时,烟尘设计浓度 K 应按表 2-8 取值。

烟尘设计浓度 K(钠光源) 表 2-8

设计速度 v_t(km/h)	≥90	60≤v_t<90	50≤v_t<60	30<v_t<50	v_t≤30
烟尘设计浓度 K(m^{-1})	0.006 5	0.007 0	0.007 5	0.009 0	0.012 0*

注:* 此工况下应采取交通管制或关闭隧道等措施。

(2)采用显色指数 Ra≥65、相关色温 3 300～6 000K 的荧光灯、LED 灯等光源时,烟尘设计浓度 K 应按表 2-9 取值。

烟尘设计浓度 K(荧光灯、LED 灯等光源) 表 2-9

设计速度 v_t(km/h)	≥90	60≤v_t<90	50≤v_t<60	30<v_t<50	v_t≤30
烟尘设计浓度 K(m^{-1})	0.005 0	0.006 5	0.007 0	0.007 5	0.012 0*

注:* 此工况下应采取交通管制或关闭隧道等措施。

(3)双洞单向交通临时改为单洞双向交通时,隧道内烟尘允许浓度不应大于 0.012m^{-1}。

(4)隧道内养护维修时,隧道作业段空气的烟尘允许浓度不应大于 0.003 0m^{-1}。

3. 异味稀释及其他要求

隧道空间最小换气频率不应低于每小时 3 次;采用纵向通风的隧道,隧道内换气风速不应低于 1.5m/s。

通风设计时还必须考虑火灾对策,长度大于 1 000m 的高速公路和一级公路隧道以及长度大于 2 000m 的二、三、四级公路隧道应设置火灾机械防烟与排烟系统。选用的隧道排烟风机，在环境温度为 250℃ 情况下其连续运行时间不应小于 60min。

二、需风量计算

确定隧道通风所需风量是隧道通风设计最重要的工作之一。需风量计算就是计算稀释隧道内 CO、烟尘及各种异味达到容许浓度所需的风量。

需风量计算中，设计小时交通量以及相对应的机动车有害气体排放量均应与各设计目标年份相匹配。机动车有害气体基准排放量宜均以 2000 年为起点，按每年 2.0% 的递减率计算至设计目标年代获得的排放量，作为隧道通风设计目标年份的基准排放量，最大折减年限不宜超过 30 年。确定需风量时，应对稀释烟尘、CO 按隧道设计速度以下各工况车速 10km/h 为一档分别进行计算，并计算交通阻滞和换气的需风量，取其较大者作为设计需风量。

1. 按稀释 CO 浓度计算需风量

为了计算稀释 CO 到容许浓度的需风量，必须首先计算隧道内汽车排放的 CO 数量，汽车 CO 排放量按照式(2-2)计算：

$$Q_{CO} = \frac{1}{3.6 \times 10^6} q_{CO} f_a f_d f_h f_{iv} L \sum_{m=1}^{n} (N_m f_m) \tag{2-2}$$

式中：Q_{CO}——隧道全长 CO 排放量(m^3/s)；

q_{CO}——设计目标年份的 CO 基准排放量[$m^3/(veh \cdot km)$]；正常交通时，2000 年的机动车尾排有害气体中 CO 的基准排放量应取 0.007$m^3/(veh \cdot km)$；交通阻滞时车辆按怠速考虑，2000 年的机动车尾排有害气体中 CO 的基准排放量应取 0.015$m^3/(veh \cdot km)$，且阻滞段计算长度不宜大于 1 000m；

f_a——考虑 CO 的车况系数，对高速公路、一级公路取 1.0，对二、三、四级公路取 1.1 ~ 1.2；

f_d——车密度系数，按表 2-10 取值；

f_h——考虑 CO 的海拔高度系数，按图 2-28 取值；

N_m——相应车型的设计小时交通量(辆/h)；

f_m——考虑 CO 的车型系数，按表 2-11 取值；

f_{iv}——考虑 CO 的纵坡车速系数，按表 2-12 取值；

n——车型类别数；

L——隧道长度(m)。

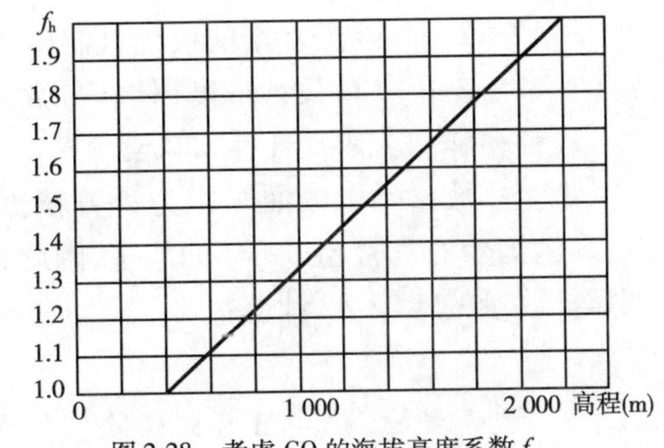

图 2-28 考虑 CO 的海拔高度系数 f_h

车密度系数 f_d 表 2-10

车速(km/h)	100	80	70	60	50	40	30	20	10
f_d	0.6	0.75	0.85	1.0	1.2	1.5	2.0	3.0	6.0

考虑 CO 的车型系数 f_m　　表 2-11

车型	各种柴油车	汽油车			
		小客车	旅行车、轻型汽车	中型货车	大型客车、拖挂车
f_m	1.0	1.0	2.5	5.0	7.0

考虑 CO 的纵坡车速系数 f_{iv}　　表 2-12

v(km/h) \ i(%)	−4	−3	−2	−1	0	1	2	3	4
100	1.2	1.2	1.2	1.2	1.2	1.4	1.4	1.4	1.4
80	1.0	1.0	1.0	1.0	1.0	1.0	1.2	1.2	1.2
70	1.0	1.0	1.0	1.0	1.0	1.0	1.0	1.2	1.2
60	1.0	1.0	1.0	1.0	1.0	1.0	1.0	1.0	1.2
50	1.0	1.0	1.0	1.0	1.0	1.0	1.0	1.0	1.0
40	1.0	1.0	1.0	1.0	1.0	1.0	1.0	1.0	1.0
30	0.8	0.8	0.8	0.8	0.8	1.0	1.0	1.0	1.0
20	0.8	0.8	0.8	0.8	0.8	1.0	1.0	1.0	1.0
10	0.8	0.8	0.8	0.8	0.8	0.8	0.8	0.8	0.8

根据式(2-2)计算的 CO 排放量，稀释 CO 到容许浓度的需风量按式(2-3)计算：

$$Q_{req(CO)} = \frac{Q_{CO}}{\delta} \cdot \frac{p_0}{p} \cdot \frac{T}{T_0} \times 10^6 \tag{2-3}$$

式中：$Q_{req(CO)}$——隧道全长稀释 CO 的需风量(m^3/s)；

p_0——标准大气压(MPa)，取 101.325MPa；

p——隧址设计气压(MPa)；

T_0——标准气温(K)，取 273K；

T——隧道夏季的设计气温(K)；

δ——CO 设计浓度(体积分数)。

2. 按稀释烟尘浓度计算需风量

烟尘排放量是以柴油车作为计算依据。当交通流组成中柴油车比例大到某一限度以后，车辆烟尘的危害超过 CO 的危害，因此，根据烟尘排放量计算所需通风量成为重要问题。烟雾排放量按式(2-4)计算：

$$Q_{VI} = \frac{1}{3.6 \times 10^6} q_{VI}\, f_{a(VI)}\, f_d\, f_{h(VI)}\, f_{iv(IV)}\, L \sum_{m=1}^{n_D} [N_m f_{m(VI)}] \tag{2-4}$$

式中：Q_{VI}——隧道全长烟尘排放量(m^3/s)；

q_{VI}——设计目标年份的烟尘基准排放量[$m^2/(veh \cdot km)$]；2000 年的机动车尾排有害气体中烟尘的基准排放量应取 2.0$m^2/(veh \cdot km)$；

$f_{a(VI)}$——考虑烟尘的车况系数，对高速公路、一级公路取 1.0，对二、三、四级公路取1.2～1.5；

f_d——车密度系数,按表2-10取值;

$f_{h(VI)}$——考虑烟尘的海拔高度系数,按图2-29取值;

$f_{iv(VI)}$——考虑烟尘的纵坡车速系数,按表2-13取值;

$f_{m(VI)}$——考虑烟尘的车型系数,按表2-14取值;

n_D——车型类别系数;

L——隧道长度(m)。

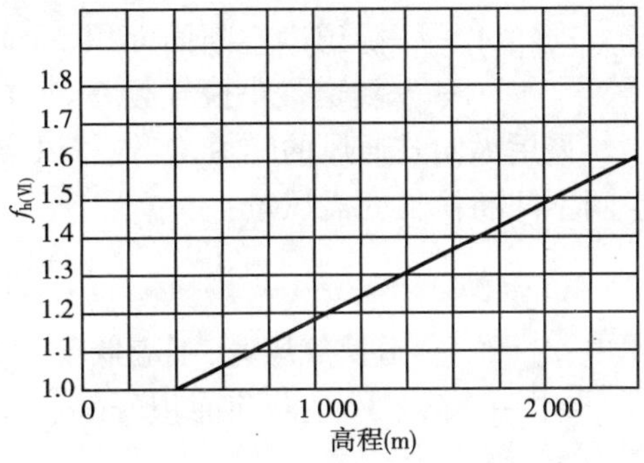

图2-29 考虑烟尘的海拔高系数$f_{h(VI)}$

考虑烟尘的纵坡车速系数$f_{iv(VI)}$ 表2-13

工况车速(km/h)	隧道行车方向纵坡i(%)								
	-4	-3	-2	-1	0	1	2	3	4
80	0.3	0.4	0.55	0.8	1.3	2.6	3.7	4.4	—
70	0.3	0.4	0.55	0.8	1.1	1.8	3.1	3.9	—
60	0.3	0.4	0.55	0.75	1.0	1.45	2.2	2.95	3.7
50	0.3	0.4	0.55	0.75	1.0	1.45	2.2	2.95	3.7
40	0.3	0.4	0.55	0.7	0.85	1.1	1.45	2.2	2.95
30	0.3	0.4	0.5	0.6	0.72	0.9	1.1	1.45	2.0
10~20	0.3	0.36	0.4	0.5	0.6	0.72	0.85	1.03	1.25

考虑烟尘的柴油车车型系数$f_{m(VI)}$ 表2-14

小客车、轻型货车	中型货车	重型货车、大型客车	拖挂车、集装箱车
0.4	1.0	1.5	3

稀释烟尘到设计浓度所需风量按式(2-5)计算:

$$Q_{req(VI)} = \frac{Q_{VI}}{K} \tag{2-5}$$

式中:$Q_{req(VI)}$——隧道全长稀释烟尘的需风量(m^3/s);

K——烟尘设计浓度(m^{-1}),按表2-8、表2-9取值;

Q_{VI}——隧道烟尘排放量(m^2/s)。

3. 稀释空气中异味的需风量

这是一项舒适性标准,即稀释空气中的异味,用隧道空间不间断换气频率次数度量。《公路隧道通风设计细则》(JTG/T D70/2-02—2014)所给定的换气次数是不低于每小时3次,其含义是每小时有等于隧道内3倍空间的新鲜空气通过隧道。

隧道换气需风量按式(2-6)计算:

$$Q_{req(ac)} = \frac{A_r \cdot L \cdot n_S}{3\,600} \tag{2-6}$$

式中:$Q_{req(ac)}$——隧道换气需风量(m^3/s);

A_r——隧道净空断面面积(m^2)；

n_S——隧道最小换气频率。

采用纵向式通风的隧道，换气需风量按式(2-6)和式(2-7)计算，并取其较大者作为隧道空间不间断换气的需风量：

$$Q_{req(ac)} = v_{ac} \cdot A_r \tag{2-7}$$

式中：v_{ac}——隧道换气风速，不应低于1.5m/s；

A_r——隧道净空断面面积(m^2)。

三、通风方式

公路隧道对运营通风的要求较高，可供选择的通风方式也较多，选择时最主要的是考虑隧道的长度和交通流量，同时还要考虑当地气象、环境、地形以及地质等条件。在充分考虑各种因素后，选择既有效又经济的通风方式。

公路隧道的通风方式大体可分为自然通风和机械通风两种。自然通风是利用洞内的天然风流和汽车运行所引起的活塞风(交通风)来达到通风的目的。机械通风则是在自然通风不能满足要求时，设置一系列通风机械，通过送入或吸出空气来达到通风目的。

按车道空间的空气流动方式，公路隧道通风方式大体上可以粗略地区分如下：

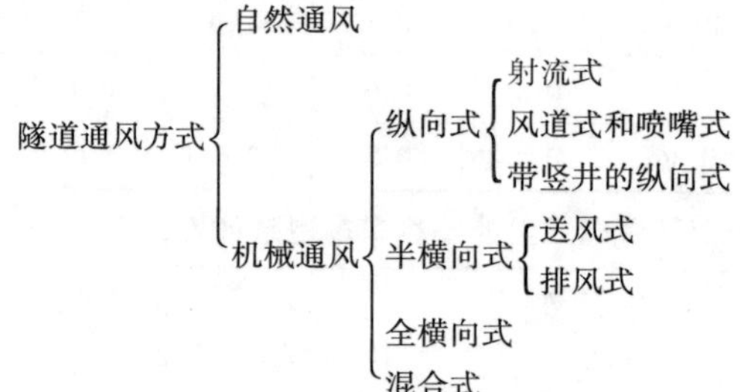

对于通风方式的选择，应从不同方案的工程费用、维护管理费上进行经济比较。这里，不应局限于成本比较，而应包括通风质量在内的综合性比较。

在选择通风方式时，首先需要确定隧道内所需通风量，然后讨论自然风和交通风能否满足需要，如果不能满足需要或者缺乏可靠性(自然风和交通风是否稳定)，就应当采用机械通风。

1. 自然通风

自然通风是一种最简单、最节能也是最经济的纵向通风方式。它无需任何人工机械设备，只是利用洞口两端气压差在洞内形成的自然风流和汽车运行所引起的活塞风流就能达到通风换气的目的。但由于自然风力大小和方向是不稳定的，它随着不同地区和季节等因素变化很大，难以作为一种稳定可靠的通风动力，因此自然通风通常仅用于长度较短及交通量很小的隧道中。

从世界各国的隧道实例看，长度在200m以下，甚至200～500m的对向交通隧道，在一定的交通量以下可以考虑用自然通风，大体上可以用下列经验公式作为区分自然通风与机械通风的限界：

$$\begin{aligned} &L \cdot N < 6 \times 10^5 \text{（双向交通）} \\ &L \cdot N < 20 \times 10^5 \text{（单向交通）} \end{aligned} \tag{2-8}$$

式中：L——隧道长度（m）；

N——隧道的设计交通量（辆/h）。

当隧道的设计交通量和隧道长度的乘积小于不等式（2-6）右边数值时，可考虑采用自然通风，反之则应选择机械通风方式。

2. 纵向式通风

纵向式通风是从一个洞口直接引起新鲜空气，由另一洞口把污染空气排出的方式，或者说，在隧道内空气的流动方向与隧道纵轴一致，与自然通风的原理是相同的。此时，隧道内沿纵向流动的空气速度，可以认为从入口至出口都是匀速的。这种方式的空气污染浓度，由入口向出口方向成直线增加。单向交通时，如果自然风从出口吹入隧道，洞内污染物浓度会增大。当洞内为双向交通时，交通风自然抵消，此时如有自然风吹入隧道进行自然通风时，在下风方向空气污染浓度也会增加。既没有交通风也没有自然风时，为了使隧道有风速为 v 的空气流动，则需要进行机械通风。

纵向式通风的类型很多，如射流式通风、风道式通风和集中排气式通风，根据交通方式不同又可以有不同的设计。

（1）射流式通风

射流式通风是在车道空间上方直接吊设射流式通风机（图 2-30），用以升压，进行通风的方式。通常根据需要沿隧道纵向以适当的间隔吊设数组，每组为一个至数个射流式通风机，见图 2-31。射流式通风机是一种新型通风机，具有体积小、风量大的特点，其喷射风速能达到 25～30m/s。

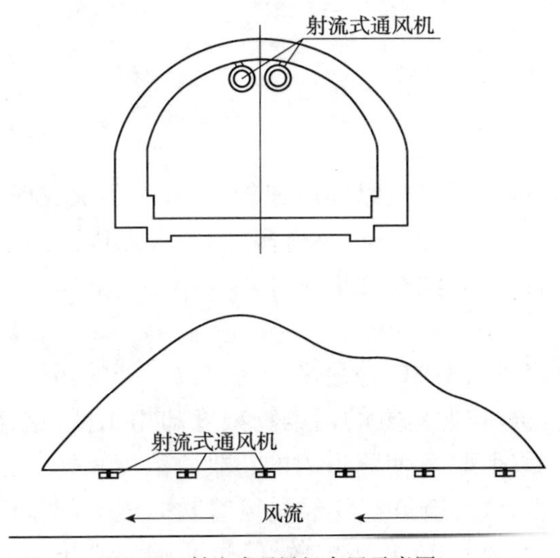

图 2-30　射流式通风机布置示意图

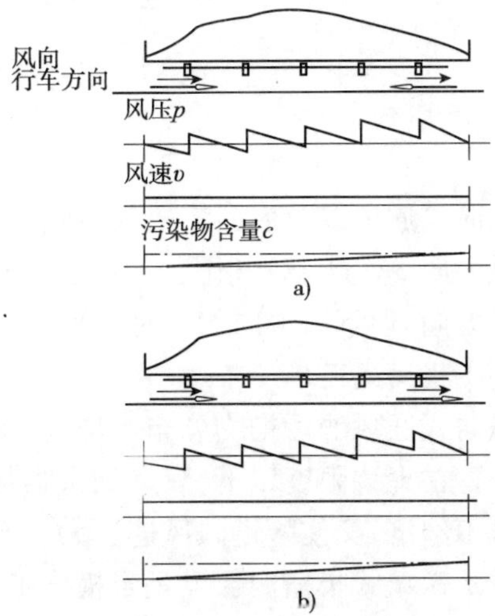

图 2-31　装有射流式风机的纵向通风
a）对向交通；b）单向交通

射流式通风机的安装位置，应当在限界以外，若为拱形顶棚时，拱部均可吊设，平顶时应安装在墙顶角部，并且喷出的气流对交通无不良影响。射流式通风机的安装间隔，要考虑到射流的能量和气流的搅动状况，使空气能充分混合。因此，沿纵向最外边一台距洞口可取 100m 左右，内部间隔取 70m 左右为宜，至少也要保持 40～50m 的距离。

采用纵向通风方式时，单向交通且长度 $L \leqslant 5\ 000$m 和双向交通且长度 $L \leqslant 3\ 000$m 的隧道可采用全射流纵向通风方式，不过需结合隧道可能的交通状态、隧道所具备的综合火灾排烟能力、隧道管理机构能力等技术论证的情况，慎重选择是否采用射流纵向通风方式。射流式通风设备费用少、经济，但噪声较大。

（2）带竖井的纵向式通风

纵向式通风是最简单的通风方式，它以自然通风为主，不满足需要时，再加机械通风加以补充，这样最经济合理。但是，通风所需动力与隧道长度的立方成正比，所以用机械通风时，隧道越长消耗的功率就越多，隧道过长则不经济。如果在隧道中间设置竖井就可以克服这个缺点。因而，常常用竖井对长隧道进行分段。

竖井通风方式多用于对向交通隧道。用于排气（排出式）时，有烟囱作用，能收到很好的效果。不过受大气影响，通常不稳定，仍需安装通风机进行机械通风。对向交通的隧道，竖井宜设置在中间。单向交通时，则竖井应设在靠近出口侧，见图2-32。

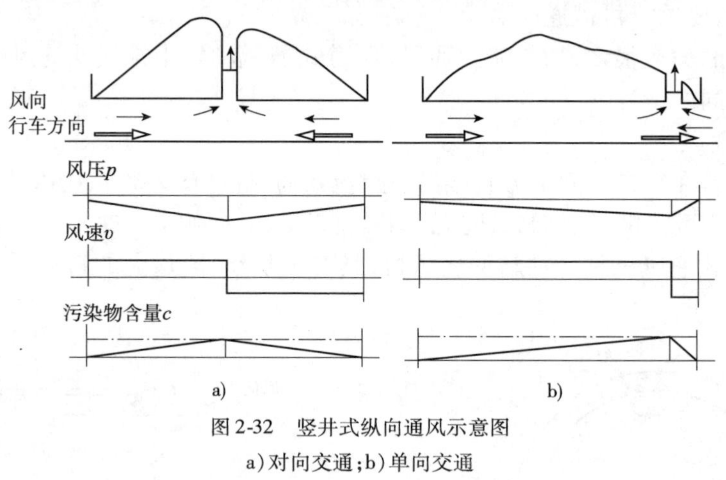

图2-32　竖井式纵向通风示意图

a）对向交通；b）单向交通

纵向式通风以及后面将要叙述到的半横向式通风沿车道纵向风速较大，在发生火灾时，对下风方向的车辆威胁很大。不过这种威胁对单向交通的车将小得多，因为火点以下虽然是下风方向，但下风方向的车是与烟火同方向，可以先于浓烟驶出洞外。

3. 半横向式通风

纵向式通风的污染物分布不均匀，进风口处最低，出风口处最高。为使出口处的污染物浓度保持在允许限度以下，只好加大通风量，但此时其他地方的污染物浓度却相当低，这样的话既不经济，又使隧道内风速过大。而半横向式通风，可使隧道内的污染物浓度大体上接近一致。送风式半横向通风是半横向通风的标准形式，新鲜空气经送风管吹向汽车的排气孔高度附近，直接稀释汽车排放的废气。污染空气在隧道上部扩散，经过两端洞口排出洞外，如图2-33所示。

半横向式通风系统的工作原理如图2-34所示。这种通风系统是在隧道的顶部设置一个送风管或排风管，隧道断面被分成送风道或排风道和行车道两部分。在风管的下部，沿隧道的长度方向每隔一定距离开一通风口，气流则沿通风口流向隧道内，然后隧道内的空气在新鲜气流的推动下，沿隧道的纵向排出洞外。半横向式通风效果比纵向好，但没有全横向式通风能力强。

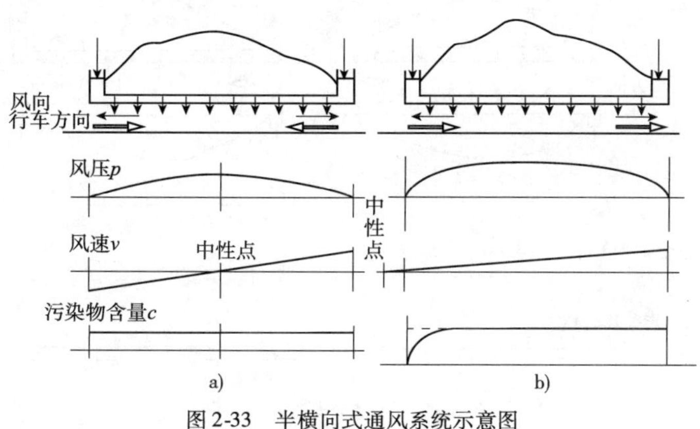

图 2-33 半横向式通风系统示意图

a)对向交通;b)单向交通

双向交通时,不论是送风方式还是排风方式,如果交通流的强度相等,两洞口的气象条件也相同,则隧道内的风压分布为中间最大,两洞口排出或送入的空气为等量。因此,在隧道的中点,空气是静止的,风速为零,该点称为中性点。除该点外,风速向两洞口呈直线增加。污染物浓度在送风方式中各处是相同的,而在排风方式中是中性点处最大。如果交通流不等,或两洞口的气象条件发生变化,则中性点的位置也随之变动。

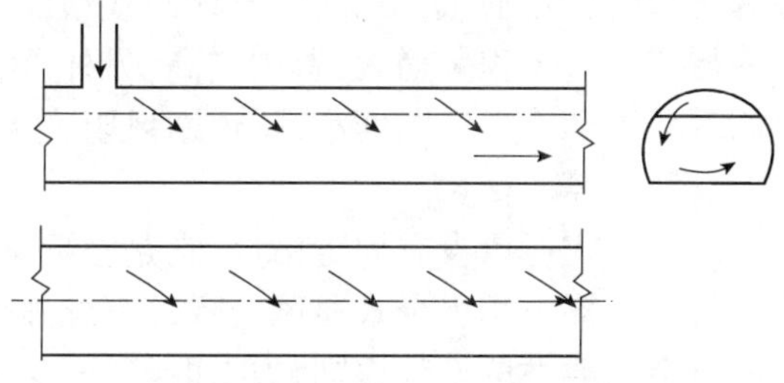

图 2-34 半横向式通风系统工作原理

单向交通时,送风方式的中性点多半移至入口之外。排风方式的中性点,则靠近出口,污染物浓度和双向交通时一样,中性点附近污染物浓度最高。

这种通风方式综合了纵向通风和横向通风的优点和缺点,通风效果和安全性等也介于两者之间。在一些重要隧道中,因采用横向通风费用高,可考虑采用半横向通风方式。

4. 全横向式通风

上述几种通风方式,都存在纵向风速较大和火灾时对下风侧不利,以及火灾发生点下风方向的隧道区间过于长的问题。因此,在长大隧道、重要隧道、水底隧道中,为了使隧道内不产生过大的纵向风速,仍可采用全横向式通风。

这种通风方式,同时设置送风管道和排风管道,在通风机的作用下,新鲜空气由风机送入送风管道,经送风孔进入行车道,与污染空气混合后,横穿隧道,经排风口进入排风管道,由风机排出,隧道内基本上不产生沿纵向流动的风,只有横方向的风流动,风流方向与隧道轴线方向成正交,为全横向式通风。

这种方式,在对向交通时,车道的纵向风速大致为零,污染浓度的分布沿全隧道大体上均匀。但是,在单向交通时,因为交通风的影响,在纵向能产生一定风速。污染浓度由入口至出口有逐渐增加的趋势,一部分污染空气能直接由出口排向洞外,这种排风量有时占很大比例。但通常情况下,可以认为其送风量与排风量是相等的,因而设计时也把送风管道和排风管道的断面积设计成同样的,如图 2-35 所示。

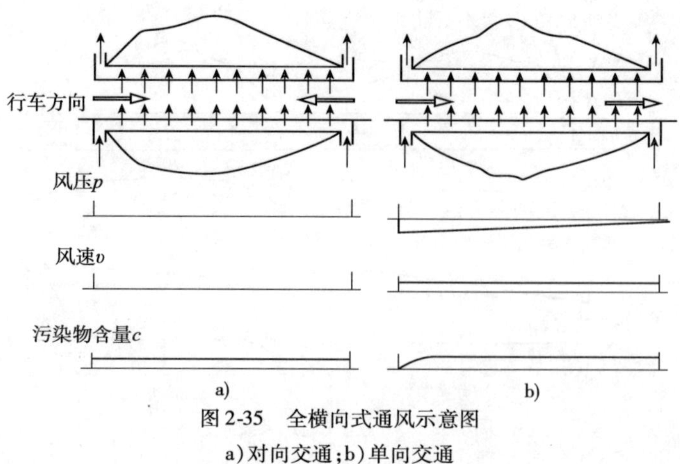

图 2-35　全横向式通风示意图

a)对向交通；b)单向交通

全横向式通风，污染空气在隧道内滞留时间短，隧道内可见度高，有利于火灾管理，是较为理想的隧道通风方式。但全横向式通风需要在隧道内设车道板和吊顶，还要设风井，从而使隧道建筑工程量增大，费用增高；另外，由于受隧道施工断面限制，设在车道板下和吊顶上的送风道和排风道断面小，隧道通风阻力大，通风能耗大，运营管理费用高。

5. 混合式通风

混合式通风没有固定格局，它是根据某些特殊的需要，由上述几种基本通风形式组合而成的。世界上用组合式通风的隧道不乏先例，是可以利用的方式。其组合方式有许多种，但应符合一般性的设计原则，力求既经济，又实用。

四、通风方式选择

1. 影响通风方式选择的因素

(1)隧道长度

隧道长度是影响隧道通风方式选择的最主要因素。首先，当交通量一定时，隧道越长，单位时间内通过隧道的车辆就越多，隧道内的废气量也越多，设计需风量也越大；其次，隧道越长，隧道发生事故和灾害造成的损失一般也越大。所以隧道越长，对隧道通风的安全性和可靠性要求越高。

(2)隧道交通条件

隧道交通条件指隧道内为单向行车还是双向行车以及隧道的交通量。在单向交通时，车速越大，活塞作用越显著。例如，车速为 50 ~ 60km/h，大约可以有 6m/s 的交通风(活塞风)。这种情况采用纵向和半横向式通风较好，能够较充分地利用自然风和活塞风；交通量大的隧道一方面有害气体排放量大，另一方面安全性要求高，因此，一般应选用横向通风或半横向通风方式。

(3)隧道所处地层的地质条件

隧道所处地层的地质条件好，则隧道施工比较容易且费用低，这时选用横向通风方式，隧道断面可适当加大，送风道和排风道容易布置并可以布置得大一些。这样隧道的建设和运营费用不会很高。相反，如果围岩条件差，则可能由于隧道施工困难，以及施工费用高而影响到横向通风的使用。

(4)隧道所处地区的地形和气象条件

地形和气象条件与隧道自然风流的流向和流量有关。当自然风流比较大,流向相对稳定时,对于较短的隧道,可直接利用它通风。但对于纵向通风的隧道,当自然风流变化较大时,将会影响通风效果,严重者会造成隧道无风或风机损坏。因此,在这种条件下宜采用横向通风,若采用纵向通风,需加强管理。

2. 通风方式的选择

选择通风方式时,应该综合考虑上述诸多因素。合理的通风方式是安全可靠性高,建设安装方便,投资小,隧道内环境好,对灾害的适应能力强,运营管理方便,运营费用低的通风方式。由于每种通风方式都有其各自的优缺点,仅一种通风方式不可能完全满足这些要求,因此,实际上的合理方式是在给定条件下尽可能做到既安全可靠,又经济方便。对于任何一座隧道,往往有多种可供选择的通风方式,就同一种通风方式而言,也会有多种布置方案,所谓经济是相对的,就是在诸多方案中选择建设安装投资少,运营管理费用低,综合经济效益最好的一个。要选择好一个合理经济的隧道通风方式,就需要熟悉和掌握各种通风方式的特点,熟悉隧道设计标准和隧道所处环境及各种条件的特殊性,尽可能全面地提出各种可行方案,做好技术分析和经济比较(经济比较应该把建设投资和运营费用分别比较,进行动态分析),分清主次,综合分析,最终确定一个合理的通风方式。

第六节 营运照明

一、隧道照明的必要性

公路隧道的照明,是为了把必要的视觉信息传递给驾驶员,防止因视觉信息不足而出现交通事故,提高驾驶上的安全性和增加舒适感。隧道照明与道路照明的显著不同是白天需要照明,而且白天照明问题比夜间更加复杂。从理论上讲,隧道照明与明线道路照明的共同点是,需要考虑路面应具有一定的亮度水平,同时还应进一步考虑设计车速、交通量、线形等影响因素,并从驾驶上的安全性和舒适性等方面综合确定照明水平,特别是在隧道入口段及洞内相邻区段需要考虑人的视觉适应过程。

汽车驾驶员在白天从明亮的环境接近、进入和通过隧道的过程中,将产生种种视觉问题。

(1)进入隧道前的视觉问题(白天)。由于隧道内外的亮度差别极大,所以,从隧道外部去看照明很不充分的隧道入口,会看到黑洞(长隧道)及黑框(短隧道)现象。

(2)进入隧道后出现的视觉问题(白天)。汽车由明亮的外部进入即使是不太暗的隧道以后,也要经过一定时间才能看清楚隧道内部的情况,这称为“适应的滞后现象”,这是因为急剧的亮度变化,使人的视觉不能迅速适应所致。

(3)隧道内部的视觉问题(白天、夜间)。隧道内部与一般道路不同,主要在于隧道内部汽车排出的废气无法迅速消散,形成烟雾,它可以将汽车前照灯和道路照明器发出的光吸收和散射,降低能见度。

(4)隧道出口处的视觉问题(白天)。汽车穿过较长的隧道接近出口时,由于通过出口看到的外部亮度极高,出口看上去是个亮洞,出现极强的眩光,驾驶员在这种极强的眩光效应下会感到十分不舒服；夜间与白天正好相反，隧道出口看到的不是亮洞而是黑洞，这样就看不出外部道路的线形及路上的障碍物。

为了解决上述视觉问题，公路隧道应设置合理的灯光照明，以利行车安全与舒适。我国《公路隧道照明设计细则》（JTG/T D70/2-01—2014）规定，长度大于200m的高速公路隧道、一级公路隧道应设置照明；长度大于1 000m的二级公路隧道应设置照明；有人行需求的隧道，应根据隧道长度和环境条件设置满足行人通行需求的照明设施。

二、隧道照明亮度

白天，驾驶员在接近、进入和通过隧道时所遇到的各种视觉问题是由于隧道内外明暗环境转换速度很快，而驾驶员眼睛要适应隧道内外明暗环境转换需要一定时间才能看清暗区内的情况。由于这种视觉适应滞后现象的影响，使驾驶员产生视觉上的盲区，需经过一段时间才逐渐适应，行车速度愈快、隧道内外的亮度差别愈大，所需适应时间就愈长，这种现象对行车来说是极其危险的。而就目前科技水平而言，试图改变人的视觉生理机能是不现实的，只能顺应它。为了不间断地为驾驶员提供足够视觉信息，保证行车安全，一种可行的办法就是通过在隧道内设置电光照明，提高隧道内的环境亮度以消除“黑洞效应”和“白洞效应”。

影响驾驶员视觉对明暗环境的适应的因素很多，如：洞内外亮度对比、车速、交通流量、空气透过率等。深入研究和掌握各种因素对驾驶员视觉适应规律影响，对于设计一个既安全又节能的隧道照明系统是十分重要的。充分考虑视觉适应规律，可以把亮度维持在一个较低的水平上，根据情况，甚至可以维持在最低的水平上，所以隧道照明设计的主要目的之一就是通过合理利用驾驶员视觉适应规律，在确保行车安全的条件下，确定隧道内各段的照明亮度。

1. 照明区段的划分

（1）单向交通隧道照明可划分为入口段照明、过渡段照明、中间段照明、出口段照明、洞外引道照明以及洞口接近段减光设施。隧道照明区段构成如图2-36所示。

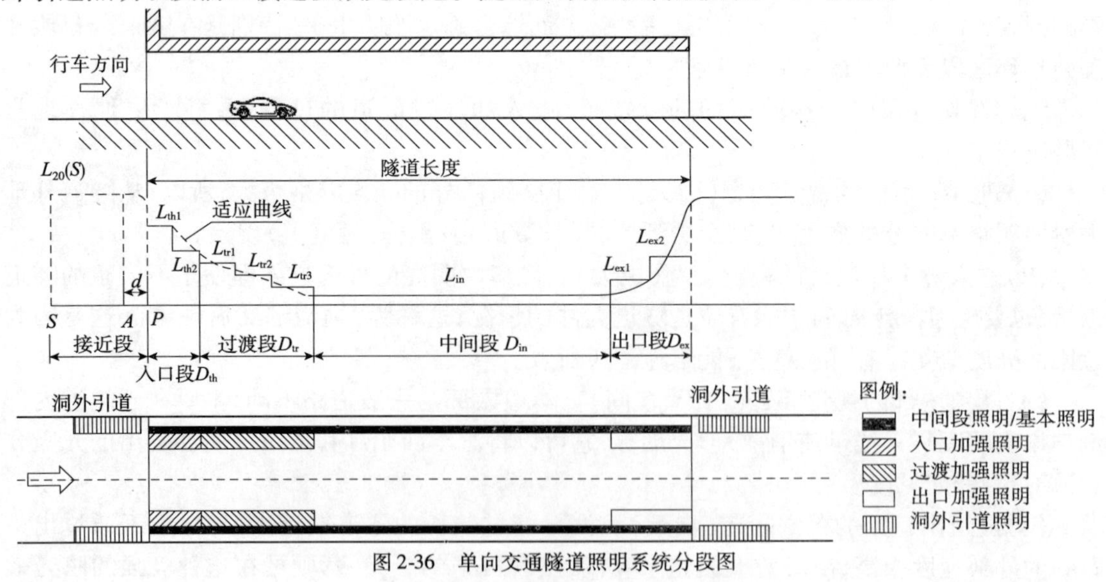

图2-36 单向交通隧道照明系统分段图

（2）双向交通隧道照明可划分为入口段照明、过渡段照明、中间段照明、洞外引道照明以及洞口接近段减光设施。隧道照明区段构成如图2-37所示。

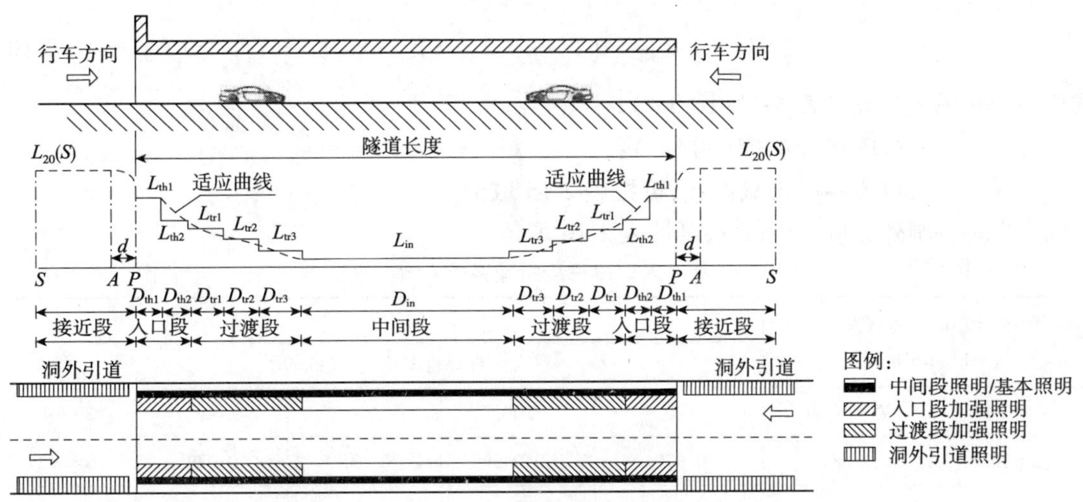

图2-37 双向交通隧道照明系统分段图

P-洞口；S-接近段起点；A-适应点；d-适应距离；$L_{20}(S)$-洞外亮度；L_{th1}、L_{th2}-入口段亮度；L_{tr1}、L_{tr2}、L_{tr3}-过渡段亮度；L_{in}-中间段亮度；L_{ex1}、L_{ex2}-出口段亮度；D_{th}、D_{th1}、D_{th2}-入口段；TH、TH_1、TH_2-分段长度；D_{tr}、D_{tr1}、D_{tr2}、D_{tr3}-过渡段；TR_1、TR_2、TR_3-分段长度；D_{in}-中间段长度；D_{ex}、D_{ex1}、D_{ex2}-出口段；EX_1、EX_2-分段长度

隧道入口段、过渡段、出口段照明应由基本照明和加强照明组成。基本照明是为了保障行车安全沿隧道全长提供基本亮度的措施；加强照明是解决驾驶员白昼驶入、驶出隧道时适应洞内外亮度反差的措施。

通常情况下，当汽车驶近隧道，但距洞口尚有一定距离时，驾驶员的注意力会自然地集中在观察洞口附近情况上，开始注视之点称为注视点。继续接近洞口时，在驾驶员的视野里，亮度较高的外界景物（其亮度为洞外亮度）逐渐减少，相应地洞内低亮度景物逐渐增加。当汽车达到洞外某一点（距洞口约10m）时，驾驶员视野中的外界景物全部消失，开始适应洞内亮度的变化，不再为"感应现象"所困扰，该点称为适应点。公路隧道各照明区段中，在洞口（设有光过渡建筑时，则为其入口）前，从注视点到适应点之间的一段道路，在照明上称为接近段。

在照明设计中，车速与洞外亮度是两个主要基准值，车速已由道路等级限定，洞外亮度值要由道路照明设计者在设计之初进行初步判定或现场测定，它的亮度（周围环境平均亮度）对于确定入口段、过渡段和中间段的亮度有很大影响，其取值等级每升高一级都将会使造价和运营费用大大提高，因而需要采取适当的减光措施降低洞外亮度，以便减少造价和节能。

2. 各区段照明亮度计算

（1）入口段

入口段是指在隧道照明区段中，进入洞口（设置光过渡建筑时，则为其入口）的第一区段。设置此段的目的是使驾驶员的视力开始适应隧道内的照明光线。入口段宜划分为TH_1、TH_2两个照明段，与之对应的亮度应分别按式（2-9）和式（2-10）计算。

入口段亮度可按式(2-9)、式(2-10)计算

$$L_{th1}=k\cdot L_{20}(S) \tag{2-9}$$

$$L_{th2}=0.5\cdot k\cdot L_{20}(S) \tag{2-10}$$

式中：L_{th1}——入口段 TH_1 亮度(cd/m^2)；

L_{th2}——入口段 TH_2 亮度(cd/m^2)；

k——入口段亮度折减系数，可按表 2-15 取值；

$L_{20}(S)$——洞外亮度(cd/m^2)，可按表 2-16 取值。

入口段亮度折减系数 k 表 2-15

设计小时交通量 N [veh/(h·ln)]		k				
		计算行车速度 v_t(km/h)				
单向交通	双向交通	120	100	80	60	20～40
≥1 200	≥650	0.070	0.045	0.035	0.022	0.012
≤350	≤180	0.050	0.035	0.025	0.015	0.010

洞外亮度 $L_{20}(S)$（单位：cd/m^2） 表 2-16

天空面积百分比(%)	洞口朝向或洞外环境	v_t=20～40km/h	v_t=60km/h	v_t=80km/h	v_t=100km/h	v_t=120km/h
35～50	南洞门			4 000	4 500	5 000
	北洞门			5 500	6 000	6 500
25	南洞门	3 000	3 500	4 000	4 500	5 000
	北洞门	3 500	4 000	5 000	5 500	6 000
10	暗环境	2 000	2 500	3 000	3 500	4 000
	亮环境	3 000	3 500	4 000	4 500	5 000
0	暗环境	1 500	2 000	2 500	3 000	3 500
	亮环境	2 000	2 500	3 000	3 500	4 000

注：1. 天空面积百分比指 200 视场中天空面积百分比。

2. 南洞口指北行车辆驶入的洞口，北洞口指南行车辆驶入的洞口。

3. 东洞口与西洞口取用南洞口与北洞口之中间值。

4. 暗环境指洞外景物(包括洞门建筑)反射率低的环境；亮环境指洞外景物(包括洞门建筑)反射率高的环境。

5. 当天空面积百分比处于表中两档之间时，按线性内插取值。

长度 $L>500$m 的非光学长隧道及长度 $L>300$m 的光学长隧道，入口段 TH_1、TH_2 的亮度应按式(2-9)和式(2-10)计算；长度 300m $<L\leq$ 500m 的非光学长隧道及长度 100m $<L\leq$ 300m 的光学长隧道，入口段 TH_1、TH_2 的亮度宜按式(2-9)和式(2-10)计算值的 50% 取值；长度 200m $<L\leq$ 300m 的非光学长隧道，入口段 TH_1、TH_2 的亮度宜分别按式(2-9)和式(2-10)计算值的 20% 取值。

当两座隧道间的行驶时间按设计速度计算小于 15s，且通过前一座隧道的行驶时间大于 30s 时，对后续隧道入口段亮度应进行折减，亮度折减率可按表 2-17 取值。

后续隧道入口段亮度折减率　表 2-17

两隧道之间行驶时间 t(s)	$t<2$	$2\leqslant t<5$	$5\leqslant t<10$	$10\leqslant t<15$
后续隧道入口段亮度折减率(%)	50	30	25	20

入口段 TH_1、TH_2 照明长度可按式(2-11)计算：

$$D_{\text{th1}}=D_{\text{th2}}=\frac{1}{2}\left(1.154D_{\text{s}}-\frac{h-1.5}{\tan 10^\circ}\right) \tag{2-11}$$

式中：D_{th1}——入口段 TH_1 长度(m)；

D_{th2}——入口段 TH_2 长度(m)；

D_{s}——照明停车视距(m)，可按表 2-18 取值；

h——洞口内净空高度(m)。

照明停车视距 D_{s}　表 2-18

v_{t}(km/h) \ 纵坡(%)	−4	−3	−2	−1	0	1	2	3	4
120	260	245	232	221	210	202	193	186	179
100	179	173	168	163	158	154	149	145	142
80	112	110	106	103	100	98	95	93	90
60	62	60	58	57	56	55	54	53	52
40	29	28	27	27	26	26	25	25	25
20~30	20	20	20	20	20	20	20	20	20

(2)过渡段

在隧道照明中，介于入口段和中间段之间的照明区段为过渡段。其任务是解决从入口段的高亮度到中间段的低亮度之间的剧烈变化(可差数十倍)给驾驶员造成的不适应现象，使之能有充分的适应时间。

过渡段宜按渐变递减原则划分为 TR_1、TR_2、TR_3 三个照明段，与之对应的亮度应按式(2-12)~式(2-14)计算。

$$L_{\text{tr1}}=0.15\times L_{\text{th1}} \tag{2-12}$$

$$L_{\text{tr2}}=0.05\times L_{\text{th1}} \tag{2-13}$$

$$L_{\text{tr3}}=0.02\times L_{\text{th1}} \tag{2-14}$$

长度 $L\leqslant300$m 的隧道，可不设置过渡段加强照明；长度 $300\text{m}<L\leqslant500$m 的隧道，当在过渡段 TR_1 能完全看到隧道出口时，可不设置过渡段 TR_2、TR_3 加强照明；当 TR_3 的亮度 L_{tr3} 不大于中间段亮度 L_{in} 的 2 倍时，可不设置过渡段 TR_3 加强照明。

过渡段长度按式(2-15)~式(2-17)计算。

①过渡段 TR_1 长度：

$$D_{\text{tr1}}=\frac{D_{\text{th1}}+D_{\text{th2}}}{3}+\frac{v_{\text{t}}}{1.8} \tag{2-15}$$

式中：v_{t}——设计速度(km/h)；

$\frac{v_{\text{t}}}{1.8}$——2s 内的行驶距离。

②过渡段 TR_2 长度：

$$D_{tr2}=\frac{2v_t}{1.8} \tag{2-16}$$

③过渡段 TR_3 长度：

$$D_{tr3}=\frac{3v_t}{1.8} \tag{2-17}$$

根据式(2-15)~式(2-17)计算各过渡段长度,见表 2-19。

过渡段长度 D_{tr} 表 2-19

计算行车速度(km/h)	D_{tr1} 隧道内净空高度 h(m)			D_{tr2}	D_{tr3}
	6	7	8		
120	139	137	135	133	200
100	108	106	103	111	167
80	74	72	70	89	133
60	46	44	42	67	100
40	26	26	26	44	67

(3)中间段

在道路隧道照明区段中,中间段照明的基本任务是保证行车照明及停车视距要求,基本段的照明水平与空气透过率(即通风条件)、行车速度以及交通量等因素有关。在正常通风条件下,中间段的照明亮度可参考表 2-20 所列数值。

中间段亮度 L_{in}(单位:cd/m²) 表 2-20

设计速度 v_t(km/h)	L_{in} 单向交通 N≥1 200veh/(h·ln) / 双向交通 N≥650veh/(h·ln)	单向交通 350veh/(h·ln)<N<1 200veh/(h·ln) / 双向交通 180veh/(h·ln)<N<650veh/(h·ln)	单向交通 N≤350veh/(h·ln) / 双向交通 N≤180veh/(h·ln)
120	10	6	4.5
100	6.5	4.5	3.0
80	3.5	2.5	1.5
60	2.0	1.5	1.0
20~40	1.0	1.0	1.0

注:1. 当设计速度为 100km/h 时,中间段亮度可按 80km/h 对应亮度取值。

2. 当设计速度为 1 200km/h 时,中间段亮度可按 100km/h 对应亮度取值。

单向交通且以设计速度通过隧道的行车时间超过 135s 时,隧道中间段宜分为两个照明段,与之对应的长度及亮度不应低于表 2-21 的规定。

中间段各照明段长度及亮度取值 表2-21

项　目	长度(m)	亮度(cd/m^2)	适用条件
中间段第一照明段	设计速度下30s行车距离	L_{in}	—
中间段第二照明段	余下的中间段长度	$L_{in}\times80\%$,且不低于$1.0cd/m^2$	
		$L_{in}\times50\%$,且不低于$1.0cd/m^2$	采用连续光带布灯方式,或隧道壁面反射系数不小于0.7时

表2-21中所列数值是现行《公路隧道照明设计细则》(JTG/T D70/2-01—2014)给出的取值范围,其中还指出了其他问题,例如人车混合通行的隧道中,隧道中间段亮度不得低于$2.0cd/m^2$,仅仅是圈定一个范围,实际设计中还要根据具体环境和人流等综合确定。对于隧道两侧墙面2m高范围内宜铺设反射率高的墙面材料的要求,目的是强调墙面反射的重要性,而如果选择有眩光效应的白色釉面瓷砖,会适得其反,造成更坏的结果。可以通过提高饰面高度和增加顶棚亮度等手段进行灵活设计。

中间段灯具布置方法很多,根据隧道宽度不同,交通状况不同,可以选择单行、双行、三行等方式。当隧道内设计速度行车时间超过20s时,照明灯具布置应满足闪烁频率低于2.5Hz或高于15Hz的要求。紧急停车带照明宜采用显色指数高的光源,其照明亮度不应低于$4.0cd/m^2$。横通道照明是为人员疏散逃生及救援提供必要的亮度,横通道亮度不应低于$1.0cd/m^2$。需要注意的问题主要有两点:一是不能产生阴影,所以不能把灯具完全摆放到一侧,那样必然会产生阴影;二是不要产生强烈的“斑马效应”,因此中间段的灯具功率宜小不宜大,避免发生均匀度达不到要求的现象。

(4)出口段

出口段照明宜划分为EX_1、EX_2两个照明段,每段长度宜取30m,与之对应的亮度应按式(2-18)、式(2-19)计算:

$$L_{ex1}=3\times L_{in} \tag{2-18}$$

$$L_{ex2}=5\times L_{in} \tag{2-19}$$

在隧道出口附近,前面大车背后的小型车辆难以被发现、视认,容易发生交通事故。设置出口加强照明后,有助于消除这类视觉困难。长度$L\leqslant300m$的直线隧道可不设置出口段加强照明,长度$300m<L\leqslant500m$的直线隧道可只设置EX_2出口段加强照明。

从出口段的眩光问题上看,朝东或朝西的出口,在日出或日落时阳光可能直接照入隧道,形成强烈直接眩光。为了避免发生这种现象,对出口则应作适当的处理。其方法主要有两个:在洞内出口段设置曲线,或在洞外设置曲线段并作遮挡。前者在出口段设曲线后阳光不会直接贯入隧道,即使有射入的阳光也会照射在墙上,经反射后可以增加出口段亮度,使驾驶员有适应亮度的条件和时间。如果设置曲线后,出口方向刚好正对一座山时,最为理想。后者在出口引道上设置曲线,并在曲线外侧设置挡墙、种植高大常青乔木等,挡住直射的阳光。

(5)洞外引道

当隧道处于无照明路段时,容易出现洞内外亮度反差引起的视觉偏差,故规定适当设置引道照明，以利于驾驶员提前察觉隧道状况或洞外道路状况。在以下路段可设置洞外引道照明：

①隧道外引道曲线半径小于一般值的路段；

②隧道设夜间照明且处于无照明路段的洞外引道；

③隧道与桥梁连接处、连续隧道间的路段。

《公路隧道照明设计细则》（JTG/T D70/2-01—2014）规定洞外引道设置亮度与长度不宜低于表2-22所示值。

洞外引道设置亮度与长度　　表2-22

设计速度 v_t（km/h）	亮度（cd/m²）	长度（m）
120	2.0	240
100	2.0	180
80	1.0	130
60	0.5	95
20～40	0.5	60

三、洞外接近段的减光建筑与植被减光

隧道洞外亮度随着季节、时间的变化而变化，并且因隧道所处环境和所在地区的不同而不同。如前所述，应采取适当措施降低洞外亮度，使驾驶员在进入洞内时感受到的亮度变化较为缓和。可以用建筑构造物达到减光的目的，这类建筑称为减光建筑，常用的有遮阳棚和遮光棚。

1.遮阳棚

遮阳棚设置在洞口外，是为了减弱自然光亮度而建筑的棚状构造物。其顶棚为透光构造，但不准阳光直接投射到路面上。设计遮阳棚应以当地日照图为依据，由太阳的高度角和方位角计算出遮阳板的尺寸、间隔和倾斜角度。

遮阳板通常设置成两组：一组是南北方向放置的挡板，以遮挡东西向阳光为目的，由于太阳位于东西向时高度角较小，故挡板只需垂直放置；另一组是东西方向放置的挡板，以遮挡东南、南、西南向阳光为目的，由于太阳位于这些方位时，高度角较大，故需要根据太阳高度角调整挡板的尺寸、倾角和间隔。两组挡板形成网状结构，网孔大多为透空的，称为开放式构造；也有用玻璃或透明塑料嵌砌的，称为封闭式构造。挡板宜采用轻质材料制成，并应具有足够的刚度。遮阳棚的减光效果并不是恒定的，在烈日条件下效果较差。

2.遮光棚

遮光棚是另一种减光建筑物，也是棚状构造物，但结构较简单。其主要特点是允许日光直接投射到路面上，这是与遮阳棚的根本区别。另外，还有在入口上面做悬臂式棚盖的先例，有的还伸出很长。

减光建筑物一般较长，沿着整个适应区段设置时，长度可达百米以上，工程造价也很昂贵，长度过短时又起不到应有的适应作用，所以多应用于重要的大交通量隧道，否则是不经济的。

3. 植被的减光作用

较为简便、经济的降低洞外亮度的方法是种植常绿植被，人类对植被的反射光有舒适感，植被反射光比裸露的岩石、土坡、建筑物墙面等的反射光要柔和得多。植被大致可以分为草地、农作物类和树木类。前者表面为毛状结构，由很多垂直面组成，所以在光线的入射方向上亮度最大，在反射方向上反而较小，而在法线方向上则为最小。后者可以看成是更大的毛状结构，亮度特性与前者大体相似。可以看出，在入口附近种植具有垂直表面的植被较为有利。如果洞门岩体基本稳定，不设洞门挡墙，改作保持原地形的种有绿色植被的坡面反而更好。

思考题

1. 隧道衬砌都有哪些种类？其各有什么特点？

2. 公路隧道常见的洞门形式有哪些？它们的适用条件是什么？以端墙式洞门为例，说明洞门的设计要点。

3. 什么是明洞？它有哪几种类型？其各自适用于什么地质条件？

4. 明洞基础和洞顶填土有什么要求？

5. 隧道防排水的原则是什么？如何做好隧道的防水和排水？

6. 隧道内通风有哪几种形式？其各自有什么特点？

7. 隧道照明区段如何划分？

第二篇

公路隧道的勘察设计

第三章 隧道的勘察

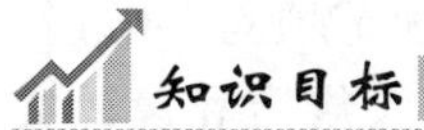

知识目标

了解隧道初步勘察和详细勘察的目的、任务、内容和主要方法及手段；了解建筑环境评价应完成的主要工作；熟悉隧道的工程地质勘察及水文勘察。

能力目标

能进行隧道的初步勘察；能识读隧道的勘察报告。

隧道勘察的目的是查明隧道所处位置的工程地质条件和水文地质条件，以及隧道施工和运营对环境保护的影响。为规划、设计、施工提供所需的勘察资料，并对存在的岩土工程问题、环境问题进行分析评价，提出合理的设计方案和施工措施，从而使隧道工程经济合理和安全可靠。

一、隧道勘察的几个阶段

隧道勘察阶段的划分应与公路设计阶段相适应，一般分为：可行性研究勘察，初步勘察，详细勘察。

（一）可行性研究勘察

公路可行性研究按其工作深度，分为预可行性研究和工程可行性研究。预可行性研究中的勘察主要侧重于收集与研究已有的文献资料；而在工程可行性研究中，需在分析已有资料的基础上，通过踏勘，对各个可能方案作实地调查，并对不良地质地段等重要工点进行必要的勘探，大致查明地质情况。

（二）初步勘察

初勘是在批准的工程可行性研究报告推荐建设方案的基础上，在初步选定的路线内进行勘察，其任务是满足初步设计对资料的要求。根据工程地质条件，优选路线方案，在路线基本走向范围内，对可能作为隧道线位的区间进行初勘，重点勘察不良地质地段，以明确隧道能否通过或如何通过。提供编制初步设计所需的全部工程地质资料。

初勘工作可按收集资料、工程地质选定隧道线位、工程地质调绘、勘探、试验、资料整理等顺序进行。

1. 收集资料

初勘也应收集已有资料，包括可行性研究报告，取得隧道所在位置的初步总平面布置地形图及有关工程性质和规模的文件。

2. 工程地质选定隧道线位

初勘工作的任务是选择经济合理、技术可行的最优隧道位置方案。当测区内的工程地质条件比较复杂，如区域地质的稳定条件差，有不良地质现象，尤其应注意工程地质选线工作。首先应从工程地质观点来选定隧道线位的概略位置，然后充分研究并掌握沿线的工程地质条件，尽可能提出有比较价值的方案进行比较，将隧道选定在地质情况比较好的区间内，以避免在详测时因工程地质问题发生大的方案变动。

3. 初勘资料整理

工程地质勘察的原始资料包括调查、测绘、勘探、试验等资料，按有关规定填写，并进行复核与检查。提交的资料包括图件、文字等资料，要求清晰正确，并符合有关规定和设计文件编制办法的规定。

（三）详细勘察

详勘的目的是根据已批准的初步设计文件中所确定的修建原则、设计方案、技术指标等设计资料，通过详细工程地质勘察，为线位布设和编制施工图设计提供完整的工程地质资料。详勘的任务是在初勘的基础上，进行补充校对，进一步查明沿线的工程地质条件，以及重点工程与不良地质区段的工程地质特征，并取得必需的工程地质的数据，为确定隧道位置的施工图设计提供详细的工程地质资料。详勘工作可按准备工作、沿线工程地质调绘、勘探、试验、资料整理等顺序进行。由于详勘工作需在初勘的基础上进一步查明隧道中线两侧的工程地质条件和不良地质区段的主要工程地质问题，因此详勘工作更为详细深入，最后提交的资料深度应满足施工图设计的需要。

二、隧道勘察的主要方法

隧道勘察的方法主要有收集与研究既有资料，调查与测绘、勘探，试验与长期观测等几种。随着科学技术的进步，越来越多的新技术在隧道勘察工作中得到了发展和应用。

（一）收集研究即有资料

隧道工程地质勘察各阶段的准备工作，是根据勘测任务的要求，配备必要的专业人员，收集及研究有关资料，了解现场情况，并做好勘察仪器等的准备。其中，收集和研究隧道所处地区的既有的有关资料，不仅是外业工作之前准备工作的重要内容，也是隧道勘察的一个主要方法。

收集的资料一般应包括以下几个方面的内容：

(1)地域地质资料：如地层、地质构造、岩性、土质等。

(2)地形、地貌资料：如区域地貌类型及主要特征，不同地貌单元与不同地貌部位的工程地质评价等。

(3)区域水文地质资料：如地下水的类型、分带及分布、埋藏深度、变化规律等。

(4)各种特殊地质地段及不良地质现象的分布情况，发育程度与活动特点等。

(5)地震资料：如沿线及其附近地区的历史地质情况，地震烈度、地震破坏情况及其与地貌、岩性、地质构造的关系等。

(6)气象资料:如气温、降水、蒸发、温度、积雪、冻积深度及风速、风向等。

(7)其他有关资料:如气候、水文、植被、土壤等。

(8)工程经验:区内已有公路、铁路等其他土建工程的工程地质问题及其防治措施等。

上述资料应包括政府和生产、科研、教学等部门所出的一切有参考价值的地质图、文献、调查报告及与工程有关的法令、法规、方针、政策等。对收集到的资料进行分析研究和判断,可以初步掌握隧道所经地区的工程地质条件的概况和特点,粗略判定可能遇到的主要工程地质问题,并了解这些问题的研究现状和工程经验。这对于做好准备工作和外业工作是十分必要的。在隧道勘察工作中,正确运用这种方法,可以减少外业工作的盲目性,提高工作质量。

(二)调查与测绘

调查与测绘是工程地质勘察的主要方法。通过观察和访问,对隧道通过地区的工程地质条件进行综合性的全面研究,将查明的地质现象和获得的资料,填绘于有关的图表与记录本中,这种工作统称为调查测绘(调绘)。隧道工程地质测绘,一般可在沿线两侧带状范围内进行,通常采用沿线调查的方法,对不良地质地段及地质条件复杂的路段,应扩大调绘范围,以提出完整可靠的地质资料。

1. 工程地质调查

工程地质调查主要是用直接观察和访问当地群众的方法,需要时可配合适量的勘探和试验工作。

(1)直接观察

直接观察是工程地质调查中最重要也是最基本的方法。它主要利用自然迹象和露头,进行由此及彼、由表及里的观察分析工作,以达到认识路线隧道通过地带工程地质条件的目的。

(2)访问群众

访问当地群众是工程地质调查常用的方法。对沿线居民调查访问,可以了解有关问题的历史情况、多年情况及当地与自然灾害作斗争的经验,这对于直接观察,往往是必不可少的补充。在某些情况下,这种方法显得尤其重要。例如,对历史地震情况的调查,对沿线洪水位的调查,对风沙、雪害、滑坡、崩塌、泥石流等不良地质的发生情况、活动过程和分布规律的调查都离不开调查访问。

2. 工程地质测绘

工程地质测绘与工程地质调查的不同之处是:工程地质测绘的范围往往比较大,并且要求把调查研究结果填绘在一定比例尺的地形图上,以编制工程地质图。测绘范围以能满足工程技术要求为前提,并应包括与工程地质环境有关的范围。测绘的比例尺可在以下范围内选用:可行性研究阶段为1:5 000~1:50 000,初勘阶段为1:2 000~1:10 000,详勘阶段为1:200~1:2 000。为了达到测绘精度要求,实测所用地形图的比例尺必须大于或等于提成图比例尺。下面分两种情况说明。

1)无航摄资料时

工程地质测绘主要依靠野外工作,为此需要讲究测绘方法与量测精度,以求用较少的工作获得符合要求的结果。

(1)标测方法。

根据不同比例尺的精度要求,对观察点、地质构造及种地质界线等的标测方法有以下3种:

①目测法。根据地形、地物目估或步测距离。目测法适用于小比例尺的工程地质测绘。

②半仪器法。用简单的仪器(如罗盘、仪器、气压计等)测定方位和高程,用徒步式测绳量距离。此方法适用于中比例尺的工程地质测绘。

③仪器法。仪器法是用测量仪器测定方位和高程的方法。此方法适用于大比例尺的工程地质测绘以及重要地质点。

测绘精度的要求:相当于测绘底图上宽度不小于2mm的地质现象应尽量标绘在图上;具有重要工程意义的地质体,即使小于图上2mm的宽度也应用扩大比例尺的方法标绘在图上;相反,对于工程意义不大的且相近的几种地质体可合并标绘。

(2)工程地质测绘的基本方法。

①路线法。沿着一些选择的路线穿越测绘场地,并把观测路线和沿线查明的地质现象、地质界线填绘在地形图上。路线形式有直线形式与“S”线形等。一般用于各类的比例尺测绘。

②布点法。根据地质条件复杂程度和不同的比例尺,预先在地形图上布置一定数量的观测点及观测路线。布点适用于大、中比例尺测绘。

③追索法。沿地层、构造和其他地质单元界线布点追索,以便查明某些局部的复杂构造。追索法多用于中、小比例尺测绘。

(3)隧道工程地质测绘的路线法。

采用路线法测绘的两个关键点的环节,即观测路线的布置和观测点的选择。

①观测路线的布置。除应沿隧道中线进行调查测绘外,尚应在路线及两侧布置观测路线,以求在需要测绘的范围内获得足够的资料绘制工程地质图。观测路线与岩层走向或地质构造方向垂直时,可以用较少的工作获得较多的成果。但为查清断层破碎带的分布情况,观测路线也可沿构造线布置。观测路线应布置在露头较好的地方,如河谷、路堑等地带。

②观测点的选择。应根据观测的目的和要求进行选择。例如,为了研究地貌、地质界线、不良地质现象等不同的目的,考虑分别设置观测点;如为了综合研究的目的,就应选择多目标及其他对工程地质有重要意义的地方。观测点的密度则应根据地质条件的复杂程度和地质图比例尺的大小而定。

2)有航摄资料时

遥感技术是根据电磁波辐射(发射、吸收、反射)的理论,应用各种光学、电子学探测器,对远距离目标进行探测和识别的综合技术,可用于工程地质调查测绘。

遥感工程地质调查可采用多种遥感手段和方法进行,利用现有遥感影像资料进行判释。应充分利用近期的黑白或彩色红外的航空相片及热红外航空扫描图像,必要时结合使用陆地卫星图像或其他遥感图像。重点研究地区可收集不同时期的遥感资料。下面概要介绍航摄资料用于绘制工程地质图的方法。

(1)立体镜判释。立体镜是航空相片立体观察仪器。利用判断标志,结合所需掌握的区域地质资料,将判明的地层、构造、岩性、地貌、水文地质条件以及不良地质现象等,调绘在单张相片上,并据以确定需要调查的地点和路线。

凡能直接反映地质体和地质现象的影像特征称为直接判释标志。对与判释对象密切相关的一些现象进行分析、研究、推理、判断,从而达到识别地物的目的,这些现象称为判断的间接标志。使用立体镜进行室内判释,首先必须在分析现有资料的基础上,建立室内初步判释标志,并经实地调查绘制建立详细判释标志。

(2)实地调查测绘。对判释的内容,通过实地调查测绘进行核对、修改与补充。对重要的地质点应刺点记录。

(3)绘制工程地质图。根据地形、地貌、地物的相对位置,将测绘在相片上的地质资料,利用转绘仪器绘制于等高线图上,并进行野外核对。

3)调查测绘内容

工程地质调查测绘的内容应视要求而定。调查测绘的重点也因勘察设计阶段及工程类型的不同而各有所侧重,但基本内容主要有以下几个方面。

(1)地形、地貌。地形、地貌的类型、成因、特征与发展过程;地形、地貌与岩性、构造等地质因素的关系;地形、地貌与工程地质条件的关系,对路线布置及路基工程的影响等。

(2)地层、岩性。地层的层序、厚度、时代、成因及其分布情况;岩性、风化破碎程度及风化层厚度;土石的类别,工程性质及对工程的影响等。

(3)地质构造。断裂、褶曲的位置、构造线走向,产状等形态特征和地质力学特征;岩层的产状和接触关系,软弱结构面的发育情况及其与路线的关系,对路基的稳定影响等。

(4)第四纪地质。第四纪沉积物的成因类型,土的工程分类及其在水平与垂直方向上的变化规律;土的物理、水理、化学、力学性质;特殊土及地区性土的研究和评价。

(5)地表水及地下水。河、溪的水位、流量、流速、冲刷、淤积、洪水位与淹没情况;地下水的类型、化学成分与分布情况,地下水的补给与排泄条件,地下水的埋藏深度,水位变化规律与变化幅度,地面水及地下水对隧道工程的影响。

(6)特殊地质、不良地层。各种不良地质现象及特殊地质问题的分布范围、形成条件、发育程度、分布规律及其对隧道工程的影响。

(7)地震。根据沿线地震基本烈度的区域资料,结合岩性、构造、水文地质等条件,通过访问、确定大于或等于7度的地震烈度界线。

(8)工程经验。对所在地区既有地下工程及其他建筑物的稳定情况和工程措施进行调查访问,以便借鉴。

三、隧道勘察的主要手段

在隧道工程勘察中,当需查明岩土的性质和分布时,从地下采取岩土样供室内试验测定岩土的物理力学性质,可采用挖探、钻探、地球物理勘探等勘探方法进行。下面介绍几种常用方法。

(一)挖探

挖探是地质勘探中广泛采用的一种方法。这种方法最大的优点是能取得详尽的直观资料和原状土样，但勘探深度有限，而且劳动强度大。挖探主要为坑探和槽探。

1. 坑探

用机械或人力垂直向下掘进的土坑称为试坑，深者称为探井。坑探断面根据其形状可分为圆形、椭圆形、方形、长方形等，其断面积有1m×1m，1.5m×1.5m等不同的尺寸。它的选用是根据土层性质、用途及深度而定。坑探深一般为2～3m，较深的需进行加固。坑探适用于不含水或地下水量微小的稳固地层，主要用来查明覆盖层的厚度和性质、滑动面、断层、地下水位及采取原状土样等。

2. 槽探

挖掘成狭长的槽形，其宽度一般为0.6～1.0m，长度视需要而定，深度通常小于2m，槽探适用于基岩覆盖层不厚的地方，常用来追索构造线，查明坡积层、残积层的厚度和性质，揭露地层层序等，槽探一般应垂直于岩层走向或构造线布置。

（二）简易钻探

简易钻探是工程地质勘探中经常采用的方法。其优点是工具轻，体积小，操作方便，进尺较快，劳动强度较小。缺点是不能采取原状土样或不能取样，在密实或坚硬的地层内不易钻进或不能使用。常用的简易钻探工具有小螺纹钻、钎探、洛阳铲等。

1. 小螺纹钻勘探

小螺纹钻的钻具结构包括螺纹钻头和钻杆等，用人工加压回转钻进，适用于黏性土及亚砂土地层，可以取得扰动土样，钻探深度小于6m。

2. 钎探

钎探又称锥探，是用钎具向下冲入土中，凭感觉探查疏松覆盖层的厚度或基岩的埋藏深度。探深一般可达10m左右。常用来查明黄土陷穴、沼泽、软土的厚度及其基底的坡度等。

3. 洛阳铲勘探

洛阳铲勘探是借助洛阳铲的重力冲入土中，钻成直径小而深度较大的圆孔，可采取扰动土样。冲进深度一般为10m，在黄土层中可达30m以上。

（三）钻探

在工程地质勘察工作中，钻探是广泛采用的一种最重要的勘探手段，它可以获得深部地层的可靠地质资料。一般是在挖探，简易钻探不能达到目的时采用。为保证工程地质钻探工作质量，避免漏掉或寻错重要的地质界面，在钻进过程中不应放过任何可疑的地方，对所获得的地质资料进行准确的分析判断。用地面观察所得的地质资料来指导钻探工作，校核钻探结果。

根据钻进时破碎岩石的方法，钻探可分为冲击钻进，回转钻进，冲击回转钻进以及振动钻进等几种。

1. 冲击钻进

冲击钻进是将钻具提升到一定高度，利用钻具的重力和冲击力，使钻头冲击孔底以破碎岩石（土层），随着钻孔的延伸可以用钢丝绳或用钻杆连接钻头。这种方法能保持较大的钻孔口径。人力冲击钻钻进适用于黄土、黏性土、砂性土等疏松的覆盖层，但劳动强度大，难以完整取样。机械冲击钻进适用于砾、卵石层及基岩，不能取得完整岩芯。由于这种方法对下面的土层有夯实加密作用，易使土样变形而失真，因此不适合于取原状试样的钻进。

2. 回转钻进

回转钻进是利用钻具回转，使钻头的切削刃或研磨材料削磨岩石，可分孔底全面钻进与孔底环状钻进（岩芯钻进）两种。工程地质勘探广泛采用岩芯钻进，这种方法能取得原状土和比较完整的岩芯。人力回转钻进适用于沼泽、软土、黏性土、砂性土等松软地层，在黏性土层中常使用螺纹钻或勺形钻，设备简易，但劳动强度较大。机械回转钻进有多种钻头和研磨材料，可适应各种软硬不同的地层，其中岩芯钻进依岩石的可钻性分为硬质合金钻进和金刚石钻进两种工艺形式。

3. 冲击回旋钻进

冲击回旋钻进也称综合钻进，钻进过程是在冲击与回转综合作用下进行的。它适用于各种不同的地层，钻进效率高，能采取岩芯，在工程地质勘探中应用也较广泛，目前应用的钻进方法有气动和手液动两种。

4. 振动钻进

振动钻进是利用机械动力所产生的振动力，通过连接杆及钻具传到钻头周围的土层中，由于振动器高速振动的结果，使土层的抗剪强度急剧降低，借振动器和钻具的重量，切削孔底土层，达到钻进的目的。

（四）地球物理勘探

地球物理勘探简称物探。不同成分，不同结构，不同产状的地质体，在地下半无限空间是不同的物理场分布。凡是以各种岩土物理性质的差别为基础，采用专门的仪器，观测天然或人工的物理场变化，来判断地下地质情况的方法，统称为物探。

物探的优点是效率高，成本低，仪器和工具比较轻便。物探方法是地层在自然状态下，各种物理力学指标均未受到破坏的情况下进行的一种比较好的原位测试方法。但是，由于不同岩、土可能具有某些相同的物理性质，或同一种岩、土可能具有某些物理性质差异，因此，有时较难得出肯定的结论，必须使用钻孔加以校核、验证，物探有其一定的适用条件。物探与调查测绘、挖探、钻探密切配合时，对指导地质判断，合理布置钻孔，减少钻探都能取得良好的效果。恰当地运用多种物探方法进行综合物探，也能取得较好的效果。

物探按其所利用的岩、土物理性质的不同可分为电法勘探、电磁法勘探、地震勘探、声波探测、重力勘探、磁力勘探与放射性勘探等。在隧道工程地质中，较常用的有电法勘探，地震勘探、地质雷达勘探等。电法勘探是通过仪器测定岩、土导电性的差异来判断地下地质情况。当地层间具有一定的导电性差异，所测地层具有一定的长度、宽度和厚度，相对埋藏深度不太大；地形较平坦，游散电流与工业交流电等干扰因素不大时，电法勘探能取得较好的效果。地震勘探是根据岩、土弹性性质的差异，通过人工激发的弹性波的传播，来探测地下地质情况的一种物探方法。地震勘探直接利用岩石的固有性质（密度与弹性），较其他物探方法准确，且能探测很大深度。在工程地质勘探中主要用于以下方面：

（1）探测覆盖层的厚度、岩层的埋藏深度及厚度、断层破碎带的位置及产状等。

（2）研究岩石的弹性，测定岩石的弹性系数等。

地质雷达（电磁法勘探）是利用高频电磁脉冲波的反射，探测地层构造和地下埋藏物体的电磁装置，故又称探地雷达。通过发射天线向地下辐射宽带的脉冲波，在地下传播中遇到不同介质的介电常数和电导率存在差异时，将在其分界面上发生反射，返回地表的电磁波被接收天线接收,根据接收的回波来判断目标的存在,并计算其距离和位置,可用于空中、地面与井中探测,但主要用于地面。另外,声波探测在工程地质工作中也有较广泛的应用,它是利用声波在岩体(岩石)中的传播特性及其变化规律,测试岩体(岩石)的物理力学性质,也可利用在应力作用下岩体(岩石)的发声特性对岩体进行稳定性监测。

四、隧道的工程地质勘察

公路隧道分为山岭隧道与水底隧道,本教材只讨论山岭隧道。山岭隧道是修建在天然地层中的建筑物,它从位置选择到具体设计,直到施工,均与地质条件有密切关系。地质条件包括岩层性质、地质构造、岩层产状、裂隙发育程度及风化程度、隧道所处深度及其与地形起伏的关系、地层含水程度、地温及有害气体情况、有无不良地质现象及其影响等。基于以下原因,在隧道的勘察中,应十分注意工程地质工作,加强隧道勘察。隧道的勘察一般都采用两阶段勘测,即初步勘察与详细勘察。对地形地质条件简单的中、短隧道采用一阶段勘测,但勘测工作应按相应要求和深度,提供施工图设计所需资料。地形地质条件特别复杂的长大隧道也可采用多阶段勘测。但为配合整个路线勘察工作,隧道勘察宜与路线勘测阶段相当。

(一)初步勘察

1. 目的和任务

隧道设计和施工方案的正确性直接取决于地质勘探工作的完整性与可靠程度。以往由于地质调查工作不充分,造成变更设计,延误工期,增加投资的情况时有发生。所以地质勘探工作对隧道工程是至关重要的。初勘阶段的工作是为选择隧道方案作出工程地质论证。因此,对各个隧道方案,必须有计划地进行现有地质资料的搜集和现场实地调查测绘,以取得充分的第一手资料。然后通过分析研究,为选择或复查隧道位置及洞口位置的最佳方案作出符合实际的工程地质论证。

初勘的任务,首先是选择隧道位置。初勘阶段必须初步查明各隧道方案的工程地质、水文地质条件,以便根据地质特征比选确定最优方案,并为初步设计提供所需地质资料。当隧道位置选定后,根据初勘结果初步确定隧道通过地带的围岩类别。根据围岩分类可以大致确定隧道开挖的难易程度,采用施工方法,支护类型以及设计所需参数。通过初勘为隧道的初步设计提供必要的地质资料。

2. 基本内容

初勘与详勘在基本内容方面没有明确划分的界限。初勘一般通过调绘,查明具有控制隧道方案的主要工程地质问题,得出定性评价,而深入细致的定量工作,则在详勘阶段完成。

(1)地形、地貌

了解隧道通过地带的自然地理概况,查明有关控制点的海拔。地形、地貌是由构造内力及外界影响长期作用的结果。地质构造运动结合外界气候、水文、植被及人类活动长期相互作用,往往会产生相应的地形、地貌特征。地质构造及其岩性是形成地形、地貌的主要条件。通过露头调查或采用其他勘探手段,可以发现他们间的关系及规律,从而又可以推断不完全显露或隐埋部分的地质情况。通过了解隧道通过地带的自然地理概况,查明地形、地貌与构造及岩性等地质因素的关系和规律。深坑、洼地区段可能形成渗水陷落,使之成为浅埋隧道;河流川谷的冲刷切割将影响山体稳定或造成偏压,因此,应查明其成因及其发育、发展情况，用以推断其对隧道影响程度，以便采取相应措施。

(2)地质构造

地质构造表现的形态有：单斜、褶曲、断层、节理、劈理及其他面状、线状构造等，需查明其组合方式。地下水的活动和富集，也与地质构造密切相关。

地质构造组合形态是构造应力场的结果，在构造应力场的作用下，常促使岩体失稳而产生变形和破坏，尤其对一些较弱的破碎的岩体，更是如此。要查清隧道处区域的现代构造应力场的方向和性质与隧道的关系及对隧道的影响。隧道的轴线应尽量接近构造应力方向或与它具有较小的夹角，以免造成洞身横面变形。

单斜构造(包括水平、竖直岩层)是常见的最简单的构造，也是修建隧道的理想地层，应查明产状及不同岩层的成层条件。单斜构造还需查明其层厚及层间接触关系(整合或不整合)，应查明褶曲构造因素，如轴部(核、枢纽、轴面)、翼部(轴部两侧倾斜岩层)及过渡带(两翼岩层相互过渡的弯曲部分)。构造基本类型有两种：①背斜：岩层向上弯曲，核心部位岩石较老，外侧岩石较新，风化剥蚀后，地面露出特征是从中心到两侧，岩层从老到新；②向斜：岩层向下弯曲，核心部位的岩石较新，外侧岩石较老，风化剥蚀后，从中心到两侧岩层，从新到老，还应查明褶曲构造的范围。

岩石断裂变形统称断裂构造，位移变量显著者称为断层，仅有微量位移的为节理。查明断层的几何要素、断层的性质及类型、断层破碎带的规模及影响范围，在地表无覆盖的情况下，从断层地面露头线大致可确定其几何要素，如断层面、断盘、断层线及位移。断层线主要表现为地质体或地质界线的不连续或层状岩地层的重复或缺失。根据断层两盘岩块相对移动性质，断层可分为上盘相对向下移动的正断层，上盘相对向上移动的逆断层，两盘沿断层走向相对移动的平移断层 3 个基本类型。重点查明断层运动所产生的构造岩的性质、规模及影响范围。

(3)地层岩性

查明隧道通过区域的地层层序、岩性、成因、年代、产状、状态、分布规律及其接触关系、接触面特征，岩层风化破碎程度及抗风能力的强弱。沉积岩、层状岩浆岩和区域变质岩一般具有层状结构。地层界面一般按岩性岩相所显示的特征即按岩石种类、名称、矿物成分、颗粒大小、空隙状态及结构颜色等来区分。对难于确定层序的变质岩、岩浆侵人体及逆转地层，主要按岩石年代及生成条件考虑。正常的地层层序，当为水平或近似水平层时，上层为新、下层为老。当为倾斜层时，沿倾向看，层次是由老到新。了解岩土的物理力学性质、水理性质，有无损害健康的物质或气体，并查明其成分、含量和分布情况。地层生成过程中有时伴生有损健康或造成危险的物质或气体应予查明。应了解地温分布规律。

(4)特殊地质、不良地质

特殊地质、不良地质地区，须查明发生发展的原因、类型、范围，并推断其今后的发展趋势对隧道的影响，提出整治意见及初步设计所需的资料。岩堆、崩塌、滑坡、泥石流、冰川、雪崩积雪、多年冻土、泥沼、软土、黄土、膨胀土、盐渍土、沙漠、岩溶等地区的初勘按相应勘测规定办理。流沙地层，应查明其范围、厚度、成分、密实程度及可能发生的流动性质。含煤地层或其他矿场，应查明地质构造、成层特征、埋藏深度、层位、层数、厚度、覆盖情况及露头，煤层或其他矿场上、下岩层的岩性、厚度、裂隙及软弱夹层，有害气体的含量和压力，并判断其对隧道的影响。水库地区，应查明水库地区覆盖层与岩层的分布情况，库岸的稳定性，遇水浸蚀软化岩层及软弱结构面的特征，水库的设计水位，水库引起的其他不良地质问题。对于水库引起的塌岸，应查明范围，并按垂直库岸方向布置勘探，绘出塌岸边界。在湿陷性土类地区，应绘出地下水浸润线。

3. *初勘主要手段*

初勘阶段主要以调查和测绘为主，配合物探，并充分利用以往地质资料，只有当不进行钻探，试验工作不足以说明地质情况而影响方案的选定时，才作代表性的钻探试验工作。调查和测绘是隧道地质勘探最基本、最重要的勘探方法。采用这种方法可以根据测区所有天然或人工露头的地质条件，进行调查和测绘，得出全面的定性评价。对不显露部分再配合物探进行补充验证，对隧道通过地带的围岩作出初步评定。地质调绘应在测区及有影响的地区广泛周密地查找露点，观测点最好选择于既在平面又在剖面而有代表性的露头，以便推测各类地质构造、岩层层序、岩性等地质特征。单斜构造一般层理明确。水平岩层的平面露头与等高线平行，有垂直露头时，从上至下由新到老（年代）。直立岩层露头的地质线沿其构造走向作直线延伸。倾斜岩层露头的地质线受地形影响，一般呈"V"字形状出露，其层厚可由地面坡度及岩层产状及露头宽度计算。观测褶曲露头时，应注意地形对褶曲的歪曲影响，可通过纵横观察，了解其构造走向两侧相同地层对称重复出露，此即为其特征。断层是由各种地质体或地质界线在平面或剖面上突然中断、错开，造成构造（线）的不连续现象，以反映其存在。层状岩中地层出现重复或缺失，是断层存在的另一标志。对隧道有很不利影响的两种构造岩—角砾岩和破碎岩宜特别留意，应测定其断距。节理是一些构造形成时的伴生构造，其发展程度取决于岩性、层厚及局部应力。节理经常伴随断层或其他构造的露头而出现。节理对地下水分布及传导的预测有参考意义，应调查其在褶曲或断层的部位、产状要素、填充物特征以及节理密度（条/m）等。

露头调查除采集一些样品供室内试验外，如有机会遇到大型露头且表面较平坦的地方，在现场作些物探参数的测定，则此样品更能代表岩体原始状况，通过室内外试验，可求得围岩的物理力学特性参数。物探方法常用的有电法、地震、声波探测法等。随着科学技术的不断发展，先进的物探设备将不断出现，有条件亦可用其他物探方法。物探工作的测区，一般不超过地质调绘的范围。由于物探易受外界干扰和地质解释的多解性，利用已知地质条件进行对比验证是有必要，故对已有地质结论或物探测线的地质构造，应进行量测，以便对此验证。在露头较好的地区，通过调绘是能掌握该地区的地形及地质概况的。物探测线一般应与构造走向正交，避免旁侧地层的不同电性或物性的影响，以测得真实的剖面层次。在测区内，测线的方向、间距及测点的疏密、激发点（或供电电极）与接收点（或测量电极）的距离与布置形式，应按物探方法并结合地形条件等因素选定。因物探发射及接收装置间的地形是按一平面假定而测定其下面地层的电性或物性差异的，地形起伏意味着增加（凹地为空气）一层异常层，从而影响探测结果，当布设测线的条件有矛盾时，应以较少影响地质解释为主要条件来布线。物探网测线一般宜彼此平行，并垂直于构造走向，不同地质体或构造要有两三条物探测线穿过，以便相互检验，建立地层的立体概念（界面等高线）。隧道轴线方向无论是否平行其他测线，必须布设测线，以查明隧道纵剖面地质，其他测线可用以配合解释。

据以往经验，隧道一般应避开不良地质或特殊地质地段，初测阶段不进行钻探。当隧道必须通过上述地段或有重大地质疑点而钻探时，可在调绘及物探基础上合理布置钻孔位置，洞身轴线应布有钻孔，钻孔孔数宜至少两个以上，其深度一般在拟定的洞底高程以下 1～2m。当洞身所在地层无变化时，其他钻孔可以提高，但在洞底高程以下遇有软弱地层或影响隧道稳定的其他不良地质时，应酌情加深钻孔。在洞底高程 3 倍洞径高度范围内，应采取岩样做物理力学试验。当围岩开挖后，应力重分布区域较大时，3 倍洞径高度范围可适当放大。

4. 初勘应提交的资料

初勘野外工作结束后，应在现场进行初步资料整理，并做好检校工作。文字说明的提纲、图表的底图、勘察及各项调查等原始资料的分析整编应在工地完成。最后提供下列资料：隧道工程地质说明书（对地质工作作一扼要叙述，并作出评价，提出对隧道初步设计的各项建议及以后详测应进行的工作）；隧道工程地质平面图（图上应填绘物探、钻探等平面布置及挖探点位置，比例尺为 1:2 000～1:5 000）；隧道工程地质纵断面图（图中应标明勘探点，若进行震探时，则应标明岩层的弹性纵波波速，比例尺为 1:500～1:5 000；竖 1:200～1:1 000）；洞口、洞身工程地质横断面图（应标明勘探点，若进行振探，则应标明岩层的弹性纵波波速，比例尺为 1:200～1:500）。另外，还提供钻孔地质柱状剖面图、试验资料汇总表、航空照片地质解释资料及工程地质照片、野外素描图等。严重影响隧道方案的特殊地质、不良地质地区，应编制专项资料。

（二）详细勘察

详勘的目的是根据批准的初步设计，对已选定的隧道位置进行详细的工程地质勘察，为编制隧道的施工图提供工程地质资料。详勘的主要任务是对隧道所在区的地形、地貌（包括洞外接线）、工程地质特征及水文地质条件作出正确的评价；根据控制围岩稳定的诸因素及地层弹性纵波的波速，分段确定隧道洞身的围岩类别。由于隧道地质情况千变万化，施工时各段洞身掘进及衬砌类型等也不尽相当，要求详勘时根据地质变化提供相应的施工设计资料及建议。

详勘工作的内容：是在初勘的基础上开展进一步深入细致的工作，着重查明和解决初勘时未能查明解决的地质问题，补充、核对初测时的地质资料。对初勘时建议深入调查，勘探的重大复杂地质问题应作出可靠的结论。隧道进、出洞口地段是地质复杂地段及不良地质地段，加之边、仰坡较陡，因此，洞口边、仰坡稳定性较差。应根据地质特征，着重分析隧道围岩的稳定性及洞口斜坡的稳定性。正确评价和预测隧道区的工程地质、水文地质条件及其发展趋势，提供设计、施工所需的定量指标，以及设计施工应注意的事项和整治措施意见。

详勘的方法和手段：主要有调绘、物探、坑探、槽探、钻探等。地质调绘的范围、测点，物探网的网、线、点的范围和布置，物探方法的运用，以及坑探、槽探的位置等应与初勘时未能查明的地质条件或沿隧道轴线方向有复杂的地质问题的地段相适应，以期进一步查明和补充校核的目的。钻探主要用于：有丰富地下水，洞顶沟谷有覆盖层，且洞身埋藏较浅；洞身穿过古河谷；地质构造较复杂，且有软弱夹层，地下水通道面及其他软弱结构面；特殊地质、不良地质影响隧道严重时；露头缺乏，覆盖层较厚，且在较大范围内未能取得物探解释的可靠对比资料，无法鉴定隧道通过部分的围岩类别时。上述钻探区域，钻探位置、孔深、孔数及取样等应按不同地质问题的需要而定，在隧道中线上一般应布置钻孔。

详勘应提交的资料：详勘野外工作结束后，原始记录、计算、底图等应在工地认真进行校检、分类整理，完成详勘说明书。详勘完成后提交下列资料：详勘说明书（根据详勘提出对设计及施工方案的建议）；地质详勘成果书（包括地质平面图及剖面图，重大地质问题的评价，钻探、试验资料整编等）。

五、隧道的水文勘察

隧道与地下水的影响关系，主要出现两种现象：一是隧道内涌水，这将恶化围岩稳定状态，导致施工困难，增大工程造价；二是地表枯水，造成工业用水及饮水困难。因此，必须进行调查预测。

（一）地下水涌水调查

为了预测施工中可能出现的集中涌水，要通过对构造裂隙、地下水露头的调查，判明含水层、透水层、隔水层的范围及其与隧道的关系和影响程度；调查地下水的类型及其与地表水的相互补给关系，地下水的动态变化规律；调查地下水的流量、流向及水质等。

（二）枯水调查

为了明确由于修建隧道工程而使地下水及供水受到影响，造成工业用水及饮水困难，须调查清楚施工前的状况，因隧道施工而伴生的枯水现象，是由于隧道内涌水的结果而产生的，所以调查内容与涌水调查相同。但枯水问题有时对社会产生巨大的影响，所以调查也要考虑到将来的水利规划远景。

枯水调查的主要内容：水利资源的利用状况，溪流的流域和流量，泉水、地下水的状态，植被、气象与隧道涌水的有关联的问题，以往工程的枯水资料等。

六、隧道的建筑环境评价

随着社会发展，人们对环境保护要求提到议事日程，保护环境，改善环境已列入国家法律，因而隧道设计与施工中必须提高对环境保护的意识，否则，会给周围环境造成不良影响，致使周围环境质量下降。对于环境保护问题，应按照国家颁布的法律规定中有关规定，无论在工程设计时或施工中，都采取相应措施，以满足环境保护的要求。环境评价的目的就是在着手修建该工程以前，要调查本地区的环境现状，不要因修建工程给该地区保护环境带来重大的障碍，研究有关对环境影响的内容及其程度，提出防止破坏环境的措施等。

（一）对现有生态环境保护的项目

1. 水资源的保护

修建隧道工程引起水资源的严重流失，会对隧道顶的水利设施产生极大的影响，会造成隧道区域内居民用水的困难，会使隧道范围内的田地干枯，植被枯黄，甚至引起较大区域的地表塌陷，因此，在隧道工程设计施工中应采取措施，防止水资源流失，水面下降。

2. 植被的保护

树木、草皮等植被不但能固着表土，减少水土流失，防止土壤沙化，还有涵养水源，保留土壤肥力，调节气候，改善环境的功效。虽然隧道工程本身对植被的破坏远小于路基工程，但在施工过程中对植被的破坏也是比较严重的，故应在施工组织设计中采取有效的环保措施。

3. 特殊保护区的保护

特殊保护区是指名胜古迹、风景游览区、疗养区、温泉区、自然保护区等。在上述地区范围修筑隧道,应采取相应措施,保持原有景致特征。防治大气、水质、噪声、振动及粉尘污染。隧道洞口及附属设施应与当地景致协调。

4. 特殊地质段的保护

对地层发育良好、层序完整、界线清楚、化石丰富以及对地层学、古生物学研究有价值的地段,应采取有效措施进行保护。

5. 对环境污染的防治

(1)污水防治

施工中排放的废液含有固体物质、油类物质及酸碱物质,以及为防渗漏和加固地层所采用的化学浆的流失,这些有害液体进入地面,地下水体将对水生生物、人体健康和树木花草带来不同程度的危害,施工中应本着因地制宜、工艺简单,有利于施工的原则选择治理措施。

(2)烟气污染防治

燃料的不完全燃烧会产生二氧化硫、氮氧化物、碳氧化物、碳氧化合物和烟尘等有害物质,会因地形、风向、温度的影响,聚积不散,形成严重的空气污染。施工期间,烟气污染主要来自燃煤锅炉和以汽油和柴油为燃料的机械产生。营运期间,主要是运输车辆产生的废气。因此,在城市附近,风景旅游区、文物古迹区的隧道工程,烟气排放标准应符合国家或地方规定的标准。

(3)粉尘污染防治

粉尘是大气中的颗粒物质,对人体的危害较大。施工中的爆破作业,砂、石、水泥、石灰的装卸、搅拌、破碎、堆放,以及车辆的运输作业及运营车辆都是粉尘污染源。因此,靠近城市或具有旅游价值的环境保护区的隧道工程,有必要采取适当的措施,减少对环境的粉尘污染。

(4)噪声污染防治

噪声是国际公认的一种环境公害,对人的中枢神经系统、心血管系统、内分泌系统等多方面都有危害。噪声主要来自于施工期间的工程机械和运营车辆等。目前对噪声的控制主要是在传播途径上采取措施。

(5)振动防治

振动是声源激发固体构件并伴随噪声同时产生的。强烈的振动会引起稳定性差的建筑物发生破坏,对人体有心理和生理上的影响。隧道施工中的振动主要是爆破和机械引起的。目前,我国尚未颁布振动评价标准,应根据地域环境特点,采取必要措施对其危害加以限制。

(6)有害物质防护

隧道开挖过程中,岩层内有害物质被释放出来导致环境污染,主要有煤系地层中的瓦斯溢出导致人员窒息或燃烧爆炸;地质构造的板块边缘储藏的地热资源直接排入水体对水生生物的危害;酸性岩区和沉积岩区的岩体和弃渣含有较高计量的放射性元素氢、钍、镭对环境产生的不利影响。

6. 弃渣处理

隧道工程弃渣处理是施工组织设计中的重要内容,从环境保护要求出发,应着重注意以下几点:

(1)选择、规划弃渣场地,应按国家土地利用的基本政策,尽量占用荒地,少占耕地、控制侵占良田，尽可能少的改变原有的自然环境。

(2)严禁向河谷倾倒弃渣，应在掌握河流特性，经弃渣设计后，分层碾压弃渣，并确保能防止本岸、彼岸、下游出现各种水害。

(3)对于含有放射性物质的水、弃渣，应经严格测定后，依据含量或浓度确定处置措施。

(4)对于可利用的隧道挖方，应尽量就地加工成工料或集料用于工程，或作为路基填料，以减少堆放数量和减少占用土地。

(5)根据隧道弃渣地区的降水、地面径流及地形情况，对弃渣松散堆体设置排水管、盲沟、截排水沟、加固弃渣堆坡脚，以确保弃渣体的稳定，防止发生人为的灾害，有条件时应在弃渣堆上覆盖30cm以上厚度的耕植土，改土造田或种树绿化。

(二)隧道工程周围环境现状的调查

环境现状调查要选取被认为因隧道的修建、使用而引起环境现状恶化的项目来进行，其主要内容有：

(1)地物地貌的调查，包括：隧道洞口附近居民住宅、企事业单位的分布情况及规模；地物的结构类型、用途、稳定情况；应保持的风景、名胜古迹、历史文物的具体位置和保护的级别；土地、水面利用状况；交通状况。

(2)地形地质的调查，包括：地形特征及可供选择的施工便道、临时建筑及弃渣场地；地质构造及不稳定地层类型；区域地质水文基本特征、地下水及地表水补给状况；河谷的水文特征，如比降、流向、河湾冲高、冲淤的变化、糙率等；温泉地热。

(3)大气质量的调查，包括：气象资料，如风速、风频、气温、逆温、大气稳定度；大气污染现状，如空气总悬浮微粒、飘尘、二氧化硫、一氧化碳、氮氧化物；大气质量已达国家或地方标准情况。

(4)水体质量的调查，包括：水源类型、供水量、供水方式、水源补给转化情况；排水途径及方式；现有水质污染程度，通常指pH值、水温、浑浊度、色度、溶解氧、COD、BOD5、CN、As、Hg、C^{6+}、Cd、Pb、Cu、P石油类等的含量；现有水体质量已达到国家或地方标准要求。

(5)噪声振动的调查，包括：工程周围环境噪声本底值；对施工机械、运输装卸及爆破产生的噪声、振动的限制标准；施工机械产生的噪声、振动方面的资料。

(6)生态资源的调查，包括：森林、草场、水域的面积和位置；野生动物、珍稀动物、水生生物的种类、分布、数量。

(三)预测环境影响

1. 大气

从汽车排出的废气，通过隧道洞口或专门的排风井排出。对人体健康危害大的是一氧化碳、氧化氮、碳氢化合物，但是，在当前通常是以环境标准所制定的前两者为预测对象。预测范围通常是隧道运营对环境有影响的范围，一般是隧道洞口或排风井附近100～150m范围。另外，根据地形、气象条件的变化，当废气影响范围扩大时，预测范围也相应扩大。

2. 水质

从隧道内排出的施工及运营污水，要从附近排水处理设备、河流状态、流量等判断，当认为有显著影响接纳水体相应的排放标准时，应根据需要预测其扩散量。

3. 噪声

隧道进出口，噪声预测要根据不同的地形、植被等情况拟定相似的噪声预测公式。下面简单介绍多个噪声声能之和所产生的声级计算公式，以及点声源传播过程中声级计算公式。

几个噪声源声能之和，所产生的声级可按式(3-1)计算：

$$L_{\mathrm{At}} = 10\lg\left(\sum_{i=1}^{n} 10^{L_{\mathrm{Ai}}/10}\right) \tag{3-1}$$

式中：L_{At}——n 个噪声源声能和所产生的声级[dB(A)]；

L_{Ai}——第 i 个噪声源的声级[dB(A)]。

点声源的声波在传播过程中，声强逐渐减弱，用式(3-2)估算时忽略了声波在空气中传播受空气的温度、湿度、风向等因素的影响。

$$L_{\mathrm{p}} = L_{\mathrm{w}} - 20\lg\gamma - K \tag{3-2}$$

式中：L_{p}——距声源 γ 处的声级[dB(A)]；

L_{w}——声源的声功率级[dB(A)]；

γ——从声源到测点的距离(m)；

K——自由空间修正值，自由空间 $K=11$，半自由空间 $K=8$。

4. 振动

对于振动主要考虑施工阶段爆破所造成的地层振动及其危害。它与炸药的种类、用量、与爆破源的距离，地层性质、爆破方法、炮眼布置等多种因素有关，简捷估算可用式(3-3)：

$$V = KW^{3/4}D^{-2} \tag{3-3}$$

式中：V——振动波波速(cm/s)；

W——炸药药量(kg)；

D——离爆破源的距离(m)；

K——常数，在掏槽中用500，扩大爆破时用250。

5. 地表沉陷

在隧道洞口附近、浅埋地段及不良地质地段，由于开挖支护的原因造成地表沉陷影响波及附近建筑物的正常使用及稳定。要根据隧道工程的地质状况、断面形状、施工方法及开挖支护情况对地表沉陷作出预测。

6. 地形、地质

对于改变土地形状、有关挖掘、弃渣填筑等，要用图表分析其数量、位置、形状、面积施工方法等。

7. 植物

为掌握因隧道工程等直接影响的植被改变量，与此同时，在有贵重植被等情况下，一方面考虑有关受地下水变动的影响，以及由于隧道使用的影响，并和自然环境相对比；另一方面也在可能范围内进行客观地预测。预测方法可以考虑调查对相类似隧道中类似植被的影响实例，但作为类似的隧道，其必要条件应考虑高程、地形、地质等；作为类似植被的必要条件就是双方植被所包括的同一品种的数量等也作为一个大致的目标。

8. 动物

隧道给动物的影响，有由于隧道工程而直接变迁其繁殖区域的，有由于汽车交通带来的危害、噪声以及排出废气等带来的影响等。因为这些因素与动物之间的关系并不明确，要想正确地掌握它是困难的，但是，在被认为会直接影响珍稀动物等的繁殖区域的情况下，或者由于使用隧道而带来的影响，还要根据以往资料在可能范围内客观地预测。

9. 自然景观

有优美的景观的情况下，对洞门口用透视图、剪辑相片进行研究，同时据现有的见解预测其变化，并且探出与自然景观协调的构造物的形状、色彩等。

（四）环境影响的评价

关于能够掌握定量影响的大气性质、水质、噪声、振动，地表沉降应根据预测结果，对照环境保护规定的指标进行评价。

与自然环境有关的植物、动物、风景名胜区以及对已明确其价值者（法定纪念物、学术上重要的动、植物等），要拟定定性的保护目标，据此进行评价。关于不能拟出客观的保护目标的项目，可按类似的事例来进行客观评价。

（五）环境保护措施的探讨

根据预测以及评价的结果，要探讨适应工程各阶段保护环境的措施，并要具体地明确制订出来。

1. 水资源的保护措施

（1）浅埋隧道施工。为防止开挖施工引起地表水漏失和地层下陷，可结合地下水位涨落及水力坡度的变化情况，观测地面下沉与掘进及衬砌衔接的关系，采取超前支护方法，实施预注浆，对洞身围岩加固。

（2）当隧道穿过与地表水连通的破碎带，为防止突发性的泥石漏入或漏失地表水，可根据探水孔流出的水量和水压变化，采取洞内超前帷幕注浆，以加固破碎带和封堵水路。

（3）如预计隧道会与地下径流相遇，应及早采取拦堵截等保水措施，以减少水源高程损失。如一旦形成水资源经隧道漏失，可利用地形、地质等有利条件设置蓄水池，将未经污染的水流经沟、槽或专设管路提升，引入蓄水池供给用户。

2. 对污水的防治措施

（1）对隧道涌水量大的处所，设截水管由衬砌背后引出并导入蓄水池，避免与洞内施工污水汇合外排，可减少污水处理量，并可充分利用水资源充实施工用水。

（2）利用洞外自然沟壑地形，设置污水处理设施。对地形条件复杂的地区，采用平流斜板一级处理池。经处理后的水质要符合接纳水体相应的排放标准，并注意排放过程不应选在田地、坡脚以免产生水毁现象。

（3）尽量选用毒性小、污染少的注浆材料，尽量减少配制浆液过程的撒漏和注浆过程浆液漏失，对进入排水系统中的有害物质作净化处理，避免浆液流入地面水系和人畜用水水源。

3. 对粉尘污染防治措施

（1）施工中改进爆破方法，采用松动爆破，无声振动等技术。炮眼钻孔严禁干孔施钻。

（2）散装水泥、石灰采用密闭罐运输、存放。

（3）搅场、弃渣场设隔尘隔声的隔离设施。

（4）绿化洞口附近的荒山、荒地充分地利用植被的天然吸尘作用。

4. 对有害气体的防治措施

隧道内车辆运营的有害气体都是由隧道通过通风排放口排出，由隧道通风排放口排出的有害气体扩散后的落地浓度应符合排放标准，否则应作处理设计。

5. 对噪声控制措施

(1)施工中选择低噪声设备型号机械进场施工。噪声大的机械设备远离居民点或施工人员住地布设。合理安排机械作业，减少同时作业的机械台数，对产生噪声大的作业，不安排在夜间或节假日。

(2)运营中设置隔声屏或利用绿化带减少噪声传播。

6. 对振动的防治

(1)对搅拌机、球磨机、空压机、碎石机等的基础埋入半地下，并铺设砂石垫层以减轻振动影响。

(2)通过试验、选择炸药品种，调整用药量，减少一次齐发的药量，以期达到减小爆破震动。

7. 对有毒有害物质的防护措施

(1)有瓦斯溢出的隧道施工，应采用防爆型机具设备，加强施工通风，采用多种方法监测隧道内瓦斯含量，使其达到规定标准。

(2)含有放射性物质的水，弃渣应置放于远离人群活动或居住的地方。弃渣应以高密度物质的材料封闭，或在弃渣上以黏土、水泥等覆盖，或种植树木让其自然衰变。

8. 自然环境的保护

在隧道施工过程，由于受到改变土地形状，改变河道，改变植被，设置构造物以及开采材料等，破坏了原有自然环境，因此，要探讨自然环境的复原、修饰与绿化等措施及方案。

(六)环境评价报告

环境评价完成后，要提交环境评价报告。报告的内容主要包括：该环境工程的必要性、概要及其效果；环境现状调查；环境预测、评价、保护措施等一系列内容。

思考题

1. 初步勘察和详细勘察在目的、任务、内容、方法、手段及提交的资料等方面有哪些要求？

2. 什么是物探，有哪些优缺点？

3. 环境评价主要应完成哪些工作？

第四章 隧道总体设计

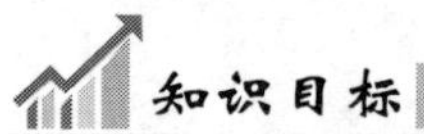

知识目标

了解隧道选址时主要应考虑哪些问题;熟悉隧道平面、纵断面设计时应注意的问题;熟悉隧道建筑限界、衬砌内轮廓线、外轮廓线、实际开挖线的定义。

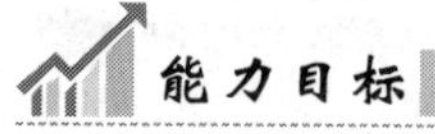

能力目标

能识读隧道勘测设计文件的内容,能计算隧道施工设计图中各部分的工程量。

第一节 隧道的选址

确定路线时,通常在多个路线方案中,根据地形图和各种调查资料,进行技术、经济比较之后,最后确定一条路线。如果路线(包括隧道)长度较长且起终点间地形、地质条件比较复杂,为提高精度,可先在1:25 000~1:50 000的地形图上进行大范围的选择,找出所有可能的路线方案,然后在1:5 000的地形图上比选确定。如果路线短且工程简单,可以直接在1:5 000的地形图上选。在1:25 000~1:50 000地形图上比选时,为了明确路线是否经济,技术上是否可行,是否符合工程实际,可参考已有的地质等资料,在地形图上徒手描绘大概的平面线形图,判断隧道位置和规模,对所有可能的路线方案进行比较,估算建设费用,去掉一些明显没有进一步比较价值的路线方案,选出下一步所需进一步比较的路线方案。然后在1:5 000地形图上研究路线控制点,拟订几条比较路线的平面线形、纵坡,使其与交通安全、地形地物协调,并确定出线形指标好、工程造价低的线路。一般路线比较要点是:线形适当(平面顺适、纵坡均衡、横面合理),顺应地形,路线延长对邻近地区的影响;安全性、用地、建设投资、养护费、行驶性能,施工的难易,与当地环境和景观相协调等。采用隧道方案时,尤其是长大隧道通风、照明及养护管理费用较大,应当综合考虑。选定路线时,应根据中华人民共和国交通部标准《公路工程技术标准》(JTG B01—2014)的规定。从平面线形和纵坡的关系,考虑是否需要设置隧道。另外,从克服高寒地区的雪害、多雾地区和事故多发地的管理,以及环境保护等方面,也往往需要考虑设置隧道。在决定隧道位置时,要考虑到路线的特性,与前后线形的衔接,地形地质条件对施工难易程度的影响,交通安全及行驶性能等,洞口附近应特别加以注意。为了确保视距,隧道平面线形应采用直线或大的不设超高的平曲线半径。隧道的长度较长时,考虑通风的影响,希望把纵坡控制在2%以下。引线和隧道衔接应当协调,出口引线要避免急弯和纵坡的改变。在高寒地区,雪吹进隧道后,不仅易酿成交通事故,而且为了除雪和防止冻结,不得不投入很多的劳动力,在引线部分也有同样的问题。因而为了避免冻结和积雪给交通造成危害,在确定隧道高程时应尽可能降低。在村镇附近或在重要的自然环境保护区及其附近设置隧道时,需考虑环境保护,研究噪声和排出的污染空气对环境的影响。

一、隧道方案与自然条件的关系

隧道方案的选择和设计与地形、工程地质、水文地质和洞口地形等自然条件密切相关。一般而言,它是隧道方案主要考虑的问题,只要充分考虑了沿线地形、工程地质和洞门位置间的内在联系,分清主次,统筹研究,就可选择出理想的隧道线路位置和进出口位置。

除上述自然条件外,还考虑施工工期要求,线路技术条件、造价,施工技术水平,覆盖土少的隧道上有无房屋、道路,即有隧道、水库、沟渠等结构物存在,或者洞口是否接近房屋、道路,即有隧道、水库、沟渠等社会因素。

根据隧道轴线与地形的关系,大概有如图4-1所示的几种关系。其主要特征如下。

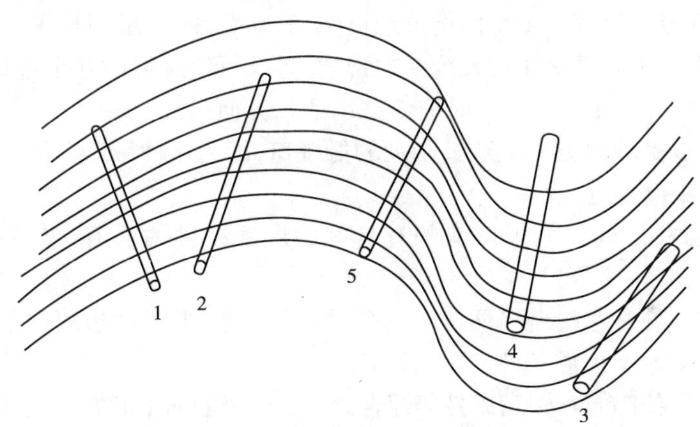

图4-1 隧道轴线与地形的关系

1-坡面正交型;2-坡面斜交型;3-坡面平行型;4-尾部进入型;5-深入谷地型

1. 坡面正交型

坡面正交型是最理想的隧道轴线和坡面的位置关系,但当隧道洞口位于坡面中部时,在施工上,就必须特别注意便道与线路的关系。

2. 坡面斜交型

当隧道轴线斜向穿过坡面时,就形成非对称的开挖边坡和洞口,如果为顺坡向岩尚有偏土压作用,就必须考虑偏土压的对策。

3. 坡面平行型

对于过大的斜交,若通过较长的山间,山坡侧的覆盖土就会变得相当少,就必须特别考虑偏土压。这种位置关系常发生问题,应尽量避免。

4. 尾部进入型

一般适用于稳定围岩,但为断层侧丘时,其背后多有断层。

5. 深入谷地型

一般是岩堆等未固结的堆积层，层比较厚，地下水位高，易发生泥石流、雪崩等灾害。

根据上述分类，洞口最好选择与坡面正交型、尾部进入型。不得已时，可选择坡面斜交型。应尽量地避免坡面平行型和深入谷地型。

二、越岭隧道选址

我国幅员辽阔，山川交错，通过山岭、重丘区的长大干线公路往往要翻越分水岭，从一个水系进入另一个水系，线路为穿越分水岭而修建的隧道称为越岭隧道。越岭地段通常地形陡峻，山峦起伏，地质及水文地质条件复杂，自然条件及交通运输条件比较困难，地形变化较大，如分水岭垭口的高低，垭口两侧沟谷的地势，山体覆盖的厚薄，山坡的陡度，以及山前台地分布情况等均会对隧道位置产生较大影响，必须慎重比选。

1. 越岭隧道平面位置的选择

越岭隧道平面位置选择，主要是指隧道穿越分水岭的不同高程及不同方向的垭口选择，选择时要着重考虑在路线总方向上的垭口，地质条件和隧道长度，另外，还应考虑两侧展线的难易程度、线形和工程量的大小。

垭口位置的选择一般可利用小比例尺地形图、航空照片、卫星照片等。根据线路的总方向和克服越岭高程的不同要求在较大范围内选线，寻求可供越岭的几个垭口位置，然后进行可能通过的垭口、河谷的比选。比选时应考虑以下几方面：

(1) 优先考虑在路线总方向上或其附近的低垭口，因为这种垭口在两侧具备良好展线的横坡时，一般越岭隧道较短。

(2) 虽远离线路总方向，但垭口两侧有良好的展线条件的河谷，又不损失越岭高程的垭口。

(3) 隧道一般选在分水岭垭口两边河谷高程相差不多，并且两边河谷平面位置接近处。

(4) 工程地质和水文地质条件良好的垭口。

并经隧道长度、施工难度、运营条件等综合比选几个可能的平面方案，最后确定最佳方案。

2. 越岭隧道高程选择

在越岭垭口选定后，由于越岭高程不同会出现不同长度的展线及越岭隧道方案，即存在隧道高程的选择问题。一般地讲，隧道高程越高，隧道长度越短，相应施工工期也短，但两端展线长度增加，出现隧道群，且线路拔起高度大，运营条件差，线路通过能力降低；而低高程隧道则与之相反，但施工难度增加，施工期较长。因此，在选择越岭隧道高程时，考虑运营条件的改善和通过能力的提高，宜采用低高程方案，但必须进行地形、地质、施工、运营、经济技术等多种因素综合比较来确定最优隧道高程。

三、傍山隧道选址

山区道路通常傍山沿河而行，山区水流的特点是河床狭窄、弯曲。经过常年的河水侵蚀和风化作用，地势往往变得陡峻。为改善线形，提高车速，缩短里程，节省时间，常常修建傍山隧道。傍山隧道一般埋藏较浅，地层受风化影响较大，施工中容易破坏山体平衡，造成各种工程病害；山坡亦常有滑坡，松散堆积，泥石流等不良地质现象，地质情况较为复杂。另外，线路受河谷地形限制，其位置除两岸进行比选外，线路移动幅度不大，隧道经常是沿河的浅埋隧道和隧道群；洞身覆盖里侧厚外侧薄，易产生不对称的偏压状态。当河流湍急，冲刷严重时，对山坡稳定和隧道安全威胁较大等。因此，傍山隧道位置选择时，应根据地形地质，河流冲刷情况以及洞外的相关工程和运营条件等综合考虑，并应注意：

(1)傍山隧道在埋深较浅的地段，一定要注意洞身覆盖厚度问题。为保持山体稳定和避免偏压产生，隧道位置宜往山体内侧靠。

(2)河岸存在冲刷现象或河道窄，水流急，冲刷力强的地段，要考虑河岸冲刷对山体和洞身稳定的影响，隧道位置宜往山体内侧靠一些，有可能时最好设在稳定的岩层中，如图 4-2 所示。

(3)傍山隧道位置应考虑施工便道设置和既有公路的位置，应注意既有公路边坡的可能坍塌和施工便道对洞身稳定的影响，如图 4-3 所示。

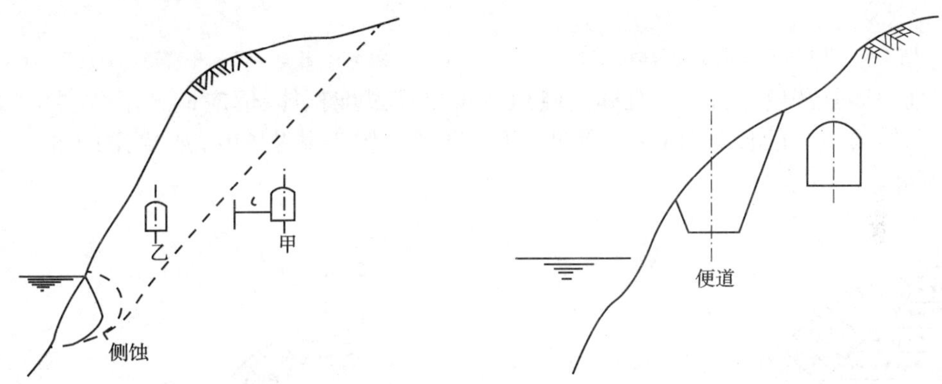

图 4-2　河岸受冲刷对洞身位置影响示意图

图 4-3　道路对洞身稳定的影响示意图

(4)线路沿山嘴绕行应与直穿山嘴的隧道方案进行比较。如山嘴地段地形陡峻，地质复杂，河岸冲刷严重，以路堑或短隧道通过难以长期保证运营安全时，应"截弯取直"以较长隧道方案通过。

四、不良地质地段隧道位置的选择

大量工程实践证明，不论是沿河(溪)线还是越岭线，在具体选定隧道位置时都必须详细研究地质条件的影响，地质条件对隧道位置的选择往往起决定性作用。隧道位置应选择在岩性较好和稳定的地层中，对施工和营运均有利，亦可节省投资。对岩性不好的地层、断层破碎带、含水层等不良地段应避免穿越，以免增大投资，造成施工与营运的困难，影响隧道安全，留下后患。若不能绕避而必须通过时，应采取可靠的工程处理措施，以确保隧道施工及营运安全，常见的不良地质条件主要是指滑坡、崩坍、松散堆积、泥石流、岩溶及含盐、含煤、地下水发育等地质条件。

1. 滑坡、错落

由于滑坡、错落对隧道的危害很大，因而在隧道通过滑坡地区时，必须查明滑坡类型、范围、深度、滑动方向及发生发展原因和规律，地下水情况等。一般应避开滑坡体或错动体，或在可能滑动面以下一定深度通过，如图 4-4 所示。

2. 松散堆积层

山体岩石经风化、温度变化、冻融交替等作用逐渐崩解成碎块，在重力作用下，自山坡滚落至坡脚形成一种松散的碎石堆积层。这种堆积层常处在暂时稳定状态。一旦扰动，稳定即会丧失而造成崩坍。在这种地质条件下，隧道应避开不稳定、松散的堆积层，使洞身处于基岩中，并具有足够的安全厚度，如图4-5 甲的位置上。

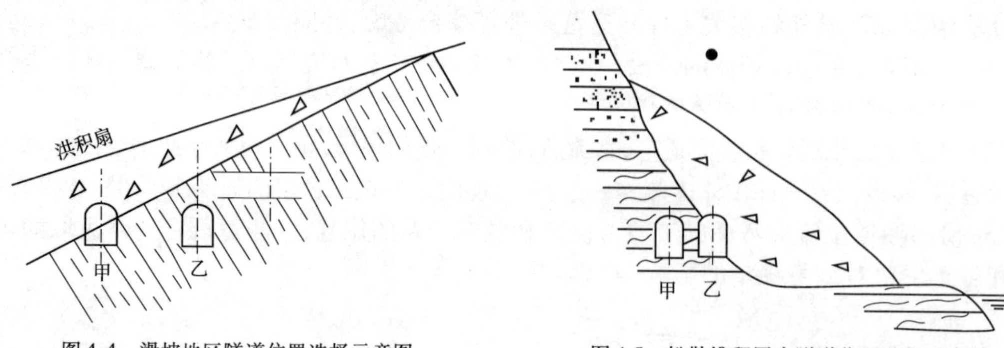

图4-4　滑坡地区隧道位置选择示意图

图4-5　松散堆积层中隧道位置选择示意图

在堆积体紧密稳定，且不得已时，隧道也可以穿过堆积体，但应避开堆积层中的软弱层面和堆积体与基岩的接触处（乙）通过，而应将隧道置于基岩（甲）或稳定的堆积体中，如图4-6所示。

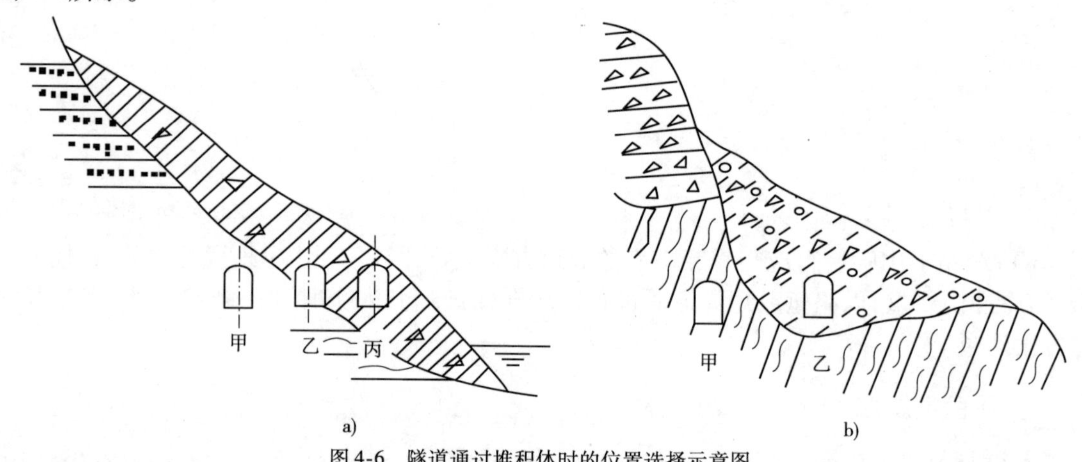

图4-6　隧道通过堆积体时的位置选择示意图

3. 泥石流

隧道通过泥石流地段时，应结合地质情况考虑泥石流沟的改道和最大下切深度，确保洞口和洞身的安全。隧道洞顶距基岩面或最大下切面要有一定的覆盖厚度，如图4-4 乙的位置，隧道洞口应避开泥石流沟及泥石流可能扩展的范围。有困难时，可修建一段明洞，使泥石流在明洞顶通过。

五、隧道洞口位置选择

隧道洞口位置的选择是隧道勘测设计的重要环节之一。洞口位置选择好坏，将直接影响隧道施工、造价、工期和运营安全。选择时要结合洞口的地形、地质条件、施工、运营条件以及洞口的相关工程（桥涵、通风设施等）综合考虑。要避免用单纯的经济观点来选定隧道洞口。根据已建交通隧道施工和运营的实践，由于洞口位置选择不当，而造成洞口塌方影响施工，中断行车的教训不少，值得注意吸取。

洞口位置选择的一般原则和要求：

(1)洞口部分在地质上通常是不稳定的。应当考虑避开滑坡、崩塌、泥石流等不良地质地段。确定洞门位置时，对边、仰坡的稳定应着重考虑，并结合洞外相关工程和施工难易，通过技术经济比较确定，以免造成难以整治的病害，危及施工和运营安全。一般应设在山体稳定，地质条件好，排水有利的地方。隧道宜长不宜短，应“早进洞，晚出洞”，尽量避免大挖大刷，破坏山体稳定。

(2)洞口不宜设在沟谷低洼处和汇水沟处，如图4-7中的A线。沟谷洼地地势狭窄、施工不便，且防洪困难。另一方面沟谷附近一般地质较差，常会出现断层，冲积层等不良地质，而且地下水丰富。因此，一般宜将洞口移在沟谷地质条件较好的一侧有足够宽度的山嘴处，如图4-7中的B线。

(3)当洞口处为悬崖陡壁时，一般不宜扰动坡面和破坏地表植被及暴露风化破碎岩层。如果岩壁稳定，无崩塌或落石可能时，可以考虑贴壁，如图4-8所示。若有塌方可能时，则采用接长明洞的办法，将洞口推到塌方范围以外3～5m处，如图4-9所示。

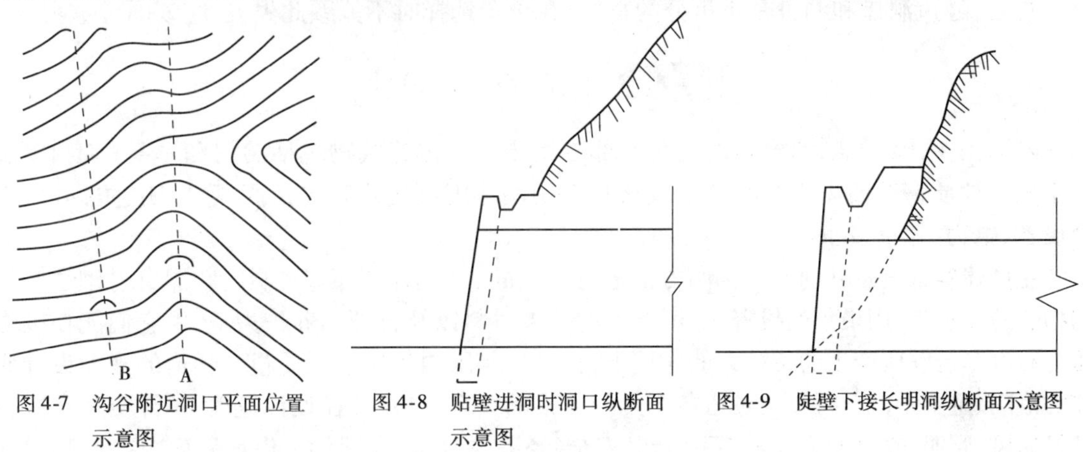

图4-7　沟谷附近洞口平面位置示意图

图4-8　贴壁进洞时洞口纵断面示意图

图4-9　陡壁下接长明洞纵断面示意图

(4)洞口地形平缓时，一般也应早进洞晚出洞。在这种情况下，洞口位置选择余地较大，应结合洞外路堑、填方、弃渣场地，工期等具体情况确定，如图4-10所示。如果洞口位于堆积层上，为避免引起坍塌、滑坡、保持山体稳定，一般不宜大量清刷。需要时可接长明洞，以确保施工和运营安全。

(5)考虑洞口边仰坡不致开挖过高和洞口段衬砌结构受力，洞口位置宜与地形等高线大体上正交，见图4-11a)。特别是在土质松软、岩层破碎、构造不利的傍山隧道，更应注意。道路隧道一般不宜设计斜交洞门，见图4-11b)。若为斜交时，应尽可能加大斜交角度(一般不小于45°)，或采取工程措施，以降低垂直等高线方向的开挖高度。

(6)长大隧道在洞门附近考虑施工场地、弃渣场以及便道等的位置，对组织施工时的难度和进度有很大影响。

(7)洞口附近有居民点时，考虑提前进洞，尽可能减少附近地上构筑物、地下埋设物与隧道的相互影响，以及减少对环境(农业、交通、居民生活)的影响。

(8)当位于有可能被淹没的河滩、水库回水影响范围以内或山洪地区，洞口的路肩设计高程应为位于设计洪水位(包括浪高)以上0.5m，以免洪水浸入隧道。

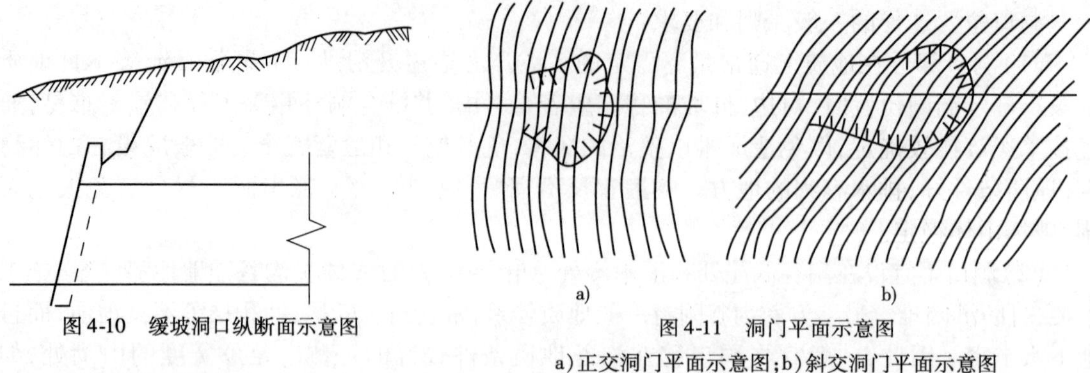

图4-10　缓坡洞口纵断面示意图

图4-11　洞门平面示意图
a)正交洞门平面示意图;b)斜交洞门平面示意图

(9)预先考虑运营后,通风设备排出的废气和噪声对周围环境的影响程度和解决办法。

(10)研究雪崩、阵风、风吹雪等对安全行驶的影响,考虑设置防雪工程、防风工程和防路面冻害工程的必要性。

总之,隧道洞口和洞身是不可分的整体,在位置选择时不能顾此失彼,应该同等重视。

第二节　隧道的几何设计

隧道由主体建筑物和附属建筑物两部分组成。主体建筑物包括洞门和洞身衬砌,以及由于地形地质情况而需要在洞口地段接长的明洞。附属建筑物包括通风、照明、防排水、安全设备、电力、通信设备等。

主体建筑物是从几何和结构两方面进行研究的。在结构方面,对洞门和洞身衬砌这些结构物总的要求是:用最小的投资,尽可能少的外来材料以及合理的养护力量,使它们能在围岩压力和汽车行驶所产生的各种力的作用下,在设计年限内保持使用质量。隧道的几何设计研究的范围,主要是汽车行驶与隧道各个几何元素的关系,以保证在设计速度、预计交通量以及满足通风、照明、安全设施等条件下,行驶安全、经济、旅客舒适以及隧道美观等。因此,隧道几何设计时,把隧道中心线解剖为隧道的平面、纵断面及净空断面来分别研究处理。

一、隧道的平面设计

隧道平面是指隧道中心线在水平面上的投影。隧道是线路的一个组成部分,因此,隧道的平面线形除应满足《公路工程技术标准》(JTG B01—2014)规定外,还应考虑到由于隧道内的运营和养护条件比洞外明线差的特点,应适当提高线形标准。如隧道平面线形原则上采用直线,避免曲线。当必须设置曲线时,其半径也不宜小于不设超高的圆曲线半径,见表4-1。

不设超高的圆曲线最小半径(单位:m)　　表4-1

设计时速(km/h) 路拱	120	100	80	60	40	30	20
≤2.0%	5 500	4 000	2 500	1 500	600	350	150
>2.0%	7 500	5 250	3 350	1 900	800	450	200

这里有两点要注意:一是小半径曲线,二是超高。如果采用小半径曲线,会产生视距问题。为确保视距,势必要加宽断面。这样相应地要增加工程费用。断面加宽后施工也变得困难,断面不统一,以及它们的相互过渡都给施工增加了难度。设置超高时,也会导致断面的加宽。因为在隧道内一般是禁止超车的,所以只能采用停车视距,根据停车视距可以换算出设置曲线时不加宽的最小平曲线半径。曲线隧道即使不加宽,在测量、衬砌、内装、吊顶等工作上也会变得复杂。此外,曲线隧道增加了通风阻抗,对自然通风很不利。从这些方面考虑也希望不设曲线。不过,是否放入曲线,应根据隧道洞口部分的地形地质条件及引道的线形等进行综合考虑决定。如沿河(溪)线的傍山隧道穿过山嘴时,就必然会出现如图 4-12 所示的曲线隧道。再如原设计为直线的隧道,在施工中遇到溶洞时,不得不改线绕行时出现的部分曲线隧道。另外,隧道内应尽量避免设反向曲线,以利运营和施工。单向行驶的长隧道,如果在出口一侧放入大半径平曲线,面向驾驶者的出口墙壁亮度是逐渐增加的。尤其是当出口处阳光可以直接射入,以及洞门面向大海等亮度高的场合,此时曲线线形反而是设计所希望的。如果长大隧道需要利用竖井、斜井通风时,在线形上应考虑便于设置。

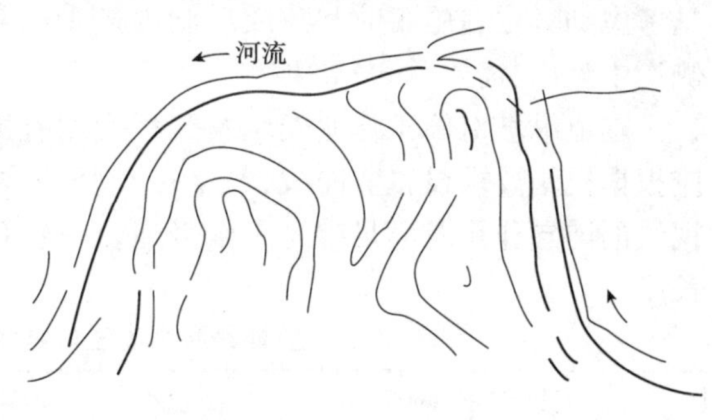

图 4-12 曲线隧道示意图

二、隧道纵断面设计

隧道纵断面是隧道中心线展直后在垂直面上的投影。

隧道内线路坡度可设置为单面坡(即向隧道一端上坡或下坡)或人字坡(即从隧道中间向洞口两端下坡)两种,如图 4-13 所示。

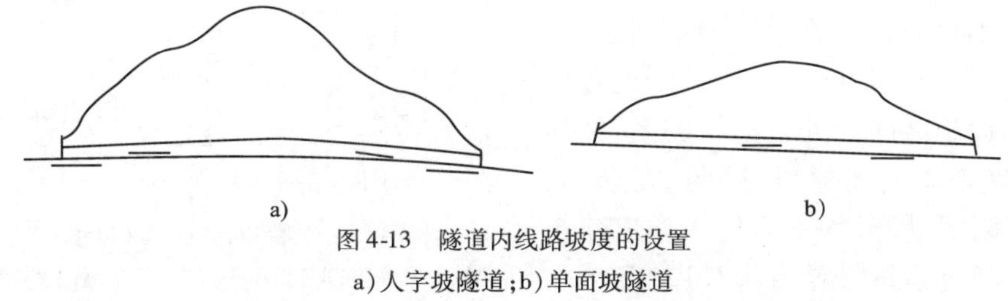

图 4-13 隧道内线路坡度的设置

a)人字坡隧道;b)单面坡隧道

一般单向坡多数出在越岭线路的展线及沿河(溪)线隧道中,单向坡隧道对运行时通风、排水有利,尤其是下行单向隧道通风条件较好,但在上方洞施工困难,特别在有较大地下水时更困难。人字坡常出现在越岭隧道中,人字坡有利于从两端施工时的出渣和排水,但对运营通风不利。

控制隧道纵坡主要因素之一是通风问题,一般把纵坡控制在 2% 以下为好。超过 2% 时,汽车排出的有害物质迅速增加,也就是说,汽车排出的有害物质随着纵坡的增大而急剧增多。所以,从公路隧道通过车辆尽量少排出有害气体观点出发,限制纵坡不得大于 3%。不存在通风问题的短小隧道,如独立明洞和短于 50m 的直线隧道,可按公路所在等级规定设置纵坡。当隧道采用单坡时，纵坡不宜大于3%。当涌水量较大时应考虑减缓纵坡。采用“人”字坡从两个洞口开挖隧道时，施工涌水容易排出，但通风条件稍差，因此，一般把纵坡控制在1%以下为宜，便于控制和排放有害气体。总之，隧道的纵坡以不妨碍排水的缓坡为宜。在隧道内采用平坡也是不可取的，应尽量避免。规范规定“隧道内纵坡不应小于0.3%”，这是考虑到隧道在施工时和建成后洞内排水的需要，为了使隧道涌水和施工用水能在坑道内侧沟中流出，需要0.3%的坡度。

隧道纵坡对施工作业安全及工程费用有影响，计划时应考虑到这个问题。纵坡变更处应根据视距要求设置竖曲线，其半径和竖曲线的最小长度应符合表4-2的要求。为了提高视线的诱导作用及满足乘客乘坐舒适，在隧道中尽可能考虑选用较大竖曲线半径和竖曲线长度。

竖曲线最小半径与竖曲线最小长度(单位:m) 表4-2

设计速度(km/h)		120	100	80	60	40	30	20
凸形竖曲线最小半径	一般值	17 000	10 000	4 500	2 000	700	400	200
	极限值	11 000	6 500	3 000	1 400	450	250	100
凹形竖曲线最小半径	一般值	6 000	4 500	3 000	1 500	700	400	200
	极限值	4 000	3 000	2 000	1 000	450	250	100
竖曲线长度		100	85	70	50	35	25	20

三、隧道净空断面横断面设计

隧道净空是指隧道衬砌的内轮廓线所包围的空间，包括隧道建筑限界通风及其他所需的断面积。断面形状和尺寸应根据围岩压力求得最经济值。

隧道建筑限界是为保证隧道内各种交通的正常运行与安全，而规定在一定宽度和高度范围内不得有任何障碍物的空间限界，如图4-14所示。在设计中，应充分研究各种车道与公路设施之间所处之空间关系，任何部件(包括隧道本身的通风、照明、安全、监控及内装等附属设施)均不得侵入隧道建筑限界之内。隧道建筑限界由行车道宽度 W、侧向宽度 L、人行道 R 或检修道 J 等组成。当设置人行道时，含余宽 C。各级公路隧道建筑限界基本宽度应按表4-3执行。

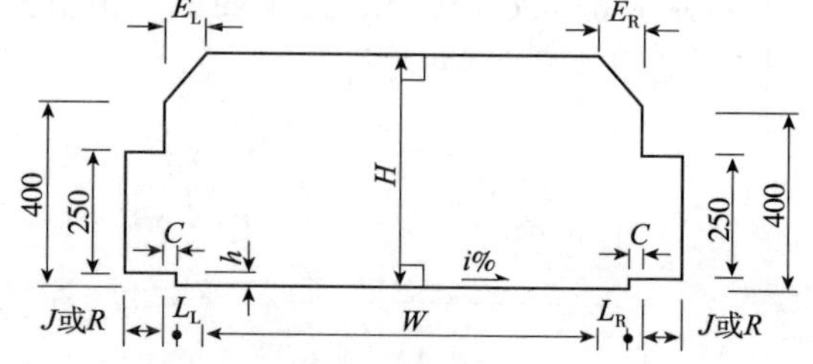

图4-14 公路隧道建筑界限(尺寸单位:cm)

H-建筑限界高度；W-行车道宽度；L_L-左侧向宽度；L_R-右侧向宽度；C-余宽；J-检修道宽度；R-人行道宽度；h-检修道或人行道的高度；E_L-建筑限界左顶角宽度，$E_L=L_L$；E_R-建筑限界右顶角宽度，当 $L_R \leqslant 1$m 时，$E_R=L_R$，当 $L_R>1$m 时，$E_R=1$m

(1)建筑限界高度，高速公路、一级公路、二级公路取5.0m；三、四级公路取4.5m。

(2)当设置检修道或人行道时，不设余宽；当不设置检修道或人行道时，应设不小于25cm的余宽。

(3)隧道路面横坡，当隧道为单向交通时，应取单面坡；当隧道为双向交通时，可取双面坡。坡度应根据隧道长度，平、纵线形等因素综合分析确定，一般可采用1.5%～2.0%。

公路隧道建筑限界横断面组成最小宽度(单位:m) 表 4-3

公路等级	设计速度(km/h)	车道宽度 W	侧向宽度 L		余宽 C	人行道 R	检修道 J		隧道建筑限界净宽		
			左侧 L_L	右侧 L_R			左侧	右侧	设检修道	设人行道	不设检修道、人行道
高速公路、一级公路	120	3.75×2	0.75	1.25			0.75	0.75	11.00		
	100	3.75×2	0.50	1.00			0.75	0.75	10.50		
	80	3.75×2	0.50	0.75			0.75	0.75	10.25		
	60	3.50×2	0.50	0.75			0.75	0.75	9.75		
二、三、四、五级公路	80	3.75×2	0.75	0.75		1.00				11.00	
	60	3.50×2	0.50	0.50		1.00				10.00	
	40	3.50×2	0.25	0.25		0.75				9.00	
	30	3.25×2	0.25	0.25	0.25						7.50
	20	3.00×2	0.25	0.25	0.25						7.00

注:1. 三车道隧道除增加车道数外,其他宽度同表;增加车道的宽度不得小于3.5m。

2. 连拱隧道的左侧可不设检修道或人行道,但应设50cm(120km/h与100km/h时)或25cm(80km/h与60cm/h时)的余宽。

3. 设计速度120km/h时,两侧检修道宽度均不宜小于1.0m;设计速度100km/h时,右侧检修道宽度不宜小于1.0m。

(4)当路面采用单面坡时,建筑限界底边线与路面重合;当采用双面坡时,建筑限界底面线应水平置于路面最高处。

(5)单车道四级公路的隧道应按双车道四级公路标准修建。

隧道净空若小了,则不能保证车辆安全通行;净空若大了,则增加隧道开挖和衬砌工程数量,影响造价等,因此,必须从使用、经济和施工等方面综合考虑,并按公路等级确定隧道的建筑限界。

道路隧道的净空除应在符合隧道建筑限界的规定外,还应考虑洞内排水、通风、照明、防火、监控、营运管理等附属设施所需要的空间,并考虑土压影响、施工等必要的富余量,使确定的断面形式及尺寸,达到安全、经济、合理。在确定隧道净空断面时,应尽力选择净断面利用率高、结构受力合理的衬砌形式。

有行人通行的隧道,原则上应设置人行道,人行道的宽度一般不宜小于0.75m,以便肩挑背负者使用。在有自行车通行的隧道,人行道宽度不宜小于1m,以供自行车下车推行。必要时可设置栏杆,以消除隧道内混合交通的干扰和隐患。城市附近及行人众多的隧道,人行道的宽度应根据需要适当加宽,以保证非机动车及行人不侵占机动车道。当行人和非机动车非常多的情况下,因修很宽的人行道而加大隧道断面,需要的通风设备也相应增大,这时人和非机动车与隧道分开,修建小断面的人行隧道反而有利,专供徒步行人通行。人行隧道与车行隧道分开,对安全也极有利,发生火灾时可以作为避难救护伤员使用,平时亦可兼作管理人员的通道。需通行非机动车时,应另设非机动车道,非机动车不应混杂在行人中穿行。在山岭地区修建长大隧道时,专为行人需要加大通风设施及其功率是不经济的,应另寻其他途径解决行人问题。人行道、非机动车道或非机动车道与机动车道在同一隧道中时,为保证安全,应使其比机动车道高出0.25m。为了彻底解决安全问题,或者对行车速度严加管制,或者把人行道等与机动车道用护栏隔开,或者把设在路肩上的人行道等置于1m以上的台阶并加设保护栏。

机动车道的净高,通常由汽车载货限制高度和富余量决定。另外,由于隧道内的路面全部更换困难,一般应估计到将来可能进行罩面,其厚度通常按20cm预留。还应估计冬季积雪等可能减少净空。对不能满足净高要求的路段,应设标志牌,标明该处净高,并指明迂回道路。人行道、非机动车道的净空为2.5m。隧道的内轮廓线在施工中不可避免地要产生凸凹不平,一般还应考虑5cm的误差。

隧道的净空断面受通风方式影响很大。自然通风的隧道,断面适当大些。假如采用射流通风机进行纵向通风时,应考虑射流通风机本身的直径,悬吊架的高度和富余量,总计约为1.5m的高度。长大隧道的通风管断面积、通风区段的长度、通风竖井或斜井的长度和数量、设备费和长期运营费等应综合考虑。在平顶以上设置通风管道时,应保证顶板的厚度,还应考虑到顶板的挠度以及富余量。现在使用的轻质混凝土顶板的厚度为7.5～10cm,现浇混凝土板约15cm。如果考虑美观用石棉或瓷砖进行内装时,还应另外留出10cm的空间。吊设吸音板时,应预留相应位置。重要的长大隧道,防灾设备(如火灾传感器、监视电视摄像机、通过率计等)也要占有空间,如图4-15所示。维修时往往是在不进行交通管制的条件下工作,还有管理人员的通道,根据实际需要可能设置在隧道的一侧或两侧等,要根据实际隧道具体确定。

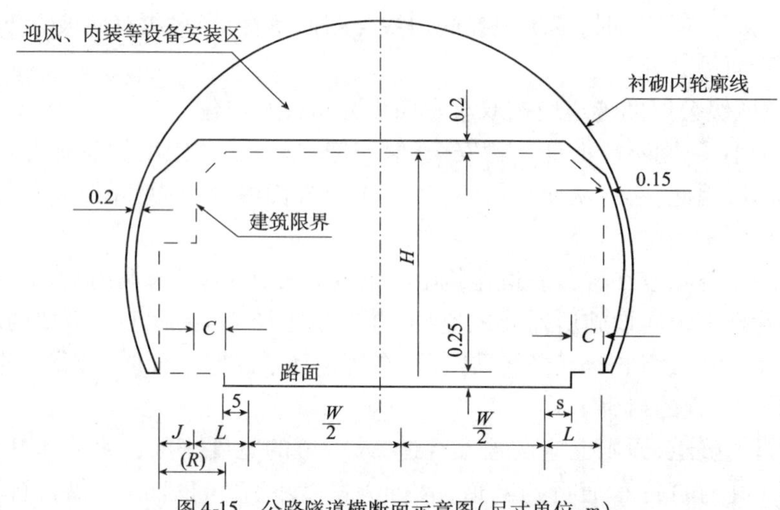

图4-15　公路隧道横断面示意图(尺寸单位:m)

由于地质条件的关系,隧道宽度过大则不经济,施工上也增加难度,因此高速公路、一级公路一般应设计为上下行分离的两座独立隧道。两相邻隧道最小净距视围岩类别、断面尺寸、施工方法、爆破震动影响等因素确定,一般情况可按表4-4的规定选用。从理论上说,两相邻隧道应分别置于围岩压力相互影响及施工影响范围之外,或者说其间岩柱具有足够的强度和稳定,不致危及相邻隧道的施工及结构的安全,保证车辆安全营运。但由于影响两相邻隧道间距的因素很多,而这些因素的影响也难以定量,因此,还需根据经验通过工程类比分析确定。

分离式独立双洞的最小净距　表4-4

围岩级别	Ⅰ	Ⅱ	Ⅲ	Ⅳ	Ⅴ	Ⅵ
最小净距(m)	1.0×B	1.5×B	2.0×B	2.5×B	3.5×B	4.0×B

注：B-隧道开挖断面的宽度。

特长和长隧道应在行车方向的右侧设置紧急停车带。设置紧急停车带，是考虑到车辆若在隧道内发生事故时，有一个应急的抢险、疏导车辆的余地，便于较快地消解塞阻，减少损失。双向行车隧道，其紧急停车带应双侧交错设置。紧急停车带的宽度包含右侧向宽度应取3.5m，长度应取40m，其中有效长度不得小于30m。紧急停车带的设置间距不宜大于750m。停车带的路面横坡，长隧道可取水平，特长隧道可取0.5%～1.0%或水平。紧急停车带建筑限界的构成应按《公路隧道设计规范》(JTG D70—2004)图4.4.5、第4.4.1条和第4.4.2条执行。单车道四级公路的隧道，为保证安全运输，应按双车道四级公路标准修建。

四、隧道接线

隧道洞口连接线的平面及纵断面线形应与隧道线形相配合，应当有足够的视距和行驶安全。尤其在进口一侧，需要在足够的距离外能够识别隧道洞口。为了使汽车能顺利驶入隧道，驾驶员应提前知道前方有隧道。通常当汽车驶近隧道，但尚有一定距离时，驾驶员若能自然地集中注意力观察到洞口及其附近的情况，并保证有足够的安全视距，对障碍物可以及时察觉，采取适当措施，才能保证行车安全。把开始注视的点称为注视点，从注视点到安全视距点所需时间称为注视时间。从注视点到洞口采用通视线形极为重要。在洞口及其附近放入平面曲线或是竖曲线的变更点时，应以不妨碍观察隧道，且保证有足够的注视时间为最低限度。具体规定应按《公路隧道设计规范》(JTG D70—2004)第4.3.5条执行。

隧道两端的接线纵坡应有一段距离与隧道纵坡保持一致，以满足设置竖曲线和保证各级公路停车或会车视距的要求。需要机械通风的隧道，接线纵坡与隧道纵坡一致时，能使汽车以均匀速度驶入隧道。在洞口前如果为陡坡时，车速会降低，进入隧道后加速行驶，必须使排气量增加，从而导致通风设备的加大或通风量不足。各级公路停车、会车视距，按《公路工程技术标准》(JTG B01—2014)有关规定执行。当隧道两端地形条件受限制，确实不能满足规定时，应采取其他措施，确保行车安全。

当隧道建筑限界宽度大于所在公路的建筑限界宽度时，两端接线应有不短于50m的同隧道等宽的路基加宽段，并设计过渡段加以衔接。当隧道限界宽度小于所在公路建筑限界宽度时，两端接线的路基宽度仍然按公路标准设计，其隧道限界宽度应设有4s设计速度行程的过渡段与隧道洞口衔接，以保持隧道洞口内外顺适过渡。另外，设计引线还应考虑到接近洞口桥梁、路堤等。

五、衬砌内轮廓线及几何尺寸拟定

隧道衬砌是一种超静定结构，因此按超静定结构设计。一般是根据工程类比和设计者的经验首先假定断面尺寸，然后经分析计算、检算，修正假定尺寸，并反复这个过程，最终确定合理的断面形式和尺寸。

设计初砌断面主要解决内轮廓线、轴线和厚度三个问题。

衬砌的内轮廓线应尽可能地接近建筑限界，力求开挖和衬砌的数量最小。衬砌内表面力求平顺（受力条件有利），还应考虑衬砌施工的简便。

衬砌断面的轴线应当尽量与断面压力曲线重合，使各截面主要承受压应力。为此，当衬砌受径向分布的水压时，轴线以圆形最好；当主要承受竖向压力或同时承受不大的水平侧压力时，可采用三心圆拱和直墙式衬砌；当承受竖向压力和较大侧压力时，宜采用五心圆曲墙式衬砌；当有沉陷可能和受底压力时，宜加设仰拱的曲墙式衬砌。

衬砌各截面厚度随所处地质条件和水文地质条件不同而有较大变化，并且与隧道的跨径、荷载大小、衬砌材料以及施工条件等有关。根据以往经验，拱圈可以采取等截面，也可采取在拱脚部分加厚20%～50%的变截面。仰拱厚度一般略小于拱顶厚度，但从施工和衬砌质量要求出发，一般不应小于规范规定的最小厚度，其值列于表4-5。

截面最小厚度（单位：cm）　　表4-5

建筑材料类型	隧道衬砌和明洞			洞门端墙翼墙和洞门
	拱圈	边墙	仰拱	挡土墙
混凝土	20	20	20	30
片石混凝土		40	35	40
浆砌粗料石或混凝土块	30	30		30
浆砌块石		30		30
浆砌片石		30		30

（一）衬砌断面

1. 衬砌内轮廓线

它是衬砌的完成线在内轮廓线之内的空间，即为隧道的净空断面。该线应满足所围成的断面积最小，适合围岩压力和水压力的特点，以既经济又适用为目的。

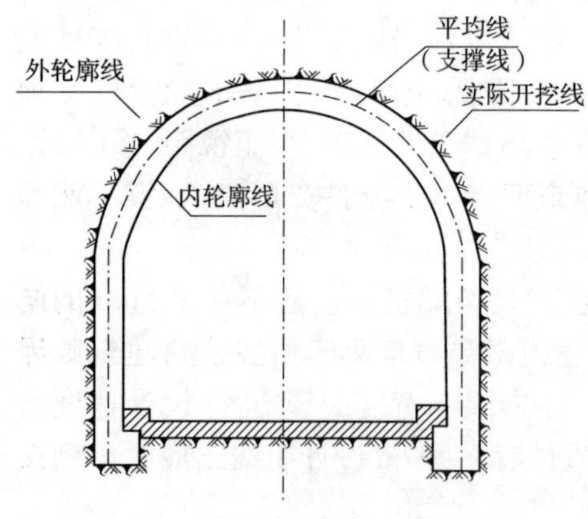

图4-16　隧道断面轮廓线

2. 初砌外轮廓线

为保持净空断面的形状，衬砌必须有足够的厚度（或称最小补砌厚度）的外缘线。为保证衬砌的厚度，侵犯该线的山体必须全部除掉，木质临时支撑或木模板等也不应侵入，因此，该线又称为最小开挖线，如图4-16断面所示。

3. 实际开挖线

为保证衬砌外轮廓，开挖时往往稍大，尤其用钻爆法开挖时，实际开挖线不可避免地成为不规则形状。因为它比衬砌外轮廓线大，所以又称为超挖线。超挖部分的大小叫超挖量，一般不应超过10cm。实际上凹凸不平，这样10cm的限制线只能是平均线，它是设计时进行工程量计算的依据。在施工中，尤其是用钻爆法施工时，很难掌握刚好达到平均线，常常比它还要大，这就造成了不必要的工程量，如何控制它，至今仍为一个难题。按设计要求所有超挖部分，都要用片石回填密实。由于施工上的困难，不容易做到密实。但这是设计及施工中都应着重强调的问题。

(二)道路隧道衬砌内轮廓线的求法

1. 圆形断面的作图

确定道路隧道内轮廓线时,以公路建筑限界为基准,并附加上通风所需要的断面。如果有侧压力则需要设置仰拱,设仰拱时应考虑水压力。在膨胀性山体和受到大水压时,通常把圆形闭合断面作为基本形状。圆形断面内轮廓线作图如图 4-17a)所示。

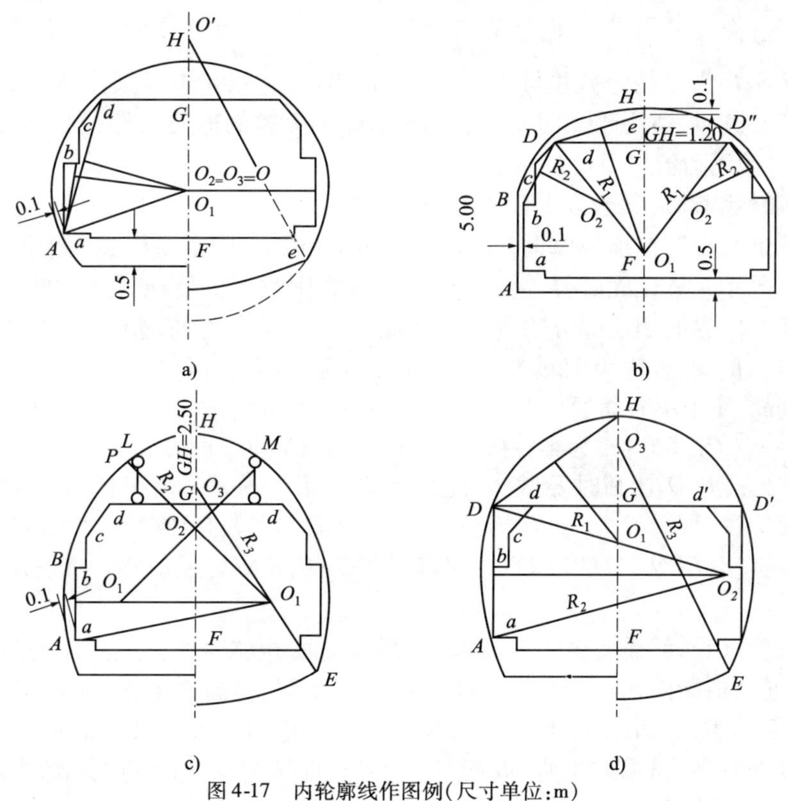

图 4-17 内轮廓线作图例(尺寸单位:m)

a)圆形断面;b)不设仰拱的三心圆拱断面;c)在顶板以上设上断面通风管道的断面;d)在顶板以上设大断面通风管道的断面

假定公路建筑限界已确定,其控制点为 a、b、c、d 4 个点。分别作 ab、ac、ad 的垂直平分线,在断面对称轴上得到 3 个交点 O_1、O_2、O_3,取其中最高(至路面)者作为圆心 O。由于施工精度上要求 a、b、c、d 各点至少需要 10cm 以上的富余量,因此,在 Oa 连线的延长线上取 $aA \geqslant 0.1\text{m}$,以 OA 为半径画圆即得内轮廓线的基本部分。

在建筑限界以上的剩余空间,可以用于通风。如采用纵向诱导通风时,可悬挂射流式通风机。如采用横向通风时,可吊挂顶板围成通风管道。路面板下剩余的空间,可以用作通风和通路,除了膨胀性岩体及水压很大时需要设置仰拱外,一般可不设置,此时路面板下可用于埋设排水构造物。排水构造物的敷设深度,除高寒地区设保暖水沟外,一般 0.5m 是足够的。当侧压力大需设置仰拱时,其半径 $O'e \approx 2 \times OA$。

建筑限界的两侧空余地方,ab 之间可以作为设置事故电话和放置灭火器的地方,bc 之间可以安装照明灯具。

圆形断面常常用于盾构法和水下隧道、膨胀性围岩以及接近圆形的山岭隧道。

2. 直墙式衬砌断面

围岩较好，一般不产生较大的侧压力，不需要设仰拱，可以采用直墙，此时隧道的净断面积最小，如图 4-17b）所示。如果在建筑限界以上设置射流风机，则应使 GH 为 1.0 ~ 1.2m（根据选用的射流风机的实际尺寸确定），例如，取 $GH=1.2$m，取施工允许误差 $H_e=0.1$m，则得点 e，作 ed 的垂直平分线并与断面对称轴相交于点 O_1，以 O_1H 为半径作弧$\widehat{DHD'}$，即为拱部的内轮廓线。由建筑限界 ab 向外取富余量 0.1m，引 $AB /\!/ ab$，求 bd 的垂直平分线与 O_1D 相交于 O_2，以 O_2D 为半径作弧并与 AB 相交于 B，与$\widehat{DHD'}$相交于 D，则 $ABCD$ 即为内轮廓线。这是一个坦三心圆拱，适用于无明显断层和围岩结构完整的地质条件，如果隧道长度不很长（600 ~ 800m），使用射流风机已经足够。

3. 曲墙式衬砌断面（顶板以上设置通风道时）

一般通风道都设置在顶板以上，如果设在路面板以下，则车道板必须采用钢筋混凝土结构，造价很高，既不经济也无必要。设置通风道的原则是既要使通风道的断面积小，又要使内轮廓线与建筑限界的侧墙部分的剩余空间最小，还要使拱部与侧墙为内轮廓线过渡圆滑，适合受力特点。例如，长度为 1km 左右的隧道，由两个洞口进行半横向通风时，所需通风道面积为 8 ~ 10m^2，属于小断面通风道，如图 4-17c）所示，此时取 a、b 两点为控制点，求 ab 平分线，在线上找一点 O_1，取 O_1A 为半径（R_1）作 AB。在 AB 的延长线取点 P，将 O_1P 与对称轴的交点 O_2作为圆心，画 O_2P 圆时要试作，使之在 H 点附近通过。所得到的 $ABPH$ 即为内轮廓线。需要设置仰拱时，取 $O_3E(=R_3)$ 近似等于 2 倍的 O_2P。这种设置通风道的方式，当顶板两端没有设置支座（沿纵向）的位置时，则需要在 L 点、M 点埋置吊杆。吊设顶板适合于改建增设通风的情况。

隧道的长度很长，就需要全横向通风，通风道断面积就变大。半横向通风时，如果所需通风量较大，通风道断面积也会变大。此时顶板要变宽，拱高需增大，如图 4-17d）所示。例如，需通风道断面积为 20m^{2}时，用趋进法作图。首先在 Gd 的延长线上取点 D，使 DG 约等于建筑限界宽度的一半（试取时可将 ab 延长与 Gd 交于 D），GD 不应比其超过太多（以 $GD-aF<1$m 为限）。再在 GD 为 1.2 ~ 1.3GH 取点 H，作 DH 的垂直平分线并与对称轴相交于 O_1，以 O_1D 为半径（R_1）画圆弧 $\widehat{DHD'}$，校核该弓形面积，调整到较预定面稍大为止。再次，求 AD 的垂直平分线与 DO_1的交点 O_2，并以 O_2A 半径（R_2）画弧 AD，ADH 即为内轮廓线。需要设仰拱时，取 $R_3=2R_1$。

开挖断面积大于 100m^{2}的长大隧道，断层、不良地质等影响更大。可考虑设置通风竖井及平行导坑进行通风，使隧道本身断面尽量缩减到最低程度。

（三）衬砌断面几何尺寸的拟定

1. 衬砌内轮廓尺寸

拟定衬砌内轮廓尺寸的各参数，如图 4-18 所示。

$$\left.\begin{aligned} r_1 + a\cot\varphi_1 - r_2\cos\varphi_2 &= f \\ 2(r_2\sin\varphi_2 - a) &= b \\ r_1 + \frac{a}{\sin\varphi_1} &= r_2 \end{aligned}\right\} \tag{4-1}$$

式中：b——公路建筑限界宽度，其值两侧还应分别加上 5 ~ 10cm 的施工误差；

f——拱顶至拱脚的矢高，按通风量所需通风道面积确定，并保证拱轴线受力合理；

φ_1、φ_2——内径 r_1、r_2，画出的圆曲线的终点截面与竖直面的夹角。

以上 4 个参数必须根据限界要求预先给定，代入式(4-1)后解出其余 3 个参数 r_1、r_2 及 φ_2。其中：r_1、r_2 为第一个内径和第二个内径；φ_3 为拱脚截面与竖直截面的夹角。

曲墙式边墙内径 r_3 由参数 H_1 及 b_1 确定，如图 4-19 所示。

$$\left.\begin{aligned} r_3 &= \frac{H_1^2 + b_1^2}{2(H_1\sin\varphi_3 + b_1\cos\varphi_3)} \\ \varphi_3 &= 90^\circ - \varphi_2 \end{aligned}\right\} \tag{4-2}$$

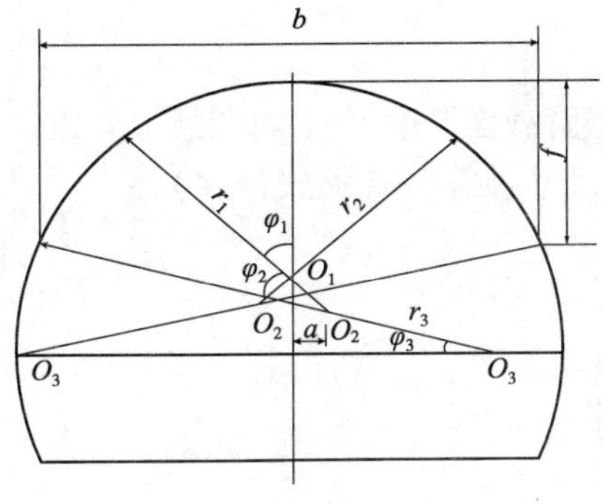

图 4-18 内轮廓线计算图

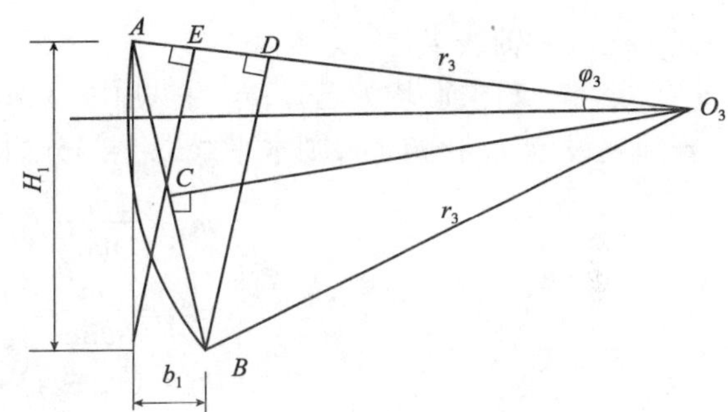

图 4-19 边墙内径 r_3 的计算图

2. 轴线与外轮廓线

对于拱的轴线和外轮廓线的计算不存在困难。等截面拱的计算比较简便，变截面拱圈尺寸的计算则比较烦琐，如图 4-20 所示，可按公式(4-3)计算。

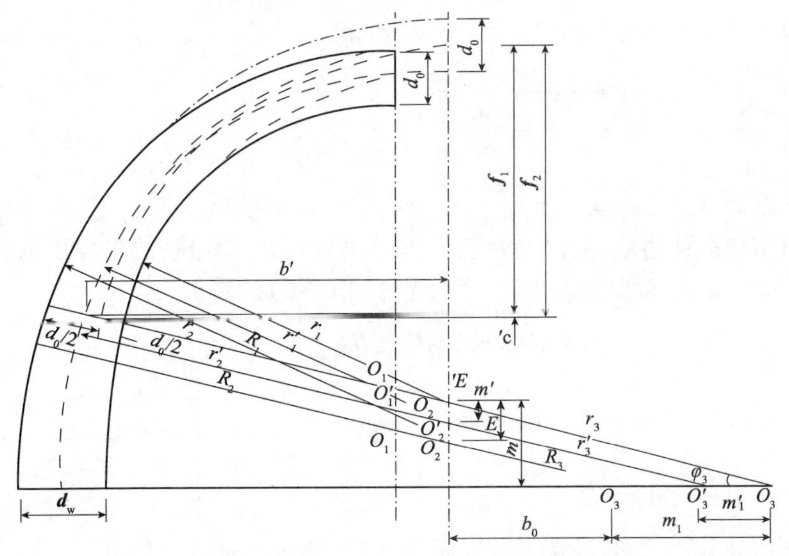

图 4-20 变截面拱圈尺寸的计算图及水平线以上部分曲边墙尺寸计算图

$$
\left.\begin{aligned}
&R_1 = m + r_1 + d_0\\
&R_2 = m + r_2 + d_0\\
&\Delta d = d_b - d_0\\
&m = \frac{\Delta d(r_2 + d_0 + 0.5\Delta d)}{(r_2 + d_0)(1 - \cos\varphi_2) - \Delta d\cos\varphi_2}\\
&r'_1 = m' + r_1 + 0.5d_0\\
&r'_2 = m' + r_2 + 0.5d_0\\
&m' = \frac{0.5\Delta d(r_2 + 0.5d_0 + 0.25\Delta d)}{(r_2 + 0.5d_0)(1 - \cos\varphi_2) - 0.5\Delta d\cos\varphi_2}
\end{aligned}\right\} \tag{4-3}
$$

式中：R_1、R_2——外轮廓线半径；

r'_1、r'_2——轴线半径；

r_1、r_2、φ_2 意义同前，均为已知；d_0 为拱顶厚度，d_b 为拱脚截面厚度，二者都是预先设定的。

若预先设定 d_0 和 db 时，则水平线以上部分曲边墙尺寸计算公式见式(4-4)：

$$
\left.\begin{aligned}
&m_1 = \frac{m}{\tan\varphi_3}\\
&m'_1 = \frac{m'}{\tan\varphi_3}\\
&h_b = (r_3 - r_2)\sin\varphi_3\\
&R_3 = R_2 + \frac{h_b - m'}{\sin\varphi_3}\\
&r'_3 = r'_2 + \frac{h_b - m'}{\sin\varphi_3}\\
&b_0 = \frac{h_b - m}{\tan\varphi_3}\\
&d_w = R_3 + m_1 - r_3
\end{aligned}\right\} \tag{4-4}
$$

若预先设定 d_0 和 d_b 时，则需先计算 m 及 d_b 值：

$$
\left.\begin{aligned}
&m = \frac{d_w - d_0}{1 + \dfrac{\sin\varphi_2 - 1}{\cos\varphi_2}}\\
&d_b = \sqrt{R_2^2 - m^2\sin^2\varphi_2} - r_2 - m\cos\varphi_2
\end{aligned}\right\} \tag{4-5}
$$

水平线以下部分曲边墙外缘为斜线时，其斜线与以 R_3 为半径的外轮廓线相切如图 4-21 所示，通常 R_3、H_3 和 B_3 为预先设定，有关尺寸按式(4-6)计算：

$$
\left.\begin{aligned}
&a = \sqrt{H_3^2 - 2R_3B_3 + B_3^2}\\
&h_3 = \frac{a}{R_3^2 + a^2}[aH_3 + R_3(R_3 - B_3)]\\
&b_3 = \frac{a(H_3 - h_3)}{R_3}
\end{aligned}\right\} \tag{4-6}
$$

三心圆平拱衬砌外轮廓线的计算，如图 4-22 所示。通常，d_0、d_w、r_1、r_2 为预先设定，此时：

$$\left.\begin{aligned} m &= \frac{d_w - d_0}{2 - \sqrt{2}} = 1.707(d_w - d_0) \\ R_1 &= r_1 + d_0 + m \\ R_2 &= r_2 + d_w - m \end{aligned}\right\} \tag{4-7}$$

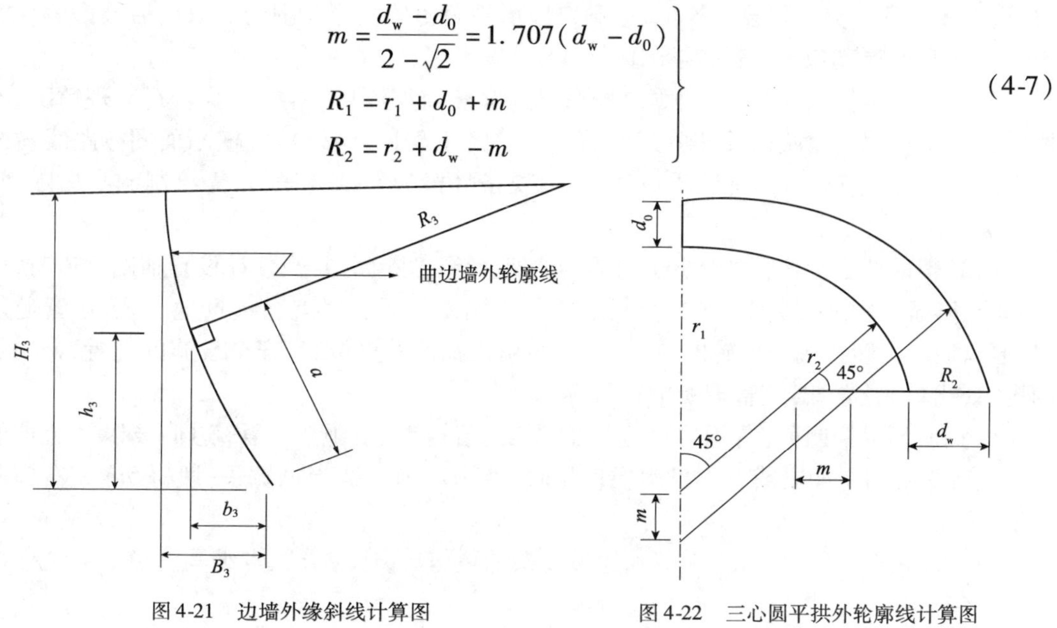

图 4-21 边墙外缘斜线计算图

图 4-22 三心圆平拱外轮廓线计算图

第三节 隧道勘测设计文件的内容与组成

道路隧道勘测设计的成果是相应的设计文件,应按交通运输部颁发的《公路基本建设工程设计文件编制办法》的要求进行。

定测结束后,应提出隧道勘测说明书,其内容如下:

(1)沿线隧道概况及自然概况。

(2)工程地质(包括地震烈度资料)及水文地质情况。

(3)气象、环境和有关政策法令情况。

(4)施工条件(包括施工场地、工程设备、给排水、动力、施工道路、弃渣场、建筑材料来源以及与附近建筑物或环境的关系等)。

(5)隧道方案(两个或两个以上)的比选情况和在设计中应注意的事项。

(6)对运营通风、运营照明和排水方式的选择建议。

(7)存在问题以及解决办法的建议,有关协议、纪要等。

(8)隧道线路方案平面图:比较方案(两条以上)应绘入图内,并附有方案比较说明,采用方案的理由。

(9)隧道线路地质平面图:显示地质构造、岩层产状、不同地质的分界线、水文地质情况、地物、地貌等。图中应绘出推荐方案。

(10)隧道纵断面图:显示隧道全貌、埋置深度、地质(围岩类别、岩层产状、节理情况、不同地质分界线)和水文地质以及线路条件,图上除注明里程、地面高程外,尚应注明设计坡度、设计高程及线路曲线要素。绘制范围应包括两洞口以外与线路的接线点。图内还应显示钻孔、电探等位置。

(11)隧道洞口地形平面图:显示边坡开挖情况,选定洞口位置,确定明洞长度,布置排水、施工场地及防护工程设施等，一般洞口地形平面图的施测范围为洞口前后及两侧各宽约60m，有不良地质现象时，其施测范围应酌情加宽。

(12)洞口纵横断面图：显示洞口地形、地质（覆盖层厚度、岩层产状岩石节理情况、不同地质分界线）、水文地质以及仰坡开挖坡度等。隧道洞口、洞外接线横断面图按路线横断面要求测绘。当隧道通过不良地质或地形、地质条件极为复杂地段时，需绘制洞身横断面图，用以选择衬砌类型及施工方法。

(13)辅助坑道及运营通风风道工程所需地形纵横断面图：当预计设置辅助坑道时，应进行测绘，以显示辅助坑道附近的地形、地质与正洞的关系、具体位置、场地布置，运营通风机房、通风道风向转换阀等设施的位置，运营照明设施的设置位置，安全设施的位置，公用隧管的进口（出口）位置，隧道管理所的位置等。

(14)明洞纵横断面图：用以确定明洞长度、结构类型，施工方法、边仰坡以及防护处理等。当明洞受河岸冲刷或有不良地质现象时，施测范围应适当加宽，一般每5m左右施测一个横断面。

对于长大隧道(2 000m以上)和地质复杂的隧道等，还应分工点编写隧道工点说明。主要内容包括：

(1)隧道位置的选定情况和选定洞口的意见；

(2)地形、地貌、植被情况以及地质、水文地质简况；

(3)洞身、洞口的特殊问题，以及有关工程的处理措施和意见；

(4)场地布置、便道引入、弃渣处理及利用的情况和意见；

(5)辅助坑道和运营通风的选定和设置意见；

(6)施工设计中的注意事项。

除上述资料外，对长大隧道或复杂的隧道应将工程地质及水文地质调查成果附于说明书之后。

施工图设计是以上述资料为基础的，隧道施工设计图包括下面几项内容。

(1)隧道表：列出隧道名称、起讫桩号、长度、净空、洞内路线线形（纵坡及坡长）、平曲线半径及平曲线长度、工程地质说明、围岩级别及衬砌长度（含明洞）、洞门形式（进口、出口）、照明、通风方式等。高速公路、一级公路按左线、右线分列。

(2)隧道工程数量表：列出洞身工程（开挖、初期支护、二次衬砌）、洞口工程（洞门、明洞、截水沟等）、防排水工程（洞身防水、洞身排水、路面排水）、横洞、预留洞室、路面、通风、照明、消防、供配电等的工程、材料数量。高速公路、一级公路按左、右线分别列制。

(3)隧道主体工程设计图。

①隧道（地质）平面图：示出地形、地物、导线点、坐标网格、路线线形及交点要素，地层的岩性、界线、地质构造及其产状等，绘出隧道洞口、洞身、斜井、竖井、避车洞，标出钻孔、坑、槽探和物探测线等位置及编号。高速公路、一级公路还应示出人行横洞、车行横洞、紧急停车带的位置和联络道等，比例尺用1∶1 000～1∶2 000。

②隧道（地质）纵断面：图示出地面线，钻孔柱状图式，坑、槽探和物探测线位置，地层和构造带的岩性、产状及界面线，绘出隧道进口位置及桩号、洞身、斜井、竖井、避车洞及消防等设施预留洞等。图的下部各栏示出工程地质、水文地质、坡度及坡长、地面高程、设计高程、

里程桩号、围岩级别、衬砌形式及长度。高速公路、一级公路还应示出人行横洞、车行横洞等。水平比例尺用1∶1 000～1∶2 000,垂直比例尺用1∶500～1∶2 000。

③隧道(包括横洞、斜井、竖井、紧急停车带)建筑限界及内轮廓方案图:按不同类型分别绘制。比例尺用1∶100～1∶200。

④隧道进、出口方案图:按不同形式绘出洞门立面、纵断(地质)面、平面方案图和洞口连接方式;联络道方案,比例尺用1∶100～1∶200。

⑤隧道衬砌断面图:示出明洞衬砌的断面、防水层、开挖与回填、电缆沟、路面结构、排水管(沟)等,复合式衬砌的断面、初期支护、防水层、二次衬砌、电缆沟、路面结构、排水管(沟)等,比例尺用1∶100～1∶200,列出各级围岩支护衬砌设计参数表。

⑥隧道超前支护方案图:比例尺用1∶100～1∶200。

⑦特殊地质隧道支护衬砌结构方案图:比例尺用1∶100～1∶200。

⑧隧道特殊结构支护衬砌结构方案图:比例尺用1∶100～1∶200。

⑨隧道施工方案图:比例尺用1∶100～1∶200。

⑩隧道各类辅助坑道平面、纵面及支护衬砌方案图:比例尺用1∶100～1∶200。

⑪隧道不良地质处治方案图:比例尺用1∶100～1∶200。

⑫隧道弃渣场地(包括施工便道)布置图:比例尺用1∶1 000～1∶2 000。

⑬隧道施工场地布置图:比例尺用1∶200～1∶500。

⑭隧道路面工程(洞内外过渡段)方案图:比例尺用1∶100～1∶200。

(4)隧道机电设施图。

①隧道通风、照明及其控制方案图。

②通风和环境卫生检测设施方案图。

③照明设施及洞口灯光过渡方案图。

④供电及其保障设施方案图。

⑤消防及其保障设施方案图。

⑥紧急救援和疏导方案图。

思考题

1. 不良地质地段隧道选址时,主要应考虑哪些问题?

2. 隧道平面、纵断面设计时应注意什么问题?

3. 什么是隧道建筑限界?

4. 隧道接线的平面及纵断面线形有哪些要求?

5. 什么是衬砌内轮廓线、外轮廓线、实际开挖线?

第三篇

隧道施工

第五章 山岭隧道矿山法施工

知识目标

熟悉山岭隧道矿山法中传统矿山法和新奥法的施工工艺，重点掌握新奥法的施工工艺。熟悉隧道的基本开挖方法，熟悉爆破开挖法的作业过程，熟悉山岭隧道初期支护的一般工序流程，熟悉超前支护的措施，熟悉二次衬砌的施工工序及各部分的施工方法。

能力目标

能根据隧道施工规范选择合理的山岭隧道的施工方案；能掌握山岭隧道矿山法的施工工序，掌握隧道的开挖方法、爆破开挖、初期支护、超前支护措施和二次衬砌方法。

第一节 概　述

隧道施工是指修建隧道及地下洞室的施工方法、施工技术和施工管理的总称。隧道施工方法的选择主要依据工程地质条件、水文地质条件、埋深大小、隧道断面形状及尺寸、长度、衬砌类型、隧道的使用功能、施工技术条件和施工技术水平及工期要求等因素综合考虑确定。

隧道施工技术主要研究解决上述各种隧道施工方法所需的技术方案和措施（如开挖、掘进、支护、衬砌方案和措施）；隧道穿越特殊地质地段时（如膨胀土、黄土、溶洞、塌方、流沙、高地温、岩爆、瓦斯地层等）的施工手段；隧道施工中的通风、防尘、防有害气体及照明、水电作业的方式方法和对围岩变化的监控方法。

根据隧道穿越地层的不同情况和目前隧道施工方法的发展，隧道施工方法可按以下方式分类。

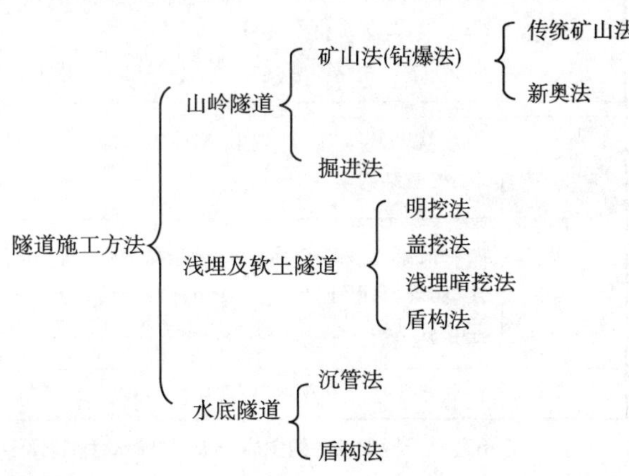

隧道工程建筑都是在应力岩（土）体中开拓的地下空间，在选择施工方法时，应当根据具体地下工程的各方面条件综合考虑，选择最经济、最理想的设计和施工方案，甚至是多种方案的综合应用，因而这是一个受多种因素影响的动态的择优过程。

隧道施工既有一般土建工程施工的特点，又有地下工程施工的特点。浅埋隧道往往采用先将地面开挖，修筑完成支护结构以后再回填土石的明挖法施工；深埋隧道则采用不开挖地面的暗挖法施工，即在地下开挖及修筑支护结构。因此研究隧道施工方法就是主要研究隧道的开挖与支护的施工程序及方法。

公路隧道施工，一般应根据隧道围岩工程地质条件、水文地质条件、工程建筑要求、机具设备、施工技术条件、施工技术水平、施工经验等多种因素和千变万化的地质情况等，选择行之有效的一种或多种施工方法，因为主要影响因素是围岩的地质情况（公路隧道围岩分级见表5-1）。当围岩较稳定且岩体较坚硬时，施工往往采用先把隧道坑道断面开挖好，然后修筑支护结构，并且有条件时可以争取一次把全断面挖成。当围岩稳定性较差时，则需要随开挖随支撑，防止围岩变形及产生坍塌；开挖坑道后，为了防止风化影响，围岩不宜久露，需要及时修筑永久性支护结构，尤其坑道开挖的顶部，一般在上部断面挖成后先修筑拱圈，在拱圈的保护下再开挖坑道下部断面即称为先拱后墙法。当围岩地质条件较好时，衬砌修筑可以先修筑边墙再修筑拱圈，即为先墙后拱法施工。总之，在选择施工方法时，要根据各种因素和结合地质条件变化的实际情况，采取有效的施工方法。

公路隧道围岩分级 表5-1

围岩级别	围岩或土体主要定性特征	围岩基本质量指标BQ或修正的围岩基本质量指标[BQ]
Ⅰ	坚硬岩，岩体完整，巨整体状或巨厚层状结构	>550
Ⅱ	坚硬岩，岩体较完整，块状或厚层状结；较坚硬岩，岩体完整，块状整体结构	550~451
Ⅲ	坚硬岩，岩体较破碎，巨块（石）碎（石）状镶嵌结构；较坚硬岩或较软硬岩层，岩体较完整，块状体或中厚层结构	450~351
Ⅳ	坚硬岩，岩体破碎，碎裂结构；较坚硬岩，岩体较破碎~破碎，镶嵌碎裂结构；较软岩或软硬岩互层，且以软岩为主，岩体较完整~较破碎，中薄层状结构	350~251
	土体：1. 压密或成岩作用的黏性土及砂性土； 2. 黄土（Q1、Q2）； 3. 一般钙质、铁质胶结的碎石土、卵石土、大块石土	
Ⅴ	较软岩，岩体破碎；软岩，岩体较破碎~破碎；极破碎各类岩体，碎、裂状，松散结构	≤250
	一般第四系的半干硬至硬塑的黏性土及稍湿至潮湿的碎石土，卵石土、圆砾、角砾土及黄土（Q3、Q4）；非黏性土呈松散结构，黏性土及黄土呈松软结构	
Ⅵ	软塑状黏性土及潮湿、饱和粉细砂层、软土等	

注：本表不适用于特殊条件的围岩分级，如膨胀性围岩/多年冻土等。

一、山岭隧道施工方法

公路隧道多为山岭隧道，常用的施工方法为矿山法。矿山法因最早应用于采矿坑道而得名，在矿山中，多数情况下都需采用钻眼爆破进行开挖，故又称钻爆法。从隧道工程的发展趋势来看，钻爆法仍将是今后山岭隧道最常用的开挖方法之一。

在矿山法中，坑道开挖后的支护方法，大致可以分为钢木构件支撑和锚杆喷射混凝土支护两类。作为隧道施工方法，人们习惯上将采用钻爆开挖加钢木构件支撑的施工方法称为"传统的矿山法"；而将采用钻爆开挖加锚喷支护的施工方法称之为"新奥法"。

（一）矿山法

传统的矿山法是人们在长期的施工实践中发展起来的，它是以木或钢构件作为临时支撑，待隧道开挖成形后，逐步将临时支撑撤换下来，而代之以整体式衬砌作为永久性支护的施工方法。传统矿山法施工能适应山岭隧道的大多数地质条件，尤其在不便采用锚喷支护的地质条件时，用于处理塌方也很有效。

木构件支撑由于其耐久性差和对坑道形状的适应性差、支撑撤换工作既麻烦又不安全，且对围岩有所扰动等缺点，因此目前较少采用。

钢构件支撑由于具有较好的耐久性和对坑道形状的适应性等优点，施工中可以撤换，也更为安全。日本隧道界将以钢构件作为临时支撑的矿山法称为"背板法"。钢木构件支撑类似于地上的"荷载—结构"力学体系，它作为一种维持坑道的稳定措施，是很直观且有效的，也容易被施工人员理解和掌握，因此这种方法常常用于不便采用锚喷支护的隧道中或处理塌方的情况等。由于衬砌的设计工作状态和实际工作状态不一致，以及临时支撑存在的一些缺陷等，钢木构件支撑的发展和应用在一定程度上受到了限制。

传统矿山法施工工序如图 5-1 所示。

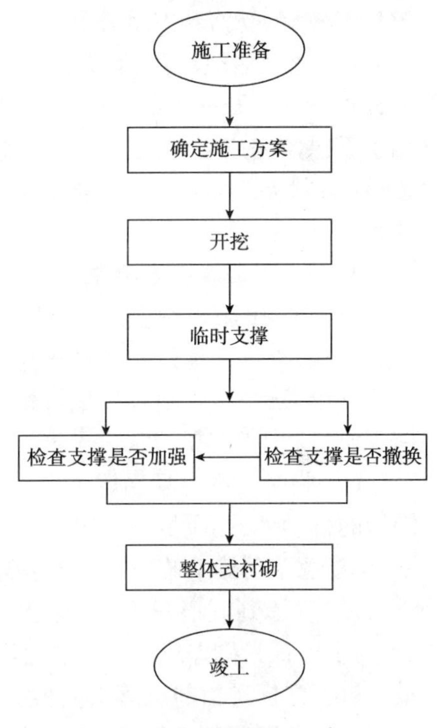

图 5-1 传统矿山法施工工序

1. 矿山法施工的基本原则

传统矿山法施工的基本原则是"少扰动、早支撑、慎撤换、快衬砌"，即"十二字原则"。

(1) 少扰动，是指在进行隧道开挖时，要尽量减少对围岩的扰动次数、强度、范围和持续时间。采用钢支撑，可以增大一次开挖断面的跨度，减少分部开挖次数，从而减少对围岩的扰动次数。

(2) 早支撑，是指开挖坑道后应及时施作临时构件支撑，使围岩不致因变形松弛过度而产生坍塌失稳，并能承受围岩松弛变形产生的压力——早期松弛荷载。进行定期检查支撑的工作情况，若发现变形严重或出现损坏征兆，应及时增设支撑予以加固和加强。作用在临时支撑上的早期松弛荷载大小，可比照设计永久衬砌的计算围岩压力大小的方法来确定。临时支撑的结构设计，亦采用类似于永久衬砌的设计计算方法，即结构力学方法。

(3)慎撤换，是指当拆除临时支撑而代之以永久性模筑混凝土衬砌时应慎重，即要防止在撤换过程中围岩坍塌失稳。每次撤换的范围、顺序和时间要视围岩的稳定性及支撑的受力状况而定。若预计到不能拆除，则应在确定开挖断面大小及选择材料时就予以研究决定。使用钢支撑作为临时支撑，一般可以避免拆除支撑的麻烦和不安全。

(4)快衬砌，指拆除临时支撑时要及时修筑永久性混凝土衬砌，并使其能尽早参与承载工作。若采用的是不必拆除的钢支撑，或无临时支撑时，亦应尽早施作永久性混凝土衬砌，防止坑道壁裸露时间过长，导致围岩被风化侵蚀、强度降低、产生过大变形等情况的发生。

2. 矿山法施工顺序

传统矿山法的施工顺序，可按衬砌的施作顺序分为先墙后拱法和先拱后墙法。

(1)先墙后拱法：又称为顺作法，它通常是在隧道开挖成形后，再由下至上施作模筑混凝土衬砌。先墙后拱法施工速度较快，施工各工序及各工作面之间相互干扰较小，衬砌结构的整体性较好，受力状态也较好。

(2)先拱后墙法：又称为逆作法，它是先将隧道上部开挖成形并施作拱部衬砌后，在拱圈的掩护下面再开挖下部并施作边墙衬砌。先拱后墙法施工速度较慢，上部施工较困难，但是当上部拱圈完成之后，下部施工就较安全和快速了。先拱后墙法施工衬砌结构的整体性较差，受力状态不好，并且拱部衬砌结构的沉降量较大，要求的预拱度较大，增加了开挖工作量。

3. 矿山法施工基本要求

(1)传统的矿山法施工，其各工序相互联系较密切，互相干扰较大，因此，应注意统一组织和协调，重点处理好开挖与支撑、支撑与衬砌、开挖与衬砌之间的相互关系。若围岩较稳定或支撑条件较好，则应尽量将各工序沿隧道纵向展开，以减少相互干扰，并保证施工安全、施工质量和施工进度等。

(2)临时支撑容易受爆破的影响，因此在采用爆破法掘进时，除应注意严格控制爆破对围岩的扰动外，还应尽量减少爆破对支撑的冲击破坏。若采用臂式自由断面挖掘机进行掘进，应注意不得影响临时支撑的稳定，以免危及施工安全。

(3)考虑到隧道开挖后，围岩的松弛变形、衬砌的承载变形、立模时放线和就位误差的存在，为了保证衬砌厚度及其净空不侵入建筑限界，在隧道开挖及衬砌立模时均须预留沉落量。衬砌立模预留的沉落量应根据围岩类别、衬砌施作顺序及施工技术水平来确定，并根据实测资料予以调整；开挖预留沉落量应根据支撑类型和刚度、是否拆除、围岩类别等条件来确定，并根据实测资料予以调整。

(4)采用先拱后墙法施工时，边墙马口(即指先拱后墙法施工时的边墙部位)开挖时左右边墙马口应交错开挖，不得对开。同一侧的马口宜跳段开挖，不宜顺开。先开马口，应开在边墙围岩较破碎的区段，且长度不能太长，一般不超过4m，并且及时施作边墙衬砌。后开的马口应待相邻边墙刹肩(即墙顶与拱脚封口)混凝土达到一定强度后方可开挖。马口开挖顺序还应与拱部衬砌施工缝、衬砌变形缝、辅助洞室位置统一考虑合理确定。马口开挖时，应严格控制爆破，以防止炸裂拱圈。采取以上措施的目的均是为了减少拱部衬砌下沉和防止掉拱。洞身开挖必须清除大块浮石。

(5)矿山法隧道施工必须注意安全。在保证工程质量的前提下提高经济效益。除保证围岩的完整和稳定之外,施工时还必须配合开挖及时支护,确保施工安全。明洞和洞口工程土石开挖不得采用大爆破;石质陡坡应先加固再进洞,尽量保持原有仰坡稳定;松软缓坡开挖边坡时,应事先放出开挖线,由上而下进行随挖随支护。

(6)矿山法施工中,开挖应采用对围岩扰动小时的开挖方法。钻爆开挖时,应采用光面爆或预裂爆破技术。在软弱、含水围岩或浅埋等不易自稳的地段施工时,应有辅助施工措施,或进行预加固处理。此外,隧道施工防排水应与永久性防排水设施相结合。

(7)隧道开挖断面不宜欠挖。当石质坚硬完整时,允许拱部的个别凸出处(每平方米不大于 0.1m^2)凸出衬砌不大于 5.0cm。拱脚和墙脚以上 1m 内严禁欠挖。

(二)新奥法

新奥法即新奥地利隧道施工方法的简称,原文是 New Austrian Tunnelling Method,简写为 NATM,它是奥地利学者拉布希维兹(L. V. Rabcewicz)教授等在长期从事隧道施工实践中,从岩石力学的观点出发而提出的一种施工方法,与法国称为“收敛约束法”或一些国家称为“动态观测设计施工法”的原则是一致的。1954 ~ 1955 年首次应用于奥地利的普鲁茨—伊姆斯特电站的压力输水洞中。后经瑞典、意大利以及其他国家同行们的理论研究和实践,于 1963 年在奥地利的萨尔茨堡召开的第八次土力学会议上正式被命名为新奥法(NATM),并取得了专利权。之后在西欧、北欧、美国和日本等地的许多地下工程中得到了极为迅速的发展,已成为现代隧道工程新技术的标志之一。

新奥法以既有隧道工程经验和岩体力学的理论为基础,以维护和利用围岩自稳能力为基点,将锚杆和喷射混凝土组合在一起作为主要支护手段,及时进行支护,以便控制围岩的变形与松弛,使围岩成为支护体系的一部分,形成了锚杆、喷射混凝土和隧道围岩组成的三位一体的承载结构,共同支撑岩体压力。新奥法通过对围岩和支护结构的现场量测,及时反馈围岩—支护复合体系的力学动态及其变化状况,为二次支护提供合理的架设时机,通过监控量测及时反馈的信息来指导隧道的设计和施工。

新奥法的适用范围很广,从铁路隧道、公路隧道、城市地铁、地下贮库、地下厂房直到水电站的输水隧洞、矿山巷道等,都可采用新奥法施工。我国从 20 世纪 60 年代开始引用锚杆和喷射混凝土技术,近几十年来,已积累了丰富的新奥法修建隧道工程的成功经验,目前新奥法几乎成为在软弱的破碎围岩地段修建隧道的一种基本方法,技术经济效益显著。

新奥法的应用与发展,使隧道及地下洞室工程理论进入到现代理论的新领域和高水平阶段,从而使隧道及地下洞室工程的设计和施工更符合地下工程实际,即设计理论—施工方法—结构(体系)工作状态(结果)的一致,因此,新奥法已在隧道工程中得到广泛的应用。

1. 新奥法施工程序

采用新奥法施工的公路隧道,应重视其规模、地质条件以及安全要求、施工方法,并充分利用现场监控、量测的信息指导施工,严格控制施工程序,不得有任何省略。新奥法的特征之一是采用现场监控、量测的信息指导施工,即通过对隧道施工中量测数据和对开挖面的地质观察等进行预测、预报和反馈,并以已建立的量测数据为基准,对隧道施工方法(包括特殊的、辅助的施工方法)、断面开挖步骤及顺序、初期支护的参数等进行合理调整,以保证施工安全、坑道围岩稳定、工程质量和支护结构的经济性等。

隧道新奥法施工程序流程如图5-2所示。

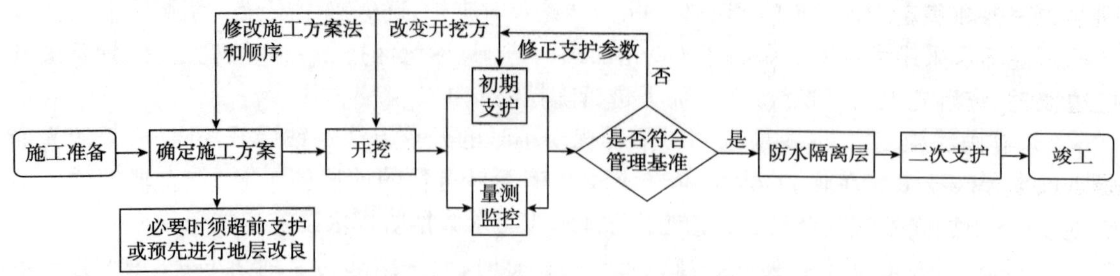

图5-2 新奥法施工程序流程图

2. 新奥法施工的基本原则

新奥法施工的基本原则可以归纳为“少扰动、早喷锚、勤量测、紧封闭”的十二字诀。

(1)少扰动，是指在进行隧道开挖时，要尽量减少对围岩的振动次数、振动程度、振动范围和振动持续时间。因此要求能用机械开挖的就不用钻爆法开挖；采用钻爆法开挖时，要进行严格地控制爆破；尽量采用大断面开挖；根据围岩类别、开挖方法、支护条件选择合理的循环掘进进尺；自稳性差的围岩，循环进尺应短一些；支护要尽量紧跟开挖面，缩短围岩应力松弛时间。

(2)早喷锚，是指开挖后及时施作初期锚喷支护，使围岩的变形进入受控制状态。一方面是为了使围岩不致因变形过度而产生坍塌失稳；另一方面是使围岩变形适度发展，以充分发挥围岩的自承能力，必要时可采取超前支护措施。

(3)勤量测，是指以直观、可靠的量测方法和量测数据来准确评价围岩(或围岩加支护)的稳定状态，或判断其动态发展趋势，以便及时调整支护形式和开挖方法，从而确保施工安全和顺利进行。量测是现代隧道及地下工程理论的重要标志之一，也是掌握围岩动态变化过程的手段和进行工程设计、施工的依据。

(4)紧封闭，一方面是指采取喷射混凝土等防护措施，避免因围岩长时间暴露而致强度和稳定性衰减的情况发生，尤其针对易风化的软弱围岩；另一方面是指要适时对围岩施作封闭形支护，及时阻止围岩变形，使支护和围岩能进入良好的共同工作状态。

3. 新奥法施工特点

新奥法施工隧道的主要特点是：通过多种量测手段，对开挖后的隧道围岩进行动态监测，并以此指导隧道支护结构的设计与施工。其理论是建立在岩体力学特性和变形特性以及莫尔学说的基础上，并考虑隧道掘进的时间效应和空间效应对围岩应力和变形的影响。它的精髓集中体现在支护结构种类、支护结构的构筑时机、岩体压力、围岩变形四者的关系上，贯穿在不断变更的设计与施工过程中。新奥法提出了与传统施工方法完全不同的概念和观点，指导着喷锚支护的设计和施工，指导着构筑隧道的全过程。

新奥法不同于传统隧道工程中应用厚壁混凝土结构支护松动围岩的理论，而是把岩体视为连续介质，在黏弹、塑性理论指导下，根据在岩体中开挖隧道后，从围岩产生变形到岩体破坏要有一个时间效应的特点，适时地构筑柔性、薄壁且能与围岩紧贴的喷射混凝土和锚杆来保护围岩的天然承载力，使得围岩本身成为支护结构的重要组成部分，使围岩与支护结构共同形成坚固的支撑环，从而保证长期和稳定的支护。其基本要点可归纳如下：

(1)开挖作业多采用光面爆破和预裂爆破,并尽量采用大断面或较大断面开挖,以减少对围岩的扰动。

(2)隧道开挖后,尽量利用围岩的自承能力,充分发挥围岩自身的支护作用。

(3)根据围岩的特征,采用不同的支护类型和参数,适时施作密贴于围岩的柔性喷射混凝土和锚杆初期支护,以控制围岩的变形和松弛。

(4)在软弱破碎围岩地段,使断面及早闭合,以有效地发挥支护体系的作用,保证隧道的稳定。

(5)二次衬砌是在围岩与初期支护变形基本稳定的条件下修筑的,围岩与支护结构形成一个整体,因而提高了支护体系的安全度。

(6)尽量使隧道断面周边轮廓圆顺,避免棱角突变处应力集中。

(7)通过施工中对围岩和支护结构的动态观察、量测,合理安排施工程序,进行隧道工程的信息化设计、施工与管理。

新奥法与传统的矿山法相比,不仅仅是手段上的不同,更重要的是工程概念、力学概念和设计原理的不同,是人们对隧道及地下工程问题的进一步认识和理解。

新奥法是一个具体应用岩体动态性质较完整的力学概念,科学性较过去的隧道施工方法先进,因而不能单纯地将它看成是一种施工方法或是一种支护方法,也不应片面理解成仅用锚喷支护的方法就是新奥法,事实上喷锚支护并不能完全表达新奥法的含义,新奥法的内容及范围相当广泛、深入,它既包括隧道工程设计又包括隧道工程施工,还包括隧道和地下工程的科技范畴的大系统工程。

二、隧道基本开挖方法

隧道施工方法实际上指的是开挖成型方法。按开挖隧道的横断面分部情况来分,施工方法可分为全断面法、台阶法、分部开挖法。

(一)全断面法

全断面法全称为"全断面一次开挖法",即按隧道设计断面轮廓一次开挖成型的方法,如图5-3所示。

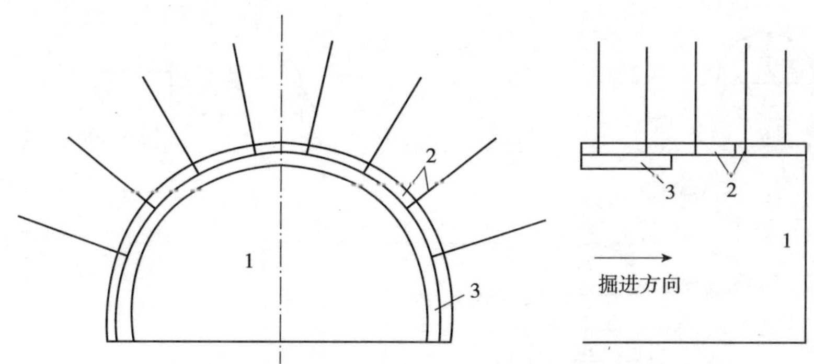

图5-3 全断面施工方法

1-全断面开挖;2-锚喷支护;3-模筑混凝土

1. 适用范围、条件及优缺点

全断面法主要适用于非浅埋的Ⅰ～Ⅲ级岩层覆盖条件简单、岩质较均匀的硬岩中。浅埋段、偏压段和洞口段不宜采用。

该法必须具备大型施工机械。隧道长度或施工区段长度不宜太短。否则采用大型机械化施工的经济性差。根据经验，这个长度不应小于1km。

全断面法具有较大的作业空间，有利于采用大型配套机械化作业，钻爆施工效率较高，可采用深眼爆破，提高施工掘进速度，且工序少、便于施工组织和管理，较分部开挖法减少了对围岩的振动次数。但由于开挖面积较大，围岩相对稳定性降低，且每循环工作量相对较大，深孔爆破用药量大，引起的振动大，因此要求精心进行钻爆设计和严格控制爆破作业。

2. 全断面法施工工序

(1)施工准备完成后，用钻孔台车钻眼，然后装药，连接起爆网路；

(2)退出钻孔台车，引爆炸药，开挖出整个隧道断面；

(3)进行通风、洒水，排烟、降尘；

(4)排除危石，安设拱部锚杆和喷第一层混凝土；

(5)用装渣机将石渣装入矿车或运输机，运出洞外；

(6)安设边墙锚杆和喷混凝土；

(7)必要时可喷拱部第二层混凝土和隧道底部混凝土；

(8)开始下一轮循环；

(9)在初次支护变形稳定后，或按施工组织中规定日期灌筑内层衬砌。

根据围岩稳定程度及施工设计亦可以不设锚杆或设短锚杆。也可先出渣，然后再施作初次支护，但一般仍先进行拱部初次支护，以防止局部应力集中而造成的围岩松动剥落。

（二）台阶法

台阶法是适用性最广的施工方法，多适用于铁路双线隧道Ⅲ、Ⅳ级围岩，单线隧道Ⅴ级围岩亦可采用，但支护条件应予以加强。它将断面分成上半断面和下半断面两部分分别进行开挖。

根据台阶的长短，台阶法又包括为长台阶法、短台阶法和超短台阶法三种，如图5-4所示。

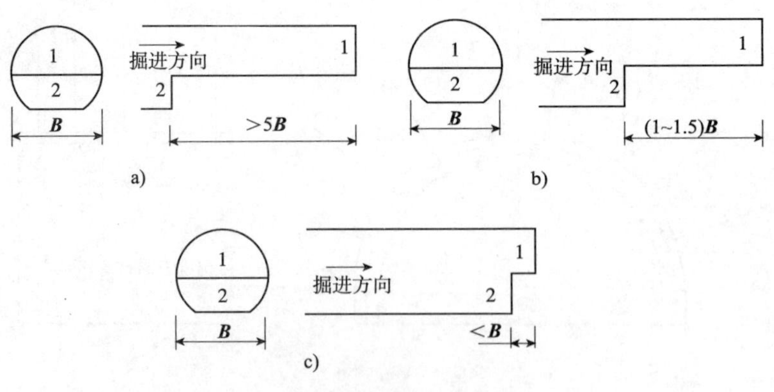

图5-4　台阶施工方法

a)长台阶法；b)短台阶法；c)超短台阶法

随着台阶长度的调整，它几乎可以用于所有的地层，台阶法表现在对地质变化的适应性较强，工序转换较容易，并能较早地使初期支护闭合，有利于控制沉降。

至于施工中究竟应采用何种台阶法，要根据以下两个条件来决定：

(1)初次支护形成闭合断面的时间要求，围岩越差，闭合时间要求越短；

(2)上断面施工所用的开挖、支护、出渣等机械设备施工场地大小的要求。

在软弱围岩中应以前一条件为主，兼顾后者，确保施工安全。在围岩条件较好时，主要考虑是如何更好地发挥机械效率，保证施工的经济性，故只要考虑后一条件。

1.长台阶法

如图5-4a)所示，上、下开挖断面相距较远，一般上台阶超前50m以上或大于5倍洞宽。施工时，上、下部可配备同类机械进行平行作业。当机械不足时也可用一套机械设备交替作业，即在上半断面开挖一个进尺，然后再在下断面开挖一个进尺。当隧道长度较短时，亦可先将上半断面全部挖通后，再进行下半断面施工，习惯上又称为"半断面法"。

1)长台阶法的作业顺序

(1)上半断面开挖

①用两臂钻孔台车钻眼、装药爆破，地层较软时亦可用挖掘机开挖。

②安设锚杆和钢筋网，必要时加设钢支撑、喷射混凝土。

③用推铲机将石渣推运到台阶下，再由装载机装入车内运至洞外。

④根据支护结构形成闭合断面的时间要求，必要时在开挖上半断面后，可建筑临时底拱，形成上半断面的临时闭合结构，然后在开挖下半断面时再将临时底拱挖掉。但从经济观点来看，最好不这样做，而改用短台阶法。

(2)下半断面开挖

①用两臂钻孔台车钻眼、装药爆破，装渣直接运至洞外。

②安设边墙锚杆(必要时)和喷混凝土。

③用反铲挖掘机开挖水沟，喷底部混凝土。

2)优缺点及适用条件

有足够的工作空间和相当的施工速度，上部开挖支护后，下部作业就较为安全，但上下部作业有一定的干扰。相对于全断面法来说，长台阶法一次开挖的断面和高度都比较小，只需配备中型钻孔台车即可施工，而且，对维持开挖面的稳定也十分有利。所以，它的适用范围较全断面法广泛，凡是在全断面法中开挖面不能自稳，但围岩坚硬，不要用底拱封闭断面的情况，都可采用长台阶法。

2.短台阶法

如图5-4b)所示，这种方法也是分成上下两个断面开挖，两个断面相距较近，一般上台阶长度小于5倍但大于1~1.5倍洞宽，或5~50m，上下断面基本上可以采用平行作业。短台阶法能缩短支护结构闭合的时间，改善初期支护的受力条件，当遇到软弱围岩时需慎重考虑，必要时应采用辅助施工措施稳定开挖工作面，以保证施工安全。

(1)短台阶法的作业顺序和长台阶相同。

(2)优缺点及适用条件。

由于短台阶法可缩短支护结构闭合的时间，改善初次支护的受力条件，有利于控制隧道收敛速度和量值，所以适用范围很广，Ⅰ～Ⅴ级围岩都能采用，尤其运用于Ⅳ、Ⅴ级围岩，是新奥法施工中经常采用的方法。

缺点是上台阶出渣时，对下半断面施工的干扰较大，不能全部平行作业。为解决这种干扰可采用长皮带机运输上台阶的石渣；或设置由上半断面过渡到下半断面的坡道。将上台阶的石渣直接装车运出。过渡坡道的位置可设在中间，也可交替地设在两侧。过渡坡道法通用于断面较大的双线隧道中。

3. 超短台阶法

如图5-4c）所示，这是一种适于在软弱地层中开挖的施工方法，一般在膨胀性围岩及土质地层中采用。为了尽快形成初期闭合支护以稳定围岩，上下台阶之间的距离进一步缩短，上台阶仅超前3～5m，由于上台阶的工作场地小，只能将石渣堆到下台阶再运出，对下台阶会形成严重的干扰，故只能采用交替作业，因而施工进度会受到很大的影响。

1）超短台阶法作业顺序

（1）用一台停在台阶下的长臂挖掘机或单臂挖掘机开挖上半断面至一个进尺。

（2）安设拱部锚杆、钢筋网或钢支撑，喷拱部混凝土。

（3）用同一台机械开挖下半断面至一个进尺。安设边墙锚杆、钢筋网或接长钢支撑、喷边墙混凝土（必要时加喷拱部混凝土）。

（4）开挖水沟，安设底部钢支撑，喷底部仰拱混凝土，灌注内层衬砌。

若无大型机械也可采用小型机具交替地在上下部进行开挖，由于上半断面施工作业场地狭小，常需配置移动式施工台架，以解决上半断面施工机具的布置问题。

2）优缺点及适用条件

由于超短台阶法初次支护全断面闭合时间更短，更有利于控制围岩变形，尤其是上部开挖支护后，下部作业较为安全。在城市隧道施工中，能更有效地控制地表沉陷。所以，超短台阶法适用于膨胀性围岩和土质围岩，要求及早闭合断面的场合。当然，也适用于机械化程度不高的各级围岩地段。

缺点是上下断面相距较近，机械设备集中，作业时相互干扰较大，生产效率较低，施工速度较慢。在软弱围岩中施工时，应特别注意开挖工作面的稳定性，必要时可对围岩进行预加固或预支护，如设置临时仰拱，向围岩中注浆或打入超前水平小导管等。

（三）分部开挖法

分部开挖法是将隧道断面分部开挖逐步成型，且一般将某部超前开挖，故也可称为导坑超前开挖法。分部开挖法可分为三种变化方案：台阶分部开挖法、单侧壁导坑法、双侧壁导坑法。

1. 台阶分部开挖法

台阶分部开挖法又称环形开挖留核心土法，适用于一般土质或易坍塌的软弱围岩地段。上部留核心土可以支挡开挖工作面，增强开挖工作面的稳定，核心土及下部开挖在拱部初期支护下进行，施工安全性较好。一般环形开挖进尺为0.5～1.0m，不宜过长，上下台阶可用单臂掘进机开挖，开挖和支护顺序如图5-5所示。

1）开挖面分部形式

一般将断面分成环形拱部、上部核心土、下部台阶三部分。

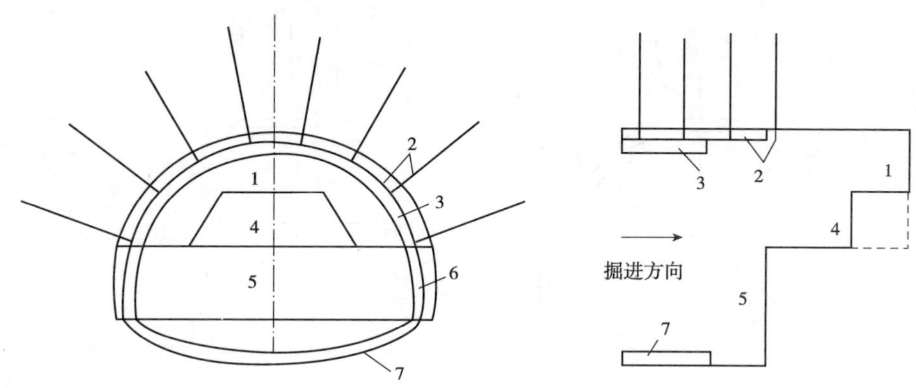

图5-5 台阶分部开挖法

1-上弧形导坑开挖;2-拱部喷锚支护;3-拱部衬砌;4-中核开挖;5-下部开挖;6-边墙部喷锚支护及衬砌;7-灌筑仰拱

2)施工作业顺序

(1)用人工或单臂进机开挖环形拱部。根据断面的大小,环形拱部又可分成几块交替开挖。

(2)安设拱部锚杆、钢筋网或钢支撑、喷混凝土。

(3)在拱部初次支护保护下,用挖掘机或单臂掘进机开挖核心土和下台阶,随时接长钢支撑和喷混凝土、封底。

(4)根据初次支护变形情况或施工安排建造内层衬砌。

由于拱形开挖高度较小,或地层松软,锚杆不易成型,所以施工中不设或少设锚杆。环形开挖进尺为0.5~1.0m,不宜过长。上部核心土和下台阶的距离,一般双线隧道为1倍洞跨,单线隧道为2倍洞跨。

3)优缺点及适用条件

在台阶分部开挖法中,因为上部留有核心土支挡着开挖面,而且能迅速、及时地建造拱部初次支护,所以开挖工作面稳定性好。和台阶法一样,核心土和下部开挖都是在拱部初次支护保护下进行的,施工安全性好。这种方法适用于一般土质或易坍塌的软弱围岩中。

与超短台阶法相比,台阶长度可以加长,减少上下台阶施工干扰;而与下述的侧壁导坑法相比,施工机械化程度较高,施工速度可加快。虽然核心土增强了开挖面的稳定,但开挖中围岩要经受多次扰动,而且断面分块多,支护结构形成全断面封闭的时间长,这些都有可能使围岩变形增大。因此,它常要结合辅助施工措施对开挖工作面及其前方岩体进行预支护或预加固。

2.单侧壁导坑法

单侧壁导坑法适用于围岩稳定性较差(如软弱松散围岩),隧道跨度较大,地表沉陷难于控制地段。该法确定侧壁导坑的尺寸很重要,侧壁导坑尺寸如过小,则其分割洞室跨度增加,开挖稳定性的作用不明显,且施工机具开展工作不方便;如尺寸过大,则导坑本身的稳定性降低而需要增强临时支护,由于大部分临时支护都是要拆掉的,尺寸大而导致工程成本增加。其开挖和支护顺序如图5-6所示。

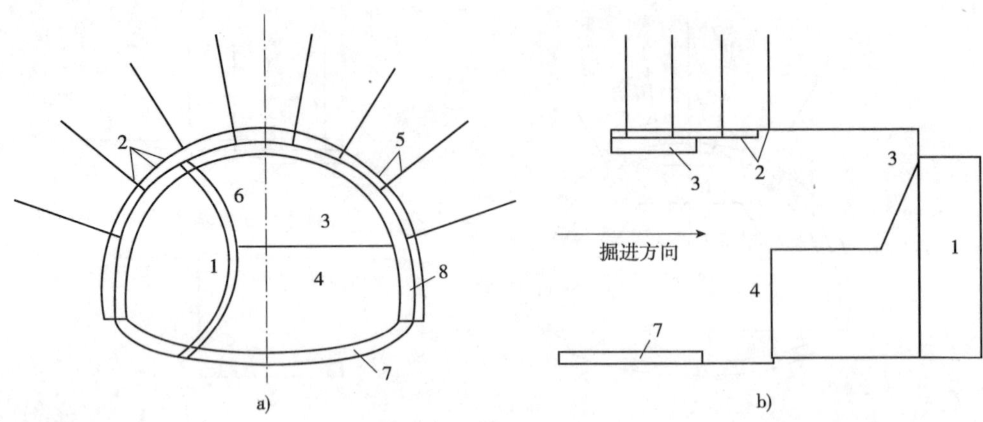

图5-6 单侧壁导坑法

1-侧壁导坑开挖;2-侧壁导坑锚喷支护及设置中壁墙临时支撑;3-后行部分上台阶开挖;4-后行部分下台阶开挖;5-后行部分喷锚支护;6-拆除中壁墙;7-灌筑仰拱;8-灌筑洞周衬砌

1)开挖面分部形式

一般将断面分成三块:侧壁导坑、上台阶、下台阶。侧壁导坑尺寸应本着充分利用台阶的支撑作用,并考虑机械设备和施工条件而定。一般侧壁导坑宽度不宜超过0.5倍洞宽,高度以到起拱线为宜,这样,导坑可分二次开挖和支护,不需要架设工作平台,人工架立钢支撑也较方便。导坑与台阶的距离没有硬性规定,但一般应以导坑施工和台阶施工不发生干扰为原则,所以在短隧道中可先挖通导坑,而后再开挖台阶。上、下台阶的距离则视围岩情况参照短台阶法或超短台阶法拟定。

2)施工作业顺序

(1)开挖侧壁导坑,并进行初次支护(锚杆加钢筋网,或锚杆加钢支撑,或钢支撑)喷射混凝土,应尽快使导坑的初次支护闭合。

(2)开挖上台阶,进行拱部初次支护,使其一侧支撑在导坑的初次支护上,另一侧支撑在下台阶上。

(3)开挖下台阶,进行另一侧边墙的初次支护,并尽快建造底部初次支护,使全断面闭合。

(4)拆除导坑临空部分的初次支护。

(5)灌注内层衬砌。

3)优缺点及适用条件

单侧壁导坑法是将断面横向分成3块或4块,每步开挖的宽度较小,而且封闭型的导坑初次支护承载能力大,所以,单侧壁导坑法适用于断面跨度大,地表沉陷难于控制的软弱松散围岩中。

单侧壁导坑法的优点是通过形成闭合支护的侧导坑将隧道断面的跨度一分为二,有效地避免了大跨度开挖造成的不利影响,明显地提高了围岩的稳定性。缺点是因为要施作侧壁导坑的内侧支护,随后又要拆除,增加了工程造价。

3. 双侧壁导坑法

双侧壁导坑法又称眼镜工法,采用先开挖隧道两侧导坑,及时施作导坑四周初期支护,必要时施作边墙衬砌，然后再根据地质条件、断面大小，对剩余部分采用二台阶或三台阶开挖的方法，其实质是将大跨度的隧道变为三个小跨度的隧道进行开挖，其开挖和支护顺序如图 5-7 所示。

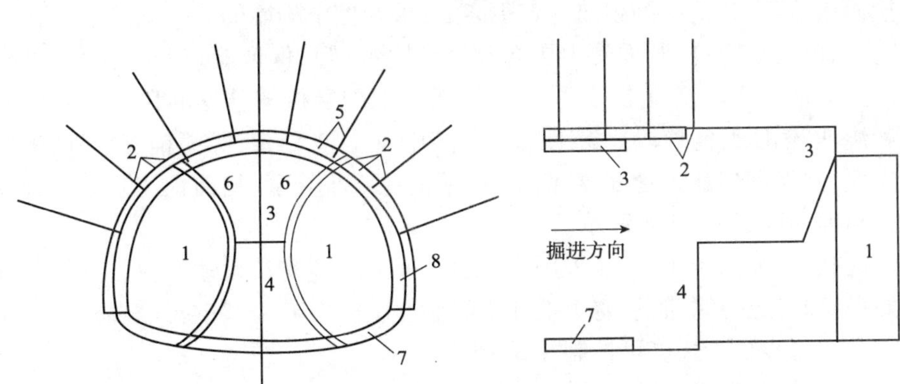

图 5-7 双侧壁导坑法

1-侧壁导坑开挖；2-侧壁导坑锚喷支护及设置中壁墙临时支撑；3-后行部分上台阶开挖；4-后行部分下台阶开挖；5-后行部分喷锚支护；6-拆除中壁墙；7-灌筑仰拱；8-灌筑洞周衬砌

1）开挖面分部形式

一般将断面分成四块：左、右侧壁导坑，上部核心土，下台阶。导坑尺寸拟定的原则同前，但宽度不宜超过断面最大跨度的 1/3。左、右侧导坑应错开开挖，以避免在同一断面上同时开挖而不利于围岩稳定，错开的距离应根据开挖一侧导坑所引起的围岩应力重分布的影响不致波及另一侧已成导坑的原则确定。亦可工程类比，一般取为 7 ~ 10m。

2）施工作业顺序

（1）开挖一侧导坑，并及时地将其初次支护闭合。

（2）相隔适当距离后开挖另一侧导坑，并建造初次支护。

（3）开挖上部核心土，建造拱部初次支护，拱脚支撑在两侧壁导坑的初次支护上。

（4）开挖下台阶，建造底部的初次支护，使初次支护全断面闭合。

（5）拆除导坑临空部分的初次支护。

（6）建造内层衬砌。

3）优缺点及适用条件

双侧壁导坑法开挖断面分块多，扰动大，初次支护全断面闭合的时间长，施工进度较慢，成本较高，但施工安全，每个分块都是在开挖后立即各自闭合的，所以在施工中间变形几乎不发展。尤其在控制地表下沉方面，优于其他施工方法。现场实测表明，双侧壁导坑法所引起的地表沉陷仅为短台阶法的 1/2。

此外，由于两侧导坑先行，能提前排放隧道拱部和中部土体中的部分地下水，为后续施工创造条件。因此城市浅埋、软弱、大跨隧道和山岭软弱破碎、地下水发育的大跨隧道可优先选用双侧壁导坑法。

在Ⅴ ~ Ⅵ级围岩的浅埋、偏压及洞口段，也可采用此法施工。

4. 中隔壁法(CD 法)

中隔壁法是将隧道断面左右一分为二,施工时应沿一侧自上而下分为二或三部分进行,每开挖一部均应及时施作锚喷支护、安设刚架、施作中隔壁,底部应设临时仰拱,中隔壁墙依次分步连接而成,当先开挖一侧超前一定距离后,再开挖中隔墙的另一侧。

CD 法变大跨为小跨,使断面受力更合理,对减少沉降,保证隧道开挖安全、可靠具有良好的效果。该法适用于较差地层,如采用人工或人工配合机械开挖的Ⅳ～Ⅴ级围岩的浅埋双线隧道和浅埋、偏压及洞口段。施工过程中,为保证初支稳定,除喷锚支护外,须增加型钢或钢格栅支撑,并采用超前大管棚、超前锚杆、超前注浆小导管、超前预注浆等一种或多种辅助措施进行超前加固,如图 5-8 所示。

由于地层软弱,断面较小,只能采用小型机械或人工开挖及运输作业,工序多,施工进度较慢。必要爆破时,应控制药量,避免损坏中隔墙。临时中隔墙型钢支撑规格应与初期支护所采用的一致。每步台阶长度可控制在 3～5m。

5. 交叉中隔壁法(CRD 法)

CRD 法的特点是各分部增设临时仰拱和两侧交叉开挖,每步封闭成环,且封闭时间短,以抑制围岩变形,达到围岩沉降可控,初期支护安全稳定的目的。该法除喷锚支护及增设足够强度和刚度的型钢或钢格栅支撑外,还应采用多种辅助措施进行超前加固,如图 5-9 所示。

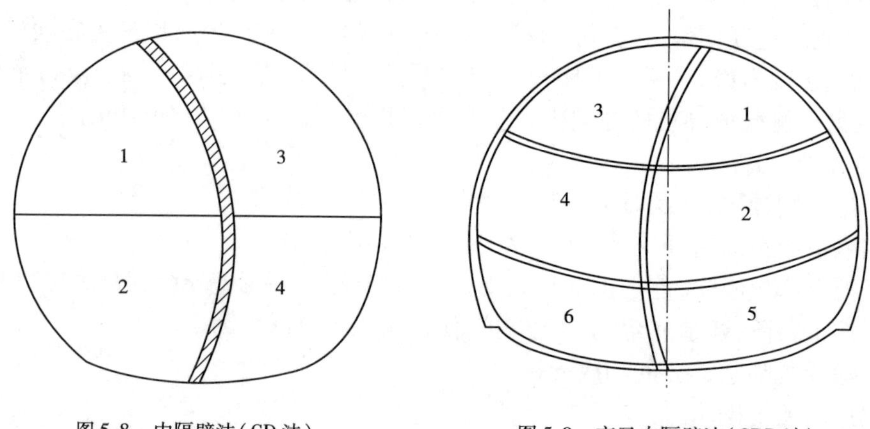

图 5-8　中隔壁法(CD 法)　　图 5-9　交叉中隔壁法(CRD 法)

采用交叉中隔壁法施工,除应满足中隔壁法的施工要求外,还应满足以下要求:

(1)设置临时仰拱,步步成环;

(2)自上而下,交叉进行;

(3)中隔壁及交叉临时支护,在灌注二次衬砌时,应逐段拆除。

当采用中隔壁法(CD 法)仍然无法保持围岩稳定和隧道施工安全时,可采用交叉中隔壁法(CRD 法)开挖。交叉中隔壁法(CRD 法)适用于断层破碎带、碎石土、卵石土、圆砾土、湿陷性黄土、全风化的花岗岩地层的Ⅴ～Ⅵ级围岩及较差围岩中的浅埋、偏压及洞口段等。

总之,对于硬岩隧道宜采用全断面法与台阶法,分部开挖法适用于软岩隧道。采用台阶法施工时,不宜采用长台阶,因其不利于初期支护及早封闭成环。在采用分部开挖法的硬岩隧道中,爆破作业将会严重破坏已成型的中隔壁,应采取一定的保护措施。

6. 中洞法

中洞法适用于连拱隧道。采用先施作隧道中墙混凝土,后开挖两侧的施工方法。施工要求:开挖高度应大于中墙高度1m,开挖宽度应大于5m。中洞开挖后应及时施作初期支护,再分段灌注混凝土,在中墙混凝土达到设计强度后方可拆模,并进行临时横向支撑。如图5-10所示。

中洞法作为矿山法的一种,具有如下特点:安全性高,灵活性好,可操作性强,机械化程度低,出土效率高,一般遵照"小分块、短台阶、早成环、环套环"的原则,先进行中洞施工,然后两侧洞同步采用正台阶法自上而下分部掘进成环施工,有效地控制了地面沉降,保证了施工安全。

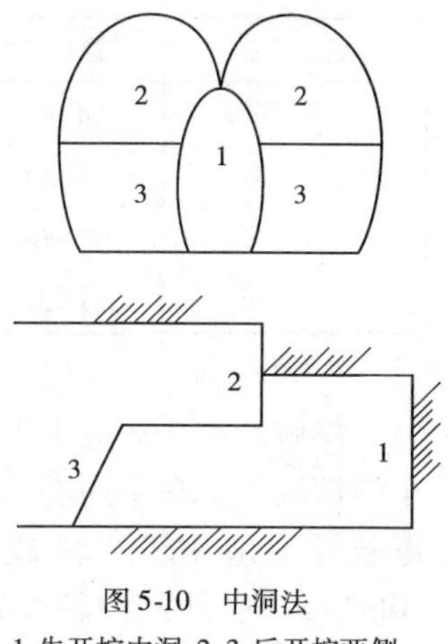

图5-10 中洞法
1-先开挖中洞;2,3-后开挖两侧

第二节 爆破开挖法

一、适用范围

爆破开挖法是近年来广泛使用的经济、快速开挖方法,随着爆破技术的不断发展,采用爆破开挖隧道技术经验的不断积累,目前人们已可以成功的采用爆破方法,进行各种断面形状隧道的开挖并可使开挖效果达到预定的程度。

(一)岩石的抗爆破性及分级

岩石的抗爆性(或抗钻性)是指岩石抵抗爆炸冲击波(或钻头冲击)破坏的能力。岩石的抗爆性主要取决于其物理力学性质,特别是岩石在动载作用下的变形性质和内聚力强弱,另外也受到岩体结构特征和地下水等因素的影响。隧道工程应按岩石的抗爆破性进行钻爆设计,并按其抗爆性选择凿岩机具。

近年来,国内外有研究资料建议采用岩石爆破性指数 N 作为分级指标,将岩石分为极易爆、易爆、中等、难爆、极难爆共五级,见表5-2。岩石爆破性指标 N 的确定,是在炸药能量和其他条件相同时,进行爆破漏斗试验,根据爆破后的漏斗体积、大块率、小块率、平均合格率和岩体的波阻抗等指标进行计算。

岩石的爆破性分级 表5-2

级别		爆破指数 N	爆破难易程度	代表性岩石
Ⅰ	$Ⅰ_1$	<29	极易爆	千枚岩、破碎板岩、泥质板岩、破碎白云岩
	$Ⅰ_2$	29.001~38		
Ⅱ	$Ⅱ_1$	38.001~46	易爆	角砾岩、绿泥岩、米黄色白云岩
	$Ⅱ_2$	46.001~53		
Ⅲ	$Ⅲ_3$	53.001~60	中等	石英岩、煌斑岩、大理岩、灰白色白云岩
	$Ⅲ_4$	60.001~68		

续上表

级别		爆破指数 N	爆破难易程度	代表性岩石
Ⅳ	$Ⅳ_1$	68.001～74	难爆	磁铁石英岩、角闪斜长片麻岩
	$Ⅳ_2$	74.001～81		
Ⅴ	$Ⅴ_1$	81.001～86	极难爆	矽卡岩、花岗岩、浅色砂岩
	$Ⅴ_2$	>86		

（二）爆破开挖法适用范围

爆破开挖法适应于当开挖覆盖表面为自然覆盖面，且人工建筑及设施较少，地下水压力小的情况下。在不同的岩层条件下爆破开挖的适应范围如图5-11所示。从图中可以看出爆破开挖适用于岩体裂度小于10和岩石强度小于2MN/m^{2}的情况下，当岩石强度达10MN/m^{2}时，裂度则需为70。对于采用刀具的机械开挖来说，当岩石强度较大时，相应的裂度可以较小，面对爆破开挖而言，当岩石强度较大时，相应的裂度也需较大。

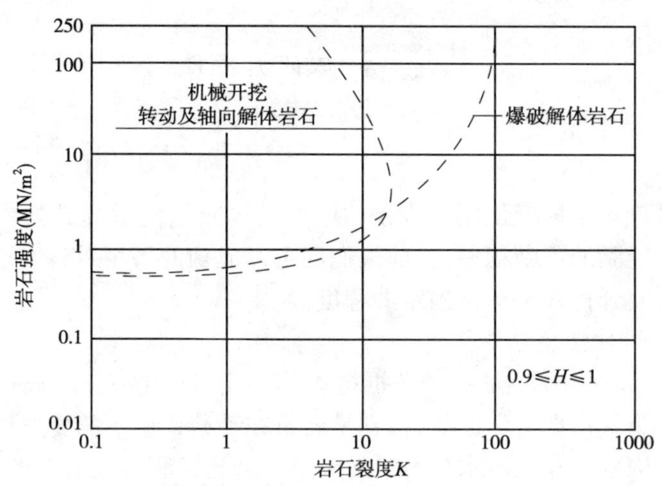

图5-11 爆破开挖方法适用范围

与机械开挖方法相比，爆破开挖的主要优点为经济，进度也比较快。在砂岩及硬岩的地质条件下，由于岩石中夹杂着硬度很高的石英或硬石核，常常会夹卡切削刀具，在这种情况下，则适合采用爆破开挖法。爆破开挖法的另一个优点是能适应各种开挖面形状。

爆破开挖法的主要缺点为由于爆破有时会引起岩石破碎、松动塌方、地下水涌入等不利情况，因此，在复杂、多变、岩石状态不清的地质条件下，不宜采用本方法。另外，爆破的效果很大程度上取决于爆破方法，为了减少及避免不必要的损失，达到较好的预定爆破效果，对于不同的具体情况需采用不同的爆破方法。

（三）爆破开挖法作业过程

钻爆开挖是隧道开挖的关键环节，是计划进度、工期、材料等的依据，其工作质量好坏对隧道的成本、进度质量影响最大，因此，隧道开挖前应根据隧道工程地质条件、开挖断面、开挖方法、循环进尺、钻眼机具、爆破材料和出渣能力等因素进行钻爆设计，然后严格按照设计进行钻眼、装药、接线和引爆。

爆破开挖主要包括以下7个作业过程：

(1)钻眼；

(2)装炸药；

(3)填封；

(4)起爆；

(5)通风(通风的目的在于冷却爆破后的岩体,进行湿度与温度交换)；

(6)清除遗留炸药和药包(清除遗留炸药,避免未起爆的炸药后续起爆而引起安全事故)；

(7)外运爆破下来的石渣。

为了达到较好的爆破效果,常需使用新的爆破技术,如定向爆破、光面爆破等。例如,为了避免超挖或欠挖,常使用光面爆破技术,即通过在沿开挖周边上加密炮眼,减少每一个炮眼的炸药用量,控制起爆顺序以达到爆破形成准确的开挖轮廓线的目的。

在开挖时,为了将爆破引起的岩体振动尽可能控制在一个预定的范围内,常使用定向爆破技术,通过控制炮眼的位置、装炸药的形式而达到的不同的爆破解体效果。

二、炮眼的布置方式

爆破开挖法的主要工序包括钻眼、装药、起爆、通风、清除浮石、运渣等。通常每一个工序按一定的工作程序重复进行并形成循环作业,爆破开挖的效果则很大程度上取决于在以上工序中所采用的技术,其中主要包括炮眼的布置、深度以及起爆方式等。

(一)钻眼装药设备

凿岩设备是山岭隧道钻爆法施工的龙头设备,其配置是否合理将直接影响到工程进度和经济效益。目前,使用较为普遍的有三种配套设备。

(1)液压凿岩台车

将多台凿岩机安装在一个专门的移动设备上,实现多机同时作业,集中控制,称为凿岩台车。液压凿岩台车多为国外引进,但目前国内也有制造,按凿岩钻机数量分为单臂、二臂、三臂和四臂,山岭隧道中多采用二臂、三臂和四臂。隧道内使用全液压凿岩台车及多功能台架如图5-12所示。

(2)支腿式液压凿岩机组配作业台架

液压凿岩机是以电力带动高压油泵,通过改变油路,使活塞往复运动,实现冲击作用。支腿式液压凿岩机组见图5-13。

图5-12 隧道内液压台车作业

图5-13 支腿式液压凿岩机组

图 5-14　隧道作业中的多功能台架

(3)手持风钻配作业台架

多人多钻在作业台架上分层同时施钻,手持风钻需配备足够的空压设备为风钻提供动力。目前隧道使用较多的是多功能台架(图 5-14)和风动凿岩机(图 5-15)。

钻眼前应定出开挖断面中线、水平线和断面轮廓,布置炮眼。隧道爆破通常采用掏槽爆破,即将开挖断面的炮眼分区布置和分区顺序起爆,逐步扩大完成一次爆破开挖,炮眼依据位置和作用的不同分为三种:即掏槽眼、辅助眼、周边眼,如图 5-16所示。这三种炮眼除共同完成一个循环进尺的爆破掘进外,分别各有其作用,因此各有不同的位置、长度、方向、间距的要求。

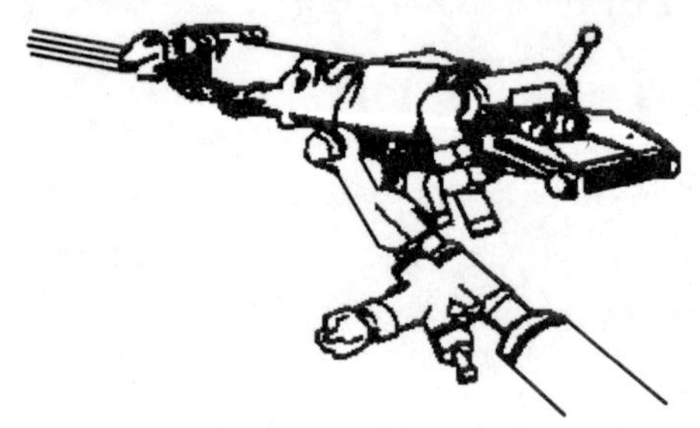

图 5-15　风动凿岩机

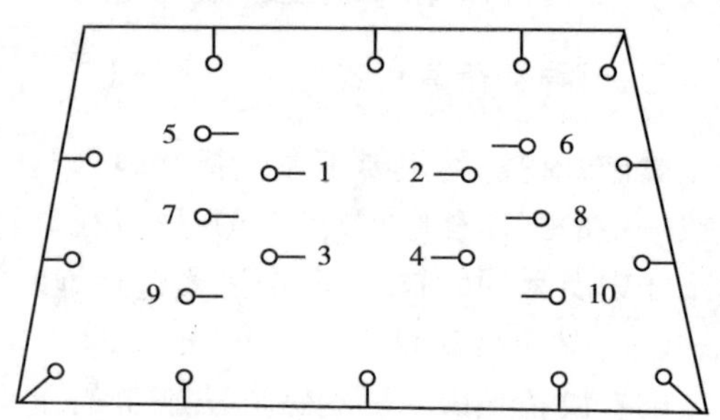

图 5-16　三种炮眼布置方式

1 ~ 4-掏槽炮眼;5 ~ 10-辅助炮眼;其他-周边炮眼

(二)掏槽眼的布置

合理布置掏槽眼应掌握好炮眼的三度:深度、密度和斜度,并通过计算确定用炸药药量及放炮顺序等。

(1)掏槽炮的作用是将开挖面上适当部位先掏出一个小型槽口,以形成新的临翻面,为后爆的辅助炮开创更有利的临空面,达到提高爆破效率的作用。

(2)掏槽眼本身只有一个临空面,且受周围岩石的挤压作用,故常需要采用较大的炸药单位消耗量 k 值和较大的装药系数 a,以增大爆破粉碎区,并利用爆炸冲击波及爆炸产物做功,将岩石抛掷出槽口。为保证掏槽炮能有效地将石渣抛出槽口,常将掏槽眼比设计掘进进尺加深 10 ~ 20cm,并采用反向连续装药和用双雷管起爆。

(3)槽口尺寸常在 1.0 ~ 2.5m^2之间,要与循环进尺、断面大小和掏槽方式相协调,要求掏槽眼口间距误差和眼底间距误差不得大于 5cm。

(4)掏槽方式一般可分为斜眼掏槽和直眼掏槽两大类,如图 5-17、图 5-18 所示。

在图 5-17 所示的掏槽炮眼倾斜布置中,锥形布置不适用于炮眼长度较大的情况,而适用于岩石强度很大的情况。楔形布置在横向受坑道宽度的限制,它特别适用于层状岩体。

当倾斜布置掏槽炮眼时,钻眼需按一定的角度进行,这给机械作业带来一些困难和不便,在很多情况下,需采用手持凿岩机钻眼,因此倾斜布置只适用于局部范围。

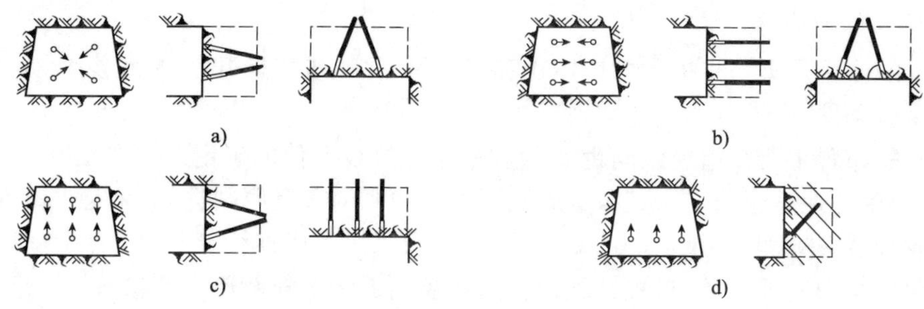

图 5-17 斜眼掏槽布置方式

a)锥形;b)、c)楔形;d)爬形

在图 5-18 所示的直眼掏槽炮眼布置是一种"平行布置"方式,平行布置指炮眼长度方向平行于隧道的纵轴。由于平行布置较适合机械钻眼作业。因此,直眼掏槽的"平行布置"为隧道开挖中主要的炮眼布置方式。

在平行布置中沿开挖中部向外扩展的外层炮眼,可为轴心对称布置,也可为螺旋线形布置。轴心对称布置即在每一外层处产生相同的爆破效应,但如间距过大时,则可造成阻塞空洞的情况,螺旋线布置则使每一后继的层系产生新的临空面,其间距同样受初始临空面的控制。

在采用分部开挖方式中,平行布置常采用如图 5-19 所示的方式,即爆破眼的方向相互平行,且与隧道的纵轴呈一定角度,这实际上是一种斜眼布置方式。

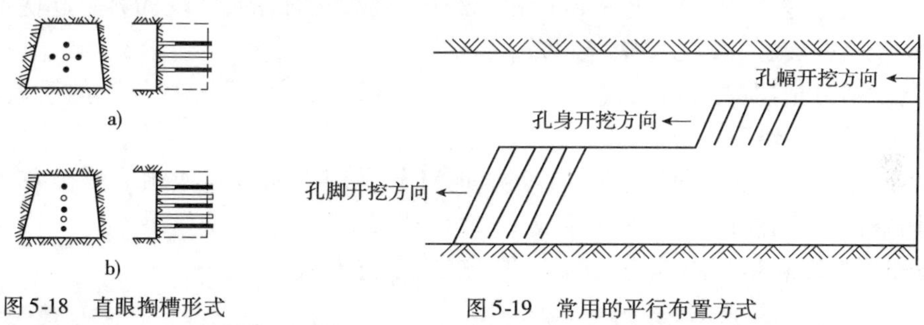

图 5-18 直眼掏槽形式

图 5-19 常用的平行布置方式

斜眼掏槽的优点:可按岩层实际情况选择掏槽方式和掏槽角度,容易把石渣抛出槽口,且掏槽眼数目较少。其缺点是孔眼深度受坑道断面尺寸的限制,不便于多台钻机同时钻眼,钻眼方向难准确掌握。斜眼掏槽和浅眼爆破,适用于人工施工或机械设备不足的施工条件。

直眼掏槽的优点:便于多台钻机同时钻眼和不受断面尺寸对爆破进尺的限制,适用于深孔爆破,从而为加快掘进速度提供了有利条件,且掏槽石碴抛掷距离较短。但缺点是其炮眼数目较多,炸药单位消耗量 k 值也要加大,炮眼位置和垂直方向要求具有较高的精度,才能保证良好的爆破效果。当前国内外快速掘进的坑道,大多采用直眼掏槽和深眼爆破,可以节省大量辅助作业时间。

近年来,随着重型凿岩机的投入使用,直径 $D > 100\text{mm}$ 的孔眼施工并不困难。直眼掏槽中多采用大直径孔眼,其作用相当于为装药掏槽提供了临空面,并取得了良好的掏槽效果。

(三)辅助眼的布置

辅助眼的作用是进一步扩大槽口体积和爆破量,并逐步接近开挖断面形状,为周边眼创造有利的爆破条件。

辅助眼的布置主要是指炮眼间距 E 值和最小抵抗线 V 值的确定。主要根据岩石软硬和用药量多少,由工地试验确定。其布置原则可按周边眼的布置原则进行,只是 V、E 值及单孔装药量 q 较大些,一般取 $E/V=0.6\sim0.8$ 为宜,并宜采用孔底连续装药。

辅助眼应由内向外,逐层布置,逐层起爆,逐步接近开挖断面轮廓形状。

(四)周边眼的布置

周边眼的作用是一种辅助炮眼,目的是成型作用。周边眼爆破后使坑道断面达到设计的形状和尺寸。周边眼的位置一般是沿着设计轮廓线均匀布置,其炮眼间距和最小抵抗线长度均比辅助眼小,目的是使爆破出坑道的轮廓较为平顺和控制超欠挖量。

当周边眼的底端位于岩质较松软或较破碎状时,炮眼口应放在设计轮廓线以内,眼底则应根据岩石抗爆破性来确定其位置,应将炮眼方向以3%~5%的斜率外插,这是为了控制超欠挖和便于下一循环钻眼时落钻开眼。对于中硬岩层可将周边眼放在设计轮廓线上;对于坚硬岩层可将周边眼放在设计轮廓线以外10~15cm。

此外,为了保证开挖面平整,辅助眼及周边眼应使其眼底落在同一垂直面上,必要时应根据实际情况调整炮眼的深度。

周边眼的爆破存在着三个问题:

(1)周边眼爆破法,不能达到按设计轮廓线准确成型的目的,开挖面容易起伏不平。

(2)超挖量较大,一般在10%~20%。

(3)对坑道外地层(围岩)的扰动较大,较大程度影响到坑道开挖轮廓的质量和降低围岩的稳定性,因此采用周边眼爆破应慎重考虑。

为解决上述问题,在20世纪30年代初期,开始采用光面爆破或预裂爆破技术,目的是使爆破后的岩石表面能按设计轮廓线成型,表面能较平顺,超欠挖量最小。工程实践表明,光面爆破和预裂爆破是国内外公认的一项先进的爆破技术。

三、炮眼的大小及数量

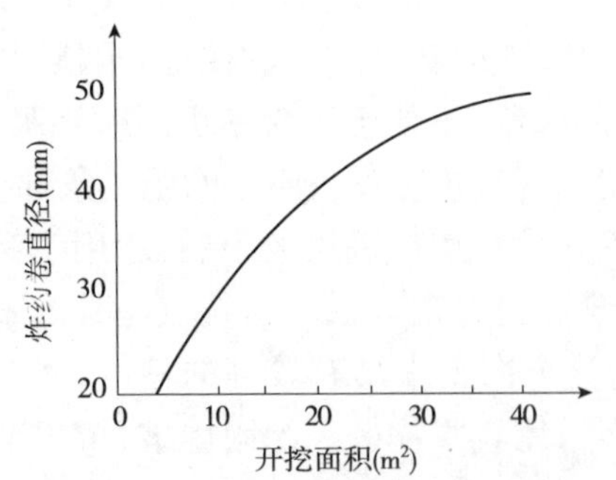

图5-20　炸药卷直径与开挖截面积之间的关系

炮眼的直径主要取决于炸药卷的直径,通常用于隧道开挖的炸药卷的直径在20~50mm之间。这主要取决于设计开挖面积的大小,两者之间的关系可用图5-20所示的经验曲线表示,即炸药卷直径随着开挖面积的增大而增大。经验表明当开挖面积较大时,采用大直径炸药卷比小直径炸药卷经济,这是因为炸药卷直径较大时、相应的炮眼数可减少,则钻眼的工作量及作业时间也相应减少。

表5-3为在相同开挖面大小下当炸药卷直径分别在25mm和40mm时,相应的炮眼数及工作量的比较,由表中可看出,当炸药卷直径为25mm时,其开挖截面上的炮眼数及炮眼的

总长度约为40mm的两倍。但是大直径炸药卷的缺点为爆炸引起的振动时间长，对岩石的振动效应大。

爆破参数与炸药卷直径的关系 表5-3

炮破参数	炸药卷直径	
	25mm	40mm
炮眼数(m)	98	48.5
钻眼总长(m)	343	143.6
炮眼长度(m)	3.5	3.14
爆破进尺(m)	3.41	3.11
爆破有效率(%)	97.5	99
炮眼比量(个/m^2)	3.77	1.87
每炮眼长度(m/m^3)	3.77	1.78
炸药用量(kg)	126.7	138.1
炸药比例(kg/m^3)	1.39	1.71

炮眼的长度主要取决于设计的爆破开挖进尺，它与岩石状态、开挖面的大小及形状等多种因素有关。因此，确定爆破进尺是与开挖面的设计联系在一起的。

目前尚没有确定爆破进尺的准则及公式，经验表明，爆破进尺根据不同的情况在0.8~4m，通常最长不超过4m。当爆破进尺较小时，虽然每一次爆破开挖深度小，但每次爆破周期短，适合节奏作业，因此，仍可达到较快的开挖掘进速度。

当爆破进尺确定后，即可确定炮眼的长度，炮眼长度L与爆破进尺之α间有如下的经验公式：

$$L=\alpha/fr \quad (0.7\leqslant fr\leqslant 1.0) \tag{5-1}$$

式中：α——爆破进尺；

fr——与布置方式有关的系数，可取表5-4所列的经验数值。

经验系数值*fr* 表5-4

锥形布置	楔形布置	爬形布置	平形布置
0.7~0.9	0.8~0.98	0.8~0.95	≈1

炮眼的长度除了与爆破进尺、炮眼的布置形式有关以外，还受炸药卷直径等其他因素影响，如表5-3所示，当炸药卷直径为25mm及40mm时，其相应的爆破有效率分别为97.5%和99.0%，即炸药卷直径较大时，爆破有效率高，炮眼长度近似等于爆破进度，从而减少钻眼工作量。在确定了炮眼的直径以及长度后，即可确定开挖面上所需的炮眼数目，通常炮眼数通过炮眼比量来确定。炮眼比量，是指单位开挖面积内所需的炮眼数，单位为个/m^2，炮眼比量与爆破进尺以及岩石强度之间的关系如图5-21所示。

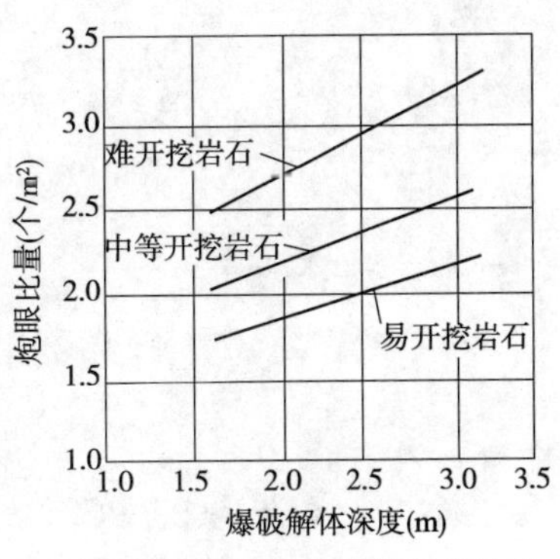

图5-21 炮眼比量与爆破进尺的关系

如图 5-21 所示，设当爆破进尺度为 2m，开挖面积为 $50m^2$ 时，对于中等开挖类岩石，其炮眼比量则约为 2.2，相应 2 的炮眼数则为 $2.2 \times 50 = 110$ 个。

炮眼数还受炸药卷直径的影响，如表 5-3 所示，对于炸药卷直径为 25mm 和 40mm 时，相当的炮眼比量则分别为 3.77 个/m^2 和 1.87 个/m^2。

在采取分部开挖法时，由于每一次爆破都对下一次的爆破效果产生影响，因此，对每一次后继爆破来说，则可以适当减少炮眼数，减少的程度根据具体情况而定。

炸药的用量与爆破进尺、开挖面积、岩石强度、药卷直径等因素有关，通常炸药的用量通过“炸药比量”来确定。炸药比量指开挖每立方米岩石所需的炸药用量，炸药比量的单位为 kg/m^3。炸药比量与爆破进尺之间的关系为正比关系，并可通过图 5-22 加以说明。

对于前面的例子，即对于中等可开挖岩石，当爆破进尺为 2m、开挖面积为 $50m^2$ 时，所需炮眼约为 110 个，根据图 5-23，其相应的炸药比量约为 0.75，则炸药用量等于 $0.75 \times 50 \times 2.0 = 75$kg。炸药用量与开挖面的面积之间的关系可如图 5-23 所示，即它们之间成反比关系，炸药比量随着开挖面积的增大而减少。

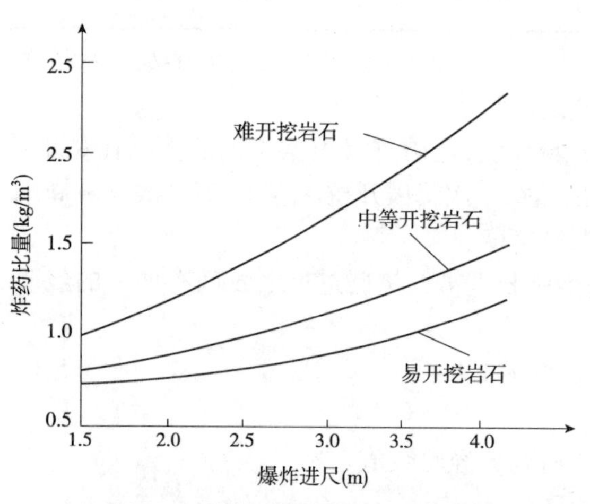

图 5-22　炸药比量与爆破进尺的关系

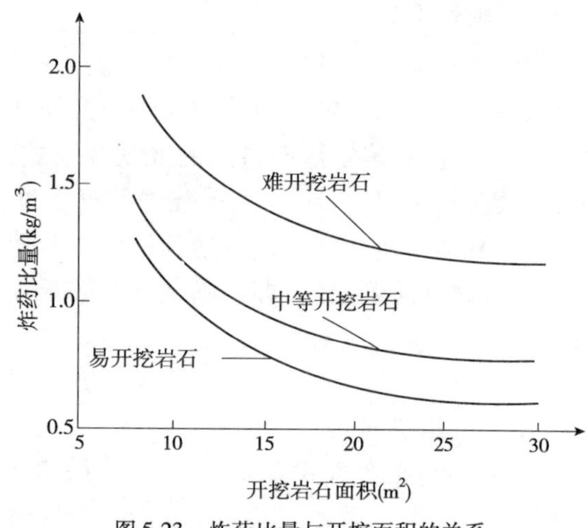

图 5-23　炸药比量与开挖面积的关系

炸药用量还与炸药卷直径有关（表 5-3），炸药卷直径大的炸药比量也较大，在相同的开挖目的下所需爆炸量也相应地较大，对于岩体产生的振动效应也增大，这是大直径炸药卷的缺点之一。

图 5-24　隧道光面爆破效果

四、光面爆破和预裂爆破法

（一）光面爆破法

光面爆破法（图 5-24）是通过调整周边眼的各爆破参数，使爆炸先沿各孔的中心连线形成贯通的破裂缝，然后使得内围岩体裂解，并向临空面方向抛掷,这种爆破在围岩中产生的裂缝较少,使爆破后的岩石表面能按设计轮廓线成型,表面较平顺,超欠挖很小。关于光面爆破法的作用机理,在有关爆破理论的书籍中有介绍,下面仅介绍光面爆破法的主要参数及技术措施。

光面爆破的技术要求如下。

(1)根据围岩特点合理选择周边眼间距和周边眼的最小抵抗线。

光面爆破法的主要要点:周边眼间距比一般爆破的间距小,周边眼的最小抵抗线亦要相应减小,即适当加密周边眼,调整间距 E 与抵抗线 V 比值 E/V。

周边眼的间距具体偏小多少要视岩石的抗爆性、炸药性能、炮眼直径和装药量而定,一般可取间距 $E=40\sim70$cm。对于坚硬和破碎岩石宜取较小的间距 E 值;对于软质或整体性好的岩石宜取较大的 E 值。为了保证周边眼孔之间贯通裂缝优先形成,须使周边眼的最小抵抗线大于炮眼间距,通常取 $E/V=0.8$ 为宜,即 $V=50\sim90$cm。

(2)严格控制周边眼的装药量,药量沿炮眼全长合理分布,并合理选择炸药品种和装药结构。周边眼宜采用小直径药卷和低爆速炸药,可借助传爆线以实现空气间隔装药;与主体爆破的炸药相比,用于光面爆破的炸药应选择爆速较低、猛度较低、爆力较大、传爆性良好的炸药,而底板眼则宜选用高爆力的炸药,可以克服上覆石渣的压,并起到翻渣作用。

周边炮眼的装药量与装药密度要减少,并使炸药均匀地分布在整个炮眼内,周边眼装药量应具有破岩所需的应力能量,又不致造成对围岩的严重破坏,施工中应根据炮眼孔距 E、光面层厚度(即最小抵抗线)V、石质及炸药种类等因素综合考虑选择和调整。一般单位炮眼长度装药量控制在 0.04 ~ 0.4kg/m,称为线装药密度。

周边眼的装药结构,可采用小直径药卷连续或间隔装药。炮眼、药卷直径不耦合系数(炮眼孔径与药卷直径之比称为不耦合系数,它反映孔壁与药卷之间的空隙程度)控制在 1.25 ~ 2.0 之间,但药卷直径不小于炸药的临界直径,以保证稳定传爆,必要时采用导爆索传爆(孔内串联)。

(3)采用周边眼同时起爆。要求采用毫秒雷管微差顺序起爆,应使周边爆破时产生临空面,同段的周边眼雷管起爆时差应尽可能小;一般使用导爆索或高精度系列迟发电雷管起爆效果最好。因为同时起爆,使炮眼间爆炸力起共同作用,比较容易炸成平面。对石质稍差的岩石,宜采用毫秒迟发电雷管起爆周边炮眼,它既具有同时起爆的爆破威力,又可以减少对轮廓线以外围岩的扰动。

光面爆破的分区起爆顺序是:掏槽眼—辅助眼—周边眼—底板眼。辅助眼则应由里向外逐层起爆。为使光面爆破有良好的效果,除上述技术要求外,还应使辅助眼爆破后尽量接近开挖轮廓形状,使光面爆破层厚度尽可能一致;同时不要使爆炸落下的石渣堵死周边眼的临空面。

(4)严格掌握钻眼作业,使三种炮眼的位置及方向准确无误,否则光面爆破的效果会明显降低,达不到光面爆破的目的。

(5)各光面爆破参数如周边眼间距 E、最小抵抗线 V、相对距 E/V 和装药集中度 g 等,应采用工程类比法或根据爆破漏斗及成缝试验确定,爆破成缝试验可按照《公路隧道施工技术规范》(JTG F60—2009)附录 B 进行。在无条件试验时,可参照表 5-5 选用。

光面爆破参数参照表　　表 5-5

岩石种类	饱和单轴抗压极限强度 R_b(MPa)	装药不耦合系数 D	周边眼间距 E(cm)	周边眼最小抵抗线(cm)	相对距 E/V	周边眼装药集中度 g(kg/m)
硬岩	>60	1.25～1.50	55～70	70～85	0.8～1.0	0.30～0.35
中硬岩	30～60	1.50～2.00	45～60	60～75	0.8～1.0	0.20～0.30
软岩	≤30	2.00～2.50	30～50	40～60	0.5～0.8	0.07～0.15

注:1. 软岩隧道光面爆破的相对距宜取小值;

2. 装药集中度按 2 号岩石硝铵炸药考虑,当采用其他炸药时,应进行换算,换算指标主要是猛度和爆力(平均值),换算系数 K:K =(2 号岩石炸药猛度/换算炸药猛度 +2 号岩石炸药爆力/换算炸药爆力)/2。

(二)预裂爆破法

预裂爆破法是在光面爆破法(又称缓冲爆破法)的基础发展起来的。预裂爆破法的分区起爆顺序为:周边眼—掏槽眼—辅助眼—底板眼。它是以预先爆破周边炮的办法,沿着设计轮廓线(也是周边眼之间)炸出一个贯通预裂缝,即预留光面层,从而把开挖部分的主体岩石与其外部围岩分割开,使紧随其后爆炸的掏槽炮和辅助炮爆炸时,其主体爆破产生的冲击波(应力波)的破坏作用被预裂面所隔断而受到大量衰减,因而更有效地减少了对围岩的扰动,所以预裂爆破法更适用于稳定性较差的软岩或破碎岩层中。

一般情况,预裂爆破的周边眼间距 E 值、预留内圈岩层厚度和装药量及最小抵抗线 V 值均比光面爆破法小 1/4～1/2;但周边眼数量和钻眼工作量要相应增加。

总而言之,硬岩宜采用光面爆破,软岩宜采用预裂爆破,分部开挖时可采用预留光面层光面爆破。当采用全断面开挖或台阶开挖时,应采用导爆管、毫秒雷管起爆周边眼,不得采用火花起爆。开挖断面一次起爆时,如果秒雷管的间隔时间小,周边眼的雷管应与内圈炮眼的雷管跳段起爆,两炮眼之间起爆时差可取 50～100ms。

(三)毫秒爆破法

毫秒爆破法是隧道施工开挖的一项现代爆破新技术,其实质是以毫秒雷管严格按一定顺序起爆炸药包组,使爆破前后阶段的时间间隔极其短促,以毫秒计算。爆破产生的岩石破坏作用力(应力波或冲击波)可以叠加,促使岩石易于被炸碎;同时,前后段爆破传递到围岩内部的冲击波又相互干扰和相互抵消,使冲击波对围岩的振动破坏大为减弱。

毫秒爆破法具有下列优点:

(1)满足光面爆破的技术要求,可以获得良好的爆破效果。

(2)毫秒爆破对围岩的振动破坏最少;同时,可以减少滞炮和滞炮带来的麻烦。

(3)把毫秒爆破一次爆破的总延长时间控制在 130ms 以内,即使岩层有瓦斯,瓦斯也尚来不及泄出就爆破完毕,可提高掘进速度。

实现毫秒爆破一般有两个方法:一是用毫秒雷管和毫秒起爆器(用延长仪器控制延发时间);另一种方法是使用毫秒雷管起爆。

五、装药结构与起爆

(一)装药结构

装药结构是指继爆药卷和起爆药卷在炮眼中的布置形式。

按起爆药卷在炮眼中的位置和雷管的聚能穴的方向分为正向装药和反向装药;按其连续性则可分为连续装药和间隔装药。装药施工如图5-25所示。

图5-25 装药施工

1. 正向装药

将起爆药卷放在炮眼口第二个药卷位置上,雷管聚能穴朝向眼底,并用炮泥堵塞眼口;即每一个炮眼内从眼底向眼口的装药顺序是:先装普通药卷—次装引爆药卷—后用炮眼泥填堵塞眼口。

2. 反向装药

将起爆药卷放在炮眼口第二个药卷的位置上,雷管聚能穴朝向眼口,并用炮泥堵塞眼口;即每一个炮眼内从眼底向眼口的装药顺序是:先装引爆药卷—次装普通药卷(雷管聚能穴朝向眼口)。

国内外实践证明,反向装药结构能提高炮眼利用率,减少石渣块度,便于装渣运输,增强抛掷能力和降低炸药消耗量。炮眼越深,反向装药结构的爆破效率越好。

掏槽炮眼和辅助眼多采用大直径药卷在孔底连续装药;周边眼可采用小直径药卷连续药或用大直径药卷间隔装药。

(二)起爆顺序与时差

(1)除预裂爆破的周边眼是最先起爆外,在同一个开挖断面上,起爆顺序是由内向外逐层起爆,这个起爆顺序可以用迟发雷管的不同延发时间(段别)来实现。

(2)各层(卷)炮之间的起爆时差越小,则爆破效果越好,常采用的时差为40~200ms,称为微差爆破。

(3)内圈炮眼先起爆,外圈炮眼后起爆,为此,实际上常采用毫秒雷管。在爆破时,掏槽炮与辅助炮之间的时差要稍微加大,以保证掏槽炮在此时差内将石渣抛出槽口,防止槽口堵塞,为后爆辅助炮提供有效临空面。

(4)内外圈中的同圈炮必须同时起爆,以保证同圈炮的共同作用的爆破效果。

(5)延发时间可由孔内控制或孔外控制。孔内控制是将迟发雷管装入孔内的药卷中来实施微差爆破。孔外控制则是将迟发雷管装在孔外,在孔内药卷中装入即发雷管来实施微差爆破。若一次爆破孔眼数量较多,而雷管段数不够用时,可采用孔内、孔外混合及串联、并联混合网络实现其微差爆破。

六、出渣与运输

洞内出渣和运输是关系到隧道施工效率的关键工序之一。洞内运输工作量较大,它包括在开挖面上装渣并运到洞外弃土场卸掉（即装渣、出渣与卸渣），还要从洞外运进混凝土拌和料、支撑、拱架、模板和轨道材料等。

出渣是隧道施工的基本作业之一，出渣作业能力的强弱在很大程度上影响隧道施工速度，因为出渣作业在整个作业循环中所占时间为40% ~60%。出渣作业包括：装渣、出渣与卸渣三个环节。

（一）装渣

1. 装渣作业

装渣作业应符合下列技术要求：

（1）选用能在隧道开挖面内发挥高效率的机械，其装渣能力与每次开挖土石方量及运输的容量相适应。

（2）机械装渣作业应严格按操作规程进行，不得损坏已有的支撑或支护及临时设备。

（3）采用有轨式装渣机械时，轨道应紧跟开挖，调车设备应及时向前移动，或采用梭式矿车、转载机等设备进行连续装渣。

（4）漏斗装渣时，漏斗处应有防护设备和联络信号，装运结束后漏斗处应设安全盖。

（5）在台阶或棚架上向下扒渣时，渣堆应稳定，防止滑坍伤人。

2. 渣量计算

出渣量应为开挖时的松散体积，装渣数量可按式(5-2)计算：

$$Z = R \cdot \Delta \cdot L \cdot S \tag{5-2}$$

式中：Z——单循环爆破后石渣数量（m^3）；

R——岩体松胀系数，见表5-6；

Δ——超挖系数，一般采用1.15 ~1.25；

L——设计循环进尺（m）；

S——开挖断面面积（m^2）。

岩体松胀系数 R 值 表5-6

岩体类别	Ⅰ		Ⅱ		Ⅲ	Ⅳ	Ⅴ	Ⅵ
土石名称	砂砾	黏性土	砂夹卵石	硬黏土	石质			
松胀系数 R	1.15	1.25	1.30	1.35	1.6	1.7	1.8	1.85

3. 装渣机械

装渣机械类型，按其扒渣机构形式可分为铲斗式、蟹爪式、立爪式、耙斗式、挖斗式。

铲斗式装渣机为间歇性连续装渣机，前翻后卸、前卸和侧卸式三个卸渣方式。蟹爪式、立爪式和挖斗式装渣机是连续装渣机，均配备刮扳（或链板）转载后卸机构。

装渣机的走行方式有轨道式走行、轮胎式走行和履带式走行三种。也有履带走行和轨道走行两套走行方式。轨道走行式装渣机须铺设走行轨道。轮胎走行式装渣机移运灵活，工作范围不受限制，但在有水的土质围岩的隧道内可能会打滑或轮胎下陷等。轨道走行及履带走行的铲斗式装渣机，多采用电力驱动。轨道走行铲斗式装渣机一般适用于开挖断面较小的隧道施工中，而履带走行铲斗式装渣机适用于特长、大断面开挖的隧道施工中。

隧道施工常用的装渣机有翻斗式装渣机、蟹爪式装渣机、立爪式装渣机、挖斗式装渣机、铲斗后卸式装渣机、铰接式轮胎装渣机。

装渣机械如图5-26～图5-28所示。

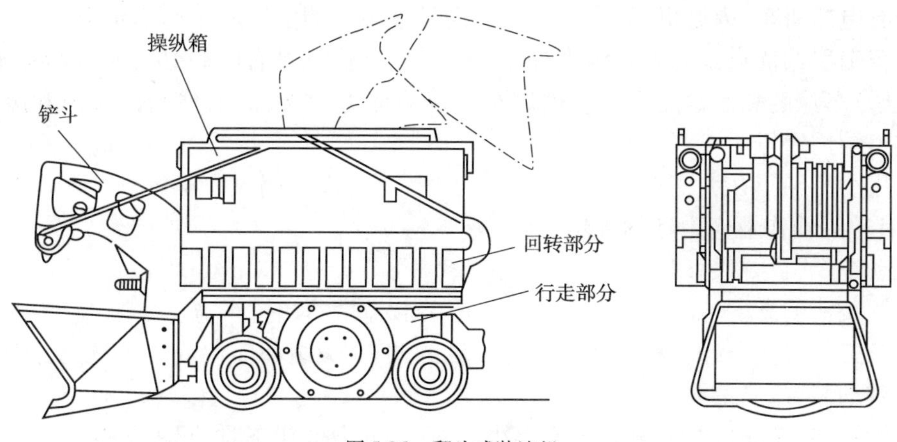

图5-26 翻斗式装渣机

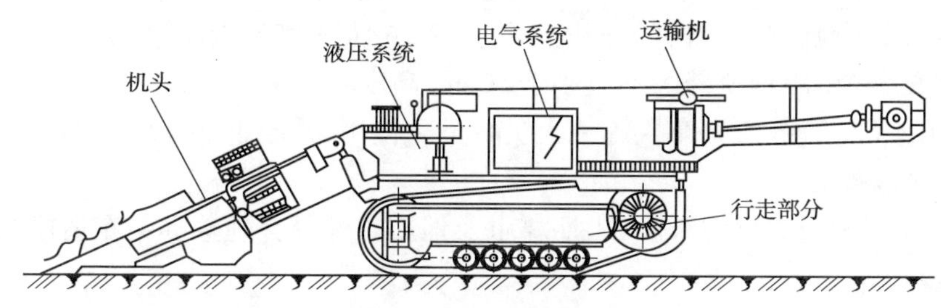

图5-27 蟹爪式装渣机

（二）运输

隧道施工的洞内运输（出渣和进料）分为有轨式和无轨式两种运输方式，可根据隧道长度、开挖方法、机具设备、运量大小等确定选用。

1. 有轨式运输

有轨式运输（图5-29）是铺设小型钢轨轨道，用轨道式运输车出渣和进料。有轨运输大多采用电瓶车或内燃机车牵引，有少量为人力推运，采用斗车或梭式矿车运石渣，是一种适应性较强且较为经济的运输方式。

图5-28 铲斗后卸式装渣机

图5-29 有轨式运输

常用的轨道式运输车辆有斗车、梭式矿车、窄轨平板车、窄轨矿车。常用的有轨式运输牵引机车有电瓶机车、内燃机车，主要用于纵向坡度不大的隧道施工运输牵引。

电瓶车牵引的优点是无废气污染，但蓄电池须充电，能量有限。必要时可增加电瓶车台数，以保证行车速度和运输能力等。内燃机车牵引能力较大，但增加洞内噪声和废气污染，须加强隧道洞内通风。

当采用小型斗车在坡度较缓的短隧道施工时，还可以采用人力推运。

(1)有轨运输作业应遵守的规定

①机动车牵引不得超载。

②车辆装渣的高度不超过斗车顶面40cm，装载宽度不超过车宽。

③列车必须连接良好。利用机车进行车辆的调车、编组和停留或人力推运斗车时，必须有可靠的制动装置，严禁溜放。

④车辆同向行驶时，两列车间距不得小于60m，人力推斗车时，间距不得小于20m。

⑤在洞内施工地段、视线不良的弯道上或通过道岔和洞口平交道等处，列车运行速度不宜超过5km/h，其他地段在采取有效的安全措施后，最大速度不应超过5km/h。

⑥轨道旁的料堆，距钢轨外缘不应小于50cm，高度不大于100cm。

⑦长隧道施工应有载人列车供施工人员上下班使用，并制定保证安全的措施。

(2)洞内轨道布置

洞内轨道布置应根据隧道长度、工期要求及地质条件等合理选择单车道或双车道。

①单车道

用于地质较差的短隧道中，运输能力较低。在导坑地段，每隔20~30m设置临时错岔线，以容纳1~2辆斗车。在成洞地段，每80~100m设错车线(接通原临时错车岔线而成)其有效长度应能容纳一列列车，一般为25~50m，如图5-30所示。

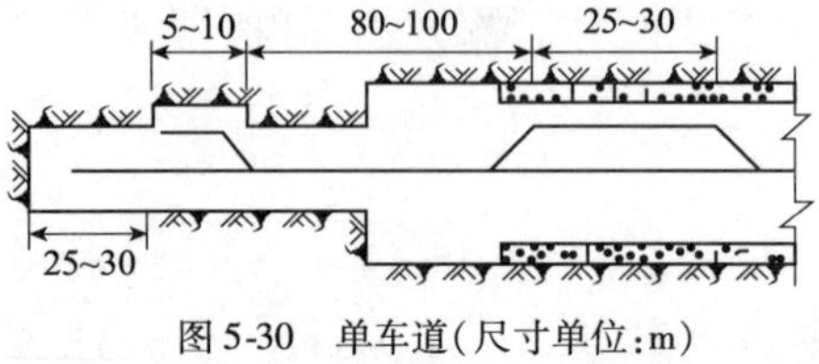

图5-30 单车道(尺寸单位:m)

②双车道

轨道运输一般铺设双车道，列车出入各占一股道，互不干扰，调车灵活，车辆周转快，轨道随掘进延伸，一次铺成。

双车道布置，如图5-31所示。每隔100~200m设一渡线，每隔2~3个渡线，铺设一反向渡线。在施工地段，为了方便施工作业，可在轨道正式渡线布置间，增设临时渡线(即在其间加设一副道岔)，以缩短调车时间。

③有平行导坑的轨道布置

平行导坑内轨道一般为单道，每隔2~3个横通道设一会让车及列车编组所用的车站，站线有效长度一般为50~60m。横通道内一般铺设单道，成洞后可拆除或留作存车线。正洞的施工地段，一般铺设双道。其轨道布置如图5-32所示。

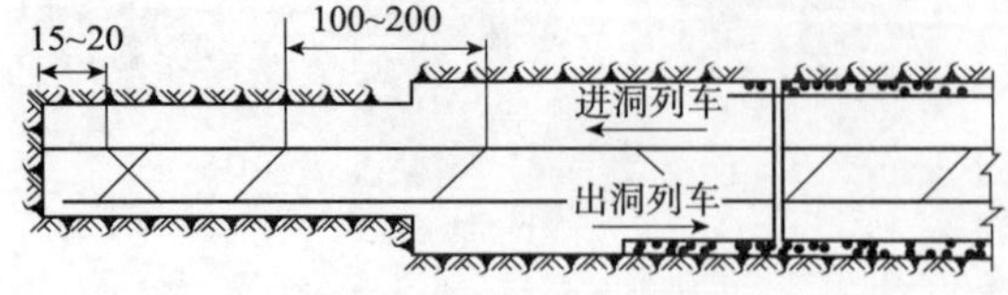

图5-31 双车道(尺寸单位:m)

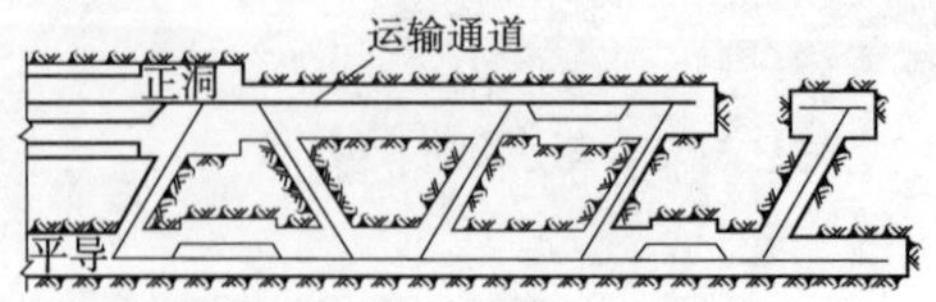

图5-32 有平行导坑的轨道布置

(3)运输组织

隧道施工工序很多,每个工序之间关系非常密切,因此,加强运输组织工作非常重要。如运输工作组织不好,就会造成混乱,堵塞轨道,积压车辆,使石渣运不出,材料运不进,直接影响各道工序的正常施工。运输组织工作有两个重要环节:一个是编好列车运行图,以加强运输工作的组织计划性;另一个是要建立健全调度制度,以加强日常的运输管理。

2. 无轨式运输

无轨式运输(图5-33)是采用无轨运输车出渣和进料,其特点是机动灵活,不需要铺设轨道,适于弃渣场离洞口较远和道路纵向坡度较大的场合。缺点是由于大多采用内燃机驱动车辆,作业时在整个洞中排出废气污染洞内空气,故适用于大断面开挖和中等长度的隧道施工中,并应注意加强洞内通风。

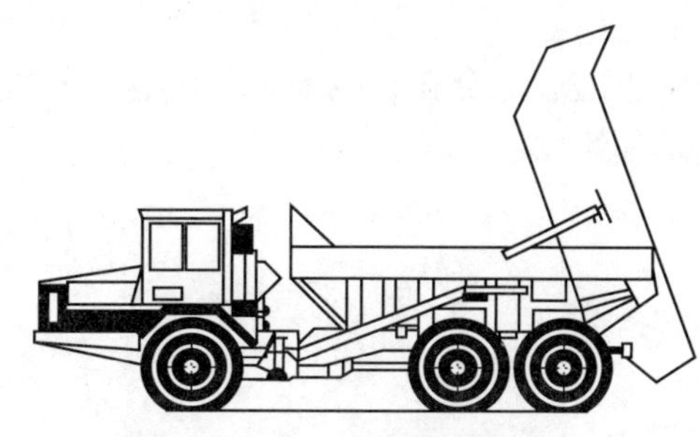

图5-33 无轨运输车

隧道用无轨运输车多为燃油式动力、轮胎行走的自卸汽车(载质量2~25t),还有铰接车身或双向驾驶的坑道专用车辆。一般要求选用载重自重比大、体型尺寸较小、机动灵活、自卸、配有废气净化器、能与装渣机能力相配套的运输车,可充分发挥各自的工作效率及提高整体作业能力,达到加快隧道施工掘进速度。

关于洞内转向,可以考虑局部扩大洞径、设置车辆转向站,或设置机械式转向盘等。

洞内无轨式自卸卡车运输道路,宜铺设简易路面。

道路的宽度及行车速度应符合下列要求:

(1)单车道净宽不得小于车辆宽加2m,并应相隔适当距离设置错车道;双车道净宽不得小于2倍车宽加2.5m;会车视距宜为40m。

(2)行车速度,在施工作业地段和错车时不应大于10km/h,成洞地段不宜大于20km/h。

(3)运输线路或道路应经常保持平整、畅通,道路两侧的废渣和余料应随时清除,以保证洞内洞外运输安全。

(三)卸渣

卸渣工序的安排与卸渣场码头的设置,应能适应每个洞口出渣高峰期的需要,减少调车时间,做到安全、有效、快速卸渣。公路隧道施工中卸渣作业应符合下列要求:

(1)应根据弃渣场地形条件、弃渣利用情况、车辆类型,妥善布置卸渣线,卸渣时应在布置的卸渣线上依次进行。

(2)卸渣宜采用自动卸渣或机械卸渣设备,卸渣时应有专人指挥卸渣、平整。

(3)卸渣场地应修筑永久排水设施和防护工程,确保地表径流不致冲蚀弃渣堆,重视环境保护。

(4)轨道运输卸渣时,卸渣码头应搭设牢固,并设挂钩、栏杆,轨道末端应设置可靠的挡车装置,以保证列车卸渣作业安全。

第三节 初期支护

隧道开挖后,为了有效约束和控制围岩的变形,增强围岩的稳定性,保证施工安全,以及为了确保运营过程中的稳定、耐久，减少阻力和美观，均须施作必要的结构作为支护。

初期支护应紧跟隧道开挖作业面及时施作，同时应按设计要求进行监控量测的相关作业，初期支护应及时封闭成环，保证施工安全。隧道支护施工前，应确定支护紧跟开挖的时间、距离及工序搭接要求；确定喷射混凝土前基面标准和设置喷混凝土厚度控制标志；选择基面出水点处理措施；确定锚杆、钢架、钢筋网的加工、运输、安装方案；确定改善作业环境的措施及人员防护方案；选择合格的材料供应方，对进场的原材料进行检验、试验并选定配合比；选择满足上述要求的施工组织和各项资源配置，并同时进行试运行确认其有效性。

图 5-34　锚杆、钢筋网、钢架支护构造图

初期支护施工的一般工序流程：开挖后初喷混凝土—系统支护施工（锚杆、钢筋网、钢架如图 5-34 所示）—复喷混凝土至设计厚度。爆破后，应首先清除浮石，然后立即进行初喷混凝土封闭围岩，以期充分发挥围岩的自稳能力。出渣结束后，再根据围岩级别施作锚杆、挂网、拱架及复喷混凝土。在富水断层破碎段，支护施作前应及时排水，以预防塌方的发生。少量集中渗水、淋水地段，在将要通过的透水层部位，可采用排水孔法或排水管法，布置一定数量的排水孔或埋设排水管，将渗、淋水集中到排水孔内导出；也可采用金属网法，通过在钢筋网背后铺过滤层或隔水层，将其固定在围岩上，通过软管排水，随即喷射混凝土。如涌水较大，支护时对主要涌水出水口暂不进行封堵支护，待涌水减小或无水时，再进行支护或进行固结封堵，迫使水流改变流向。喷射混凝土厚度必须利用断面仪检测断面或凿孔检查，喷射混凝土的平均厚度应大于设计厚度，最小厚度不得小于设计厚度的 2/3。

岩爆地段隧道施工加强支护工作，支护的方法是在爆破后尽可能早地向拱部或侧壁进行喷射混凝土，再加设锚杆及钢丝网。衬砌工作要紧跟开挖工序进行，尽可能减少岩层暴露时间，减少岩爆发生和确保人身安全。

一、喷射混凝土施工

（一）喷射混凝土施工

喷射混凝土是在地下工程施工中，为尽快使开挖土体面稳定的一种支护措施。它借助喷射机械，利用压缩空气作动力，将水泥、砂、石子、水配合的拌和料，并掺加速凝剂，通过高压管高速喷射到受喷面上，依靠高速喷射时集料的反复连续撞击压密混凝土硬化而成，使喷射的混凝土能够在几分钟内终凝，且强度增长快，并与其他支护措施如锚杆、钢筋网联合形成支护整体共同承受拉应力和剪应力，大幅度地提高工作面土体的承载力，并快速稳定。喷射混凝土应采用自动计量拌和站生产，混凝土搅拌车运输，机械手配合喷射机施工。其施工流程可参照图 5-35 所示。

1. 喷射混凝土施工工艺

喷射混凝土有湿喷、潮喷、混合喷射 3 种。它们之间的主要区别是:各工艺流程的投料程序不同,尤其是加水和速凝剂的时机不同,应优先选用湿喷。

(1)潮喷

潮喷是将集料预加少量水,使之呈潮湿状,首先用强式搅拌机将湿砂和水泥拌和,从而降低上料、拌和及喷射时的粉尘,但大量的水仍是在喷头处加入和从喷嘴射出的,如图 5-36 所示。

(2)湿喷

湿喷是将集料、水泥和水按设计的比例拌和均匀,用湿式喷射机压送拌和好的混凝土混合料到喷头处,再在喷头上添加速凝剂喷出,其工艺流程如图 5-37 所示。

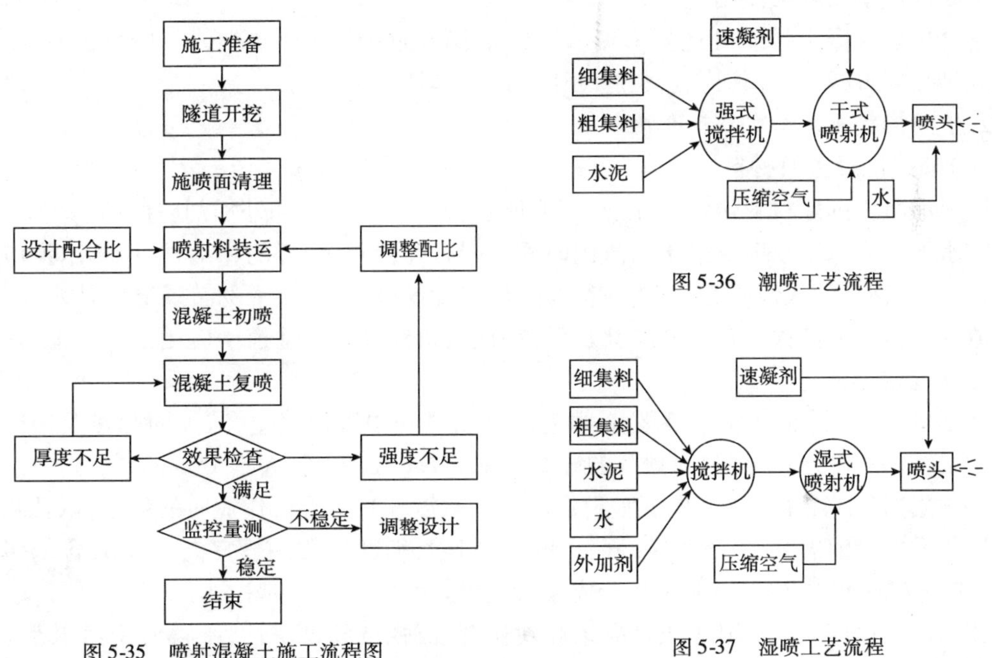

图 5-35 喷射混凝土施工流程图

图 5-36 潮喷工艺流程

图 5-37 湿喷工艺流程

湿喷混凝土的质量较容易控制,喷射过程中的粉尘和回弹量较少,坍落度应控制在 8 ~ 12cm;做到喷射时不离析,水泥砂浆不粘管,以确保质量。但湿喷对湿喷机械要求高,机械清洗和故障处理较困难。对于喷层较厚的软岩和渗水隧道,不宜采用湿喷。

(3)混合喷射(SEC 式喷射)

此法又称水泥裹砂造壳喷射法,分别由泵送砂浆系统和风进混合料系统两套机具组成。其先是将一部分砂加第一次水拌湿,再投入全部水泥强制拌和成以砂为核心外裹水泥壳的球体;然后加第二次水和减水剂,拌和成 SEC 砂浆;再将另一部分砂与石、速凝剂按配合比配料,强制搅拌成均匀的干混合料;然后再分别通过砂浆泵和干式喷射机,将拌和成的砂浆及干混合料由高压胶管输送到混合管混合,最后由喷头喷出。其工艺流程如图 5-38 所示。

混合式喷射由分次投料搅拌工艺与喷射工艺相结合而成,其关键是水泥裹砂(或砂、碎石)造壳工艺技术。混合式喷射工艺使用的主要机械设备与干喷工艺基本相同,但混凝土的

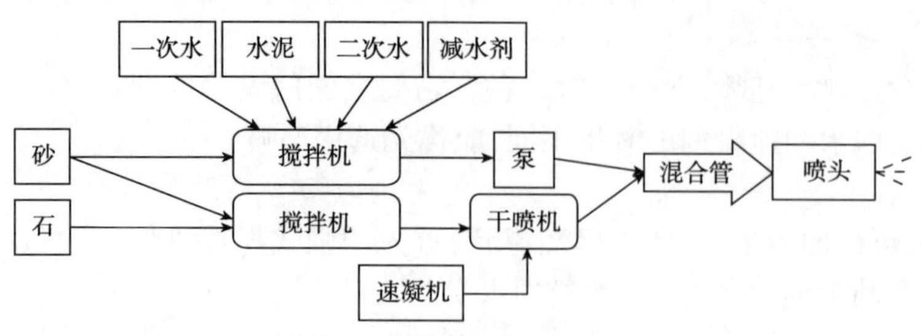

图 5-38　混合式喷射工艺流程

质量较干喷混凝土质量好，且粉尘和回弹量大幅度降低；混合式喷射使用机械数量较多，工艺技术较复杂，机械清洗和故障处理较麻烦。因此，混合式喷射工艺一般只在喷射混凝土量大和大断面隧道工程中使用。

混合喷射混凝土强度可达到 C30 ~ C35，而潮喷混凝土强度较低，一般只能达到 C20。以上几种喷射方式，各有其特点，在施工中应结合具体情况选用。

2. 喷射混凝土原材料及配合比

(1) 喷射混凝土原材料

喷射混凝土的原材料包括水泥、碎石或卵石（砾石）、砂、水和外加剂（速凝剂）等。

①水泥。为保证喷射混凝土的凝固时间，并与速凝剂有较好的相溶性，所用水泥应具有强度高、抗渗性和耐久性好等优点，应优先选用强度等级 42.5 以上的普通硅酸盐水泥，其次是矿渣硅酸盐水泥和火山灰质硅酸盐水泥；在地质条件复杂的隧道中应用早强水泥；使用前均应做强度鉴定试验。

②粗集料（碎石或卵石）。为防止喷射混凝土过程中管道堵塞，减少回弹量及保证混凝土支护结构的强度，应采用坚固耐久的碎石或细卵石（粒径不宜大于 15mm）。

③细集料（中、粗砂）。为保证喷射混凝土的强度和减少施工作业时的粉尘，以及减少混凝土硬化时的收缩裂纹，应采用坚硬耐久的中、粗砂，细度模数一般宜大于 2.5，含水率宜控制在 5% ~7%（超过 7%，喷射时易造成堵管）。

④水。为保证喷射混凝土正常凝结和硬化，保证强度和稳定性，不得使用污水及 pH 值小于 4 的酸性水和含硫酸盐量（按 SO_4^{2-} 计算）超过水量 1% 的水，也不得使用含有影响水泥正常凝结与硬化的有害物质的其他水。

⑤外加剂。主要是速凝剂，应采用符合质量要求，并对人体危害性很小的外加剂。掺外加剂之前，应做与水泥的相溶性试验及水泥净浆速凝效果试验，初凝不应大于 5min，终凝不应大于 10min，速凝剂平时应保持干燥，勿受潮变质。在喷射混凝土中添加速凝剂的目的是使喷射混凝土速凝，以减少回弹及避免早强。因此，掺外加剂的喷射混凝土性能必须满足设计要求。一般速凝剂最佳掺量约为水泥质量的 2% ~4%，实际使用时拱部可用 2% ~4%，边部可用 2%，过多的掺量对喷射混凝土反而不利。

⑥集料成分和级配。喷射混凝土的集料级配，宜控制在一定的范围内。

若使用碱水性质速凝剂，砂、石（集）料均不得含有活性二氧化硅，以免产生碱—集料反应，引起混凝土开裂，为使喷射混凝土输送管道中顺畅和喷射后密实性高，砂石集料级配应按国家标准控制在允许范围之内。

(2)喷射混凝土配合比

①干集料中水泥与砂石质量比。水泥与砂质量比一般为1∶4.5~1∶4;每立方米干集料中,水泥用量为375~400kg。实践表明,这种配合比能满足喷射混凝土强度要求,回弹也较少。

②含砂率。含砂率一般为45%~55%。实践表明,含砂率低于45%或高于55%,均容易造成堵管、回弹量大、强度低且收缩加大。应特别强调的是,不宜采用细砂,它会影响喷射混凝土强度,增加其收缩开裂等;宜用中砂或中粗混合砂,砂子含水率应控制在5%~7%(按质量计)。

③水灰比。水灰比一般以0.4~0.45为宜。经验表明,水灰比太小,将导致粉尘大,回弹量多,黏结力低,喷层会产生干斑、砂窝等现象,并影响喷混凝土的密实性;水灰比太大,又会导致喷射混凝土的强度降低、速凝效果差,造成喷层流淌、滑移、坍落等。

④速凝剂和其他外加剂。速凝剂和其他外加剂的最佳掺量值,一定要由试验来确定,并要求达到各龄期的设计强度。工程实践证明,速凝剂效果因水灰比和施工温度的不同而有差异。水灰比越大,速凝效果就越差;施工温度越高,速凝效果就会越好。当施工温度低于5℃时,即使加入速凝剂,喷混凝土也很难成形。

总之,合理适当的配合比,必须满足喷射混凝土工艺流程的基本要求,即易喷射,不易堵管,减少回弹量和粉尘;同时,要符合设计要求的质量好、强度高、密实度高、防水性能好及达到其他物理力学指标等。

3.喷射混凝土用机械设备

为保证喷射混凝土质量,减少粉尘和回弹量,施工中所使用的主要机具设备有:喷射机、喷射机械手、强制式搅拌机(拌和机)、压力水泵、压风机(压缩空气机)、上料机等。喷射混凝土施工机具应符合下列规定:

①密封性良好,不漏水、不漏气。

②生产能力(干混合料)为3~5m^3/h。

③输送连续、均匀;允许输送的集料最大粒径为2.5mm;输送距离(干混合料):水平方向为100m,垂直方向为30m。

④喷射混凝土所选用的空压机,应满足喷射机作业风压和耗风量的要求,作业效率高。

⑤混合料的拌和应采用强制式拌和机。

⑥供水设施应保证喷头处的水压为0.15~0.2MPa。喷射机应具有较大的混凝土流动性能,其施工布置应合理,如图5-39所示。

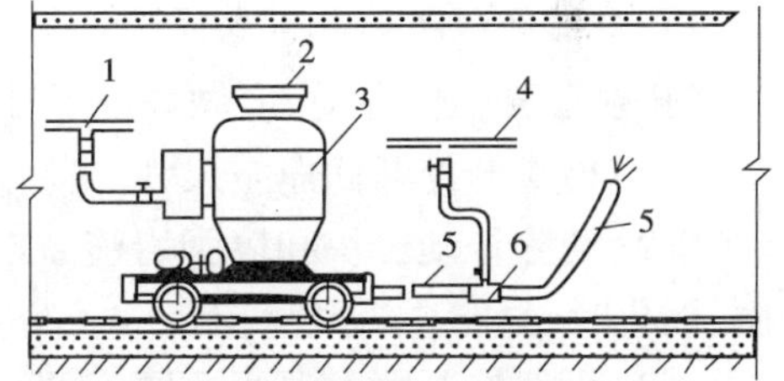

图5-39 喷射机施工布置

1-压风管;2-筛子(25mm×25mm);3-喷射机;4-排水管;5-胶皮输送管;6-混合器

⑦压风机要求风管不翻风,压力水泵要求水管不漏水,并应经过试运转,检查工作状态是否良好。机械及管路要求检修完好,管路和接头要保持良好;输料管在使用过程中应注意转向连接良好,以减少管道的磨损等。

4.喷射混凝土机械手

喷射混凝土机械操作是关系到喷射混凝土质量的重要环节,因此必须按有关施工技术要求及操作规定进行作业。喷头的移动和喷射方向与距离的控制,一般多采用机械手控制，只有用于少量的或局部的喷射才采用人力直接控制。人力直接控制，尽管可以近距离随时观察喷射情况，但劳动强度大，粉尘危害身体健康，劳保要求戴防尘面具，尤其对软弱破碎围岩，需紧跟开挖面及时施喷时，有可能因突发性坍塌而危及施工人员的人身安全；对于大跨度大断面隧道，还需搭设临时性喷射工作台架，费时费材且影响施工喷射效果及工期。

采用机械手控制(图 5-40)，则可避免以上人力直接控制的不足，并且较方便灵活，作业范围大，一般可以覆盖 10m 左右。

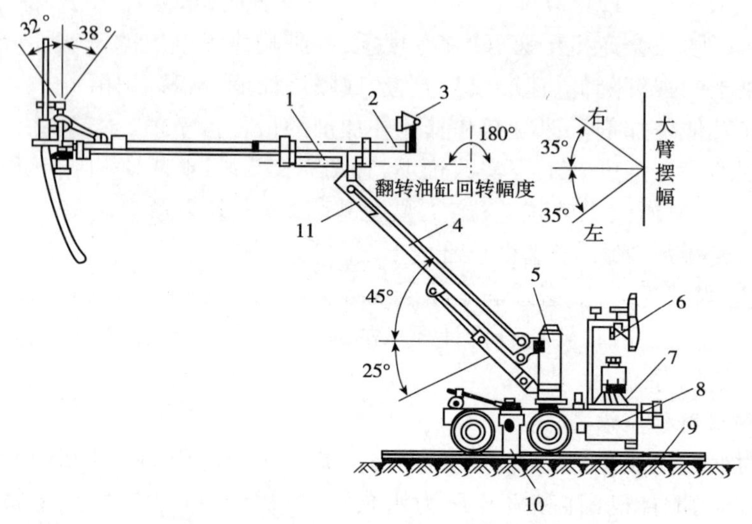

图 5-40　喷射机械手

1-翻转油缸；2-伸缩油缸；3-探照灯；4-大臂；5-转筒；6-风水系统；7-液压系统；8-车架；9-钢轨；10-卡轨器；11-拉杆

5. 喷射混凝土的施工要点

喷射混凝土作业前，应做好以下准备工作：

(1)检查开挖断面净空尺寸。

(2)清除松动岩块和墙脚岩渣、堆积物，并向料斗加水冲洗受喷面(当岩面受水容易潮解、泥化时，只能高压风清扫)。

(3)设置控制喷射混凝土厚度的标志。

(4)检查机具设备和风、水、电等管线路，并试运转，喷射机应具有良好的密封性能，输料连续、均匀，附属机具的技术条件应能满足喷射作业需要。

(5)岩面如有渗漏水，应予妥善处理。

①对于大股涌水，宜采用注浆堵水后再喷射混凝土，一般情况下，可顺涌水出露点打孔，压注速凝浆(水泥～水玻璃浆液)进行封堵。

②对于小股水或裂隙渗漏水，视具体情况宜进行岩面注浆(布孔宜密，钻孔宜浅)，或采用小导管沿隧道周边环形注浆进行封堵。

③对于集中出水点，可顺水路(节理、裂隙)设排水半管或线形排水板，将水引到隧底水沟或纵向排水管。其施工示意可参照图 5-41。

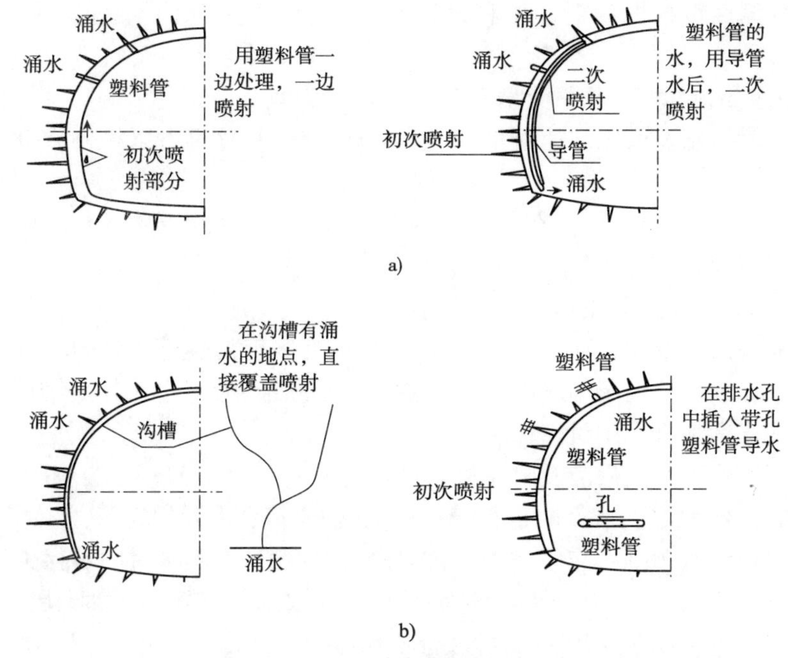

图5-41 有涌水、渗水岩面喷射前的处理

(6)喷射混凝土配合比设计必须同时满足混凝土性能和喷射混凝土工作度(可喷性)要求,喷射混凝土配合比应通过试验确定,并应遵循下列原则:

①水胶比:根据喷射混凝土强度由试验确定,宜控制在0.4~0.5之间。

②用水量:根据混凝土坍落度要求确定(采用减水剂时可降低用水量)。

③胶凝材料用量:根据水胶比和用水量计算确定,但不宜小于400mg/m^3。

④砂率:宜为45%~60%。

⑤和易性:喷射混凝土拌和物应无离析和泌水、黏聚性好,喷射混凝土最适宜的坍落度为5~6cm。

⑥早期强度:按照《回弹法检测混凝土抗压强度技术规程》(JGJ/T 23—2011)测试喷射混凝土早期强度时,其24h抗压强度应不低于10MPa。

(7)混凝土喷射作业可参照以下要求进行:

①喷射作业应分段分片依次进行,喷射顺序自下而上进行,可参见图5-42。

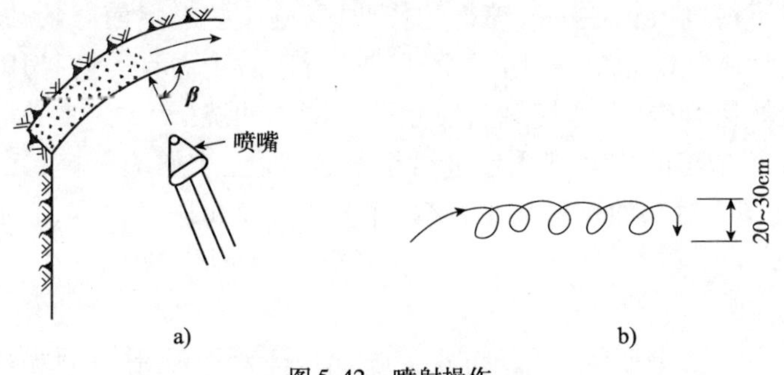

图5-42 喷射操作

a)先墙后拱喷射;b)螺旋移动喷射

②一次喷射厚度可根据喷射部位和设计厚度确定，且拱部不得超过 6cm，边墙不得超过 10cm。

③喷嘴与岩面保持垂直，且距受喷面 1.5～2.0m 为宜。

④喷混凝土时控制好风压和速凝剂掺量，减少回弹，喷射压力以控制在 0.15～0.2MPa 为宜。

⑤分层喷射时，后一层喷射应在前一层混凝土终凝后进行。若终凝 1h 后再喷射，应先用风水清洗喷射表面。

⑥对于较大的凹洼处，首先喷射填平。

⑦喷射作业紧跟开挖作业面时，下一循环爆破应在喷射混凝土终凝 3h 以后进行。

⑧对有渗水和大面积潮湿的岩面与喷混凝土不易黏结，为了增加其黏结性，初喷在岩面上的混凝土可适当增加水泥用量。

⑨喷射混凝土作业完成后应及时对机具进行清洗。

(8)喷射混凝土完成后，应及时进行养护，其养护应符合下列规定：

①混凝土喷射终凝 2h 后，应采用养护台架进行湿润养护，养护时间不得少于 14d。

②黄土或其他土质隧道，以喷雾养护为宜，以防止喷水过多软化下部土层。

③隧道内环境气温低于 5℃时，不得进行喷水养护。

(9)喷射混凝土在冬期施工时，应满足以下要求。

①喷射作业区的气温不应低于 5℃，在结冰的岩面上，不得喷射混凝土。

②混合料进入喷射机料斗前温度不应低于 5℃。

③对液体速凝剂进行加热处理，温度不应低于 10℃（最佳为 20℃）。

④喷射混凝土强度未达到 6MPa 前，不应使其受冻。

(10)喷射混凝土施工作业中的安全与防护应符合下列要求：

①施工用作业台架应牢固可靠，并应设置安全栏杆。

②应定期检查电源线路和设备的电器部件，确保用电安全。

③施工中，应经常检查输料管、接头的磨损情况，当有磨损、击穿或松脱等现象时应及时处理。

④施工中，检修机械或设备故障时，必须在断电、停风条件下进行，检修完毕向机械设备送电送风前必须事先通知有关人员。

⑤当采用加大风压处理堵管事故时，应先关机，将输料管顺直，紧按喷嘴，喷嘴前方不准站人，疏通管路的工作风压不得超过 0.5MPa。

⑥非施工人员不得进入正在进行喷射的作业区，施工中喷嘴前严禁站人。

⑦喷射作业人员应戴防尘口罩、防护帽、防护眼镜、防尘面具等防护用具，作业人员应避免直接接触碱性液体速凝剂，不慎接触后应立即用清水冲洗。

(11)喷射混凝土施工时应对其质量进行检查，混凝土表面应平整，无空鼓、裂缝、酥松，并用喷混凝土（或砂浆）对基面进行找平处理，平整度用 2m 靠尺检查，表面平整度允许偏差一般为 10cm。

(二)钢筋网施工

在喷射混凝土中增设钢筋网，可以防止受喷面由于承受喷射力而塌落，减少回弹量、喷射混凝土层的开裂，增强初期支护的整体作用，通常与锚杆或钢架焊接成一体。钢筋网材料宜采用 HPB235 钢筋，钢筋材质、规格、性能应满足设计要求。钢筋直径宜为 6 ~ 12mm，网格边长尺寸宜采用 200 ~ 250mm 搭接长度应为 1 ~ 2 个网格边长。钢筋网使用前要除锈，在洞外分片制作，用汽车运至洞内。钢筋网铺设应符合下列要求：

（1）钢筋网宜在初喷混凝土后铺挂，使其与喷射混凝土形成一体，底层喷射混凝土的厚度不宜小于 4cm。

（2）砂土层地段应先铺挂钢筋网，沿环向压紧后再喷混凝土。

（3）采用双层钢筋网时，第二层钢筋网应在第一层钢筋网被混凝土覆盖后铺设，其覆盖厚度不应小于 3cm。

（4）钢筋网可利用风钻气腿顶撑，以便贴近岩面，钢筋网应与锚杆或其他固定装置连接牢固，与钢架绑扎时，应绑在靠近岩面一侧。

（5）喷射混凝土时，应调整喷头与受喷面的距离、喷射角度，以减少钢筋振动，降低回弹，并保证钢筋网喷凝土保护层厚度不小于 4cm。

（6）喷射中如有脱落的石块或混凝土块被钢筋网卡住时，应及时清除。

（三）锚杆施工

锚杆（索）是用金属或其他高抗拉性能的材料制作的一种杆状构件，锚杆是喷锚支护中的一个重要组成部分，在喷锚联合支护中起着主要作用。锚杆除了与喷射混凝土联合使用外也可以单独使用。在隧道开挖过程中用锚杆作为保证施工安全临时支护是很方便的，在一些小跨度隧道中，为了简化施工工序，节省材料，也常常单独采用锚杆来支护，此时为防止两根锚杆之间岩块的掉落可辅以铁丝网、横梁、背板等。隧道工程坑道开挖后，应尽快安设锚杆，以确保隧道围岩的稳定和施工的安全。

锚杆种类很多，若按其与被支护体的锚固形式来分有以下几种，如图 5-43 所示。

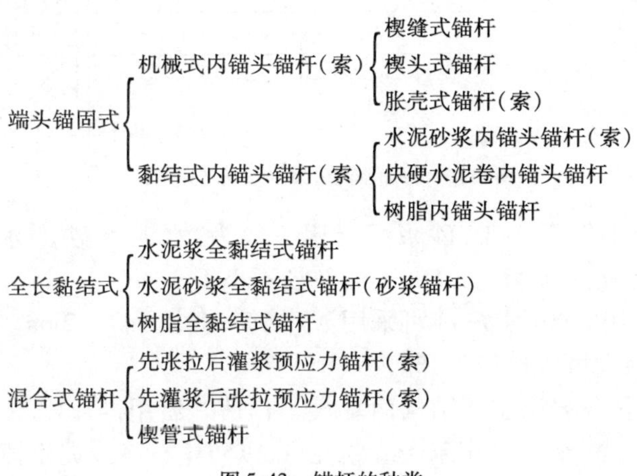

图 5-43 锚杆的种类

1. 锚杆的布置方式

在开挖面上，锚杆通常以一定的排列方式布置在开挖面上，如图 5-44 所示，在拱圈处间距较小，在边墙处间距相对较大，锚棚的方向为垂直隧道开挖轮廓线，在沿隧道纵向上，锚杆常按等间距的方式均匀布置。

在沿隧道纵向上，当锚杆按等间距布置时，则其分布如图 5-45a）所示，当锚杆在沿隧道纵向间距较大时，需采用图 5-45b）所示的菱形分布，即在两等间距的锚杆之间，再交叉布置一层锚杆，以增大锚杆的支撑能力。

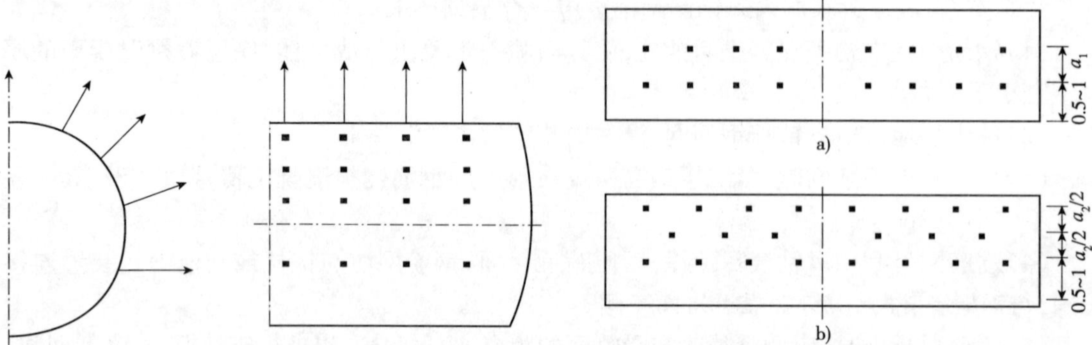

图 5-44　锚杆的布置方式　　图5-45　沿隧道纵向锚杆的不同分布方式（尺寸单位：m）

在实际施工作业中，通常还需根据实际的岩石分层状态改变锚杆的布置形式，在必要时局部增加锚杆的用量以控制岩石塌方。如岩层为倾斜或齿状等时，锚杆的方向要尽可能与岩层层面垂直相交，以达到较好的锚固效果。

2. 锚杆施工

（1）普通水泥砂浆锚杆施工要点

普通水泥砂浆锚杆如图 5-46 所示，是以普通水泥砂浆作为胶粘剂的全长黏结式锚杆。其施工要点如下：

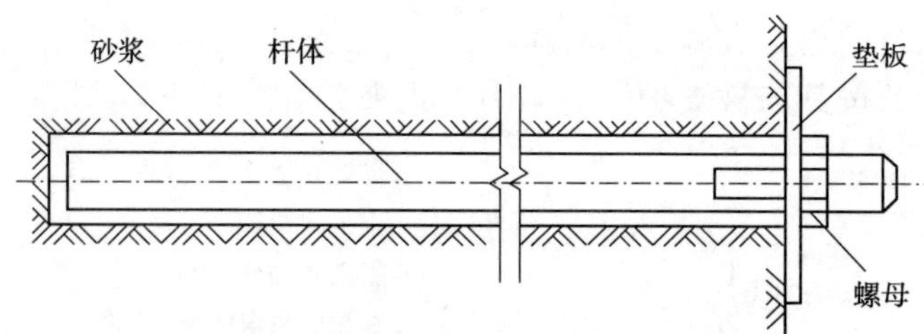

图 5-46　普通水泥砂浆全长黏结式锚杆

①砂浆强度等级不低于 M20；砂浆配合比一般为：水泥 ∶ 砂 ∶ 水 = 1 ∶（1 ~ 15）∶（0. 45 ~0. 5）。水灰比宜为 0. 45 ~0. 50，砂的粒径不小于 3mm。

②杆体材料宜用 20MnSi 钢筋，亦可采用 A3 钢筋；直径 14 ~ 22mm 为宜，长度 2 ~ 3. 5m，为增加锚固力，杆体内端可以劈口叉开。

③钻孔方向宜尽量与岩层主要结构面垂直。孔钻好后用高压水着孔眼冲洗干净（若是向下钻孔须用高压风吹净水），并用塞子塞紧孔口，以防止石渣或泥土掉入钻孔内。

④锚杆及胶黏剂材料制作，应符合设计要求，锚杆应按设计要求的尺寸截取，外端不用垫板的锚杆应先弯制弯头。

⑤黏结砂浆应拌和均匀，随拌随用，一次拌和的砂浆应在初凝前用完。

（2）早强水泥砂浆锚杆施工要点

早强水泥砂浆锚杆的施工，与普通水泥砂浆锚杆基本相同，所不同的是早强水泥砂浆锚杆的胶粘剂是由硫铝酸盐早强水泥、砂、Ⅱ型早强剂和水组成。因此，它具有早期强度高、承载快、安装较方便等优点。可弥补普通水泥砂浆锚杆早期强度低、承载慢的不足。尤其是在软弱、破碎、自稳时间短的围岩中使用早强水泥砂浆锚杆能显出其优越性。

另外,以树脂或快硬水泥作为胶粘剂的全长黏结式锚杆,也具有以上优点。但因费用较高,所以在一般隧道工程中较少使用。

早强水泥砂浆锚杆的施工,除按普通水泥砂浆锚杆的规定施工外,在注浆作业开始或中途停止超过30min时,应测定砂浆坍落度,当其值小于10mm时不得注入罐内使用。

早强水泥砂浆锚杆采用的硫铝酸盐早强水泥所掺入的早强剂具有早强、缓凝、减水与防锈的效果,其掺量是亚硝酸钠掺量为1%~3%,缓凝型减水剂掺量宜为0.2%。

(3)早强药包锚杆施工要点

早强药包内锚头锚杆,如图5-47所示,是以快硬水泥卷,或早强砂浆卷,或树脂卷作为内锚固剂的内锚头锚杆。

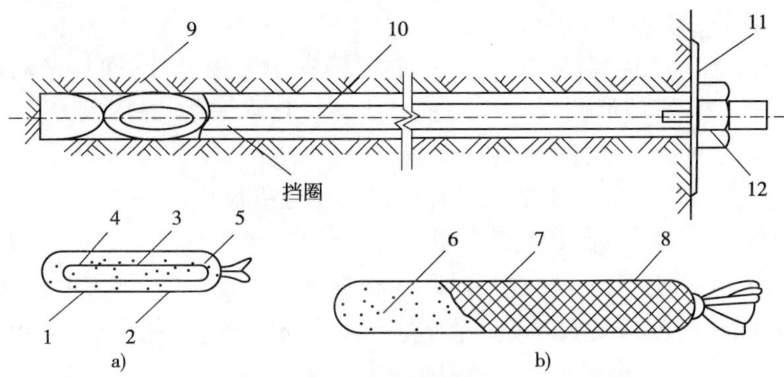

图5-47 早强药包内锚头锚杆

1-不饱和聚酯树脂+加速剂+填料;2-纤维纸或塑料袋;3-固化剂+填料;4-玻璃管;5-堵头(树脂胶泥封门);6-快硬水泥;7-湿度较大的滤纸筒;8-玻璃纤维纱网;9-树脂锚固剂;10-带麻花头杆体;11-垫板;12-螺母

快硬水泥卷的三个主要参数:

①快硬水泥卷的直径 d 要与钻孔直径 D 配合好,若使用 $D42$ 钻头,则可采用 $D37$ 直径的水泥卷。

②块硬水泥卷长度 L 要根据内锚长度 l 和生产制作的要求确定,可按式(5-3)计算:

$$L = k\left(\frac{D^2 - D_1^{\ 2}}{d^2}\right)l \tag{5-3}$$

式中:D——钻孔直径(mm);

D_1——锚杆直径(mm);

l——内锚长度(mm);

k——富余系数,一般 $k = 1.05 \sim 1.10$。

③快硬水泥卷的水泥质量 G 值,主要由装填密度 r 计算确定,装填密度是控制水灰比的关键,当 $r = 1.45\text{kg/cm}^3$ 时,水泥浆水灰比控制在0.34左右为佳,每一个快硬水泥卷的 G 值可按式(5-4)计算:

$$G = \frac{\pi d^2}{4}L\gamma \tag{5-4}$$

早强药包内锚头锚杆施工除按普通水泥砂浆锚杆的规定施工外,尚应符合以下规定:

a. 药包使用前应检查，要求无结块、未受潮。药包的浸泡宜在清水中进行，随泡随用，药包必须泡透。

b. 药包应缓慢推入孔底，不得中途爆裂，应配备专用的装药包工具。

c. 药包直径宜较钻孔直径小 20mm 左右，药卷长度一般为 20 ~ 30cm。锚杆杆体插入时应注意旋转，使药包充分搅拌均匀。锚杆药包主要有硅酸盐与硫酸盐两个系列，分速凝型、早强型、早强速凝型几种。

d. 钻眼要求同前所述，但孔眼应比锚杆长度短 4 ~ 5cm。

e. 用直径 2 ~ 3mm，长 150mm 的锥子，在快硬水泥卷端头扎两个排气孔。然后将水泥卷竖立放于清洁的水中，保持水面高出水泥卷约 10cm。浸水时间以不冒泡为准，但不得超过水泥的初凝时间，可做浸水后的水灰比检查。

f. 将浸好水的水泥卷用锚杆送到眼底，并轻轻捣实，若中途受阻，应及时处理，若处理时间超过水泥终凝时间，则应换装新水泥卷或钻眼作废。

g. 将锚杆外端套上连接套筒（即带有六角旋转头的短锚杆；断面打平后对中焊上锚杆螺母），装上搅拌机，然后开动搅拌机，带动锚杆旋转搅拌水泥浆，并用人力推进锚杆至眼底，再保持 10s 的搅拌时间（搅拌时间为 30 ~ 40s）。

h. 轻轻卸下搅拌机头，用木楔楔紧杆体，使其位于钻眼孔中心处。自浸水后 20min，快硬水泥具有足够的强度时，才能使用扳手卸下连接套筒（可以多准备几个套筒周转使用）。

i. 采用树脂药包时，还应注意：搅拌时间应根据现场气温决定，20℃时固化时间为 5min；温度下降 5℃：时固化时间大约会延长一倍，即 15℃时为 10min；10℃时为 20min。

因此，地下工程在正常温度下，搅拌时间约为 30s，当温度在 10℃以下时，搅拌时间可适当延长为 45 ~ 60s。

（4）缝管式摩擦锚杆施工要点

①缝管式锚杆可根据需要和机具能力，选择不同直径的钻头和管径，通过现场试验确定最合理的径差。一般要求杆体材料具有较高的弹性极限。

②采用一般风动凿岩机时应配备专用冲击器。宜随钻眼随安设锚杆，也可集中钻孔、集中安设锚杆，此时不得隔班隔日安设锚杆。

③安设锚杆前应吹孔，并核对孔深是否符合设计要求，安设前应检查风压，风压不得小于 0.4MPa。

④安装时先将锚杆套上垫板，将带有挡环的冲击钎杆插入锚管内（锚杆应在锚管内自由转动），锚杆尾端套入凿岩机或风镐的卡套内，锚头导入钻孔，调整方向、开动凿岩机，即可将锚杆打入钻孔内，至垫板压紧围岩为止，停机取出钎杆即可完成。一根 2.5m 长的锚杆，一般用 20 ~ 60s 时间即可安装完毕。

⑤在安设推进锚杆过程中，要保持凿岩机—锚杆—钻孔的中心线在同一轴线上，凿岩机在推进过程中，适当放水冷却冲击器。锚杆推到末端时，应降低推进力，当垫板抵紧岩石时应立即停机，以免损坏垫板和挡环。

⑥若作为永久支护，则应作防锈处理，并灌注有膨胀性的砂浆。

（5）楔缝式内锚头锚杆施工要点

①楔缝式锚杆安装前，应将杆体与部件（楔子、胀壳、托板）组装好，锚杆插入钻孔时楔子

不得偏斜或脱落。楔缝式锚杆的安装是先将楔块插入楔缝,轻轻敲击使其固定于缝中,然后插入眼底;并以适当的冲击力冲击锚杆尾,至楔块全部插入楔缝为止。打紧楔块时应注意丝扣不被损坏。为了防止杆尾受到冲击力发生变形,可采用套筒保护。

②一般要求锚杆具有一定的预张力,可采用测力矩扳手或定力矩扳手来拧紧螺母,以控制锚固力。楔缝式锚杆安设后应立即上好托板,并拧紧螺帽。

③若要求在楔缝式锚杆的基础上再作注浆加固,则除按砂浆锚杆注浆外,预张力应在砂浆初凝前完成,并注意减少砂浆的收缩率。

④若只做临时支护,则可改楔缝式锚杆为楔头式或胀壳式锚杆。楔头式锚杆及胀壳式锚杆的杆体均可以回收,但锚头加工制作较复杂,故一般在煤矿或其他坑道中应用多。

(6)胀壳式内锚头预应力锚索施工要点

胀壳式内锚头预应力锚杆(锚索)主要由机械胀壳式内锚头、锚杆(或钢绞线锚索)外锚头以及灌注的黏结材料等组成,如图5-48所示。这种锚杆(锚索)常用在中等以上的围岩中,可以在较小的施工现场中作业,常用于高边坡、大坝以及在大跨度地下隧道洞室的抢修加固及支护。它具有施工工序简单、安装快速方便的特点,是能立即起作用的大型预应力锚杆。其施工要点如下:

①胀壳式内锚头预应力锚索的加工,应符合设计质量要求,在存放、运输及安装过程中,不得有损伤和变形。

②钻孔一般采用冲击式浅孔钻,也可选用各种旋转式地质钻,钻孔完毕后应丈量孔深和予以清洗,并做好孔口现浇混凝土支墩。

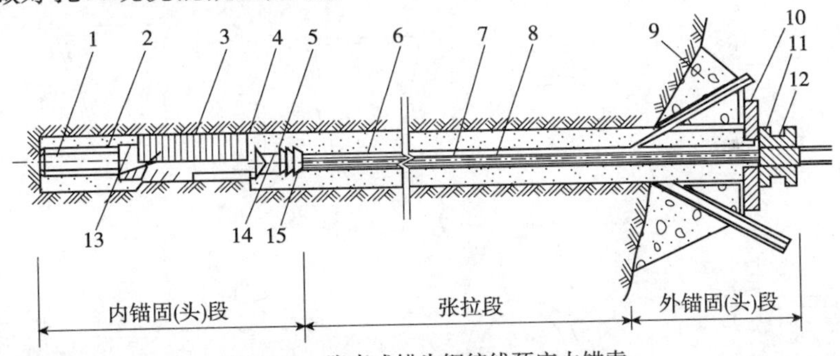

图5-48 胀壳式锚头钢绞线预应力锚索

1-导向帽;2-六棱锚塞;3-外夹片;4-挡圈;5-顶簧;6-套管;7-排气管;8-黏结砂浆;9-现浇混凝土支墩;10-垫板;11-锚环;12-锚塞;13-锥筒;14-顶簧套筒;15-托圈

③锚索安装要平直不紊乱,同时安设排气管。锚索推送就位后,即可进行安装千斤顶张拉。一般先用20%~30%的预应力预张拉1~2次,促使各相连部位接触紧密,使钢锚索平直。最终张拉值有5%~10%的超张拉量,以保证预应力损失后仍能达到设计要求的有效预应力。预张拉时,千斤顶后严禁站人,以防不测。

④预应力无明显衰减时,才最后锁定,且48h内再检查。注浆应饱满,注浆达到设计强度后,进行外锚头封盖。

(四)钢架施工

钢架是在隧道开挖初期支护期间,为使围岩保持稳定而按照隧道开挖轮廓线布设的由钢格栅或型钢、钢轨等制成的支护骨架结构,钢架安装后可达到支撑围岩稳定、限制围岩变形的目的，它通常与钢筋网、喷射混凝土等结合共同受力。钢架应在初喷混凝土后及时架设。钢架所用钢材的规格、型号、材质，应满足设计要求和国家有关现有技术标准的规定。钢架不宜在受力较大的拱顶及其他受力较大的部位分节。格栅钢架的主筋直径不宜小于18mm，且焊接应符合设计要求。其常见结构如图5-49、图5-50所示。

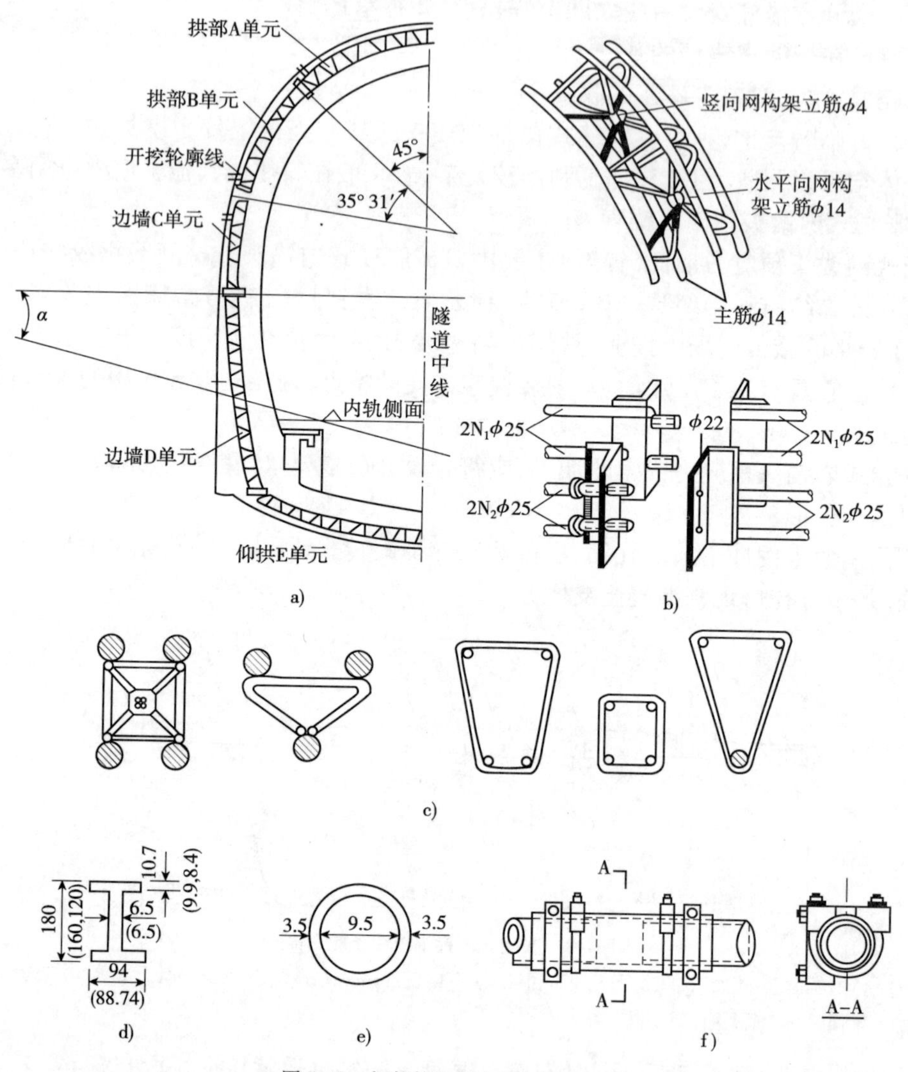

图5-49　钢架构造（尺寸单位：mm）

a）格栅钢架组合意图；b）接头示意图；c）格栅钢架的断面；d）工字钢架；e）钢管钢架；f）钢管钢架可缩接头

（1）钢架安装应符合下列条件：

①安装前应清除底脚的虚渣及杂物。

②安装允许偏差：横向和高程为±5cm，垂直度为±2°。

③各节钢架间应以螺栓连接，连接板应密切，连接板局部缝隙不得超过2mm。

④钢架外缘应与基面密贴，如有缝隙，应每隔2m用钢楔或混凝土预制块楔紧。

⑤钢架之间宜用直径为22mm的钢筋采用焊接方式连接，环向间距应符合设计要求。

图5-50 钢拱架

(2)钢架施工工序流程参照图5-51。

(3)钢架的施工应符合下列要求:

①制作。钢架按设计尺寸在洞外下料分节焊接制作,制作时应严格按设计图纸进行,保证每节的弧度与尺寸均符合设计要求,每节两端均焊连接板,节点间通过连接板用螺栓连接牢靠,加工后必须进行试拼检查,严禁不合格品进场。

②安装。钢架应按设计要求安装,安装尺寸允许偏差应满足相关规定。当拱脚开挖超深时,加设钢板或混凝土垫块,安装后利用锁脚锚杆定位;超挖较大时,拱背喷填同级混凝土,以使支护与围岩密贴,控制围岩变形的进一步发展。两排钢架间用ϕ22mm钢筋拉杆纵向连接牢固,环向间距1m,以便形成整体受力结构。

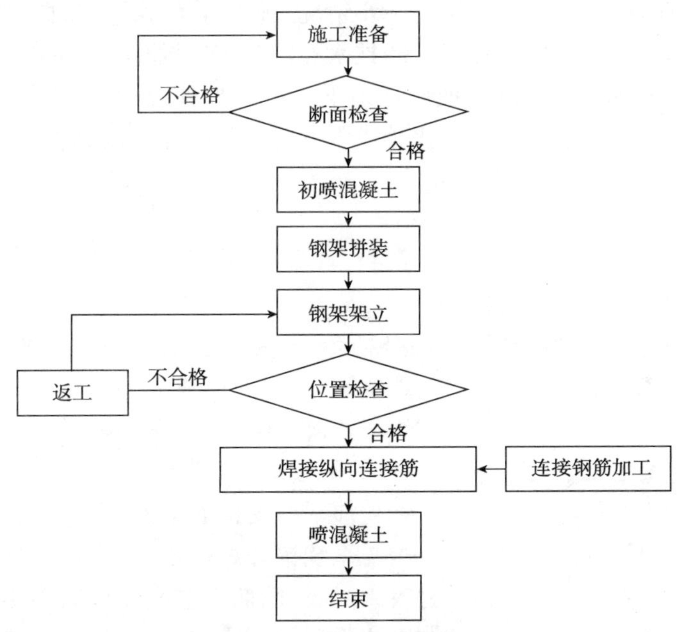

图5-51 钢架施工工序流程图

钢架安装时,应严格控制其内轮廓尺寸,且预留沉降量,防止侵入衬砌净空。钢架与围岩间的间隙必须用喷混凝土充填密实;钢架应全部被喷射混凝土覆盖,保护层厚度不得小于40mm。

第四节 超前支护

由于初期喷锚支护强度的增长不能满足洞体稳定的要求,可能导致洞体失稳,或由于大面积淋水、涌水,难以保证洞体稳定时,可采用辅助施工措施对地层进行预加固、超前支护或止水。

随着开挖技术、锚喷支护技术、地层改良技术的研究应用和发展，隧道工作者研究出了许多辅助稳定措施，从而使得现代隧道工程施工的开挖和支护变得更简捷、及时、有效、彻底，也更具有可预防性和安全性。

隧道施工中常用的超前支护措施有：

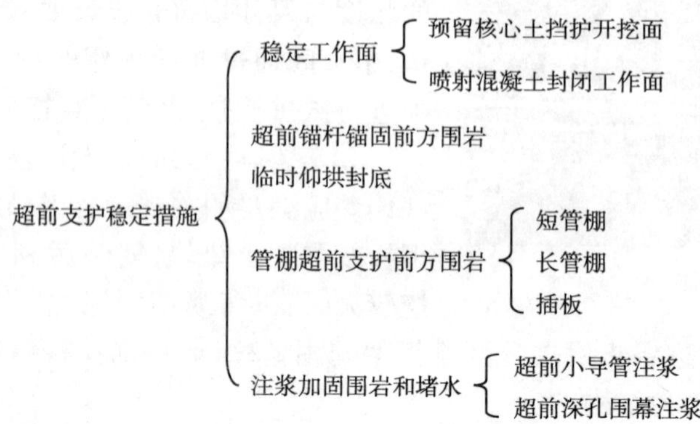

超前支护措施应视围岩地质条件、地下水情况、施工方法、环境要求等具体情况而选用，并尽量与常规施工方法相结合，进行充分的技术经济比较，选择一种或几种同时使用。施工中应经常观测地形、地貌的变化以及地质和地下水的变异情况，制定有关的安全施工细则，预防突然事故的发生。必须坚持“先支护（或强支护）、后开挖、短进度、弱爆破、快封闭、勤测量”的施工原则，并做好详细的施工记录。

一、超前锚杆

（一）构造组成

超前锚杆是沿开挖轮廓线，以稍大的外插角，向开挖面前方安装锚杆，形成对前方围岩的预锚固，在提前形成的围岩锚固圈的保护下进行开挖等作业（图 5-52）。

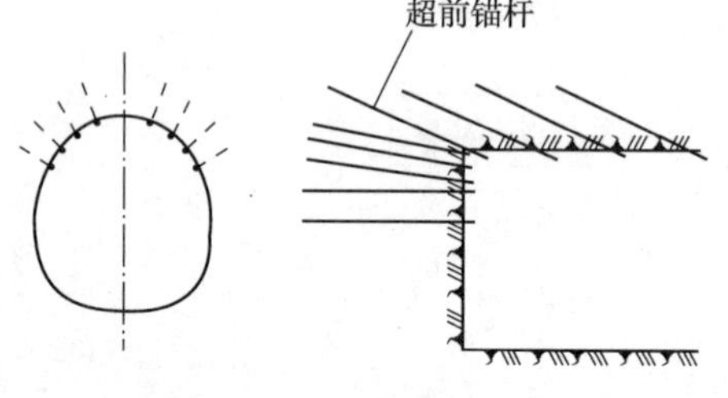

图 5-52　超前锚杆预锚固围岩

（二）性能特点及适用条件

超前锚杆支护的柔性较大，整体刚度较小。虽然可以与系统锚杆焊接以增强其整体性，但对于围岩应力较大时，其后期支护刚度就有些不足。此类超前支护主要适用于地应力不大，地下水较少的软弱围岩的隧道工程中，如土砂质地层、弱膨胀性地层、流变性较小的地层、裂隙发育的岩体及断层破碎一等，浅埋无显著偏压的隧道，也适宜采用中小型机械施工。

（三）设计、施工要点

（1）超前锚杆的超前量、环向间距、外插角等参数，应视围岩地质条件、施工断面大小、开挖循环进尺和施工条件而定。一般超前长度为循环进尺的 3 ~5 倍，长 3 ~5m，环向间距 0. 3 ~1. 0m；外插角宜用 10° ~30°；搭接长度宜为超前长度的 40% ~60%，即大致形成双层或双排锚杆。

（2）超前锚杆宜用砂浆全黏结式锚杆，锚杆材料可用不小于 22 的螺纹钢筋。

(3)超前锚杆的安装误差,一般要求孔位偏差不超过10cm,外插角不超过2°,锚入长度不小于设计长度的90%。

(4)开挖时应注意保留前方有一定长度的锚固区,以使超前锚杆的前端有一个稳定的支点。其尾端应尽可能多地与系统锚杆及钢筋网焊连。若掌子面出现滑塌现象,则应及时喷射混凝土封闭开挖面,并尽快打入下一排超前锚杆,然后才能继续开挖。

(5)开挖后及时喷射混凝土,并尽快封闭环形初期支护。

(6)开挖过程中应密切注意观察锚杆变形及喷射混凝土层的开裂、起鼓等情况,以掌握围岩动态,及时调整开挖及支护参数,如遇地下水时,则可钻孔引排。

二、管棚加强支护

(一)构造组成

管棚支护是利用钢拱架沿开挖轮廓线以较小的外插角,向开挖面前方打入钢管或钢插板构成的棚架来形成对开挖面前方围岩的预支护的一种支护方式(图5-53)。

采用长度小于10m的钢管称为短管棚;采用长度为10~45m且较粗的钢管称为长管棚;采用钢插板(长度小于10m)的称为板棚。

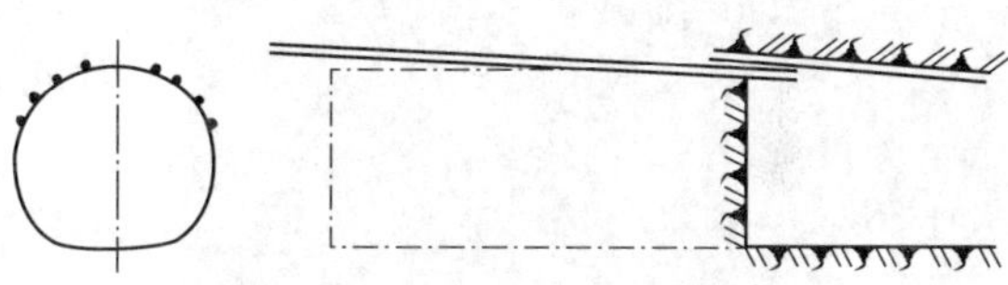
图5-53 管棚预支护围岩(长管棚)

(二)性能特点及适用条件

管棚因采用钢管或钢插板作纵向预支撑,又采用钢拱架作环向支撑,其整体刚度较大,对围岩变形的限制能力较强,且能提前承受早期围岩压力。因此管棚法特别适用于围岩压力来得快来得大、对围岩变形及地表下沉有较严格要求的软弱破碎围岩隧道工程中。如土砂质地层、强膨胀性地层、强流变性地层、裂隙发育的岩体、断层破碎带、浅埋有显著偏压等围岩的隧道中。此外,在一般无胶结的土及砂质围岩中,采用插板封闭较为有效;当遇到流塑状岩体或岩溶严重流泥地段或地下水丰富的岩层,采用管棚与围岩内注浆相结合的手段加固围岩,也是行之有效的方法。

短管棚一次超前量少,基本上与开挖作业交替进行,占用循环时间较长,但钻孔安装或顶入安装较容易。

长管棚一次超前量大,虽然增加了单次钻孔或打入长钢管的作业时间,但减少了安装钢管的次数,减少了与开挖作业之间的干扰。在长钢管的有效超前区段内,基本上可以进行连续开挖,也更适用于采用大中型机械进行大断面开挖。

(三)设计、施工要点

(1)管棚的各项技术参数要视围岩地质条件和施工条件而定。长管棚长度不宜小于10m,一般为10~45m;管径70~180mm,孔径比管径大20~30mm,环向间距0.2~0.8m;外插角1°~2°;两组管棚间的纵向搭接长度不小于1.5cm,钢拱架常采用工字钢拱架或格栅钢架。

(2)钢拱架应安装稳固,其垂直度允许误差为±2°,中线及高程允许误差为±5cm;钢管应从工字钢腹板圆孔穿过,或穿过钢拱架;钻孔方向应用测斜仪监测控制,钢管不得侵入开挖轮廓线。钻孔平面误差不大于15cm,角度误差不小于0.5°。

(3)第一节钢管前端要加工成尖锥状,以利导向插入。施工时打一眼,装一管,由上而下顺序进行。

(4)长钢管应用4～6m的管节逐段接长,打入一节,再连接后一节,连接头应采用厚壁管箍,上满丝扣,丝扣长度不应小于15cm;为保证受力的均匀性,钢管接头应纵向错开,一般按编号,偶数第一节用4m,奇数第一节用6m,以后各节均采用6m。

(5)当需增加管棚刚度时,可在安装好的钢管内注入水泥砂浆,一般在第一节管的前段管壁交错钻若干个声10～15mm孔,以利排气和出浆,或在管内安装出气导管,浆液注满后方可停止压注。

(6)水泥砂浆强度等级可用M20～M30,并适当加大灰砂比。

(7)钻孔时如出现卡钻或坍孔,应注浆后再钻,有些土质地层则可直接将钢管顶入。

三、超前小导管注浆

(一)构造组成

超前小导管(图5-54)注浆是在开挖前,先用喷射混凝土将开挖面和5m范围内的坑道封闭,然后沿坑道周边向前方围岩内打入带孔小导管,并通过小导管向围岩压注起胶结作用的浆液,待浆液硬化后,坑道周围岩体就形成了有一定厚度的加固圈。在此加固圈的保护下即可安全地进行开挖作业(图5-55)。若小导管前端焊一个简易钻头,则可钻孔、插管一次完成,称为自进式注浆锚杆。

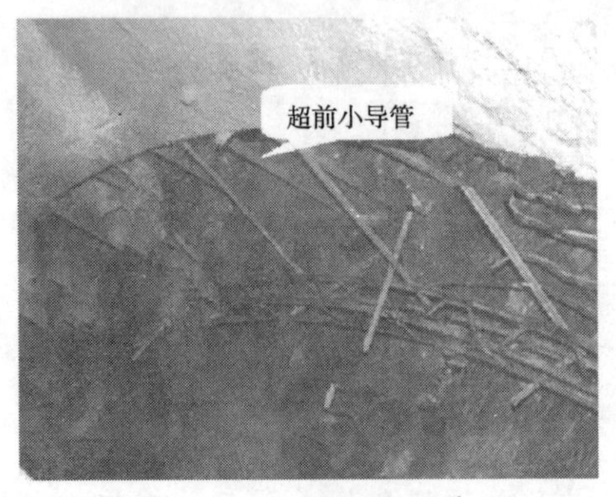

图5-54　超前小导管

(二)性能特点及适用条件

浆液被压注到岩体裂隙中并硬化后,不仅将岩块或颗粒胶结为整体起到了加固作用,而且填塞了裂隙,阻隔了地下水向坑道渗流的通道,起到了堵水作用。因此,超前小导管注浆不仅适用于一般软弱破碎围岩,也适用于地下水丰富的软弱破碎围岩。

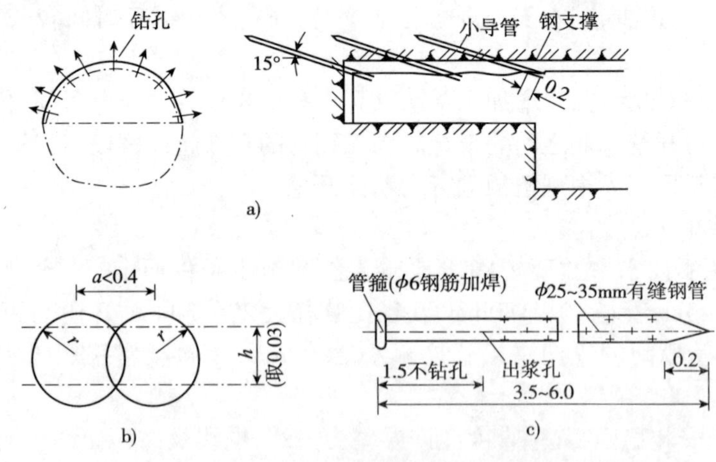

图5-55　超前小导管注浆预加固围岩(尺寸单位:m)

a)超前小导管布置;b)注浆半径及孔距选择;c)小导管构造图

（三）小导管布置和安装

（1）小导管钻孔安装前，对开挖面及5m范围内的坑道喷射5～10cm厚混凝土封闭。

（2）小导管一般采用32mm的焊接管或40mm的无缝钢管制作，长度宜为3～6m，前端做成尖锥形，前段管壁上每隔10～20cm交错钻眼，眼孔直径宜为6～8mm。

（3）钻孔直径应较管径大20mm以上，环向间距应按地层条件而定，渗透系数大的，间距亦应加大，一般采用20～50cm；外插角应控制在10°～30°，一般采用15°。

（4）Ⅴ级围岩劈裂、压密注浆时采用单排管；Ⅵ级围岩或塌方时可采用双排管；地下水丰富的松软层，可采用双排以上的多排管；渗入性注浆宜采用单排管；大断面或注浆效果差时，可采用双排管。

（5）小导管插入后应外露一定长度，以便连接注浆管，并用塑胶泥（40°Be水玻璃拌42.5级水泥）将导管周围孔隙封堵密实。

（四）注浆施工要点

小导管注浆工序流程，如图5-56所示。

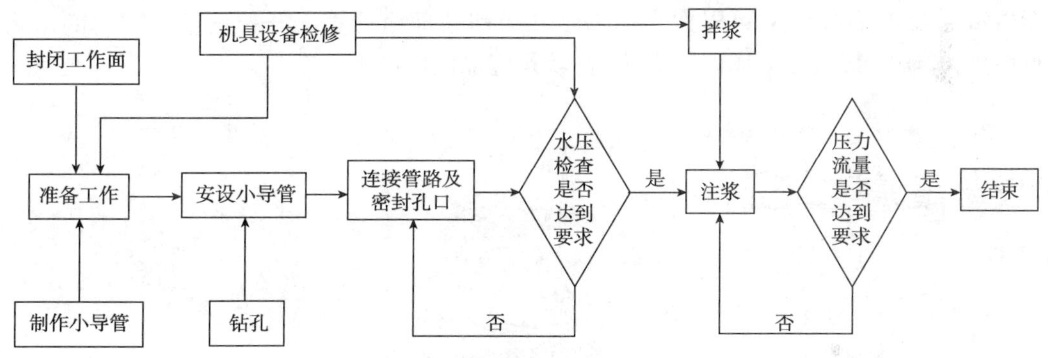

图5-56 小导管注浆工序流程图

（1）小导管注浆的孔口最高压力应严格控制在允许范围内，以防压裂开挖面，注浆压力一般为0.5～1.0MPa，止浆塞应能经受注浆压力。注浆压力与地层条件及注浆范围要求有关，一般要求单管注浆能扩散到管周0.5～1.0m的半径范围内。

（2）要控制注浆量，即每根导管内已达到规定注入量时，就可结束；如孔口压力已达到规定压力值，但注入量仍不足，亦应停止注浆。

（3）注浆结束后，应做一定数量的钻孔检查或用声波探测仪检查注浆效果，如未达到要求，应进行补注浆。

（4）注浆后应视浆液种类，等待4（水泥—水玻璃浆）～8h（水泥浆）方可开挖，开挖长度应按设计循环进尺的规定，以保留一定长度的止浆墙（即超前注浆的最短超前量）。

（5）自进式注浆锚杆，它是将超前锚杆与超前小导管注浆相结合的一种先进的超前支护措施。它主要作了以下几点改进：其一，它在小导管的前端焊接了一个简易的一次性钻头或尖端，从而将钻孔和定管同时完成，缩短了导管安装时间；尤其适用于钻孔易坍塌的地层；其二，对于可以采用水泥浆的地层，它改用水泥砂浆压注，可进一步降低造价；其三是它的管体采用波纹或变径外形，以增加黏结力和锚固力，增强了加固效果。

四、超前深孔帷幕注浆

（一）超前注浆

超前小导管注浆对围岩加固的范围和加固处理的程度是有限的，作为软弱破碎围岩隧道施工的一项主要辅助措施，它占用时间和循环次数较多。因此，在不便采取其他施工方法（如盾构法）时，深孔预注浆加固围岩就较好地解决了这些问题。注浆后即可形成较大范围的筒状封闭加固区，称为帷幕注浆。

深孔预注浆一般可超前开挖面 30 ~ 50m，可以形成有相当厚度和较长区段的筒状加固区，从而使得堵水的效果更好，也使得注浆作业的次数减少，它更适用于有压地下水及地下水丰富的地层中，可采用大中型机械化施工。

如果隧道埋深较浅，则注浆作业可在地面进行；对于深埋较大的隧道可利用辅助平行导坑对正洞进行预注浆，这样都可以避免与正洞施工的干扰，缩短施工工期。

（二）注浆范围

图 5-57 为围岩注浆加固范围示意图，即形成筒状加固区。要确定加固区的大小，即确定围岩塑性破坏区的大小，可以按岩体力学和弹塑性理论计算出开挖坑道后围岩的压力重分布结果，并确定其塑性破坏区的大小，也就是应加固区的大小。

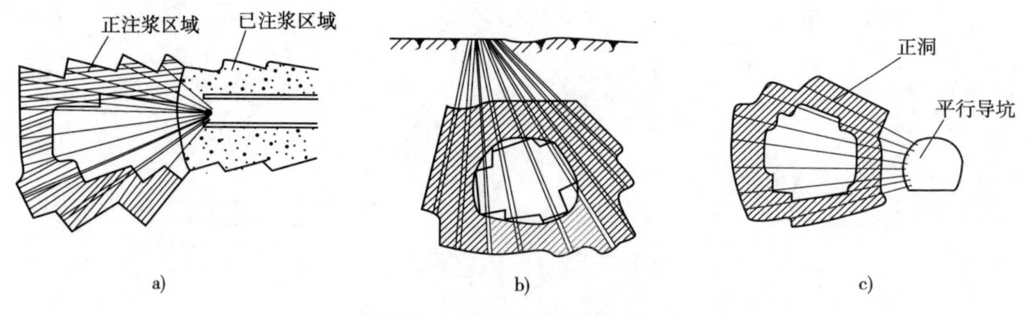

图 5-57　超前深孔帷幕注浆

a）洞内超前注浆；b）地表超前注浆；c）平导超前注浆

（三）施工要点

1. 注浆管

注浆管一般采用带孔眼的焊接钢管或无缝钢管。注浆管壁上有眼部分的长度应根据注浆孔的位置和注浆区域来确定，其余部分不钻眼，并用止浆塞将其隔开，使浆液只注入有效区域。止浆塞常用的有两种，一种是橡胶式，一种是套管式。安装时，将止浆塞固定在注浆管上的设计位置，一起放入钻孔，然后用压缩空气或注浆压力使其膨胀而堵塞注浆管与钻孔之间的间隙，此法主要用于深孔注浆。

另外，若采用全孔注浆，则可以用铅丝、麻刀或木楔等材料在注浆孔口间将间隙堵塞。但全孔注浆因浆液流速慢，易造成“死管”的问题，尤其是深孔注浆时。

2. 钻孔

钻孔可用冲击式钻机或旋转式钻机，应根据地层条件及成孔效果选择。钻孔位置应满足设计要求，孔口位置偏差不超过 5cm，孔底位置偏差不超过孔深的 1%，钻孔应清洗干净，并做好钻孔记录。

3. 注浆顺序

按先上方后下方，或先内圈后外圈，先无水孔后有水孔，先上游（地下水）后下游的顺序进行。利用止浆阀保持孔内压力直至浆液完全凝固。

4. 结束条件

注浆结束条件应根据注浆压力和单孔注浆量两个指标来判断确定。单孔结束条件为：注浆压力达到设计终压；浆液注入量达到计算值的80%以上。全部结束条件为：所有注浆孔均已符合单孔结束条件，无漏注。注浆结束后必须对注浆效果进行检查，如未达到设计要求，应进行补孔注浆。

5. 注浆检查

除在注浆前进行钻孔质量和材料质量检查、注浆后对注浆效果检查外，注浆过程中应密切注意注浆压力的变化。采用双液注浆时，应经常测试混合浆液的胶凝时间，发现问题应立即处理。

6. 开挖时间

注浆后应视浆液种类，等待4（水泥—水玻璃浆）~8h（水泥浆）方可开挖，但应注意保留止浆墙，并进行下一循环的注浆。

第五节 二次衬砌

在永久性的隧道及地下工程中常用的支护衬砌形式主要有：整体式衬砌、复合式衬砌及锚喷衬砌。整体式衬砌即为永久性的隧道模筑混凝土衬砌（常用于传统的矿山法施工）。

复合式衬砌是由初期支护和二次衬砌组成的，初期支护的作用是帮助围岩达成施工期间的初步稳定，按主要承载结构设计，二次衬砌则是提供安全储备或承受后期围岩压力。二次衬砌在Ⅳ级及以上围岩时按安全储备设计；在Ⅲ级及以下围岩时，则按承受后期围岩压力结构设计与施工。两种情况均应满足构造要求。

锚喷衬砌的设计基本上同复合式衬砌中的初期支护的设计，只是应增加一定的安全储备量。它主要适用于Ⅳ类及以上围岩条件，公路隧道设计规范已提供了锚喷初期的设计参数。锚喷初期的施工方法亦基本上同初期支护，这里不再赘述。

对提供安全储备的二次衬砌，应在围岩或围岩加初期支护稳定后施作；对于要求承载的二次衬砌，则应及时施作。二次衬砌的施工方法和模板类型的选择，应充分考虑到与围岩条件、开挖方法、支护方法、混凝土施工能力等因素的适应性。

在隧道初期支护完成后，为防止围岩不致因暴露时间过长而风化、松动和坍落，降低围岩稳定性，需要开展二次衬砌。衬砌的结构类型和尺寸，应根据使用要求、工程地质条件、围岩类别、埋置位置及施工条件等，通过工程类比和结构计算分析确定。必要时，还应通过试验论证确定。

深埋隧道二次衬砌施作，一般情况下应在围岩和初期支护变形基本稳定后进行，变形基本稳定应符合：隧道周边变形速率明显下降并趋于缓和；或水平收敛（拱脚附近7d平均值）小于0.2mm/d，拱部下沉速度小于0.15mm/d；或施作二次衬砌前的累计位移值，已达到极料，设计出满足工作性、强度和耐久性要求的混凝土配合比。同时，要按照计划安排，进行模板台车设计、制造、组装和调试，及时有效地组织二次衬砌工序的进展。在施工的过程中，要按照规范规定对混凝土生产、运输、浇筑和养护等环节进行质量控制。

二次衬砌施工的顺序是仰拱超前、边墙基础超前，最后是边墙、拱整体浇筑。采用矮边墙基础先行，后瓷筑墙的施工方法，易保证衬砌尺寸的精度。拱标准断面应采用移动式模板台车，边墙基础高度的设置（水平施工缝）应避开剪应力最大的截面。

混凝土衬砌施工前应对水泥、细集料、粗集料、拌制和养护用水、外加剂、掺和料等原材料进行检验，确保各项技术指标符合有关规定。混凝土生产应采用自动计量的拌和站、搅拌输送车运输、混凝土泵送入模的机械化流水作业线，以保证二次衬砌混凝土的质量。

一、仰拱施工

（一）施工方法

仰拱填充及铺底紧跟开挖，距开挖面不得大于60m，人工配合挖掘机检底，底部虚渣、杂物、积水要清理干净。为减少其与出渣运输的干扰，现在一般采用仰拱栈桥进行仰拱全幅施工，全幅灌注，仰拱、填充应分开浇筑，仰拱和底板混凝土强度达到5MPa后，行人方可通行，达到设计强度的100%后，车辆方可通行。

首先铺设仰拱栈桥（图5-58、图5-59），再进行仰拱石方开挖并处理欠挖，欠挖采用风钻钻孔，松动控制爆破，反铲配合清渣，高压风吹底；立模板（仰拱和填充层在施工缝处错开50cm，预埋接茬钢筋，拆模后施工缝进行置毛处理）并浇筑混凝土，混凝土从轨行式或轮式混凝土输送车直接输入，插入式振捣器捣固密实；待混凝土养护到设计强度后，将仰拱移至下一幅施工。仰拱填充及铺底超前拱墙衬砌台车20～40m，为拱墙衬砌台车轨道铺设提供条件，有利于文明施工，保证隧道底部的施工质量，从根本上消除隧底质量隐患，有利于结构稳定。

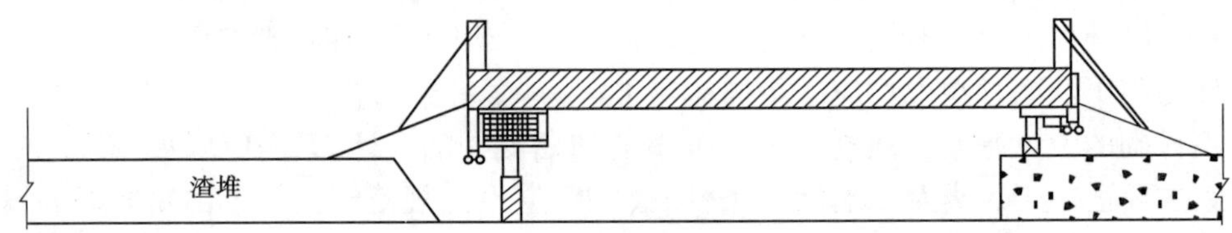

图5-58　仰拱栈桥示意图

图5-59　隧道内仰拱栈桥

（二）施工工序、施工技术措施及要点

1. 施工工序

仰拱施工工序流程图如图5-60所示。

2. 施工技术措施及要点

（1）测量放线。根据设计图纸放出高程和中线控制线。

（2）基层质量验收合格后，方可进行下一道工序的施工。

（3）混凝土运送罐车到达浇筑地点后，利用梭槽

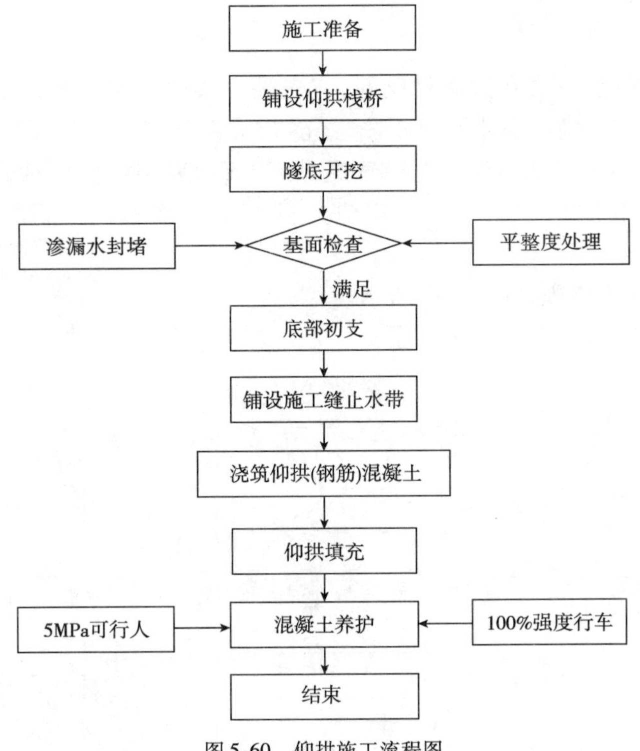

图 5-60 仰拱施工流程图

或直接泵送进入安装好侧模和端模的仰拱内,人工用插入式振捣器振捣。

(4)振捣混凝土时,用插入式振捣器全面按顺序插振一次,同一位置的振捣持续时间,以混合料停止下沉,不再冒气泡并泛出砂浆为准,不能过振。插入式振捣器移动间距不得大于其作用半径的1.5倍,距底板混凝土边缘距离不得大于其作用半径的1/2。

(5)在表层混凝土振捣过程中,应经常拉线检查设计高程、用水平尺检查平整度。必要时,人工扒除高于设计高程的混凝土填补低于设计高程的低洼处,并振捣,使混凝土表面平整。

(6)接缝。每一循环拆模后应及时对施工缝凿毛,纵向施工缝应设置接茬筋(风钻钻孔,锚固剂固定,ϕ22mm,$L=60$cm),使左右幅连为一个整体,增强受力效果。

(7)养护。底板混凝土施工完毕后应及时养生,养生用水泥袋将路面覆盖,每天洒水4次,保持水泥袋不干。

(8)仰拱应紧跟开挖面施作,尽快形成封闭环。Ⅳ、Ⅴ级软弱不稳定围岩施工时,仰拱距开挖面应不超过40m;仰拱应超前拱墙二次衬砌施作,其超前距离宜保持2倍以上衬砌循环作业长度。

(9)仰拱施作应一次成形,保证仰拱整体稳定。仰拱施工缝和变形缝处应做防水处理。

(10)底板施工前应清除虚渣、杂物和积水,坡面应平顺,确保排水畅通,应采用一次灌注混凝土成型工艺。

(11)仰拱填充严禁与仰拱同时施工,宜在仰拱混凝土终凝后施作。

(12)为减少其与出渣运输的干扰,采用仰拱栈桥跨过施工地段,以保证隧道底部的施工质量,消除隧底结构施工质量隐患。仰拱栈桥的长度和结构形式可根据施工需要来确定。

二、边墙基础施工

根据衬砌台车就位要求，在拱墙衬砌前，应先施工边墙基础。浇筑前应挖够尺寸，满足设计高程要求，将浮渣、杂物、积水清理干净，经隐蔽检查合格后方可开始浇筑。

边墙基础落后于仰拱及填充层、先行于边拱墙衬砌，采用定型模板施工；混凝土运送罐车到达浇筑地点后，利用梭槽或直接泵送进入安装好的模板内，采用插入式振捣器人工振捣。

边墙基础施工工艺流程如图 5-61 所示。

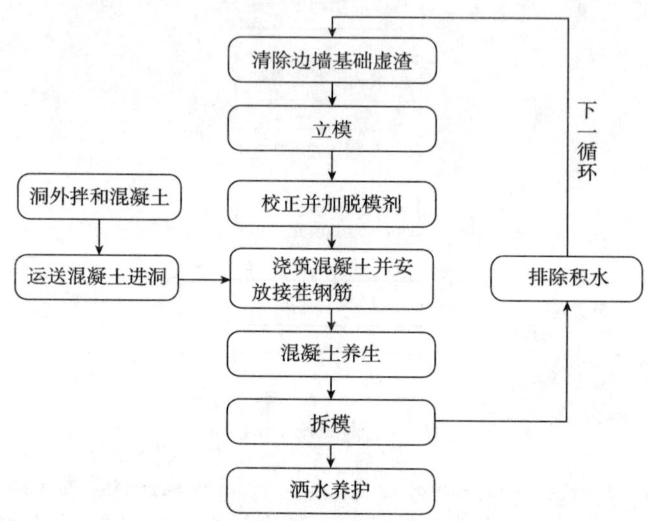

图 5-61　边墙基础施工工艺流程图

三、拱墙衬砌施工

（一）拱墙施工工艺流程

隧道拱墙衬砌施工工序如图 5-62 所示。

（二）拱墙衬砌施工准备

1. 中线及水准基点测设

当初期支护和边墙基础混凝土完成之后，在衬砌混凝土开始之前应重新测设隧道中线、水准基点，以检查初期支护断面，并准备衬砌模板台车就位。

（1）隧道中线控制桩每 10m 设一个，并引至两侧边墙基础混凝土顶面上，标出衬砌控制点。

（2）水准基点每 50m 设一个，布设在边墙基础混凝土台阶上。

2. 衬砌混凝土之前隧道断面检查和修整

（1）对初期支护断面检查。直线段每 20m、曲线地段每 10m 测一个断面，做好记录，绘制断面图。

（2）对初期支护侵限部位，在做好防止失稳措施后进行凿除，重做初期支护并达到设计要求。对超挖部分，如有坍塌范围较大者，应事先做好处理。

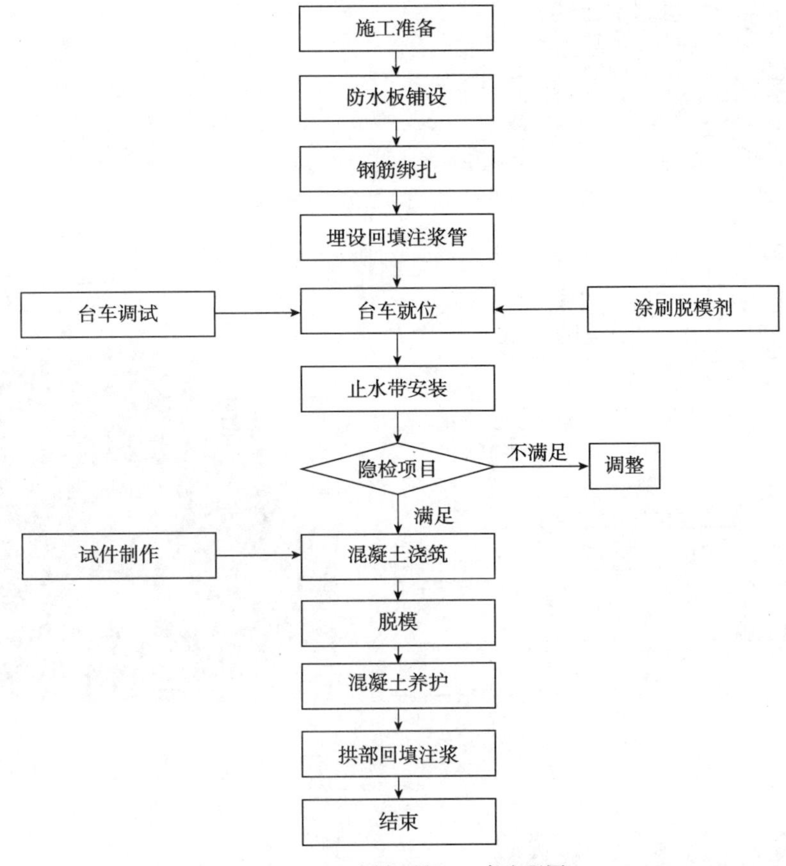

图 5-62 二次衬砌施工工序流程图

(3)当喷混凝土表面凹凸较大时,对凸出部分修凿喷平,凹进部分喷混凝土补平;外露锚杆头及钢筋头应切除并用砂浆抹平,以满足防水板铺设时对初期支护表面平顺度的要求。

3. 边墙基础混凝土的检查与修整

(1)根据水准基点,核对边墙基础混凝土台阶设计高程,必要时应做修凿。

(2)根据隧道中心线,核对边墙基础混凝土台阶净空尺寸,必要时应做修凿。

4. 模板台车轨道铺设

(1)根据隧道断面和结构形式,确定台车轨面高程。

(2)台车轨道中线应与隧道中心线重合,两轨间距允许误差为 ±5mm。

(3)左右两侧轨面水平允许误差为 ±5mm。

(4)台车轨道枕木间距不得大于 500mm。

(5)为防止台车轨道位移,在钢轨和边墙之间每 3m 加一个水平撑。

铺轨材料:钢轨,43kg/m 或以上;短枕木,20mm × 16mm × 60mm。

5. 模板台车安装

在模板台车安装前,应详细了解台车性能,如强度、刚度、可承受的最大荷载、作用原理,熟悉其操作方法,并按设计图材料表详细清点构件,同时加以清洗涂油,并编号堆放。模板台车示意图如图 5-63 所示。

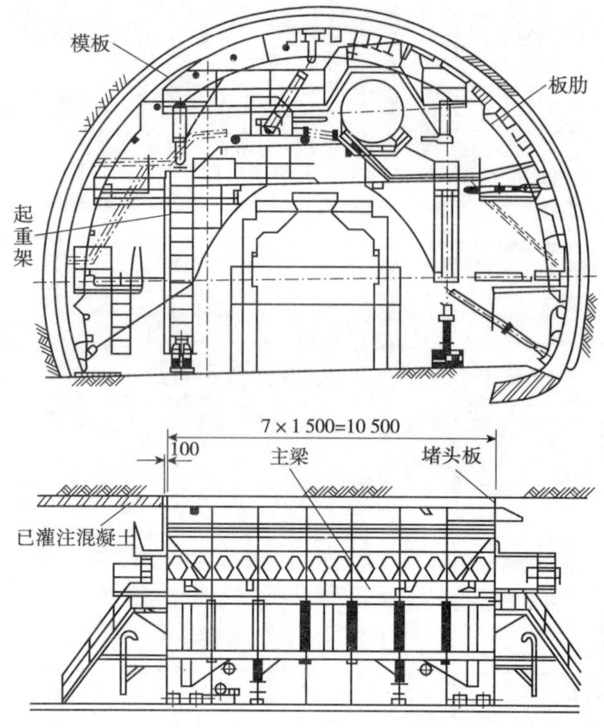

a)

b)

图 5-63　模板台车(尺寸单位:mm)

图 5-64　仰拱钢筋绑扎

(三)钢筋绑扎

1. 绑扎

如果设置了全环钢筋,还需要进行钢筋绑扎(图 5-64)。仰拱钢筋施工时预留与拱墙钢筋接头,并按规范错开接头(长短交错布置,错开值为 1m),拱墙钢筋绑扎利用防水板台架,采用全站仪放线,先施作环向定位弧形钢筋圈,以此作钢筋绑扎定位、检查的依据,一环 9m 或 12m,完成并经检查合格后方可进入下一循环。钢筋施工均应达到以下条件和技术标准要求:

(1)防水板铺设前应检查断面欠挖,凡小于衬砌厚度部位均要进行处理。

(2)依据钢筋技术交底,绑扎外层定位钢筋,保护层厚度要留够;禁止打锚杆固定,以防损伤防水板,要利用台架固定。

(3)绑扎外层主筋,钢筋间距要均匀,按设计布置,误差控制应符合规范要求。

(4)绑扎外层纵筋,注意外层与内层环向间距不一样。

(5)绑扎内层定位钢筋,注意定位钢筋的位置与内、外层主筋间距的关系。

(6)绑扎内层主筋,要与外层主筋在同一断面上。

(7)绑扎内层纵筋,要与外层纵筋垂直在同一圆心上。

(8)绑扎箍筋(勾筋),注意层间距不要变小。

(9)用砂浆垫块垫在钢筋与模板之间,保证钢筋净保护层厚度,保护层厚度不得小于5cm。

(10)钢筋交叉处,用直径0.7~1.0mm铁丝,按“8”字形或“十”字形扎结,可采用间隔扎结的方法。注意纵筋固定时可间隔5个节点绑扎定位,待内、外层纵筋完毕,挂好箍筋(即勾筋,应注意不要挂错),再对每个节点连同箍筋(勾筋)进行绑扎,可节约材料和提高工效。

(四)拱墙衬砌施工

拱墙二次衬砌混凝土浇筑前,应针对工程特点和施工条件,制订施工全过程和各个施工环节的质量控制与质量保证措施,以及相应的施工技术条例。委派专人负责记录混凝土运送到工地的时间和出机坍落度、浇筑时间和浇筑时的坍落度、浇筑时的气温与混凝土浇筑温度、施工缝的划分、混凝土浇筑高度的控制,以及混凝土的养护方式和养护过程,包括养护开始时间、混凝土养护中的表面温度与降温速率、拆模时间与拆模时气温,以及养护后对混凝土强度发展和防裂的防护措施等。对出现的裂缝,要记录裂缝出现的时间、部位、尺寸和处理等情况。

1.拱墙混凝土浇筑方法

墙拱混凝土施工采用泵送混凝土,浇筑前先在输送主管的端部安装三岔管和控制阀,然后接输送支管,分岔插入台车两侧中部起拱线附近的浇筑窗内,控制阀控制两侧边墙浇筑速度,使两侧混凝土高差不大于1.0m。混凝土至浇筑窗时,拆除三岔管,将输送主管固定在拱顶第一浇筑口上,前段拱顶灌完后再移动至第二浇筑口,保证混凝土的流动性和混凝土泵的压力,将拱部灌满。

用模板台车、混凝土泵施工的混凝土,在拱顶上方出现空洞是经常发生的,不但影响支护受力,而且影响电化接触网在拱顶预埋件的质量,采取的措施:改进操作方法,采用“封拱顶工艺”进行施工,预埋排气孔,确保气体排出畅通;采用先进的衬砌背后密实度检测仪,对已衬砌段进行检查,有空洞的及时处理,并反馈改进浇筑的操作方法;在衬砌顶部预埋钢管,进行衬砌背后充填注浆。

2.拱墙施工流程

拱墙施工流程如图5-65所示。

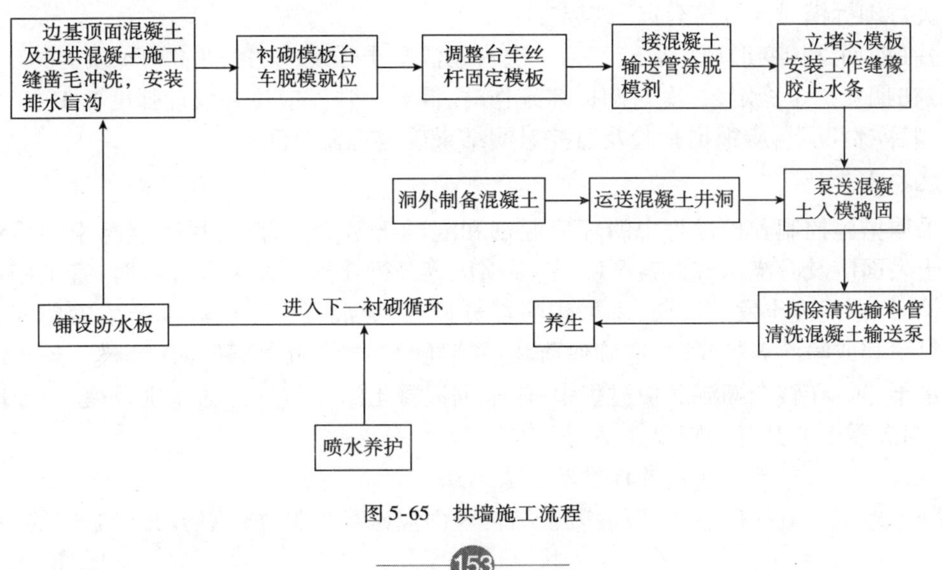

图5-65 拱墙施工流程

3. 混凝土浇筑与振捣

由于洞内狭小，混凝土的拌和多在洞外拌制好后，用运输工具运送到工作面灌注，因此要求尽快浇筑。使用输送泵浇筑混凝土前，应泵送与混凝土同强度等级的砂浆，以润滑管壁。一般 $1m^3$ 砂浆可润滑 300m 长的管道。采用高效减水剂时，混凝土运到场后应做坍落度检查，泵送混凝土一般以 15～18cm 为宜。

混凝土应对称、分层浇筑，分层捣固。振捣应采用插入式振动器，其振捣密实后的分层厚度，应根据拌制能力、运输条件、浇筑速度、振捣能力和结构要求等条件决定。

泵送混凝土要连续进行，如有中断，则中断不宜超过 20min。当允许间歇时间已超过时，应按浇筑中断处理，同时应留置施工缝，并作记录。施工缝的平面与结构的轴线相垂直。施工缝处应埋置适量的钢筋或型钢，并使其体积露出前层混凝土外一半左右。

4. 混凝土温度控制

混凝土的入模温度应视洞内温度而调整。冬期施工时，混凝土的入模温度不得低于 5℃；夏期施工时，混凝土的入模温度不宜高于洞内温度，且不宜超过 30℃。施工中应估计混凝土温度与拉应力变化，提出混凝土温度的控制值，并在施工养护过程中实际测定关键截面的中部点和距离表层约 5cm 深处的表层温度（包括仰拱和底板），实行严格的温度控制。

二次衬砌结构任一截面在任一时间内的内部最高温度与表层温度之差一般不应大于 20℃，新浇筑混凝土与上一区段二次衬砌混凝土或围岩之间的温差不应大于 20℃，洒于混凝土表面的养护水温度低于混凝土表面温度的差值不应大于 15℃，混凝土的降温速率最大不宜超过 3℃/d。拆模时混凝土芯部与表层、表层与环境之间的温差不得大于 20℃，结构内外侧表面温差不得大于 15℃。混凝土内部降温前不得拆模。

混凝土养护期间，混凝土内部温度不宜超过 60℃，最高不得大于 65℃，混凝土内部与表面温度之差、表面温度与环境温度之差不宜大于 20℃，养护用水与混凝土表面温度之差不得大于 15℃。

5. 二次衬砌拆模

二次衬砌拆模时间应符合以下规定：

(1) 在初期支护变形稳定后施工的二次衬砌混凝土强度应达到 8.0MPa 以上。

(2) 初期支护未稳定，二次衬砌提前施作时，混凝土强度应达到设计强度的 100% 以上。

(3) 特殊情况下，应根据试验及监控量测结果确定拆模时间。

6. 混凝土养护

应采取措施控制养护过程中的环境湿度和混凝土温度，以保证衬砌混凝土的质量。新浇混凝土表面应及时浇水或覆盖湿麻袋、湿棉毡等进行养护。在条件许可时，宜采用蓄水或洒水养护，但在混凝土发热阶段，宜采用喷雾养护，避免混凝土表面温度产生骤然变化。当采用塑料薄膜或喷涂养护膜时，应确保薄膜搭接处的密封。此外，还应保证模板连接缝处不至于失水干燥。在整个潮湿养护过程中，应根据混凝土温度与气温的差别及变化，及时采取措施，控制混凝土的升温和降温速率。

7. 二次衬砌混凝土外观质量标准及检查方法

混凝土外观质量的控制标准：混凝土结构表面应密实平整、颜色均匀，严禁露筋，不得有蜂窝、孔洞、疏松、麻面和缺棱掉角等缺陷。表面错台不应大于3mm，无渗漏水，达到一级防水要求，衬砌表面除施工缝外无裂缝，施工缝宽不得大于2mm。混凝土结构外形尺寸允许偏差和检验方法应符合表5-7的规定。

混凝土结构外形尺寸允许偏差和检验方法 表5-7

序号	项目	边墙	拱部	隧底	检验方法
1	平面位置	+10mm			尺量
2	垂直度	±0.2%			尺量
3	设计高程		+30mm 0	0 -10mm	水准测量
4	结构表面平整度	±10mm	±10mm		2m靠尺

8. 二次衬砌混凝土完工质量检测

对完成的隧道衬砌，应对衬砌混凝土进行无损检测，检查衬砌质量和封顶效果，进行信息反馈，及时进行补强，并分析原因，采取纠正和预防措施。

思考题

1. 简述公路隧道常用的施工方法。
2. 新奥法的基本原理是什么？简述新奥法的施工工艺流程。
3. 全断面法、台阶法、分部开挖法的优缺点及适用条件是什么？
4. 什么是光面爆破，什么是预裂爆破？各自的异同点是什么？
5. 隧道开挖中，常用的凿岩机具有哪些？如何选择类型？
6. 掏槽眼的作用是什么？布置方式有哪些？
7. 隧道内常用的装渣机有哪几种？
8. 山岭隧道施工的洞内运输有哪些方式？
9. 喷射混凝土施工流程是什么？
10. 喷射混凝土的施工工艺有哪几种？优先宜选用哪种施工工艺？
11. 在喷射混凝土施工中增设钢筋网的作用是什么？
12. 在隧道喷锚支护中钢架的作用是什么？其施工工序流程是什么？
13. 隧道施工中常用的超前支护措施有哪些？
14. 在永久性隧道中常用的支护衬砌形式有哪些？
15. 简述二次衬砌的施工工序？

第六章 隧道施工监控量测

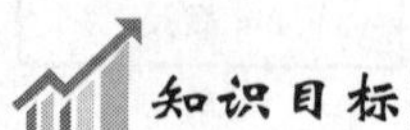

知识目标

熟悉隧道施工监控量测的内容，认识隧道施工监控量测的方法。

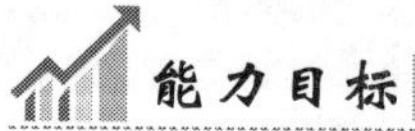

能力目标

能熟知隧道施工监控量测的一些基本仪器，掌握隧道现场监控量法的方法。

第一节 监控量测的目的与内容

监控量测是隧道施工的重要组成部分，是确保隧道施工安全的信息化手段，围岩监控量测对于指导现场施工是必不可少的。通过监控量测，掌握围岩和支护动态变位情况，及时提供围岩稳定程度和支护结构可靠性的安全信息，作为调整和修改支护设计的依据；对已开挖、支护段的力学状态进行评价，预见事故和险情，应及时采取必要补救措施，确保隧道安全、经济、快速地施工；确定二次衬砌的施作时间；对已有工程的量测结果可以应用到类似工程中，作为设计和施工的依据。

通常情况下，洞内外地质和支护状态观察、周边位移、拱顶下沉、锚杆抗拔力四项、地表下沉项为必测项目。它是用以判断围岩的变化情况，测定支护结构工作状态，经常进行的量测项目；也是为设计、施工中确保围岩稳定，并通过判断围岩的稳定性来指导设计，施工的经常性量测。这类测量方法比较简单，费用较少，可靠性较高，但对监视围岩稳定性、指导设计与施工却有直接意义。

其他项目为选测项目，是用以判断隧道围岩松动状态，锚喷支护效果和累计技术资料为目的的量测。选测项目是对一些有特殊意义和具有代表性的区段进行补充测试，以求更深入地掌握围岩的稳定状态与锚喷支护的效果，对于未开挖区的设计与施工具有指导意义。这类量测项目测试较为麻烦，量测项目较多，费用较大，一般只根据需要选择其中的部分项目进行测试。

一、监控量测的目的

1. 确保安全

保证隧道以及隧道邻近地表处结构物的安全，为此需要掌握围岩和支护状态，进行动态管理，根据量测信息反馈及预测预报，预见事故和险情，以便及时采取措施，防患于未然。

2. 指导施工

量测数据经过分析处理，预测和确认隧道围岩最终稳定时间，评价围岩、支护结构以及承重结构的受力性能；评价及确定不同地质条件下合理的开挖方法、支护结构形式，指导施工顺序和施作二次衬砌时间。

3. 修正设计

根据隧道开挖后所获得的量测信息，进行综合分析，与计算分析结果相比较，修正支护参数和检验施工与设计，修正及补充计算分析中采用的参数、计算模型及计算方法。

4. 积累资料

通过监控数据，反验预设计或动态设计水平，检查施工质量，总结经验，积累资料。已有工程的量测结果可以直接应用到后续同类围岩中，或间接地应用到其他类似工程中，作为设计和施工的参考资料。

总之，隧道监控量测的主要目的，是为了完善隧道设计，正确地指导施工，从而保证隧道工程的安全性和经济性。

二、量测的内容

在隧道施工技术规范中，对隧道现场监控量测项目及量测方法已有较为明确的规定。量测内容很多，可归纳如下：

1. 洞内观察

洞内观察包括对开挖后没有支护围岩的观测；对开挖后已支护地段围岩动态的观测；观察围岩破坏形态及校核围岩类别等。

2. 岩体力学参数测试

岩体力学参数测试包括测试岩石的抗压强度 R_b 和黏聚力 C；测试岩石的变形模量 E 和内摩擦角 φ；测试岩石的泊松比 μ。

3. 围岩应力应变测试

围岩应力应变测试包括岩体原始应力及围岩应力、应变量测；复合式衬砌支护结构应力、应变量测；围岩与支护界面之间接触压力量测。

4. 围岩压力测试

围岩压力测试包括支撑上的围岩压力测试；围岩与支护界面及各种支护之间接触压力测试；地下水的渗透压力（包括涌水量、水质）的测试。

5. 位移量测

位移量测包括围岩位移及地表沉降量测；净空变化、拱顶下沉量测；支护结构位移及变形量测。

6. 温度量测

温度量测包括围岩岩体温度测试；洞内气温、洞外气温量测。

7. 地球物理探测

地球物理探测包括弹性波法、声波法测试；电阻率法测试。

第二节 隧道内目测观察

在隧道工程中，开挖前的地质勘探工作很难提供非常准确的地质资料，所以在施工过程中，应对开挖工作面附近围岩性质、状态进行目测，并绘制地质素描和拍摄照片。对开挖后支护动态进行目测，在新奥法监控量测项目中占有很重要的地位。

一、观察目的

细致的目测观察，对监视围岩稳定性是既省事而作用又很大的监测方法，它可以获得与围岩稳定状态有关的直观信息，应当予以足够的重视，所以目测观察是新奥法监控量测中的必测项目。隧道目测观察的目的包括以下内容：

(1)预测开挖面前方的地质条件。

(2)为判断围岩、隧道的稳定性提供地质依据。

(3)根据喷层地面状态及锚杆的工作状态，分析支护结构的可靠程度。

(4)利用目测结果修正设计、指导施工。

二、目测观察内容

1. 开挖后围岩的目测

对开挖后没有支护的围岩进行目测，主要是了解开挖工作面的工程地质和水文地质条件。主要包括以下内容：

(1)岩石种类和产状。

(2)岩性特征：岩石的颜色、成分、结构、构造。

(3)地层时代及产状。

(4)节理性质、组数、间距、规模，节理裂隙的发育程度和方向性，断面状态特征，填充物的类型和产状等。

(5)断层的性质、产状，破碎带宽度、特征。

(6)地下水类型，涌水量大小、涌水位置、涌水压力、水的化学成分等。

(7)开挖工作面的稳定状态，顶板有无剥落现象。

对目测观察到的有关情况和现象，应详细记录并需绘制以下图册：

(1)绘制隧道开挖工作面及两侧素描剖面图，要求每个监测断面绘制剖面图1张。

(2)剖面图位置及间距。一般情况下，剖面图的间距应随岩性、构造、水文地质条件不同而异。剖面素描图间距：Ⅱ类围岩为10m、Ⅲ类围岩为20m、Ⅳ类围岩为40m、Ⅴ类围岩为50～100m。

(3)现场绘出草图，室内再绘成正规图件，装订成册。

2. 开挖后支护段的目测

开挖后支护段的目测内容包括：

(1)初期支护完成后，对喷层表面的观察以及裂缝状况的描述和记录。

(2)是否有锚杆被拉坏或垫板陷入围岩内部的现象。

(3)喷射混凝土是否产生裂隙或剥离,要特别注意喷射混凝土是否发生剪切破坏。

(4)是否有锚杆和喷射混凝土施工质量问题。

(5)钢拱架是否有被压曲现象。

(6)是否有底鼓现象。

观察中,如果发现异常现象,要详细记录发现时间、距开挖工作面的距离以及附近测点的量测数据。

3. 观测时间

隧道开挖工作面爆破后,立即进行观察,按要求及时记录和整理。

三、目测观察中围岩的破坏形态分析

1. 危险性不大的破坏

构筑仰拱后,在拱肩部出现的剪切破坏,一般都进展缓慢,危险性不大,特别是当拱肩部的剪切破坏面上有锚杆穿过时,因锚杆的抵抗作用,更不会发生急剧破坏。

2. 危险性较大的破坏

在没有构筑仰拱的情况下,当隧道净空围岩速率较大且位移变化量极大时,拱顶喷射混凝土因受弯曲压缩而产生的裂隙常常进展急剧,时常伴有混凝土碎片剥离,隧道内有异常响动,岩尘飞扬,漏水量突然加大等,是一种危险性较大的破坏。

3. 塌方征兆的破坏

拱顶喷射混凝土层出现对称的、可能向下滑落的剪切破坏现象时,或侧墙发生向内侧滑动的剪切破坏,并伴有底鼓现象时,这两种情况都会引起塌方事故。

四、目测观察成果应用

根据目测结果修正设计,并采取相应措施指导施工。

(1)开挖后目测地质情况与开挖前勘测结果有较大不同时,则应根据目测情况重新修改设计方案。变更后的围岩类别、地下水情况以及围岩稳定性状态等,由设计单位和监理确认,报主管部门审批后,对原设计进行修改,以便选择可行的施工方法,并合理地调整有关设计参数。

(2)当出现开挖工作面自稳时间少于1h的情况时,则可采取下列措施:

①采用拱部留核心土环开挖法,先使核心部残留、支护后再开挖核心部;

②采用分部开挖法;

③对开挖工作面施作喷射混凝土或锚杆防护后再开挖;

④用水平超前锚杆或玻璃纤维束锚杆对开挖工作面加固后再开挖;

⑤对围岩进行注浆加固后再开挖。

(3)开挖后没有支护前,发现顶板剥落现象时,可采取下列措施:

①开挖后尽快施作喷射混凝土层,缩短掘进进尺及作业时间;

②采用分部开挖法;

③增设钢拱架加强支护;

④对围岩进行注浆加固后再开挖。

(4)开挖工作面有涌水时，可根据涌水量大小，由小到大依次选取下列措施中的一项或多项：

①增加喷射混凝土中的速凝剂含量，加快凝结速度；

②张挂钢筋网改善喷射混凝土的附着条件；

③对岩面进行排水处理；

④打排水孔或设排水导坑；

⑤对围岩进行注浆堵水。

(5)发现有锚杆拉断或垫板陷入围岩壁面内的情况时，可采取下列措施：

①加密铺杆；

②加大锚杆长度；

③使用有弹簧垫圈的垫板；

④使用高强度锚杆。

(6)发现有喷射混凝土与岩面黏结不好的悬空现象时，可采取下列措施：

①开挖后尽早进行喷射混凝土作业；

②在喷射混凝土层中加设钢筋网；

③在喷射混凝土背后注浆；

④增设短锚杆。

(7)发现钢拱架有压曲现象时，可采取下列措施：

①适当放松钢拱架的连接螺栓；

②使用可缩性U形钢拱架；

③喷射混凝土层留出变形缝；

④加大锚杆长度；

⑤适当增加钢拱架的密度。

(8)发现喷射混凝土层有剪切破坏时，可采取下列措施：

①在喷射混凝土层增设钢筋网；

②施作喷射混凝土时留出伸缩缝；

③增加锚杆长度；

④使用钢拱架或U形可缩性钢拱架。

(9)发现有底鼓现象或侧墙有向内滑移现象时，可采取下列措施：

①在仰拱处打设锚杆；

②尽快先做喷射混凝土仰拱，使断面尽早闭合；

③原设计方案采用全断面开挖时，可用台阶法开挖；原设计方案采用长台阶开挖时，可缩短台阶长度或改用微台阶法开挖，以缩短支护结构形成闭合断面的时间。

上述根据目测结果修改设计的措施，可以根据破坏现象程度的不同，单独采用一项或同时采用多项措施。在确定采用某项措施时，有时还需参考其他量测结果，特别是参考净空位移量测结果进行综合分析后再做决定。新发现的破坏现象，必须排除因施工质量不符合要求所导致的结果，否则难以对破坏现象作出正确的判断。

第三节 量测仪器和方法

一、量测仪器

现场量测项目,有的可以直接量测,有的则需要通过物理量的转换量测。根据转换的物理效应不同,量测仪器可分为以下几种类型:

(1)机械式:如百分表、千分表、挠度计、水准仪(全站仪)塔尺、测力计等;

(2)电测式:电感器、电容器、振弦型、压电型等;

(3)光弹式:光弹应力计、光弹应变计等;

(4)物探式:弹性波法—地震波、超声波、红外线、形变电阻率法等。

二、量测方法

在工程实际中,常将以上量测内容按其重要性划分为必测项目和选测项目。我国交通运输部颁发的《公路隧道施工技术规范》(JTG F60—2009)对此作出了较为明确的规定,见表6-1。

(1)表6-1中的1~4项为必测项目;5~15项为选测项目,应根据围岩地质条件、地表沉降要求、隧道结构、隧道施工及环境条件等确定。另外,对于特殊地质条件,应提出特殊量测要求,如底鼓量测。

隧道现场监控量测项目及测量方法　　表6-1

序号	项目名称	方法和工具	布置	测试精度	量测频率			
					1~15d	16d~1个月	1~3个月	大于3个月
1	洞内、外观察	现场观测、地质罗盘等	开挖后和初期支护后进行	—	—			
2	周边位移	各种类型收敛计	每5~50m一个断面,每个断面2~3对测点	0.1m	1~2次/d	1次/2d	1~2次/周	1~3次/月
3	拱顶下沉	水准测量的方法,水准仪、钢尺等	每5~50m一个断面	0.1m	1~2次/d	1次/2d	1~2次/周	1~3次/月
4	地表下沉	水准测量的方法,水准仪、铟钢尺等	洞口段、浅埋段($h_0 \leqslant 2b$)	0.5mm	开挖面距量测断面前后<2b时,1~2次/d; 开挖面距量测断面前后<5b时,1次/2~3d; 开挖面距量测断面前后>5b时,1次/3~7d			
5	钢架内力及外力	支柱压力计或其他测力计	每个代表性地段1~2个断面,每个断面钢支撑内力3~7个测点,或外力1对测力点	0.1MPa	1~2次/d	1次/2d	1~2次/周	1~3次/月

续上表

序号	项目名称	方法和工具	布置	测试精度	量测频率			
					1~15d	16d~1个月	1~3个月	大于3个月
6	围岩体内位移（洞内设点）	洞内钻孔中安设单点、多点杆式或钢丝式位移计	每个代表性地段1~2个断面，每个断面3~7个钻孔	0.1mm	1~2次/d	1次/2d	1~2次/周	1~3次/月
7	围岩体内位移（地表设点）	地表钻孔中安设各类位移计	每个代表性地段1~2个断面，每个断面3~5个钻孔	0.1mm	同地表下沉要求			
8	围岩压力	各种类型岩土压力盒	每个代表性地段1~2个断面，每个断面3~7个测点	0.01MPa	1~2次/d	1次/2d	1~2次/周	1~3次/月
9	两层支护间压力	压力盒	每个代表性地段1~2个断面，每个断面3~7个测点	0.01MPa	1~2次/d	1次/2d	1~2次/周	1~3次/月
10	锚杆轴力	钢筋计、锚杆测力计	每个代表性地段1~2个断面，每个断面3~7锚杆（索），每根锚杆2~4测点	0.01MPa	1~2次/d	1次/2d	1~2次/周	1~3次/月
11	支护、衬砌内应力	各类混凝土内应变计及表面应力解除法	每个代表性地段1~2个断面，每个断面3~7个测点	0.01MPa	1~2次/d	1次/2d	1~2次/周	1~3次/月
12	围岩弹性波速度	各种声波仪及配套探头	在有代表性地段设置	—	—			
13	爆破震动	测振及配套传感器	邻近建（构）筑物	—	随爆破进行			
14	渗水压力、水流量	渗压计、流量计	—	0.01MPa	—			
15	地表下沉	水准测量的方法，水准仪、铟钢尺等	洞口段、浅埋段（$h_0>2b$）	0.5mm	开挖面距量测断面前后 $<2b$ 时，1~2次/d； 开挖面距量测断面前后 $<5b$ 时，1次/2~3d； 开挖面距量测断面前后 $>5b$ 时，1次/3~7d			

注：b-隧道开挖宽度；h_0-隧道埋深。

(2)隧道施工过程中应进行洞内、外观察,洞内观察分开挖工作面观察和已支护地段观察两部分。

①开挖工作面观察应在每次开挖后进行。及时绘制开挖工作面地质素描图,填写《开挖工作面地质状态记录表》和《施工阶段围岩级别判定卡》。对已支护地段的观察每天应进行一次,主要观察围岩、喷射混凝土、锚杆和钢架等的工作状态。观察中发现围岩条件恶化时,应立即上报设计、监理单位,采取相应处理措施。

②洞外观察重点应在洞口段、岩溶发育区段地表和洞身埋置深度较浅地段,其观察内容应包括地表开裂、地表沉陷、边坡及仰坡稳定状态、地表水渗透情况、地表植被变化等。

(3)周边位移、拱顶下沉和地表下沉等必测项目宜布置在同一断面,其量测面间距及测点数量应根据隧道埋深、围岩级别、断面大小、开挖方法、支护形式等确定。隧道开挖后,应及时进行围岩、初期支护的周边位移量测、拱顶下沉量测;当围岩差、断面大或地表沉降控制要求高时,宜进行围岩体内位移量测和其他量测。洞口段、浅埋段或地表有建(构)筑物,应进行地表沉降量测。

(4)量测部位和测点布置,应根据设计、地质条件、量测项目和施工方法等确定。地表下沉的量测尽量与洞内拱顶下沉量测、周边位移量测在同一横断面内,当地表有建(构)筑物时,应在建(构)筑物周围增设地表下沉测点。地表下沉量测应与洞内拱顶下沉和周边位移量测频率相同,并应符合下列规定:

①地表下沉监测范围横向应延伸至隧道中线两侧$(1\sim2)(b/2+h+h_0)$,纵向应在掌子面前后$(1\sim2)(h+h_0)$(b为隧道开挖宽度,h为隧道开挖高度,h_0为隧道埋深)。测点间距宜为2~5m,并应根据地质条件和环境条件进行调整。

②地表下沉监测应在隧道开挖前开始,到二次衬砌全部施工完毕,且下沉基本停止时为止。

(5)洞内必测项目,各测点应在不受到爆破影响的范围内尽快安设,并应在每次开挖后12h内取得初读数,最迟不得超过24h,并且在下一循环开挖前必须完成。选测项目测点埋设时间根据实际需要进行。测点应牢固、可靠、易于识别,应能真实地反应围岩、支护的动态变化信息。洞内必测项目各测点应埋入围岩中,深度不应小于0.2m,不应焊接在钢支撑上,外露部分应有保护装置。

(6)各项量测作业均应持续到变形基本稳定后15~20d结束。对于膨胀性和挤压性围岩,位移没有减小趋势时,应延长量测时间。

第四节 量测数据处理及应用

一、量测数据的处理目的

由于现场量测所得的原始数据,不可避免具有一定的离散性,其中包含着测量误差甚至测试错误。不经过整理和数学处理的量测数据一时难以直接利用。数据处理的目的包括:

(1)将同一量测断面的各种量测数据进行分析对比、相互印证,以确认量测结果的可靠性。

(2)探求围岩变形或支护系统的受力随时间变化规律、空间分布规律,判断围岩和支护系统稳定状态。

二、量测数据处理与应用

量测所得的信息目前可通过理论计算（反分析）和经验方法两种途径来实现反馈，用有限元、边界元和反分析技术结合的理论分析方法，计算结果可起到定性的作用。由于岩体结构的复杂性和多样性，在计算理论上作了近似和简化。另一方面理论计算的输入参数不易取得，理论计算分析还未达到定量标准。当前广泛采用经验方法来实现反馈，根据“经验”（包括调研及必要的理论分析）建立一套判断准则，然后根据量测结果（经过处理的）判断围岩稳定性及支护系统的可靠性，以便及时调整设计参数和进行施工决策。

（一）量测数据的处理

（1）隧道现场监控量测应成立专门量测小组，负责日常量测、数据处理和仪器保养维修工作，并及时将量测信息反馈给施工部门和设计单位。测点埋设宜在施工部门配合下，由量测小组完成。各预埋测点应牢固可靠，不得任意撤换和破坏。

（2）现场监控量测应按量测方案认真组织实施，并与其他施工环节紧密配合，不得中断工作。

（3）量测数据整理、分析与反馈应符合下列规定：

①对初期的时态曲线应进行回归分析，预测可能出现的最大值和变化速度，掌握位移变化的规律。

②数据异常时，应及时分析原因，提出对策和建议，并及时反馈给有关单位。

（4）围岩稳定性的综合判别，应根据量测结果，按下列指标判定：

①实测位移值不应大于隧道的极限位移，并按表6-2位移管理等级施工。一般情况下，宜将隧道设计的预留变形量作为极限位移，而设计变形量应根据监测结果不断修正。

位移管理等级 表6-2

管理等级	管理位移（mm）	施工状态
Ⅲ	$U<(U_0/3)$	可正常施工
Ⅱ	$(U_0/3)\leqslant U\leqslant(2U_0/3)$	应加强支护
Ⅰ	$U>(2U_0/3)$	应采取特殊措施

注：U-实测位移值；U_0-设计极限位移值。

②根据位移速率判断：速率大于1mm/d时，围岩处于急剧变形状态，应加强初期支护；速率变化在0.2～1.0mm/d时，应加强观测，做好加固的准备；速率小于0.2mm/d时，围岩达到基本稳定。在高地应力、岩溶地层和挤压地层等不良地质中，应根据具体情况制定判断标准。

③根据位移速率变化趋势判断：当围岩位移速率不断下降时，围岩处于稳定状态；当围岩位移速率变化保持不变时，围岩尚不稳定，应加强支护；当围岩位移速率变化上升时，围岩处于危险状态，必须立即停止掘进，采取应急措施。

④初期支护承受的应力、应变、压力实测值与允许值之比大于或等于0.8时，围岩不稳定，应加强初期支护；初期支护承受的应力、应变、压力实测值与允许值之比小于0.8时，围岩处于稳定状态。

(5)竣工文件中应包括下列量测资料:

①现场监控量测计划。

②实际测点布置图。

③围岩和支护的位移—时间曲线图、空间关系曲线图,以及量测记录汇总表。

④量测变更设计和改变施工方法地段的信息反馈记录。

⑤现场监控量测说明。

(6)已竣工并交付运营的隧道,经批准后应进行长期运营量测时,运营量测点应在施工期间埋设并移交运营管理单位。运营量测由运营管理单位设专人进行,或委托第三方进行。

(二)量测数据的应用

1.周边位移分析与反馈

周边位移是围岩动态的最显著表现,所以隧道工程现场量测主要以围岩周边位移作为围岩稳定性评价及围岩稳定状态判断的指标。一般而言,坑道开挖后,若围岩位移量小,持续时间短,其稳定性就好;若位移量大,持续时间长,其稳定性就差。

以围岩位移作为指标来判断其稳定状态,则有赖于对实际工程经验的总结和对位移量测数据的分析。

(1)判断标准。用围岩的位移来判断其稳定状态,关键是要确定一个"判断标准"(或称为"收敛标准"),即判断围岩稳定与否的界限。它包括3个方面:位移量(绝对或相对)、位移速率、位移加速度。

(2)根据以上判断标准,如果围岩位移速度不超过允许值,且不出现蠕变趋势,则可以认为围岩是稳定的,初期支护是成功的。若围岩表现出稳定性较好,则可以考虑适当加大循环进尺。如果位移值超过允许值不多,且初期支护中的喷射混凝土未出现明显开裂,一般可不予补强。如果位移与上述情况相反,则应采取处理措施,如在支护参数方面,可以增强锚杆,加钢筋网喷混凝土、加钢支撑、增设临时仰拱等;施工措施方面,可以缩短从开挖到支护的时间,提前打锚杆,提前设仰拱,缩短开挖台阶长度和台阶数,增设超前支护等。

(3)二次衬砌(内层衬砌)的施作时间。按新奥法施工原则,当围岩或围岩加初期支护基本达成稳定后,就可以施作二次衬砌。应当特别指出的是,在流变性和膨胀性强烈的地层中,单靠初期支护不能使围岩位移收敛时,就宜于在位移收敛以前,施作模筑混凝土二次衬砌,做到有效地约束围岩位移。

2.围岩内位移及松动区分析与反馈

与净空位移同理,如果实测围岩的松动区超过了允许的最大松动区(该允许松动区半径与允许位移量相对应),则表明围岩已出现松动破坏,此时必须加强支护或调整施工措施以控制松动范围。如加强锚杆(加长、加密或加粗)等,一般要求锚杆长度大于松动区范围。

如果与以上情形相反,甚至锚杆后段的拉应力很小或出现压应力时,则可适当缩短锚杆长度、缩小锚杆直径或减小锚杆数量等。

3. 锚杆轴力分析与反馈

锚杆轴力是检验锚杆效果与锚杆强度的依据，根据锚杆极限强度与锚杆应力的比值 K（安全系数）就能作出判断。锚杆轴应力越大，则 K 值越小。一般认为锚杆局部段的 K 值稍小于 1 是允许的，因为钢材有一定的延展性。根据实际调查发现锚杆轴应力在洞室断面各部位是不同的，表现为：

(1)同一断面内，锚杆轴应力最大者多数在拱部 45°附近到起拱线之间。

(2)拱顶锚杆，不管净空位移值大小如何，出现压应力的情况是较多的。

(3)锚杆轴应力超过屈服强度时，净空变位值一般超过 50mm。

锚杆的局部段 K 值稍小于 1 的允许程度应该是不超过锚杆的屈服强度。若锚杆轴应力超过屈服强度时，则应优先考虑改变锚杆材料，采用高强钢材。当然，增加锚杆数量或锚杆直径也可获得降低锚杆轴应力的效果。

4. 围岩压力分析与反馈

由围岩压力分布曲线可知围岩压力的大小及分布状况。围岩压力的大小与围岩位移量及支护刚度密切相关。围岩压力大，即作用于初期支护的压力大。这可能有 3 种情况：一是围岩压力大但变形量小，这表明支护时机，尤其是支护的封底时间可能过早或支护刚度太大，可作适当调整，让围岩释放较多的应力；二是围岩压力大且变形量也很大，此时应加强支护，限制围岩变形，控制围岩压力的增长；三是当测得的围岩压力很小但变形量很大时，则应考虑可能会出现围岩失稳。

5. 喷层应力分析与反馈

喷层应力是指切向应力，因为喷层的径向应力总是不大的。喷层应力与围岩压力及位移有密切关系。喷层应力大的原因有两个方面：一是围岩压力和位移大；二是支护不足。在实际工程中，一般允许喷层有少量局部裂纹，但不能有明显的裂损，或剥落、起鼓等。如果喷层应力过大，或出现明显裂损，则应适当增加初始喷层厚度。如果喷层厚度已较厚时，则不应再增加喷层厚度，而应增强锚杆或调整施工措施、改变封底时间等。

6. 地表下沉分析与反馈

对于浅埋隧道，可能由于隧道的开挖而引起上覆岩体的下沉，致使地面建筑的破坏和地面环境的改变。因此，地表下沉的量测监控对于地面有建筑物的浅埋隧道和城市地下通道尤为重要。如果量测结果表明地表下沉量不大，能满足限制性要求，则说明支护参数和施工措施是适当的；如果地表下沉量大或出现增加的趋势，则应加强支护和调整施工措施，如适当加喷混凝土、增设锚杆、加钢筋网、加钢支撑、超前支护等，或缩短开挖循环进尺、提前封闭仰拱，甚至预注浆加固围岩等。

另外，还应注意对浅埋隧道的横向地表位移观测，横向地表位移带发生在浅埋偏压隧道工程中，其处理较为复杂，应加强治理偏压的对策研究。

7. 声波速度分析与反馈

围岩声波速度量测得 V_p-l 关系曲线，既可以反映围岩动态变化和物理力学特征，还可以确定围岩松动区的范围。量测数据分析时，应将声波速度量测数据分析结果与围岩内位移量测数据分析结果相互对照、相互验证、综合分析和判断围岩的松弛情况，并反馈于修正支护设计参数和指导调整施工措施。

思考题

1. 为什么要进行隧道的监控量测？其目的是什么？

2. 隧道监控量测的方法有哪些？哪些是必测项目？哪些是选测项目？它们各有什么区别？

第七章 掘进机与盾构机

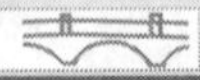

知识目标

熟悉掘进机和盾构机的施工特点和各自的适用范围。熟悉掘进机和盾构机的类型;认识开敞式掘进机和盾构机的基本构造,熟悉掘进机法和盾构机法的施工工艺、流程和技术要求。

能力目标

能区分掘进机和盾构机的各自适用范围,掌握掘进机和盾构机的基本构造,掌握掘进机和盾构机的施工过程,能够合理处理施工中的关键技术。

第一节 全断面岩石隧道掘进机

掘进机法是利用岩石隧道掘进机在岩石地层挖掘隧道的一种施工方法。隧道掘进机是一种集掘进、出渣、支护和通风、防尘等多功能为一体的高效隧道施工机械。全断面隧道掘进机的英文名称是 Full Rock Tunnel Boring Machine,简称掘进机(TBM)。

掘进机问世于 1952 年,由美国 Robbins 公司生产,发展至今,技术上已经很成熟。根据工程对象的变化,其类型也呈现出系列化和多样化的特点。实践证明:当隧道长度与直径之比大于 600 时,采用掘进机进行隧道施工比较经济。国外 3km 以上的隧道,使用掘进机开挖已相当普遍。掘进机直径随工程对象的需要而变化,一般来说,水工隧洞直径为 3 ~ 10m;铁路隧道直径为 6 ~ 10m;公路隧道,一般断面较大,采用的施工方法有两种,一种是采用直径 8 ~ 12m的掘进机一次成洞,另一种是采用小直径的掘进机进行导洞施工,然后进行钻爆法扩挖成形。截至 21 世纪初,国外采用掘进机施工的隧道长度达 4 000km 以上,掘进机施工技术已逐渐成为一种成熟并具高竞争力的隧道施工技术。

一、掘进机施工特点

在隧道施工技术中,目前广泛应用钻爆法和掘进机法。在钻爆法施工中,由于采用新奥法支护技术、喷锚支护技术、控制爆破技术、监控量测技术,使全断面、大断面掘进方法得到安全、快速发展,从而促进钻爆法施工机械向着大型化、高效率方向发展。钻爆法开挖虽然有喷锚网支护作安全保证,但由于工序多,造成支护作业条件差,衬砌工序与装运作业、通风作业干扰大，文明施工条件差。但钻爆法适应性强、机动灵活、造价低，因此在隧道施工中，90%左右的隧道仍采用钻爆法。与钻爆法相比，掘进机施工具有以下特点。

（一）掘进机施工的优点

掘进机是山岭隧道高度机械化的开挖设备。与钻爆法相比，掘进机法虽然投资成本高，但具有施工快速、优质、安全、经济、环保等突出优点。

1. 快速

掘进机掘进效率高。其掘进速度为常规钻爆法的3～5倍。掘进机开挖时，可实现连续作业，从而可保证破岩、出渣、支护流水化作业，而钻爆法施工，钻眼、爆破、通风、出渣等作业是间断性的，因而开挖速度慢、效率低。

2. 优质

掘进机开挖施工质量好。采用掘进机开挖的隧道内壁光滑，从而可以减少支护工程量，降低工程费用，而钻爆法开挖的隧道内壁粗糙、凹凸不平，且超欠挖量大，衬砌时处理困难，支护费用高。掘进机开挖隧道的洞壁粗糙率一般为0.019，比钻爆法光面爆破的粗糙率还小17%。掘进机开挖洞径尺寸精确、误差小，可控制在±2cm范围内。

3. 安全

对岩石的扰动小。影响范围一般小于50cm，可大大改善开挖面的施工条件，且周围岩层稳定性较好，从而得到安全的边界环境。掘进机自身带有局部护盾或整体护盾，有利于施工人员的安全。同时，机器上配置一系列的支护设备，在不良地质处可及时支护，确保施工安全。自动化程度高，并配置电视监控和通信系统，作业人员少，便于安全管理。

4. 环保

开挖时采用机械进行破岩，无钻爆法用的炸药等化学物质爆炸及污染，人员劳动强度低、数量少，作业环境好，有利于作业人员的健康。另外，掘进机采用了计算机控制、传感器、激光导向、测量、超前地质探测、通信技术，是集机、光、电、气、液、传感、信息技术于一体的隧道施工成套设备，具有自动化程度高的优点。掘进机具有施工数据采集功能、姿态管理功能、施工数据管理功能、施工数据实时远传功能，实现了信息化施工。

（二）掘进机施工的局限性

掘进机施工法与钻爆法相比，目前掘进机尚具有如下局限性：

（1）掘进机的经济性问题。由于掘进机结构复杂，对零部件的耐久性要求较高，因而制造成本较高，前期一次性投资成本费用较高，工程建设投资高。

（2）设计制造周期长。根据目前市场情况，采购周期一般需要12～15个月，主要是关键部件，如主轴承、大排量液压泵，目前只有少数生产厂商生产。

（3）掘进机针对性强，对多变的地质条件（如断层、破碎带、溶洞、挤压带、涌水及坚硬岩石等）的适应性较差。不同地质条件需要不同种类的掘进机及相应的配置，因此其适应性没有钻爆法灵活。

（4）开挖断面只限于圆形，每台掘进机只能用于一种开挖断面。

（5）要求施工人员的技术水平和管理水平高，施工短隧道时不能发挥其优越性。

（6）运输困难，对施工场地有特殊要求。

（三）掘进机与盾构机的区别

全断面岩石掘进机主要是通过盘形滚刀破碎岩石，用于岩石隧道开挖，主要采用皮带机出渣。盾构机主要用于软岩隧道开挖，盾构机在刀盘上除切刀外还布置一定数量的滚刀，以适应遇到的短距离岩石段。盾构机采用螺旋输送机或泥浆管路出渣。

（四）掘进机的适用范围

掘进机和辅助施工技术日臻完善以及现代高科技成果的应用（液压新技术、电子技术和材料科学技术等），大大提高了岩石掘进机对各种复杂地质条件的适应性。掘进机的适用范围，如果简单地从开挖可能性上看是不全面的，必须根据岩石的抗压强度，裂隙、节理发育状态，涌水状态等地层岩性条件的实际状况，机械构造，以及隧道的断面、长度、埋深、选址条件等进行判断，综合考虑。

(1)采用掘进机施工时，应明确地质条件及必要的预处理措施。隧道长度6～7km以上，围岩的单轴抗压强度在50～200MPa之间。从地层岩性条件来看，掘进机一般只适用于圆形断面隧道，隧道开挖直径在3.0～12m之间，一次性连续开挖隧道长度不宜短于6km，6～15km比较经济。隧道施工太短，掘进机的折旧费用和待机准备时间占工程的总费用和时间的比例必然增加。如果一次性连续开挖施工的隧道太长，掘进机维修及辅助工序时间长，自然要增加费用和延长施工时间。掘进机适用于中硬岩层。需注意的是，岩层的地质情况对掘进机进尺影响很大。在良好岩层中，月进尺可达500～600m，而在破碎岩层中，月进尺只有100m左右。在塌陷、涌水、暗河、溶洞地段甚至要通过安全停机处理故障后才能掘进，鉴于掘进机对不良地质条件十分敏感，选用掘进机开挖施工隧道时应尽量避免复杂地层，或增加较多的辅助设备，才能处理不良地质段，但增加辅助设备会增加设备的成本。

(2)从机械条件看适用范围，合理选型及完善后配套系统。

掘进机的适用性还受机械条件的限制，如使用刀盘旋转掘削时有开挖直径的问题。直径加大，会产生因切削刀盘周边的线速度加大而影响开挖，以及没有完善的承受巨大推力的轴承等问题。挖掘机械是采用压碎方式，还是切削方式，实际应用的适用范围也有差别。

(3)对作业场地和运输方案有特殊要求。掘进机属大型专用设备，全套设备重达几千吨，最大部件的质量达上百吨，拼装长度最长达200多米。同时，洞外配套设施多，主要有混凝土搅拌系统，管片预制厂，修理车间，配件库，材料库，供水，供电，供风系统，装卸调运系统，进场场区道路，掘进机组装场地等。这些对隧道的施工场地和运输方案等都提出了很高的要求，有些隧道虽然长度和地质条件较适合掘进机施工，但运输道路难以满足要求，或者现场不具备布置掘进机施工场地的条件。

当掘进机开挖直径过大时，会带来运输困难、造价昂贵、电能不足等一系列问题，因此可采用小直径掘进机先行，后部钻爆法扩大到设计断面的混合施工法。由于掘进机开挖小直径的洞室，形成临空面，使钻爆法开挖速度提高2～3倍。

(4)要考虑企业自身的实际能力，如制造维修能力，经济能力，施工队伍的技术、管理水平以及传统的施工习惯等。

二、掘进机的类型

根据掘进机的结构形式，可将其分为开敞式掘进机、单护盾式掘进机、双护盾式掘进机。

1. 开敞式掘进机

开敞式掘进机利用支撑机构撑紧洞壁,以承受向前推进的反作用力和扭矩的全断面岩石掘进机,见图7-1。典型机型有德国Wirth公司生产的双排支撑靴结构方式和美国Robbins公司生产的单排支撑靴结构方式两种。

图7-1 开敞式掘进机

开敞式掘进机适用于岩石不易坍塌和地层比较稳定的软硬岩隧道。在较为破碎的地层中掘进时,需要在刀盘护盾后及时进行喷网支护。由掘进机刀盘后的指形条格栅板支撑,在安装有喷网格栅拱架的保护下进行,必要时贴近指形条格栅板支撑下部安装钢拱架,指形条格栅板支撑随掘进机推进前移后,即进行喷射混凝土初期支护。

开敞式掘进机掘进隧道的最终支护方式是模筑混凝土,或钢纤维喷射混凝土。

2. 单护盾式掘进机

与开敞式掘进机不同的是,单护盾式掘进机配置有完整的圆形护盾,推进则依靠推进缸支撑在安装好的管片获得支反力,见图7-2。单护盾式掘进机由于掘进和安装管片不能同时进行,进度较慢。单护盾式掘进机适用于中等长度隧道。

与开敞式掘进机相比,单护盾掘进机最终衬砌方式为管片。

图7-2 单护盾式掘进机结构示意图
1-刀盘;2-皮带输送机;3-推进油缸;4-管片安装机

3. 双护盾式掘进机

双护盾式掘进机配置有前后护盾,在前后护盾之间有伸缩护盾,后护盾配置有一套支撑靴,如图7-3所示。在地质条件良好时,双护盾式掘进机掘进和安装管片可同时进行,有较快的进度。在地质条件较差时,双护盾式掘进机采用单护盾模式推进。

与开敞式掘进机相比,双护盾式掘进机必须采用管片衬砌,但由于管片造价比模筑混凝土衬砌高,导致工程造价增加。双护盾盾体长度:直径 $d \geqslant 1 \sim 3\text{m}$,调方向困难,常因不能及时支护而被卡死,发生塌方;管片不能承受过高水压力,对岩层多变、水压过大、埋深变化的山岭隧道不宜用管片衬砌；机型造价高，管片衬砌费用又高于复合式衬砌2倍以上，寿命也不能保证百年。工程实践证明，隧道施工不宜采用单护盾、双护盾掘进机。

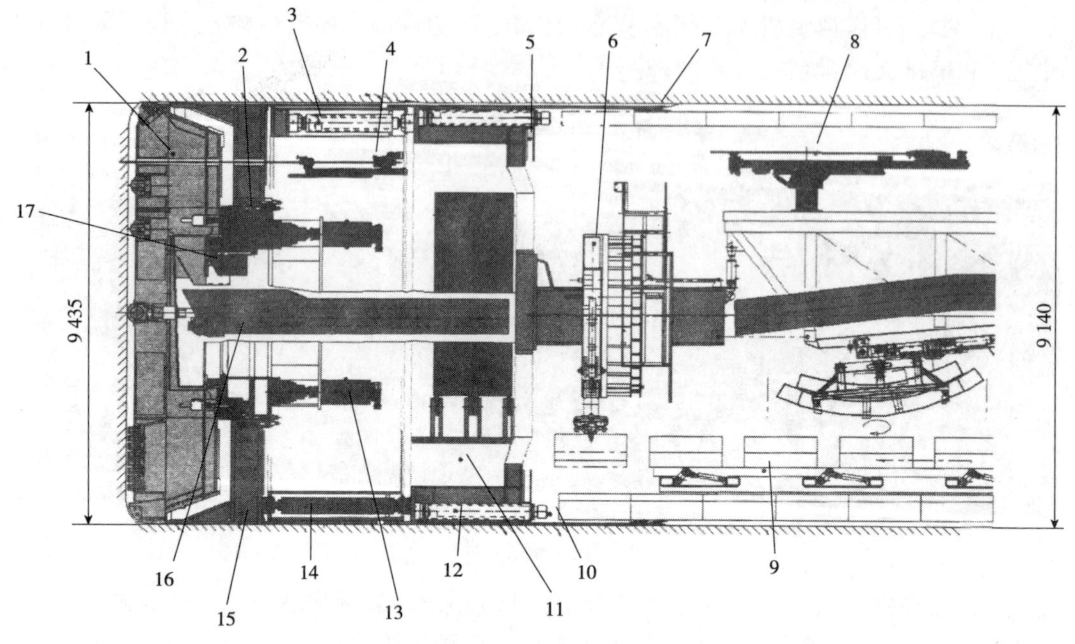

图 7-3　双护盾式掘进机结构示意图（尺寸单位：mm）

1-刀盘；2-主轴承；3-伸缩护盾油缸；4-岩芯钻机；5-刻度盘；6-安装器；7-尾盾；8-超前钻机；9-喂片器；10-顶靴；11-支撑护盾；12-辅助推力油缸；13-刀盘驱动；14-推力油缸；15-前护盾；16-1 号输送机；17-接渣斗

三、开敞式掘进机基本构造

（一）主机

1. 掘进机基本构造

目前世界上生产的开敞式掘进机基本有两种形式，单支撑掘进机和双支撑掘进机。单水平支撑掘进机如图 7-4 所示，它的主梁和大刀盘支架是掘进机的构架，为所有其他构件提供安装支点。大刀盘支架的前部安装主轴承和大内齿圈，它的四周安装了刀盘护盾，利用可调式顶盾、侧盾和下支撑保持与开挖洞面的浮动支撑，从而保证了大刀盘的稳定。主梁上安装推力千斤顶和支撑系统。由于采用了一对水平支撑，因此它在掘进过程中，方向的调整可随时进行，掘进的轨迹是曲线。单支撑式掘进机主轴承多为三轴承组合，驱动装置直接安装在刀盘的后部，故机头较重，刀盘护盾较长。

双水平支撑掘进机如图 7-5 所示。在主机架中间有两对水平支撑，它可以沿着镶有铜滑板的主机架前后移动。主机架的前端与大刀盘、轴承、大内齿圈相连接，后端与后下支撑连接，推进千斤顶借助水平支撑推动主机架及大刀盘向前，布置在水平支撑后部的驱动装置通过传动轴将扭矩传到大刀盘。在掘进中由两对水平支撑紧洞壁，因此掘进方向经定位，只能沿着直线掘进，只有在重新定位时，才能调整方向，所以掘进机轴线是折线，德国维尔特公司制造的掘进机属此类型。

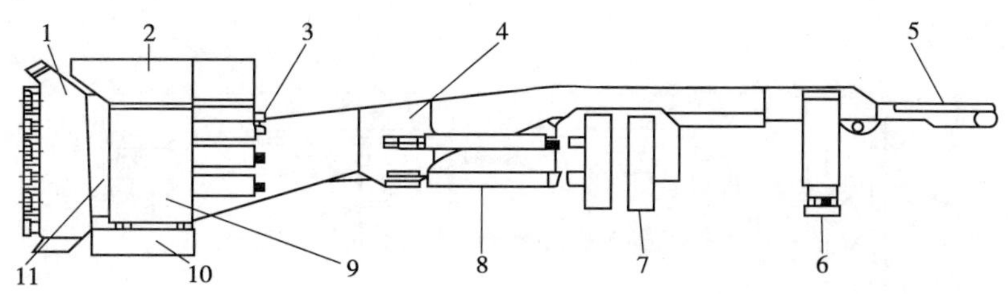

图 7-4　单水平支撑掘进机示意图

1-刀盘;2-拱顶护盾;3-驱动组件;4-主梁;5-出渣输送机;6-后下支撑;7-撑靴;8-推进千斤顶;9-侧护盾;10-下支撑;11-刀盘支撑

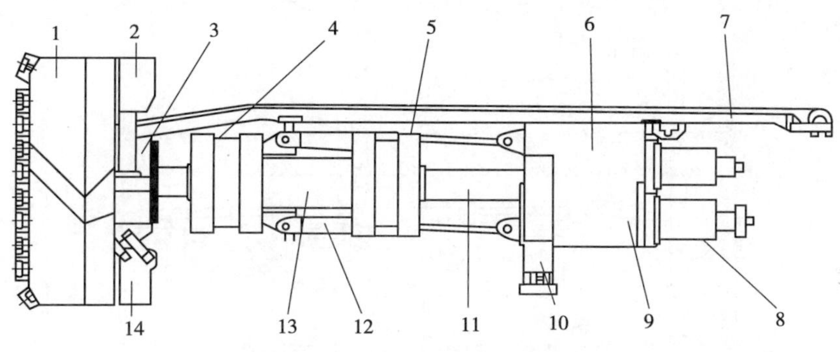

图 7-5　双水平支撑掘进机示意图

1-刀盘;2-顶护盾;3-轴承外壳;4、5-水平支撑(前、后);6-齿轮箱;7-出渣输送机;8-驱动电机;9-星形变速箱;10-后下支撑;11-扭矩筒;12-推进千斤顶;13-主机架;14-仰拱刮板(前下支撑)

开敞式掘进机结合工程实践中取得的丰富经验,仍在不断改进和发展,例如,双水平支撑,有的改为 X 形支撑,也有将大刀盘三轴组合形成前后弧组轴承的简支型。

2. 开敞式掘进机的掘进作业循环过程

图 7-6 是开敞式掘进机掘进作业循环过程的示意图,从图中可看出:

(1)掘进循环开始时,水平支撑已移动到主机架的前端,将撑靴撑紧在洞壁上。仰拱刮板与仰拱处的岩面轻微接触,收回后下支撑,此时大刀盘可以转动,推进千斤顶将转动的大刀盘向前推进一个行程,即掘进状态。

(2)在向前推进到达推进千斤顶行程终点处,结束开挖,大刀盘停止转动,放下后下支撑,同时仰拱刮板支撑大刀盘,此时整个机器的质量全部由前、后支撑支撑。

(3)收回两对水平支撑靴,移动水平支撑到主机架的前端。掘进机掘进方向的调整可以通过后下支撑进行水平、垂直的调整,达到调整目标。

(4)当水平支撑移到前端限位后,又重新撑紧在洞壁上。此时收回后下支撑,仰拱刮板与仰拱又转换成浮动接触状态。此时掘进机处于准备进行下一个掘进循环的状态。

3. 刀盘

刀盘(图 7-7)是钢结构焊接件,其前端是加强了的双层壁,通过溜渣槽与后隔板相连接,刀盘后隔板是用螺栓与刀盘轴承连接。刀盘装有若干个盘形滚刀用于挤压切削岩石,同时在前端还装有径向带齿的石渣铲斗用于软岩开挖。刀座是刀盘的一部分,做成凹形,使盘形刀刀圈凸出刀盘。这样可以防止破碎围岩中大块岩石阻塞刀盘。大刀盘具有足够的强度和刚度,使施加在刀盘上的推力平均分配到全部盘形滚刀上,使它们能同时压挤入岩石至同一

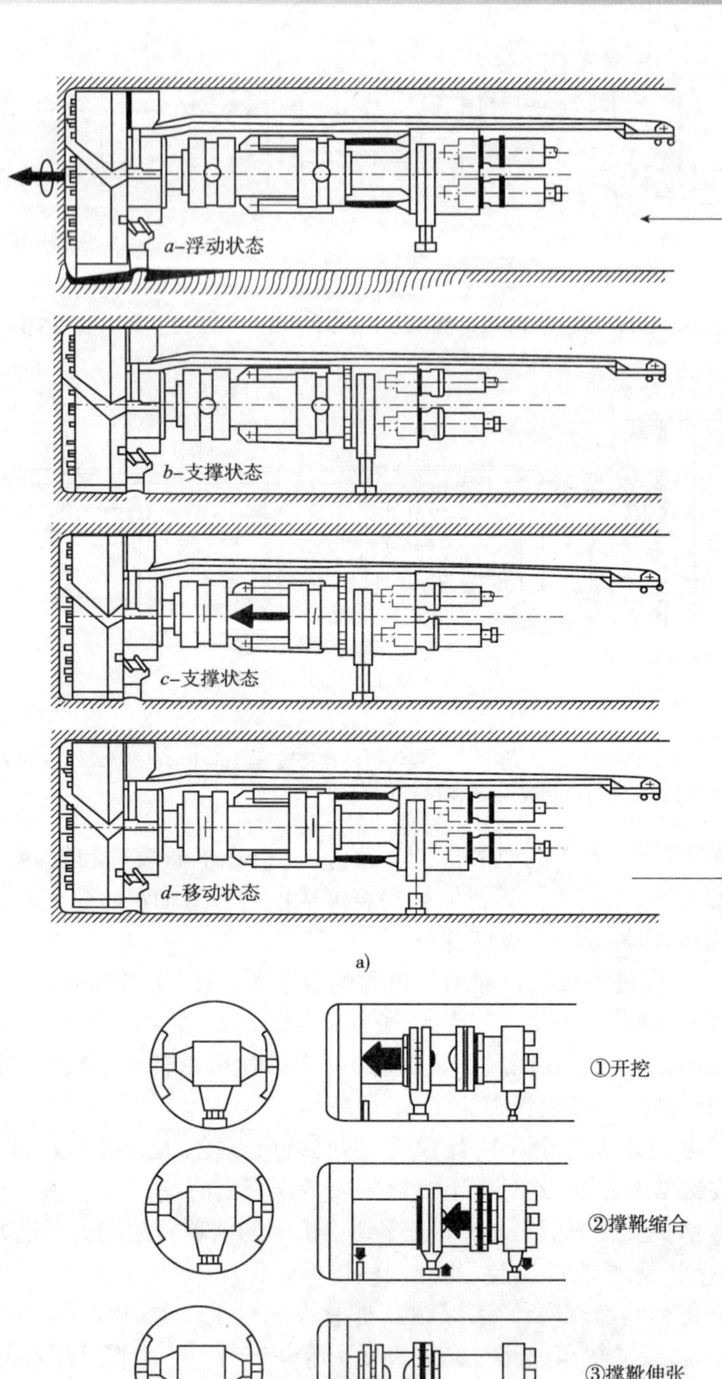

图 7-6　开敞式掘进机掘进作业循环过程

a) 单下支撑；b) 双下支撑

深度,并使掘进机处于高效率运转状态下,否则不仅不能完成良好的切削,也会由于个别盘形刀受到超载的推力而过早损坏,使刀具费用急剧增加。

刀盘上盘形刀的平面布置,是根据使用盘形刀的类型和合理刀间距来考虑的,一般而言,在硬岩中刀间距是贯入度(即大盘每转动一圈,盘形刀切入岩石的深度)的 10 ~ 20 倍。开挖下来的石渣利用刀盘圆周上的若干铲斗和刮渣器以及刀盘正面上径向渣口,经刀盘内部的导引板将石渣通过漏斗传送到主机胶带输送机上。

4. 支撑和推进系统

支撑系统是掘进机的固定部分。当掘进时,它支撑着掘进机的重量并将开挖推力和扭矩传递给岩壁形成反力。不同结构形式的掘进机,支撑系统对掘进方向的控制不同。双水平支撑的敞开式掘进机在换步时利用后下支撑来调整机器的方位,一经确定,刀盘只能按预定方向掘进(图 7-8)。

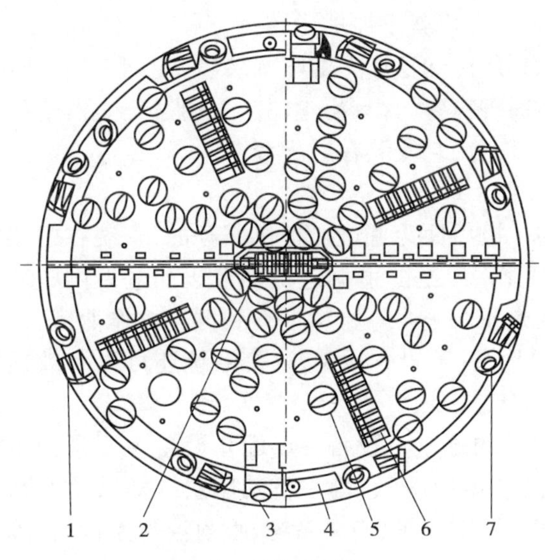

图 7-7 刀盘示意图

1-铲斗;2-中心刀;3-扩孔边刀;4-扩孔刮渣器;5-面刀;6-铲齿;7-边刀

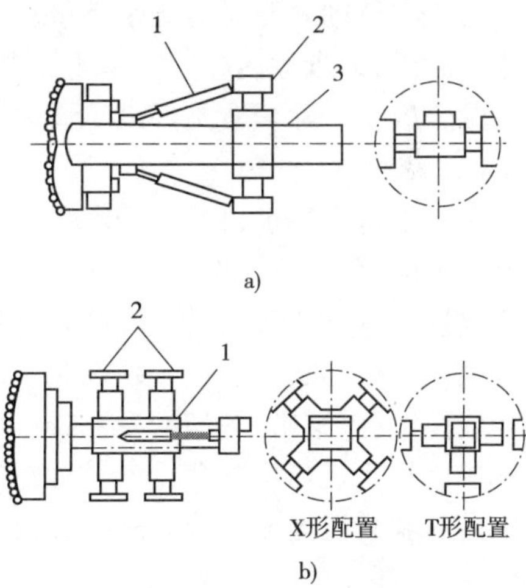

图 7-8 开敞式 TBM 的撑靴形式

a)单撑靴型;b)双撑靴型

1-推力千斤顶;2-撑靴;3-主梁

一般掘进机能提供的支撑反力应是大刀盘额定推力的 3 倍左右,足够大的支撑反力是保证在强大推力下掘进时,刀盘有足够的稳定和正确的导向,并有利于刀具减少磨耗。开挖刀盘推进力是按照每把盘形刀所能承受的推力和盘刀数量来决定的,目前较为成熟的 17 英寸盘形刀,可承受的推力为 250kN。

5. 刀盘驱动系统

刀盘驱动方式有两大类:电动和液压。电动又分单速电机、双速电机和调频电机。

掘进机贯入度指标,在很大程度上取决于刀盘的转速和推力。采用无级调速确定刀盘的转速就可以根据岩石的变化而产生最大的适应性,有效地控制刀盘负荷和振动,提供瞬时贯入度,减少刀具的磨耗。无级调速可以通过液压传动和变频调速两种方式达到。利用变频技术可采用标准工业电机,它具有较高的惯性,当 0 ~ 50Hz 时可以达到全扭矩,启动扭矩瞬时可以达到额定扭矩的 170%,启动电流小、效率高,但它要求工作环境严格。液压驱动方式技术上成熟，启动扭矩大，但效率低（70%左右），维修相对比电机繁杂。

双速电机通过变换极对数达到两挡变速，它体积较大，启动电流大，但结构简单，可靠性高。

目前大刀盘的转速控制其边刀线速度一般不超过2.5m/s，这主要是受盘形刀材料及岩石破碎速度影响而决定的。例如，西安至安康铁路秦岭隧道使用德国维尔特公司生产的TB850/1000E开敞式掘进机，大刀盘直径为8.8m，其转速为5.4rad/min（低速为2.7rad/min）。

6. 出渣和除尘

沿着刀盘周围布置的刮板和铲斗，把切削下来的石渣从开挖断面的底部铲起，并在刀盘转动中随刀盘送到顶部，然后沿着刀盘内渣槽落到输送机上方的渣斗内，再通过胶带输送机送到后配套上的矿车中，掘进机只要开动，胶带输送机就不停地运转。

刀盘在切削岩石时会产生大量粉尘，因此利用冷却盘形刀的喷水装置，起到一定的除尘作用。此外，刀盘的内腔室与集尘器风管相连通，使这里含有粉尘的空气通过集尘器达到最好的除尘效果。除尘器是掘进机通风系统的一部分，它安装在后配套上。

（二）后配套系统

全断面隧道掘进机的后配套系统，是由在主机后面为掘进机提供服务的、安装在门架式平台车上的、各种设备组成的综合系统。后配套系统是隧道掘进机的液压和电力供应装置的存放场所，可以将衬砌管片、注浆材料、泥浆或膨润土浆等材料运送到掘进机作业区，还布置有延伸电缆、风管、轨道安装设备和操作空间。对于岩石地层，这个系统还可以有效地运送和施作锚杆、钢拱、钢丝网及混凝土层的喷射等。

掘进机主机与后配套设备，组成了一个完整的掘进机设备。后配套设备主要是为主机提供设备和石渣运输系统。后配套设备包括液压传动站（它为主机液压系统提供动力源）、变电设备、开关柜、主驾驶室、通信系、备用发电机、空压机、通风系统、喷射混凝土设备、围岩加固堵水注浆设备以及供水系统。运渣系统则是后配套设备上的胶带输送机将主机输送机运来的石渣卸入矿车，再用内燃机车牵引运到洞外。

通常后配套设备是安装在一轨道平台车上，小断面掘进机受开挖隧道空间的限制，可采用单线运渣轨道。较大断面的掘进机，可采用双线运渣轨道。由于开挖的隧道是圆形，所以铺设轨道时，一般先将预制的仰拱块安装在隧道底部。仰拱块上预留排水槽、钢拱架沟槽及预埋轨道螺栓扣件。轨道的铺设延伸，不仅能保证轨道的铺设精度，同时也提高了出渣列车的运行稳定和速度。运渣列车由铺设于隧道的轨道上通过后配套设备尾部的爬轨斜坡道进入平台车上的轨道系统（图7-9）。

在后配套平台车上安放通风管、接力风机，供应新鲜空气的主风机放在洞外。通过风管和配套风管与后配套上的风机连接。在掘进机施工中，隧道通风考虑的主要因素是施工人员的需要、设备运输中产生的热量、岩石破碎中以及喷射混凝土中产生的粉尘、内燃机设备产生的废气等。

在后配套平台上安放供、排水设备。供水设备用来对盘形刀进行冷却、刀盘内腔室的水雾除尘、液压系统对油的冷却、对驱动电机的水冷以及必要的空气冷却等。往往在水箱上设置增压水泵来提高供水压力，一般用水量可按每开挖 $1m^3$ 岩石需要 $0.5m^3$ 左右估算，隧道开挖中排水至关重要，必须采取强制排水措施防止积水对主机的漫浸，尤其在安放仰拱块时更需要将水排净。顺坡开挖时，应充分利用仰拱块上的排水沟；反坡开挖时，应设多处积水槽、多处水泵站排水至洞外。

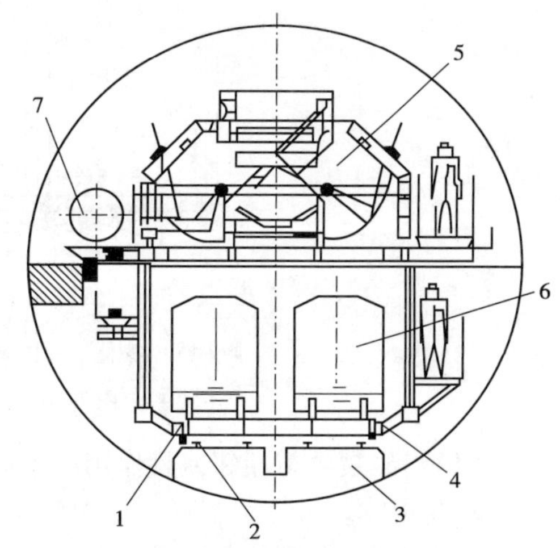

图 7-9　仰拱块及轨道示意图

1-车辆车轮及平台上轨道；2-仰拱块上轨道及平台车车轮；3-仰拱预制块；4-后备套平台车；5-石渣分配系统；6-矿车；7-通风管道

全断面隧道掘进机的发展趋势是增强其对地质地层的适应性，也就是发展一种能适用于各种地质条件的"通用的"隧道掘进机。为了提高硬岩全断面岩石掘进机的通用性，一般在敞开式全断面岩石掘进机上增加辅助功能，如锚杆钻机、混凝土喷射机、钢拱架安装器等。对护盾技术，一般在盾构机或双护盾全断面岩石掘进机的后配套上，设置预制混凝土衬砌块安装器和管片传送器等。

第二节　掘进机施工

一、掘进刀具破岩

图 7-10 显示了掘进机切削破碎岩石的机理，在掘进时盘形刀沿岩石开挖面滚动，同时通过大刀盘均匀地在每个盘形刀上对岩面施加压力，形成滚动挤压切削面实现破岩。刀盘每转动一圈，将贯入一定深度，在盘形刀刀刃与岩石接触处，岩石被挤成粉末，从这个区域开始，裂缝相连，进而形成片状石渣。不同岩石需要不同的盘形刀压入岩石的最低压强值，才能得到较理想的贯入深度。而贯入深度，在坚硬和裂隙很少的岩石中，一般为 2.5～3.5mm/转；在中等坚硬的裂隙较多的岩石中，一般为 5～9mm/转。

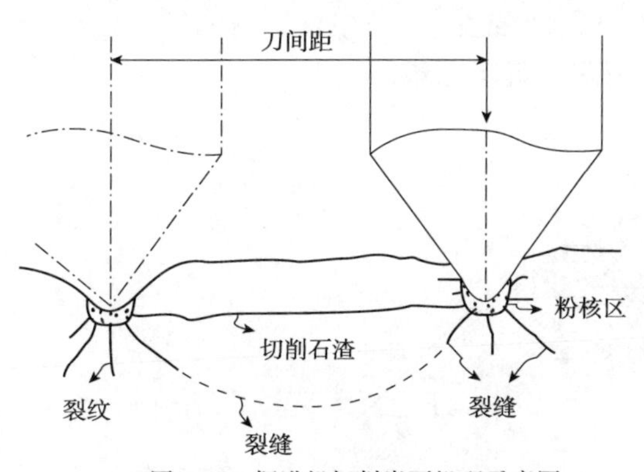

图 7-10　掘进机切削岩石机理示意图

刀具在完整岩石中破岩过程如图 7-11 所示。

(1)在完整、密实、均一的岩石中，刀具的刀刃在巨大推力作用下切入岩体，形成割痕。刀刃顶部的岩石在巨大压力下急剧压缩，随着刀盘的回转和滚刀滚动，这部分岩石首先破碎成粉状，积聚在刀刃顶部范围内形成粉核区。

(2)刀刃侵入岩石和刀刃的两侧劈入岩体，在岩石结合力最薄弱处产生多处微裂纹。

(3)随着滚刀切入岩石深度的加大，岩粉不断充入微裂纹；再由于微裂纹端部容易应力集中，微裂纹逐渐扩展成显裂纹。

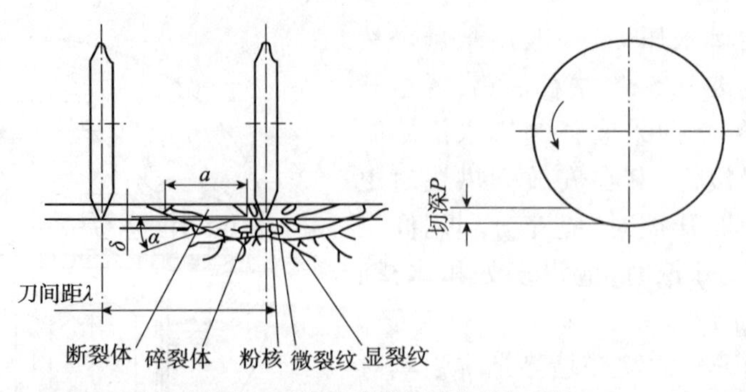

图 7-11　刀具在完整岩石中破岩过程

(4)当显裂纹与相邻刀具作用产生的显裂纹交汇，或显裂纹发展到岩石表面时，就形成了岩石断裂体。

(5)在产生断裂体的同时，各断裂体相互之间会形成一些粒度较小的碎裂体。在断裂体从掌子面落入洞底进入铲斗时，由于断裂体与刀盘相互间的碰撞作用，又会产生新的碎裂体和岩粉。

关于盘形刀的间距问题，如果间距太大，一把盘形刀产生的压力如果达不到与相邻盘形刀的影响范围相接，则开挖不出片状石渣，从而使开挖效率降低。反之，如果间距太小，则会使石渣块太小，从而浪费了设备的功率。

单个盘形刀(图 7-12)的使用寿命，与轴承使用寿命、刀圈材质和加工质量以及它在大刀盘上的位置有关。目前刀圈的形状已趋于常断面型，它的优点是刀圈尖端宽度在磨损后仍保持不变，因此既确保了使它承受的荷载有变化，也将使其具有良好的贯入速度，从而提高了切割速度并降低刀具的消耗。

应该强调指出，对掘进机施工不仅要注意岩石的抗压强度，还应注意岩石的磨蚀性以及岩体的裂隙程度，当岩体节理裂隙面间距越大时，切割也就越困难。

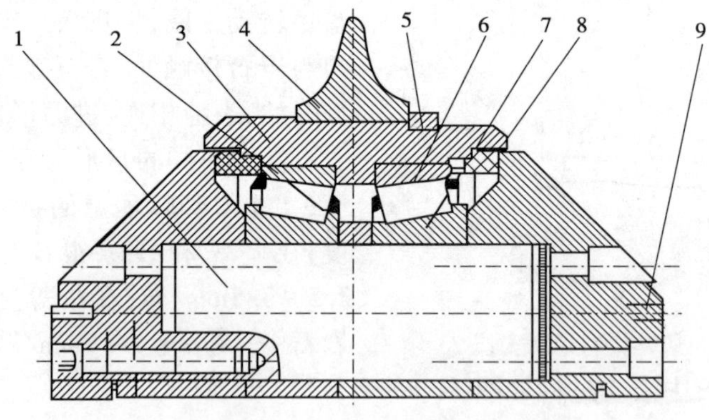

图 7-12　盘形刀示意图

1-刀轴；2-隔阂；3-刀体；4-刀圈；5-挡圈；6-轴承外圈；7-轴承内圈及滚珠；8-滑动密封；9-紧固螺钉

二、掘进机工作原理

(一)掘进循环作业原理

全断面岩石掘进机的掘进循环由掘进作业和换步作业交替组成。在掘进作业时，掘进机刀盘进行的是沿隧道轴线做直线运动和绕轴线作单方向回转运动的复合螺旋运动,被破碎的岩石由刀盘的铲斗落入胶带机向机后输出。

1. 双护盾掘进机的掘进循环

双护盾掘进机是一种从硬岩开敞式掘进机延伸演变而来的掘进机,它主要适合能自稳并能支撑的岩石掘进,必要时也能适应能自稳而不能支撑的岩石掘进。它的作业循环分两种工况,采用两种不同的推进、支撑机构来实施,如图 7-13 所示。

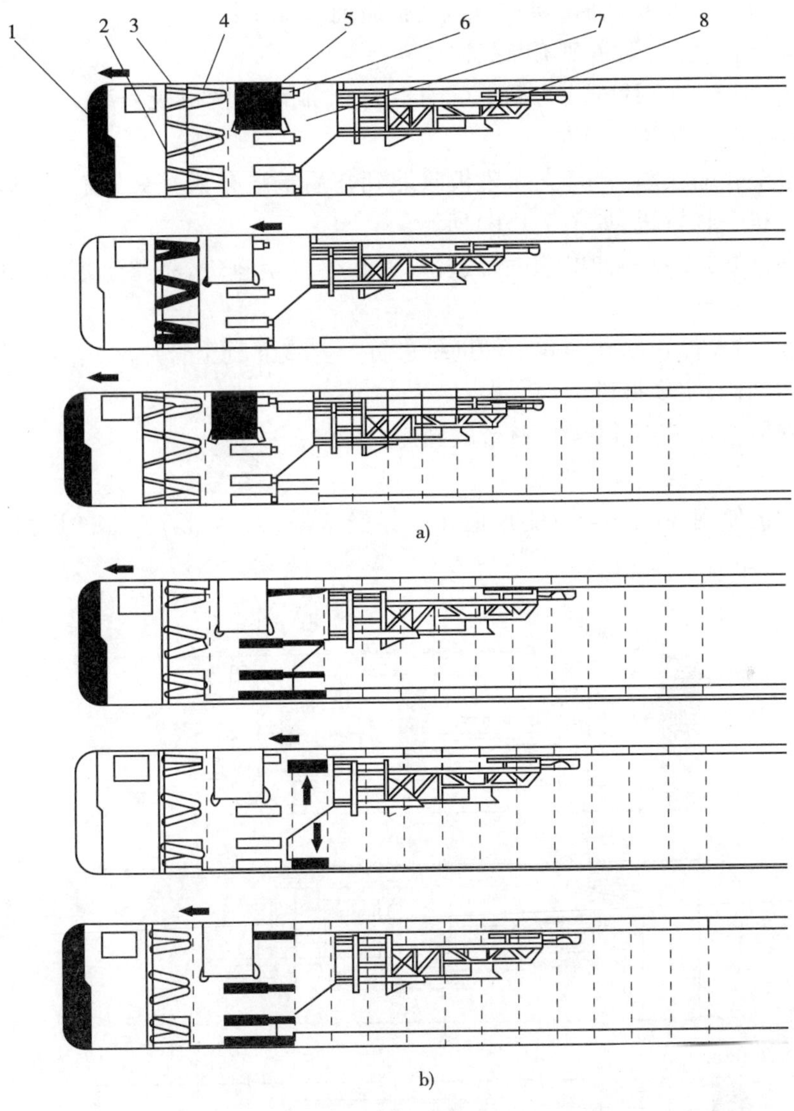

图 7-13　双护盾掘进机掘进作业示意图

a)稳定可支撑的岩石掘进作业;b)稳定不可支撑的岩石掘进作业

1-刀盘;2-刀盘支撑;3-前护盾;4-V 形推进缸;5-水平支撑;6-辅肋推进缸;7-后护盾;8-胶带机

工况一:稳定可支撑的岩石掘进辅助推进油缸处于全收缩状态,不参与掘进;

工况二:稳定不可支撑的岩石掘进 V 形推进油缸处于全收缩状态,不参与掘进。

(1)稳定可支撑的岩石掘进

掘进机的辅助推进缸全部缩回,不参与掘进,掘进机的作业与开敞式掘进机一样,如图7-13a)所示。

①推进作业:伸出水平支撑缸,撑紧洞壁→启动胶带机→回转刀盘→伸出V形推进缸,将刀头及前护盾向前推进一个行程实现掘进作业。

②换步作业:当V形推进缸推满一行程后,就进行换步作业。刀盘停止回转→收缩水平支撑离开洞壁→收缩V形推进缸,将掘进机后护盾前移一个行程。

③不断重复上述动作,则实现不断掘进。

在此工况下,混凝土管片安装与掘进可同步进行,成洞速度很快。

(2)稳定不可支撑的岩石掘进

V形缸处于全收缩状态,并将支撑靴板收缩到与后护盾外圆一致,前后护盾连成一体,就如单护盾掘进机一样掘进,如图7-13b)所示。

①掘进作业:回转刀盘→伸出辅助推进缸,撑在管片上掘进,将整个掘进机向前推进一个行程。

②换步作业:刀盘停止回转→收缩辅助推进缸→安装混凝土管片。

③重复上述动作,实现掘进。

此时管片安装与掘进不能同时进行,成洞速度减半。

2. 开敞式掘进机的掘进循环步骤

敞开式掘进机使用在洞壁岩石能自稳并能经受水平(或X形)支撑的巨大支撑力的条件下,其作业循环如图7-14所示。

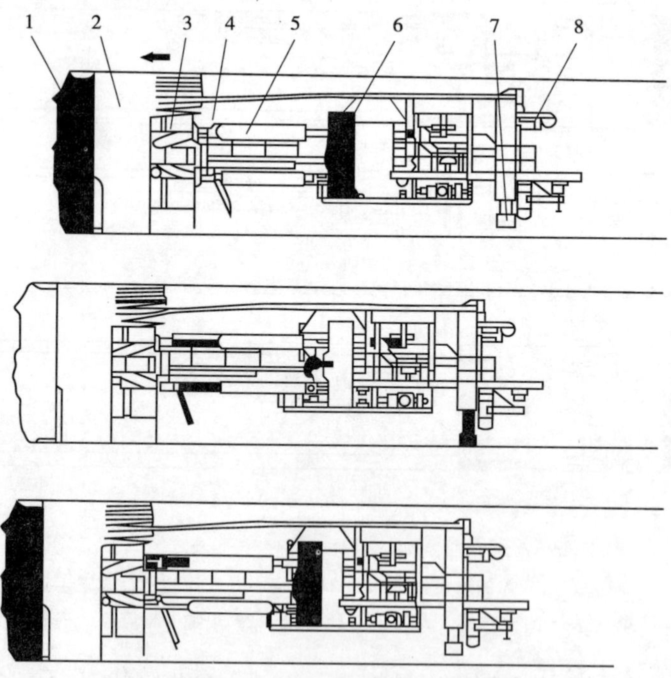

图7-14 开敞式掘进机掘进作业示意图

1-刀盘;2-护盾;3-传动系统;4-主梁;5-推进缸;6-水平支撑;7-后支撑;8-胶带机

①掘进作业:水平支撑撑紧洞壁→收起后支撑→回转刀盘→伸出推进抽缸。

②换步作业:刀盘停止回转→伸出后支撑,撑紧洞壁→收缩水平(或X形)支撑使靴板离开洞壁→收缩推进缸,将水平支撑向前移一行程。对于双水平(或双X形)支撑掘进机,除双套支撑可以有较多的支撑位置选择外,其余和单T形(X形)支撑的掘进机一样。双支撑中每一支撑都必须能独立完成支撑的作用,也即双支撑中任一支撑不能工作时,另一支撑都可以承担完成掘进作业的功能。

③再掘进作业:再伸出水平支撑撑紧洞壁→收起后支撑→回转刀盘→伸出推进缸。

(二)调向、纠偏和转弯

1. 调向、纠偏

通过激光导向系统,操作人员发现掘进机的开挖洞线与设计洞线发生偏离时就必须随时进行调向,使掘进机开挖洞线与设计洞线方向一致。图7-15为水平调向缸、垂直调向缸调向示意图。

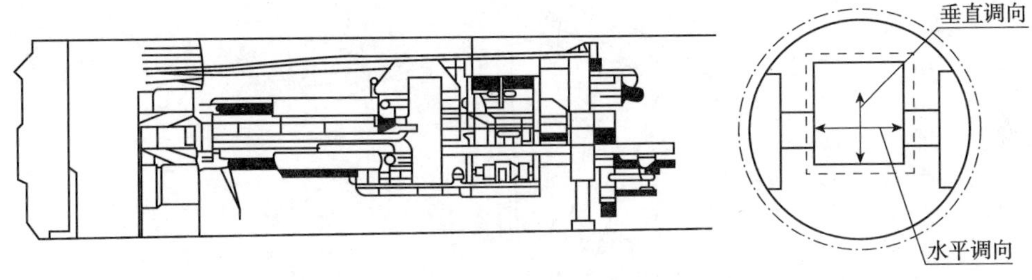

图7-15 开敞式掘进机调向作业示意图

掘进机在自稳岩石中掘进时,刀盘向一个方向旋转,会造成掘进机的偏转。掘进机过度偏转时,会造成胶带机漏渣、作业人员站立不稳等情况,必须及时纠偏。在自稳岩石中的掘进机纠偏由纠偏油缸来完成。一般左右对称设置的垂直调向油缸可同时承担纠偏的功能。

左右垂直调向油缸同时伸出时开挖倾角;同时收缩时开挖仰角;左伸右缩时顺时针纠偏,左缩右伸时逆时针纠偏。为了达到良好的纠偏效果,传递纠偏扭矩的主梁必须设计成闭环的具有足够抗扭刚度的封闭的箱形结构。调向、纠偏油缸离掘进机头部距离越近,调向纠偏效果越好。

双护盾掘进机在软岩中的纠偏由刀盘翻转来实现。

单支撑的掘进机由于机身较短,它的调向、纠偏比双支撑掘进机要容易。开敞式掘进机的调向、纠偏比护盾式掘进机要容易。

由于掘进机对调向、纠偏的反映有一滞后时间,所以操作人员在实施调向纠偏时应根据调向、纠偏的力度和趋势提前作出回调或终止,否则将发生矫枉过正的现象。

2. 转弯

隧道工程因设计的需要有时要开挖曲线隧道。掘进机的作业是以折线代替曲线来实现的,图7-16为掘进机转弯示意图。

通过控制激光靶反馈在显示屏的掘进机的水平位移量来获得所需的转弯半径,可由公式(7-1)算出:

$$\Delta = \sqrt{R^2 + L^2 + LS - S} \tag{7-1}$$

式中：Δ——一次掘进水平位移量(mm)；

R——设计转弯半径(mm)；

L——掘进机长度(mm)；

S——掘进行程(mm)。

由公式(7-1)可知，在机长 L、转弯半径 R 一定时，可以缩短掘进行程 S 来减少水平位移量 Δ，即在转弯时采取短行程多循环的方式来避免由于过大的位移量 Δ，造成机尾结构件碰洞壁或胶带机机尾与溜渣槽斗偏离。实际操作时使用公式(7-2)：

$$S = \frac{\sqrt{2R\Delta + \Delta^2 - L^2}}{L} \tag{7-2}$$

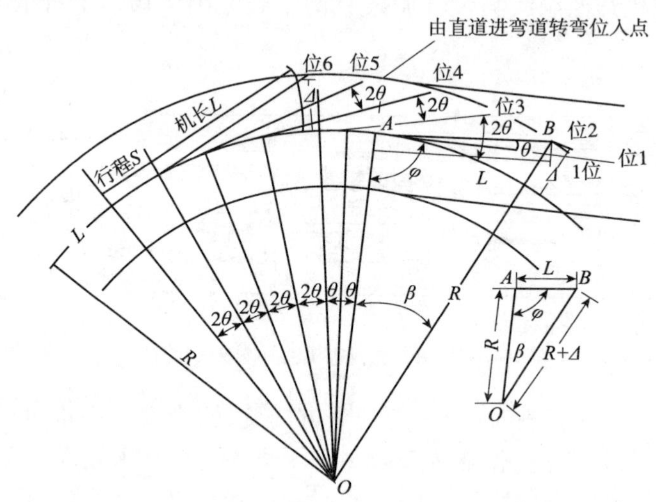

图 7-16　掘进机转弯示意图

由于机长 L、机器几何尺寸允许的水平偏移 Δ 和隧洞转弯半径 R 都已确定，所以必须控制的每次掘进行程 S 可由公式(7-2)算出。

在工程洞线转弯半径确定前，可由公式(7-3)算出允许的隧洞转弯半径：

$$R = \frac{\sqrt{L^2 + LS - \Delta^2}}{2\Delta} \tag{7-3}$$

根据掘进机机长 L、一次推进行程 S 和掘进机允许的水平偏移量 Δ 算出允许的隧洞转弯半径 R 曲，供工程设计参考。

由公式(7-3)可见，掘进机所需的转弯半径 R 随掘进机机长的增加而成二次方关系增加，所以单支撑掘进机转弯半径比双支撑掘进机的小；掘进机转弯半径 R 随水平位移量 Δ 减小而增大，因此护盾式掘进机要比开敞式掘进机的转弯半径大。

三、掘进机进洞工况

掘进机开挖洞线的进口侧的外面应布置足够的场地用于掘进机及其数百米长的后配套设备的组装。掘进机主机的组装场地离洞线进口一般只需留有起重设备能通过作业的距离即可。隧道进口段均先用钻爆法开挖出比掘进机直径大50~100mm的城门洞型，长度比掘进机机身略长，再由城门洞型接转一个预先开挖的比理论直径略大的预备洞。通常要满足水平(X形)支撑能撑着预备洞洞壁要求。从掘进机组装场地到城门洞型及相连的预备洞，其地面都需进行夯实，并作一定厚度的硬化处理或预埋步进轨道等准备工作，为掘进机的进洞进入掘进状态创造条件。

(一)双X形支撑掘进机进洞步骤

双X形支撑掘进机步进进洞的步骤如下：

(1)收缩前下支撑、后支撑的油缸，使前下支撑架、后支撑架离地，仅有前X形支撑架和后X形支撑架着地。

(2)伸出推进缸，将刀盘、刀盘支撑、大梁、后支撑等向前推进一个行程。

(3)伸出前下支撑、后支撑油缸，使前下支撑架、后支撑架离地。

(4)继续伸出前下支撑、后支撑油缸，使前、后X形支撑架离地。

(5)收缩推进缸，将前、后X形支撑架向前移动一个行程。

重复(1)→(2)→(3)→(4)→(5)的动作，可实现步进进洞的目的。进洞时，左右方向的调整仍可利用水平调向缸来完成。

(二)单T形支撑掘进机进洞步骤

由于单T形支撑在步进作业时只能通过前下支撑和后支撑两个支架与地面接触，只有两条腿，其中任何一条腿都不能独立平衡地撑起掘进机，因此它的步进就依靠前下支撑、后支撑的支架这两条腿下面装的重物移运器，并用临时连接地面和刀盘支撑的油缸来实现。

1.步进前的地基处理

由于掘进机自身很重，达数百吨，接地比压很高，承载掘进机的移运装置接地比压更高，所以地基必须做压实加固硬化处理。具体处理如下：

(1)按开挖直径1/4左右间距在地面埋入I_{28}两根工字钢。工字钢上表面焊20mm厚、200mm宽的钢板，工字钢间用深16mm圆钢焊成等间距框架，从掘进机安装场地一直接到预备洞前脱柱槽处。

(2)沿工字钢的中心线，间隔一个推进行程，设置一个用于推进的地桩。

(3)在预备洞前准备有供脱去移运器及附属支架的脱柱槽。

(4)地面以C20混凝土硬化深300mm左右，宽为开挖直径的1/2。

2.步进使用的机具

(1)步进采用重物移运器。重物移运器是短距离移运重物的有效机具。它的原理是将原来的圆形滚柱轴承内圈改做成中间扁平、两端圆弧过渡、实心固定的滚道板，滚柱由链板串接可在滚道板上连续滚动。它的优点是：承载能力大，每件可承载600kN；高度低，为100mm左右；摩擦系数较小，为0.06左右；特别适用超重大件低速短距离移运。

(2)步进动力来自一只备用油缸，一端接在前下支撑，另一端接在预设的推进地桩上。

(3)根据掘进机机头、机尾重量，选择足够的重物移运器，分别组成前下支撑支架和后支撑支架，支架上接掘进机，下接重物移运器。为了便于调用，后支架由上支架、下支架两个可以相对水平移动的支架组成，上下两支架间增设可水平调用移动的重物移运器。

3.步进步骤

(1)掘进机搁置在已安装有重物移运器的前下支撑支架、后下支撑支架上，掘进机的其余部分都离开地面。此时只有重物移运器与预埋工字梁轨道正缘板的加宽200mm板接触。

(2)将步进油缸连接到掘进机下支撑及地桩上。

(3)伸出步进油缸即可推进掘进机步进。

(4)推满一行程后，将油缸后端与地桩分离。

(5)收缩步进油缸，在前一行程的地桩上重新装上步进油缸。

重复(3)~(5)的动作，可实现步进目的。

(三)其他步进进洞方法

对小直径自重较轻的掘进机，也可采用枕木加黄油、导轨加卷扬机滑移进洞的方法或者用滚棒、支架加卷扬机的办法，这种办法移运速度较慢且不安全。

对于在竖井下安装的掘进机的步进作业，除上述方法外，双护盾掘进机可以在竖井下利用辅助推进缸撑在与竖井洞壁相连的推力环上进行步进。

综上所述，双支撑掘进机具有四点着地、双双互换步进进洞的优点。单支撑和双护盾的进洞均需增添相关设备才能完美实施进洞作业。另外还需做好步进洞与正式掘进的交换工作，这部分工作主要指：机头已渐进入预备洞，前下支撑、后支撑、X形支撑下的支架在脱柱槽或头部的旁洞内全部拆除。正常的步进进洞作业应在一周内完成。

四、TBM掘进作业

(一)TMB掘进操作工序

TBM控制室是完成各项工作的控制核心。TBM主控室的操作主要分为6个步骤：启动准备、启动、掘进、停机、换步和调向。

1. 启动准备

隧道施工中，电、水、风是三大主要因素，对于TBM也是如此，在试运转或长期停机后，启动前要考虑电、风、水是否已安全正确地输送到机器上，首先核实洞外中高压电源是否输送到机器的变压器上，变压器的一次侧断路器是否已经接通。

电源接通后还要确认洞外的净水是否已经接通并送入洞内，同时确认洞外新鲜风机是否启动并把新鲜风送入到机器尾部。电、水、风已具备后，则准备工作完毕。

2. 启动

在确认控制电压接通后，启动净水泵(正常水压应在0.7MPa左右)，启动风机。风机包括接力风机、除尘风机和空气冷却风机。启动时，可通过成组启动按钮成组启动，亦可单独启动。在风机启动完毕后启动液压动力站。与风机的启动方式相同，液压动力站可成组启动，亦可单独启动，空气压缩机的启动要到其配电柜处的操作面板启动。

3. 掘进

开始掘进前，确认以下工作：风机启动，泵站启动，电机启动，输送带启动，水系统正常，刀盘油润滑、脂润滑正常(以上工作在启动时完成)；外机架已经前移并撑紧，后支撑已经收起并前移，护盾夹紧缸已经夹紧，后配套系统已经拖拉完毕(以上工作在换步时完成)，条件具备后，开始掘进。

4. 停机

掘进一个循环后，PLC系统根据传感器的信号自动停止推进。控制刀盘后退3~5cm，使刀圈离开岩面，并根据余渣量的大小令刀盘旋转若干时间，然后停止刀盘喷水，停止刀盘旋转，停止电机，待输送带上的余渣基本出完之后，停止输送机。以上控制的相应按钮与启动时的控钮对应。与此同时，可以进行后配套的拖拉工作。

5. 换步和调向

TBM 通常配置激光导向系统，掘进过程中可以随时监测 TBM 的方向和位置。激光导向系统主要由激光发射器、激光接受靶以及控制和显示装置组成。通过激光束射在 TBM 激光靶面的位置点，经过电脑模块精确计算，提供 TBM 在掘进过程中的准确位置。驾驶员根据导向系统显示屏幕提供的当前位置数字显示、预测位置和导向角来调整 TBM 掘进方向。双支撑形式掘进机的方向调整由操作室内的两个操作手柄（前支撑、后支撑控制手柄）实现。

操作步骤：

(1)松开撑靴，使 TBM 处于重新撑紧之前、操作前支撑操作手柄，提升刀盘下护盾，以便于调向。

(2)根据导向系统所提供的信息（靶的激光束位置、掘进机水平位置、掘进机侧向滚动），利用两个操作手柄（前支撑和后支撑手柄）的配合动作来调整 TBM 主机掘进方向。

前支撑操作手柄可使刀盘下护盾上升或下降，利用操作手柄上的集成按钮，还可使刀盘下护盾侧向滚动。当向左扳动手柄时，机器后支撑手柄向左摆，即机器向右摆；当向右扳动手柄时，机器后支撑手柄向右摆，即机器向左摆，这一运动转点为刀盘护盾底座。调向变动的结果随时可在显示器上看到，例如：当前位置、预测位置、机器导向。当显示调向数据在允许范围时，则调向完毕。

调向注意事项：

(1)每次调向过程不能使边刀移动量超过 3mm，否则会造成边刀损坏。

(2)TBM 的导向角控制在 8mm/m 以内，否则会造成仰拱块铺设困难，后配套难于通过的后果。

(3)每次调向的导向角变化量控制在 2mm/m 以内，特硬岩地段，导向角变化量还应适当减小，以防造成边刀的损坏。

(4)正确导向状态下，洞壁表面规则（即看不到因为偏向造成的痕迹或标记）。导向正确时，洞壁上不产生屋脊状表面。台阶是过度调向的标志，如果出现，应校正调向作业的方式。

(二)掘进模式的选择

TBM 主控室有三种工作模式可供选择，即自动控制推进模式、自动控制扭矩模式和手动控制模式，选择何种工作模式，由操作人员根据岩石状况决定。

(1)在均质硬岩条件下，应选择自动控制推进模式，此时，既不会过载，又能保证有最高的掘进速度，选择此种工作模式的判断依据是：如果在掘进时，推力先达到最大值，而扭矩未达到额定值时，则可判定为硬岩状态，则可选择自动控制推进模式。

(2)在均质软岩条件下，一般推力都不会太大，刀盘扭矩变化是主要的，此时，应选择自动控制扭矩模式。选择此种工作模式的判断依据是：如果在掘进时，扭矩先达到额定值，而推力未达到额定值或同时达到额定值，则可判定为软岩状态，加之地质较均匀则可选择自动控制扭矩模式。

(3)如果不能肯定岩石状态，或岩石硬度变化不均匀，或岩石节理发育，存在破碎带、断层或裂隙较多时，必须选择手动控制模式，靠操作者来判断岩石的属性。

（4）在手动控制模式作业过程中，如岩石较硬，推进力先达到额定值，且岩石较完整，此时应根据推进力模式操作。限制推进压力不超过额定值。如果岩石节理较发育，裂隙较多或存在破碎带、断层等，此时应依据扭矩模式操作，主要以扭矩变化并结合推进力参数来选择掘进参数。无论在何种岩石条件下，手动控制模式都能适用。

五、出渣与进料运输系统

在掘进机掘进的隧道内，可以适用的出渣运输系统包括列车轨道运输系统、无轨车辆运输系统、带式输送机运输系统、压气输送系统和浆液输送系统。

（一）列车轨道运输

隧道内石渣和材料最普通的运输办法是轨道运输，这种系统是用多组列车在有站线的单轨道或有渡线的双轨道上运行。目前多数创造掘进机开挖速度新纪录的隧道所使用的都是轨道运输系统。石渣被装在掘进机刀盘上的铲斗或铲臂从工作面前提升起来，卸到掘进机的带式输送机上，转运到掘进机后的辅助输送机上再卸进斗车内运至洞外。这是最常用的系统，有下列优点：安装设备简单、适应性强、故障比较少。在直径较大的隧道中，有利于使用较多的调车设备，能做到接近连续地接受从掘进机后卸出的石渣，因而提高了掘进机的利用率和隧道开挖的速度。

除上述优点外，列车轨道运输系统还可满足将人和材料运入洞内的需要，这种系统是一种经过考验的、简单的、多用途的设备。

（二）无轨车辆运输

无轨车辆运输，由于适应性强和短巷道内使用方便，因而在矿山开挖中广泛使用，特别是用在坡度不大的倾斜巷道施工条件下。如果用于隧道，则隧道的长度将是选用列车轨道运输还是车辆无轨运输的主要依据，无轨运输系统都是用于短隧道的开挖，因为在这种隧道内铺设轨道系统是不经济的。

（三）带式输送机运输

多数掘进机都有一台装在机身内的输送机，再用一台辅助输送机挂在掘进机后，在掘进时由掘进输送带前进。

如用输送带来出渣，安装时则应做到留有一条开阔的通道，以便运送人员和材料到工作面。如隧道直径够大，输送机可沿一侧起拱线，悬吊在拱部或以支架支承。输送机的支撑梁随着隧道掘进而接到运输系统内。输送机的运输是连续的，可按掘进机最高生产能力来设计。输送机运用时，很少能超过其能量的60%，但是又必须具备这种能力，以便地质条件允许达到最大利用率时能高速出渣。

带式输送机的优点是可靠、维修费低和能力大，但不具备轨道运输系统的适应性和机动性。在适合掘进机开挖的地层中，它是做到连续出渣的较好办法。

目前已有一些新型的皮带输送机，提高了对曲线的适应性，其中转弯式的输送机可以用于有曲线的隧洞。

（四）压气输送

断面大的隧道，大量物质可通过设置有效的轨道或输送机系统来运输。如隧道直径变小,则石渣的运输量和安装出渣运输系统的净空也随之减小。当出渣系统的能力减小时,掘进机的停机时间也会由于出渣设备的效率不高或能力不足随之增多。如隧道长度增加,就会成为严重问题。

压气输送系统已在矿山中采用,但在隧道中则只是试验和有限使用。高效、连续和经济的压气输送系统,在加拿大、英国和美国已经过试验并已投入使用。在隧道内有限使用的结果表明,这种系统能有效地运输直径达到 15cm 的石渣,水平距离远达 750m,或在有一定水平运距且垂直升高 300m 的情况下,每小时最大运量为 300t。在长隧道中,当隧道向前推进时,可采取一系列独立系统串联起来使用。

压气输送系统由四个基本单元组成:鼓风机和电动机、加料器、管路和卸渣池。

操作时,由鼓风机和电动机供应压缩空气,压缩空气则从液压驱动的装料器中带走由掘进机的输送机卸入的石渣,可在这个系统的装料器前装一台破碎机。石渣通过管路用压气输送到渣池。管路是用下列配件安装起来的:特别设计的耐磨弯头(有转弯必要时),快速连接器、球形接头(以适应微小的弯曲)和液压伸缩管(用以延长管路)。伸缩管的长度应是运输轨道一节钢轨长度或者掘进机行程长度的倍数。石渣卸在洞外卸渣池中,池中备有必要的消毒和灭尘设备。

这种系统已被公认为在隧道内具有高速大量运渣力,目前正在进行各种试验进一步研究其实用性。试验表明这种系统能够运输的石渣比带式输送机或列车运输能运的石渣范围有限得多。但是如果石渣属于可以压气输送的,则是最经济的石渣运输系统。这种系统用于小直径隧道最吸引人的优点是在整个隧道内只需占很小的安装空间。但是,它和带式输送机一样只是一种单程运输系统,使用时要用其他辅助运输系统来运送其他材料进出隧道。

(五)水力(浆液)输送

在开挖隧道的过程中,如果岩层能够浆液化,就可以采用水力(浆液)石渣运输系统,其先决条件是石渣要碎成要求的尺寸,并具有悬浮在浆液中的适当性质。

目前掘进机的刀具制造工艺,已为各种特定硬岩生产出硬刃口或嵌入碳化钨的刀具,以便切出的石渣大小具有理论上已知的粒径分布曲线和级配,因而能设计出一种浆液输送系统来运输这种掘进机切削的石渣。但隧道开挖时遇到的情况多数不是预计的情况,地质变化常使得像断层泥、未能被刀具破碎的大岩块之类的石渣进入到浆液流中,加上地下水量的变化,使提供的浆液稠度发生变化。在新墨西哥州一座穿过页岩地层的隧道中,第一次用浆液输送系统,就是因为地层条件和地质发生变化而遭到放弃,再改用适应性更高和更可靠的列车运输。

在软弱地层内,用全封闭的盾构型掘进机来开挖不稳定含水层隧道时,曾经采用常规的气闸和压气来防止泥土流入。由于气闸和压气对隧道施工有种种不便,因而发展了一种在紧靠切削头后有压气隔板的全封闭盾构掘进机,工作面与隔板之间充满了有压的液浆或膨润土浆,切削刀盘就在其中旋转。浆液支承了稳定的工作面,而且作为削下泥土的运载体从工作面通过浆液的泵和管路系统排到洞外。如果地层挖下来的泥渣能满足设计参数,那么这种系统的使用是成功的。

配套设备与压气输送系统相同,只是运载的介质不是空气而是液体。这种系统本身有三个问题:即运载的供应、洞外泥渣的处理和系统操作的连续性。如果是用水来造成浆液就需要恒定的补给水源,如果采用膨润土浆,就需要有能循环使用的循环管道,而且必须供应稠度受控制的膨润土浆。不管用哪一种,最后清除脱水、去砂的泥渣时,都比处理常规泥渣时出现的问题严重很多。至于影响系统操作的连续性,则是因为这个系统发生任何故障都会使整个掘进作业停止。

六、衬砌施工

用掘进机施工的隧道,其衬砌结构一般是由临时或初期支护和二次衬砌组成。初期或临时支护是隧道开挖中保证掘进期间围岩的稳定和掘进机顺利掘进所不可缺少的。

采用掘进机施工,由于开挖工作面被掘进机主体充塞,对围岩很难进行直接观察和判断,而且造成进行支护的位置相对开挖面滞后一段距离,因此不同形式的掘进机,也要求采用不同的支护形式。一般在充分进行地质勘探后满足隧道设计时,就应确定基本支护形式。例如引水隧道,为保证输水的可靠性,要求支护对围岩有密封性,所以大都采用护盾式掘进机进行管片衬砌的结构形式;对于一般公路、铁路隧道,除进行临时支护外,视地质情况采用二次喷射混凝土或二次模筑混凝土作为永久衬砌。

(一)管片式衬砌

使用护盾掘进机时,一般采用圆形全周管片式衬砌。其优点是:适合软弱围岩,特别是当围岩允许承载力很低、撑靴不能支撑岩面时,可利用尾部推力千斤顶,顶推已安装的管片获得推进反力;当撑靴可以支撑岩面时,双护盾掘进机可以使掘进和换步同时进行,提高循环速度;利用管片安装机安装管片速度快、支护效果好、安全性强,但是它的造价高。根据防水的需要,在每块之间要安装止水条,并需在管片外圆和洞壁间隙压入砂石和注浆;而预制管片,则需要就近建设混凝土预制品工厂。

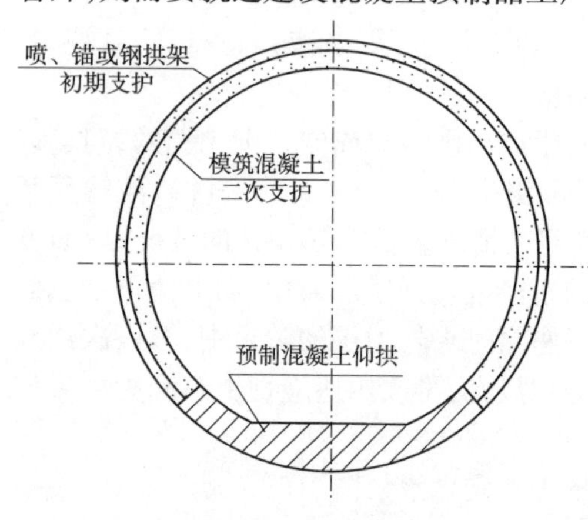

图 7-17　模筑混凝土衬砌

(二)二次模筑混凝土

使用敞开式掘进机,一般是随开挖先施作临时支护,然后进行二次模筑混凝土永久性衬砌(图 7-17),这是为了保证掘进机的高速度掘进,而不可能使开挖作业和模筑混凝土衬砌作业同时进行。此外,在机械上部进行衬砌作业,会给掘进机设备带来严重的混凝土污染,因此只在刀盘后部进行必要的临时支护,如锚杆、喷射混凝土、架钢拱架。

二次混凝土衬砌,根据地质条件也有用喷射混凝土作为永久衬砌的,多数隧道往往采取二次模筑混凝土衬砌,使用穿行式模板台车,进行永久衬砌的灌筑。根据设计的断面形状,制造模板台车,这与钻爆法施工一致。值得注意的是二次衬砌完成后,掘进机完成掘进任务后,不可能从原路退出,只有在完成开挖位置进行扩大洞室,在隧道内进行拆卸掘进机部分机件(如大刀盘的解体),才有可能退出。如果用一台掘进机从进口一直掘进到出口时,则不会发生在洞内拆卸的问题。

二次模筑混凝土的拌和工厂、输送车、混凝土泵等与钻爆法施工一样。

七、仰拱预制块铺设

仰拱预制块随TBM的掘进而铺设,其铺设进度和质量直接制约着TBM掘进速度,仰拱预制块的施工顺序及要求如下。

1.仰拱预制块锚固

(1)用高压风将螺栓道钉孔吹净。

(2)向锅里倒入锚固剂,用铲子拌和至呈黏稠胶状为止。

(3)用小尖铲把拌和好的锚固剂倒入螺栓道钉孔内,插入螺栓道钉。

(4)用卡子将螺栓道钉卡住,固定时间不少于4h,以确保螺栓道钉在凝固过程中不移位。

2.洞外安装止水带

(1)预制块凹凸面采用复合型膨胀止水带止水。

(2)安放前,先用刷子、抹布将安放位置的油污、粉尘等清理干净,然后涂氯丁胶两次(间隔10min),待胶开始收缩时(一般5~10min),粘贴止水带,并用橡皮锤敲打使其全面嵌入。

(3)止水带安装要求贴合紧密,无脱落、错位现象。

3.底部清理

(1)刀盘后部:人工将开挖和打锚杆时滑落到底部的松渣、岩粉、沉渣清理到料斗中,由下部清理吊机运到底部清理装置中随渣外运。

(2)刀盘与已铺好的仰拱块之间:用填充密实的塑料袋(内装非渗水土或其他材料)设2~3处隔水围堰,仰拱块前部用高压水冲洗干净,污水采用自吸泵抽排出洞外。

(3)底部清理要求仰拱铺设位置做到无虚渣、无积水、无杂物、无油污。

4.仰拱块运输

(1)仰拱块须存放28d以后,且外观平顺,无蜂窝麻面,无棱角破损,无裂缝,强度及规格均达到设计要求方可使用。

(2)仰拱块用机车推入后配套系统后,在铺设区转正方向,用仰拱吊机起吊,移到已铺好的仰拱块前就位。

5.仰拱块安放

(1)测量定位。要求测量精确,横向误差控制在±5mm,高程误差控制在±3mm。

(2)底部用六块水泥垫块支撑、固定,两侧用三角形水泥块支撑。

(3)预留电缆过轨位置宽度,在施工中由于铺设仰拱块不能满足过轨位置宽度要求时,可取消该位置一块仰拱块。

(4)在施工中为保证运输安全,在未铺设仰拱块处可采用枕木垛或其他形式支撑钢轨。

八、TBM通过不良地质地段的措施

一般而言,掘进机特别是开敞式掘进机施工,最好用于地质条件较好的隧道。如果地质条件太差,需要过多的辅助作业来保证掘进机施工,就不能发挥掘进机速度快的效率优势。

同时，辅助作业的施作也受掘进机的充塞影响而困难，造成费用过高，工期延长，因而也就没有必要使用掘进机施工了。

但任何一座隧道，不可能不出现一些局部地质较差地段，因此掘进机必须具备通过不良地质的能力。为了满足不良地质的要求，掘进机可以安装一些辅助设备进行特殊功能作业。

加装的地质超前钻机安装在主机顶部、大刀盘后部的平台上，它在主机停机时进行掌子面前30m的超前钻孔，以对围岩进行预先加固，使掘进机具备自我加固前方不良地质地段的能力和自我通过能力（图7-18）。

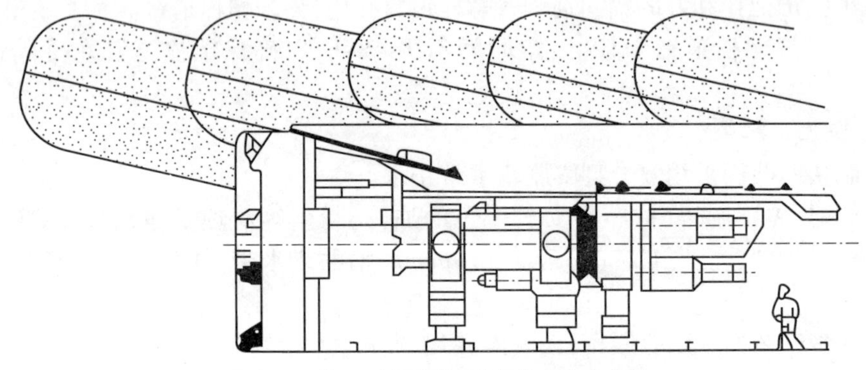

图7-18　从TBM机内进行的超前支护示意图

紧靠刀盘的后部安装有钢拱安装器，利用工字钢拱形成支护结构，这种方法的优点是材料便宜，加工容易；安装速度快、支护效果及时。钢拱环的间距要与掘进机的行程距离一致或成倍数关系，在预制仰拱块上要留有安放拱环的沟槽。

掘进机上前后都配置有锚杆钻机，以满足对围岩进行锚杆支护作业的需要。拱顶部分的锚杆作业是非常必要的，在掘进的同时，锚杆作业应能同时进行。

在掘进机施工中也会发生一些意外事故，如开挖面大规模塌方造成机件被埋、洞壁围岩变形卡住机体、突发的大量涌水淹没机体和工作面挤出迫使机体后移等。造成这些事故的主要原因是事先地质勘察不明、施工地质预报不及时，因此而停工处理的时间和费用都很大，要引起特别注意并避免发生。处理方法主要是将掘进机后退，人工到掌子面用不同的方法进行加固处理，以便让掘进机步进通过。最根本地，仍然是做好地质勘察和施工地质超前预报工作。

在国外，曾有掘进机通过堆积大块砂卵石层地层时施工失败的报道，因此相当多的人认为，在大块卵石层和溶洞群这种特殊地质条件下，不宜用掘进机施工。遇到膨胀性很高的膨胀岩石时，由于围岩变形值很大，必须采取有效措施，才能保证顺利施工。

全断面岩石掘进机施工的关键是对地质地层准确探测，采取恰当措施，以便充分发挥TBM施工的优越性。同时在施工中恰当判断地质地层特点，灵活设定TBM的施工参数是非常重要的。

在TBM施工的地质地层中，影响较大的地质灾害有：软弱地层、断裂带、岩爆、涌水、围岩变形和围岩的剥落与坍塌等。TBM开挖中经常遇到的主要不良地质问题是软弱破碎围岩的坍滑、坍塌。

(一)坍滑、坍塌的主要类型、形态

TBM 进入软弱破碎围岩时出现坍滑、坍塌的主要类型和形态随围岩类别、岩性、节理发育、节理走向的不同而有所不同,在 TBM 掘进时围岩出现坍滑、坍塌的情况主要有以下五种:

(1)在 TBM 刀盘的正前方开挖断面内出现围岩坍滑、坍塌。

(2)TBM 刀盘前上方呈锅底状并随时有岩石掉落现象发生,TBM 刀盘的正前方出现围岩坍滑、坍塌,围岩呈自然斜坡状,此时坍滑、坍塌部位扩展到开挖断面以外。

(3)TBM 刀盘顶护盾上方塌落的岩石紧压护盾,或呈半锅底状并随时有岩石掉落现象发生。

(4)TBM 刀盘侧护盾外侧岩石塌落、掉落,根据围岩类别、岩性、节理发育及走向形状各异。

(5)TBM 主机支撑区边墙坍滑:先期掘进后开挖面处于相对稳定状态,当刀盘切削完后处于撑靴位置时,由于撑靴的挤压,围岩失稳、松动、坍滑。

(二)围岩坍滑、坍塌后的处理措施

在软弱围岩地带,围岩自稳时间较短,一般按照超前管棚、支立钢拱架、锚喷、挂钢筋网、喷射混凝土的顺序施工。

1. 围岩破碎地段的处理

对于围岩局部破碎地段,利用 TBM 刀盘护盾上部的指形防护栅,在隧道顶部 120°范围安全地安装 ϕ22mm 砂浆锚杆,挂双层钢筋网,及时超前喷护稳定围岩。

若围岩破碎带较宽,在 TBM 开挖前,可利用超前钻机施作超前管棚,ϕ108mm 钢管,间距 30cm,长 18m。在隧道拱部约 120°范围内形成稳定支护区,然后边架立拱架边掘进,掘进 8m 左右即施作下一组管棚,与前组管棚间保证 6 ~ 8m 的搭接宽度,直至 TBM 通到该破碎带。

磨沟岭隧道、桃花铺 1 号隧道多处于软弱断层破碎带及其影响带,当 TBM 通过时坍塌较严重,实践证明施工超前管棚是 TBM 通过软弱破碎地带的有效措施,既保证了人、机安全,又提高了效率。

2. 拱顶处的坍塌处理

岩石开挖后在刀盘护盾处出现部分崩塌或局部掉块,主要采用加密 ϕ22mm 砂浆锚杆,挂双层钢筋网(10cm × 10cm),将锚杆头与钢筋网焊接为一整体,再喷射混凝土,此过程不影响 TBM 正常掘进。

岩石开挖后在刀盘或刀盘护盾处出现较大坍塌,必须停机处理。先停机处理护盾顶部危石,进行超前喷护,同时架立钢拱架,在钢拱架与护盾顶部搭焊短钢管,钢管上面焊接 2mm 厚钢板封闭塌腔,随刀盘前进,逐一架立钢架,钢板封闭,用 C20 细石混凝土回填密实,将塌腔与周围岩石连为一体。

3. 拱墙处(撑靴处)坍塌的处理

一般小范围的软弱结构可通过锁死部分撑靴通过,此时外机架支撑面积较小,要相应调整掘进参数,TBM 才能安全通过,此时 TBM 不用停机。

拱墙处发生较大坍塌时,造成 TBM 外机架一侧的撑靴无法支撑,必须停机处理。施工中采用联合支护方式,先清理危石,塌腔及其周围利用超前喷头喷射 8cm 厚混凝土,架立钢拱架，在钢拱架与塌腔之间用2mm厚钢板封闭，用棉纱堵塞漏洞，用C20混凝土回填塌腔，回填密实后整个钢板外围再喷射5cm厚混凝土，使回填混凝土与围岩连成一体，待混凝土初凝后方可掘进。

4. 撑靴部位位于软弱地段的处理

TBM的支撑系统采用双排四角支撑，由两个支撑部分（外机架1、外机架2）组成，每个支撑部件由8个撑靴组成，每个撑靴都能独立操作。TBM掘进时，支撑靴支撑着设备的重量并将推力和扭矩的反力传给拱墙的岩壁。当拱墙围岩强度不足以支撑撑靴压力时，TBM将无法进行掘进。

主要处理措施如下：

（1）将拱墙支撑靴部位进行换填处理，架立钢模板，封闭模板四周，用C20混凝土换填，待回填混凝土初凝后，再重新撑紧外机架进行掘进。

（2）在岩石松散、支撑力不足的情况，可采用在撑靴位置施作锚杆注浆加固岩石，同时调整撑靴压力，加大撑靴面积，避免出现反力不足、撑靴深陷的情况。

（三）防止围岩坍滑、坍塌的措施

有效地进行超前地质预报，超前注浆预加固及采取科学的支护手段、选择合理的掘进参数是减少、防止围岩坍滑、坍塌的主要措施。

1. 加强超前探测及超前钻探，施作管棚注浆加固

（1）采用基于地震波反射原理超前探测隧道前方断层带和软弱破碎带。

（2）超前钻探：把刀盘后部小皮带机孔、刀盘后部孔作为钻探通道，利用水平钻机进行超前钻探。

（3）结合各种方法监测，综合判断TBM刀盘前部围岩状况并根据预报的结果选择合理的施工方法。

（4）对前方断层破碎带，充分利用掘进机自身的超前钻机施作超前管棚注浆加固围岩，确保刀盘前方围岩的相对稳定而不卡住刀盘和护盾。

2. 加强围岩的支护

选择科学的支护方案和支护参数，根据钻爆法施工中新奥法的原理，对软弱破碎地段围岩及时施作锚喷柔性支护，并允许围岩有一定的变形，充分利用围岩自身的承载力，达到支护和围岩共同受力的目的。利用TBM自身喷射混凝土系统对护盾后出露的破碎围岩进行锚喷作业，封闭围岩，将围岩的收敛变形降到最低程度。

3. 掘进参数的合理选择

注意监测掘进机的各种参数变化，如推力、刀盘转速、刀盘扭矩、掘进速度、主电机电流等。根据掘进参数的变化可以大致推断刀盘前部围岩的变化情况，推力的大小反映前方围岩的强度，而扭矩的大小则反映了前方围岩的完整性情况，结合观察皮带机出渣情况，及时地选择和调整掘进参数可以有效地减少不必要的坍塌。

4. 加强围岩量测监控

制订完善的围岩量测监控制度，尤其对软弱破碎地段应加强围岩量测监控工作，进行动态施工管理，根据量测反馈信息及时调整支护参数，以确保施工安全。

第三节 隧道盾构法

一、盾构法的基本概念

盾构法是在地面下暗挖隧道的一种施工方法。当代城市建筑、公用设施和各种交通日益繁杂,市区明挖隧道施工,对城市生活的干扰问题日趋严重,特别在市区中心遇到隧道埋深较大、地质复杂的情况,若用明挖法建造隧道则很难实现。在这种条件下采用盾构法对城市地下铁路、上下水道、电力通信、市政公用设施等各种隧道建设具有明显的优点。

盾构法施工的概貌如图7-19所示。构成盾构法的主要内容是:先在隧道某段的一端建造一竖井(始发井),以供盾构机安装就位。盾构机从始发井的墙壁开孔处出发,在地层中沿着设计轴线,向另一竖井(到达井)的设计孔洞推进。盾构机推进中所受到的地层阻力,通过盾构千斤顶传至盾构尾部已拼装的预制隧道衬砌结构,再传到竖井的后靠壁上。盾构机是这种施工方法中最主要的独特的施工机具。它是一个既能支承地层压力,又能在地层中推进的圆形或矩形或马蹄形等特殊形状的钢筒结构,在钢筒的前面设置各种类型的支撑和开挖土体的装置,在钢筒中段内部安装顶进所需的千斤顶,钢筒尾部是具有一定空间的壳体,在盾尾内可以拼装一至二环预制的隧道衬砌环。盾构机每推进一环距离,就在盾尾支护下拼装一环衬砌,并及时向紧靠盾尾后面的开挖坑道周边与衬砌环外周之间的空隙中压注足够的浆液,以防止隧道及地面下沉。在盾构推进过程中不断从开挖面排出适量的土方。

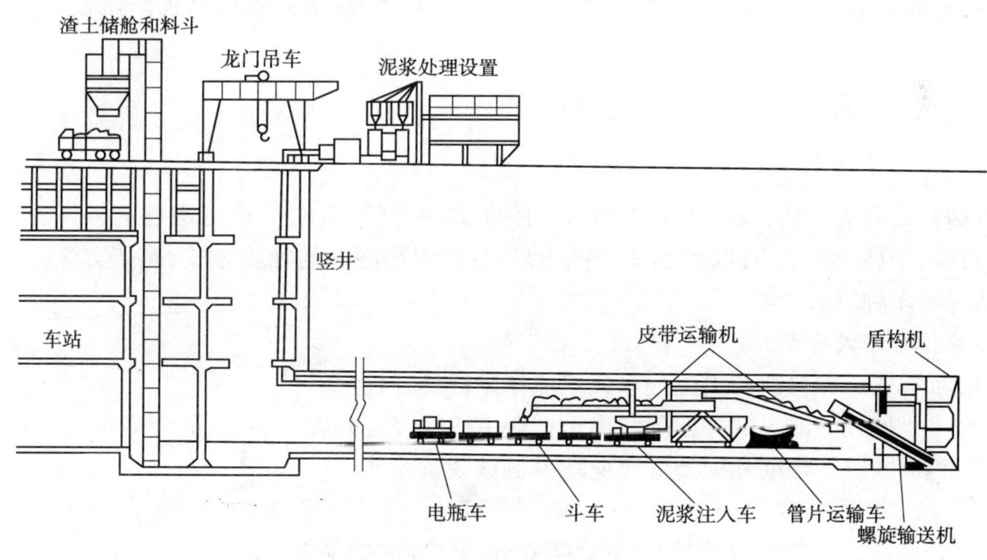

图7-19 盾构法施工图

(一)盾构法的施工技术

使用盾构法,往往需要根据穿越土层的工程水文地质特点辅以其他施工技术措施,主要包括:

(1)疏干掘进土层中地下水的措施。

(2)稳定地层、防止隧道及地面沉陷的地层加固措施。

(3)隧道衬砌的防水堵漏技术。

(4)配合施工的监测技术。

(5)开挖土方的运输及处理方法等。

(二)盾构法的主要优缺点

1.盾构法的优点

(1)除竖井施工外,施工作业均在地下进行,既不影响地面交通,又可减少对附近居民的噪声和振动影响。

(2)盾构推进、出土、拼装衬砌等主要工序循环进行,施工易于管理,施工人员也较少。

(3)土方量较少。

(4)穿越河道时不影响航运。

(5)施工不受风、雨等气候条件影响。

(6)在土质差水位高的地方建设埋深较大的隧道,盾构法有较高的技术经济优越性。

2.盾构法的缺点

(1)当隧道曲线半径过小时,施工较为困难。

(2)在陆地建造隧道时,如隧道覆土太浅,则盾构法施工困难很大;而在水下时,如覆土太浅,则盾构法施工不够安全。

(3)盾构隧道上方一定范围内的地表沉陷尚难完全防止,特别是在饱和含水松软的土层中,要采取严密的技术措施才能把沉陷限制在很小的限度内。

(4)在饱和含水地层中,盾构法施工所用的拼装衬砌,对达到整体结构防水性的技术要求较高。

二、盾构机的分类与构造

(一)盾构机的分类

盾构机的分类方法较多,可按盾构机切削断面的形状,盾构机自身构造的特征、尺寸的大小、功能,挖掘土体的方式,掘削面的挡土形式,稳定掘削面的加压方式,施工方法,适用土质的状况等多种方式分类。

1.按挖掘方式分类

(1)手掘式。即掘削和出土均靠人工操作进行的方式。

(2)半机械式。即大部分掘削和出土作业由机械装置完成,但另一部分仍靠人工完成。

(3)机械式。即掘削和出土等作业均由机械装备完成。

2.按挡土方式分类

(1)开放式。即掘削面敞开,并可直接看到掘削面的掘削方式。

(2)部分开放式。即掘削面不完全敞开,而是部分敞开的掘削方式。

(3)封闭式。即掘削面封闭,不能直接看到掘削面,而是靠各种装置间接地掌握掘削面的方式。

开放式盾构不设隔板,其特点是掘削面敞开。掘削土体的形式可为手掘式、半机械式、机械式三种。这种盾构适于掘削面可以自立的地层中使用。掘削面缺乏自立性时,可用压气等辅助工法防止掘削面坍落,稳定掘削面。

部分开放式盾构机,即隔板上开有取出掘削土砂出口的盾构机,是网格式盾构机,也称挤压式盾构机。

封闭式盾构机是一种设置封闭隔板的机械式盾构机。掘削土砂是从位于掘削面和隔板之间的土舱内取出的,利用外加泥水压或者泥土压与掘削面上的土压平衡来维持掘削面的稳定,所以封闭式有泥水平衡式和土压平衡式两种。进而土压平衡式又可分为真正的土压平衡式和加泥平衡式。加泥平衡式又分为加泥和加泥浆两种平衡方式。

3. 按稳定掘削面的加压方式分类

(1)压气式,即向掘削面施加压缩空气,用该气压稳定掘削面。

(2)泥水加压式,即用外加泥水向掘削面加压稳定掘削面。

(3)削土加压式(也称土压平衡式),即用掘削下来的土体的土压稳定掘削面。

(4)加水式,即向掘削面注入高压水,通过该水压稳定掘削面。

(5)泥浆式,即向掘削面注入高浓度泥浆,靠泥浆压力稳定掘削面。

(6)加泥式,即向掘削面注入润滑性泥土,使之与掘削下来的砂卵石混合,由该混合泥土对掘削面加压以稳定掘削面。

4. 按尺寸大小分类

(1)超小型盾构机。超小型盾构机是指 D(直径)$\leqslant$1m 的盾构机。

(2)小型盾构机。小型盾构机是指 1m $< D \leqslant$ 3.5m 的盾构机。

(3)中型盾构机。中型盾构机是指 3.5m $< D \leqslant$ 6m 的盾构。

(4)大型盾构机。大型盾构机是指 6m $< D \leqslant$ 14m 的盾构机。

(5)特大型盾构机。特大型盾构机是指 14m $< D \leqslant$ 17m 的盾构机。

(6)超特大型盾构机。超特大型盾构机是指 $D >$ 17m 的盾构机。

(二)盾构机的构造

盾构法施工所采用的盾构机及配套设备因围岩条件、施工环境及施工方法的不同而不同。施工设备的基本配置原则是按照隧道的开挖断面、长度来进行主要施工设备的配置。具体的配套原则如下:施工设备应与盾构法施工相配套,与进度目标相适应;施工设备应有能够适应不同围岩的能力;施工设备应与员工的素质、管理水平相适应。

配备施工附属设备时,要考虑提高施工安全性和施工效率并改善工作环境;在市中心施工时由于用电困难,可充分利用竖井或地铁车站的空间,设备安装时需设置防振和防噪声设备,以满足环境保护的要求。

制订施工设备的进场计划时,首先要考虑盾构机推进作业的能力,以组成各种作业的工作循环,使每道工序相互配合,紧密衔接,安全施工,并配置备用设备。盾构机由承受外荷载的盾壳,以及在盾壳保护下的开挖、推进、衬砌(管片安装)、液压、控制、电器、注浆、导向等系统设备和附属设备构成。盾构各系统须保证盾构能充分发挥其功能。

1. 盾壳

盾壳由壳板及其加固部件组成,如图 7-20、图 7-21 所示。一般盾壳分为前、中、后三部分,通常将这三部分分别称为前盾(切口环)、中盾(支撑环)、盾尾。

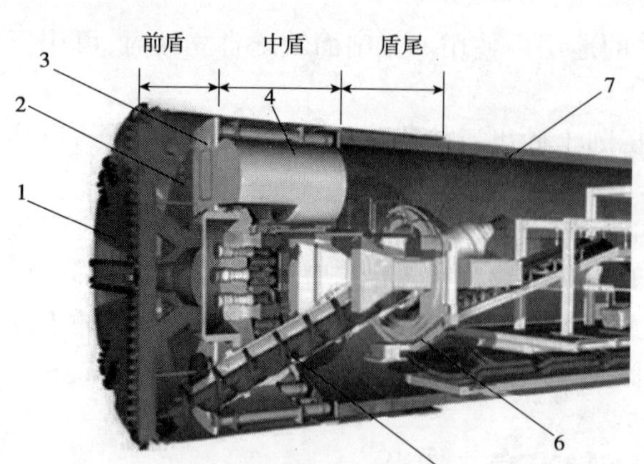

图 7-20　土压平衡盾构构成

1-刀盘;2-渣土舱;3-压力隔墙;4-推进油缸;5-螺旋输送机;6-管片安装机;7-管片

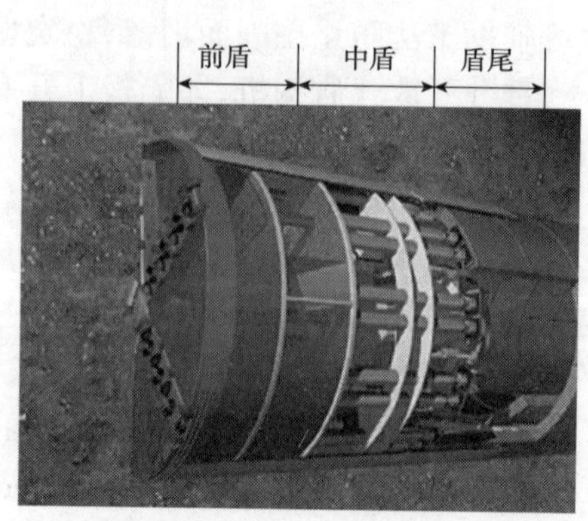

图 7-21　泥水盾构构成

2. 开挖系统

开挖系统主要由刀盘、刀具、主轴承及其驱动系统组成。

1)刀盘

通常刀盘都是直接与地层接触在恶劣的环境下工作,一旦开始施工就不能再对其进行改造了,设计时应对其结构强度、耐久性、功能进行充分研究。通常在刀盘外围做表面硬化处理,以防磨损。刀盘的形状分类及适用范围如表 7-1 所示。

刀盘的形状分类及适用范围　　表 7-1

刀　盘	种　类	适 用 土 质	适用的盾构种类
断面形状	平面型	细粒土、小砾石	土压平衡式
	抽心型	大砾石、卵石、硬岩	
	弓型	大砾石、卵石、硬岩	
正面形状	平面型	细粒土、小砾石、卵石、硬岩	土压平衡式
	辐条型	细粒土、小砾石、卵石	泥水式、土压平衡式

刀盘形式按能适合地层条件、切实发挥其功能的原则选定。

(1)切削方式。一般使用旋转切削方式,其特点是结构紧凑。另外,还有摆动切削、行星切削等。

(2)结构形式有辐条式和面板式两种,如图 7-22 所示。结构形式根据施工条件、地层条件决定。在我国,土质地层隧道最好采用辐条刀盘,一般辐条数量 3 ~ 6 条,根据地层条件进行设计,地层越软弱需要的辐条数量越少。对于岩石与土组成的复合地层,一般采用面板式。

2)刀具

根据刀具破岩机理与作用,目前盾构配置的主要刀具如图 7-23 所示。

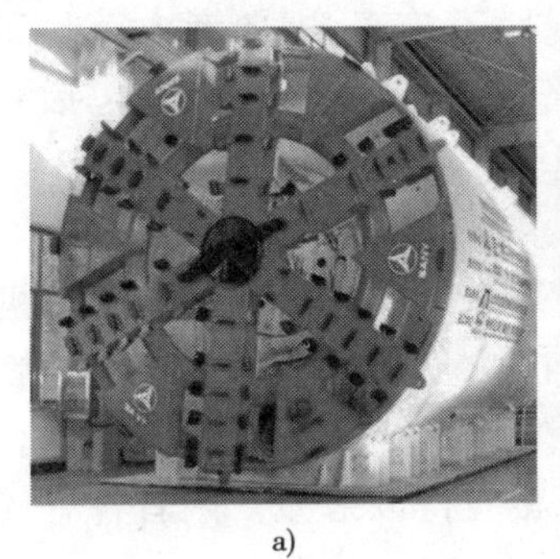
a)

b)

图 7-22 刀盘结构形式

a)辐条式;b)面板式

- 掘进刀具
  - 滚压破岩刀具
    - 球齿滚刀
    - 楔齿滚刀
    - 盘形滚刀
  - 毁削破岩刀具
    - 切刀
    - 齿刀
  - 辅助刀具
    - 刮刀
    - 超挖刀

图 7-23 主要刀具类型

3)主轴承

刀盘主轴所使用的轴承分滑动轴承和滚轮轴承两种。滚轮轴承中最常用的就是如图 7-24 所示的三列组合轴承,在轴承的外轮或内轮中进行啮合,这样就可直接接受来自电动机的动力。

轴承密封的目的是保护主轴承,以承受压力舱内的泥土压力、地下水压力、泥水压力、添加材料注入压力和压气压力。对主轴承密封,要求其具有耐压性、耐磨损性、耐油性、耐热性等,且使用条件是在承受土压和水压的苛刻环境下,一般使用氯丁橡胶、聚氨酯橡胶等。

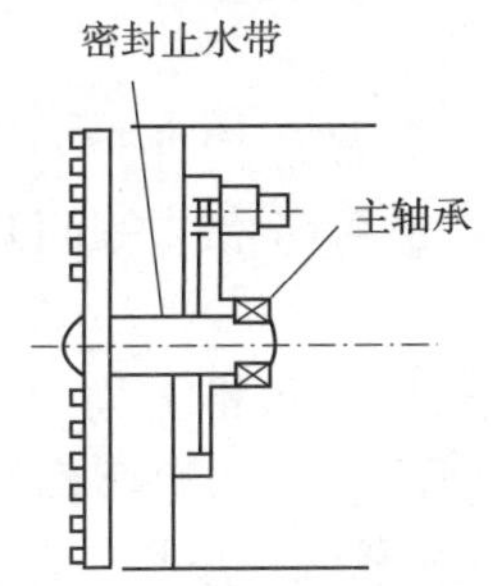

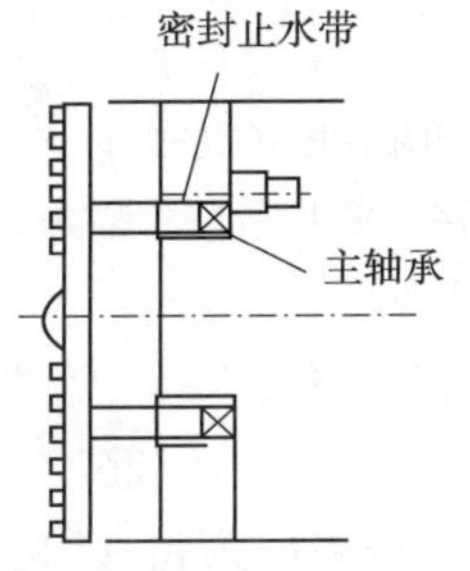

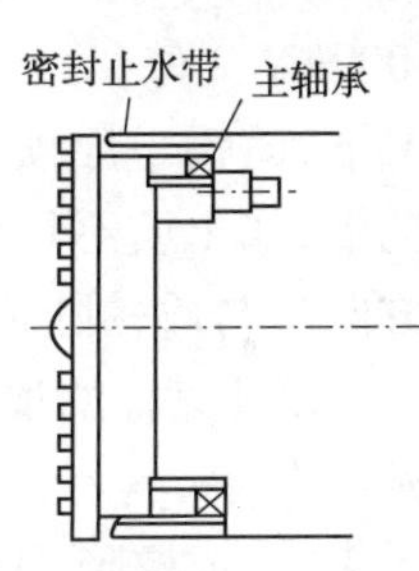

图 7-24 轴承止水带的安装位置

根据覆土厚度、地下水位、添加材料注入压力、施工总长度等,考虑主轴承密封的安装位置、层数、滑动速度、润滑油量和压力等。

轴承的密封形式分为唇形、迷宫式与指形密封等。根据密封压力要求确定其形式、密封数等。轴承的密封有如图 7-25 所示的几种形状。

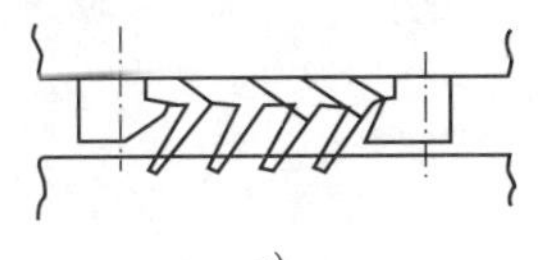
a)

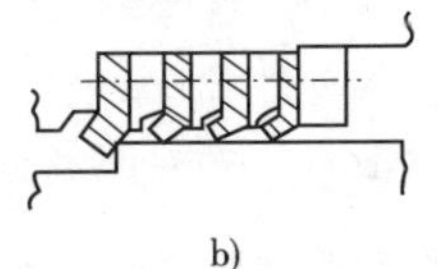
b)

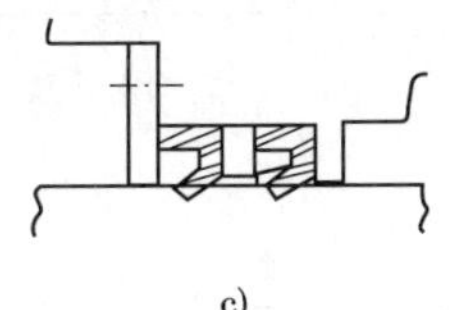
c)

图 7-25 轴承的防土密封形状

a)复数唇形密封;b)单一唇形密封;c)单一唇形密封(U 形)

主轴承密封的形状有单唇和多唇形,均采取多层组合配置,并应供给润滑油或润滑脂,防止密封滑动面磨损和砂土侵入。另外,在高水压条件下,要考虑密封的面压上升引起的发热问题，以及为了降低密封的负担，施加背压等问题。对于长距离施工，则要考虑密封和滑动面的磨损性。在这些严酷条件下施工，为了确保耐久性，需要进行良好的管理，包括润滑油脂注入压和注入量管理、渗出物取样管理、温度传感器管理等。

4）驱动系统

驱动系统是指向刀盘提供必要旋转扭矩的机构。该系统是由带减速机的油压起动机或者电动机经过副齿轮，驱动装在掘削刀盘后面的齿轮或销锁机构。有时为了得到大的旋转力，也有利用油缸驱动刀盘旋转的方式。油压式对启动和掘削砾石层等情形较为有利。电动机式的优点是噪声小、维护管理容易、后方台车的规模也可相应得以缩减。两者各有优缺点，应根据实际要求选用。

3. 推进系统

推进系统主要由推进油缸组成。

盾构机的推进是靠设置在支承环内侧盾构千斤顶的推力作用在管片上，进而通过管片产生的反推动力使盾构前进的。

选择盾构千斤顶的原则：选用压力大、直径小的液压千斤顶；选用重量轻、耐久性好，保养、维修及更换方便的千斤顶。

盾构千斤顶的条数及每只千斤顶的推力大小与盾构机的外径、要求的总推力、管片的结构、隧道轴线的形状有关。施工经验表明，选用的每只千斤顶的推力范围是，对中小口径的盾构来说，每只千斤顶的推力以600～1 500kN为好；对大口径盾构来说，每只千斤顶的推力以2 000～4 000kN为好。

一般情况下，盾构千斤顶应等间隔地设置在支承环的内侧，紧靠盾构外壳的地方。但在一些特殊情况下，如土质不均匀、存在变向荷载等客观条件时，也可考虑非等间隔设置。千斤顶的伸缩方向应与盾构隧道轴线平行。

通常在千斤顶伸缩杆的顶端与管片的交界处，设置一个可使千斤顶推力均匀地作用在管环上的自由旋转的接头构件，即撑挡。另外，在钢筋混凝土管片（RC管片）、组合管片的场合下，撑挡的前面应装上合成橡胶、尿烷橡胶或者压顶材，其目的在于保护管片。盾构千斤顶伸缩杆的中心与撑挡中心的偏离允许值一般为30～50mm。千斤顶与撑挡的偏心状况如图7-26所示。

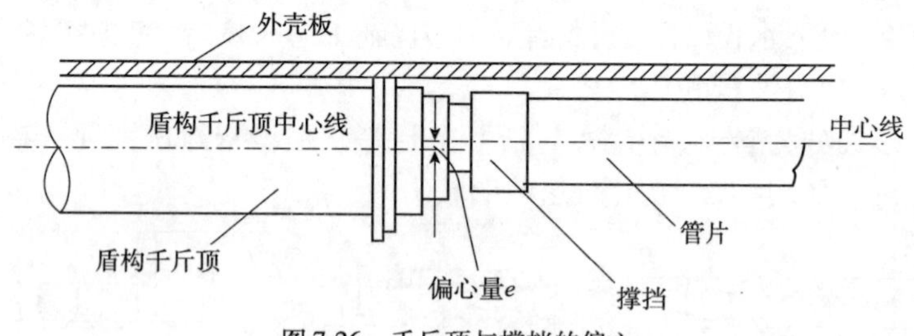

图7-26　千斤顶与撑挡的偏心

考虑在盾尾内部拼装管片、曲线施工等作业，盾构千斤顶的最大伸缩量可按管片宽度加150mm的关系确定。千斤顶的推进速度一般为50～100mm/min。

4. 管片安装系统

管片安装系统主要由管片安装机、管片吊机、管片输送机、螺栓紧固工具（棘轮扳手、套筒扳手、电动或风动扳手、扭矩扳手）、吊篮作业架以及真圆度保持设备等组成。

管片安装机是在盾尾将管片组装成指定形式的机械。安装机应根据盾构形式和规模、管片、渣土处理方法、工作循环等选择,以保证能准确、高效地组装管片。安装机除了可以回转外,夹具应具有前后移动和伸缩等功能。回转与伸缩均采用液压式。管片安装机有的装在盾构主体支承环上,有的则装在后配套拖车上。

管片安装机有环式、中空轴式两种。

(1)环式。在支承环后部或在盾构千斤顶压力垫附近的盾尾设置滚轴,在用该滚轴支承的中空环上安装自由伸缩臂。

(2)中空轴式。旋转轴为中空式,其内可设置渣土的搬出装置。

管片安装机抓取方式一般分为机械抓取式、真空吸盘式等。大直径盾构机多采用真空吸盘式,如图 7-27 所示。

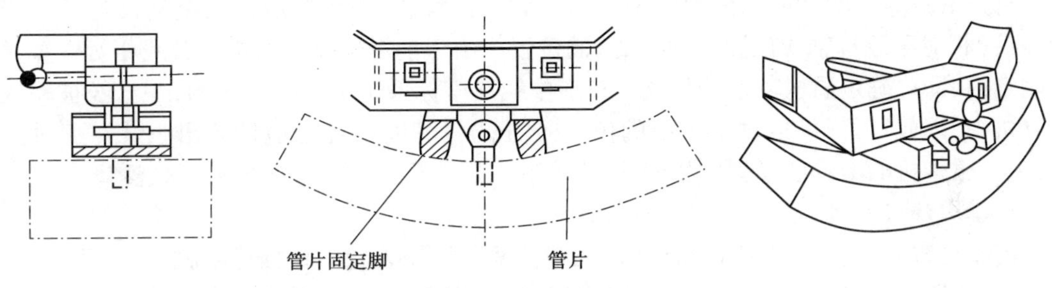

图 7-27 管片提抓装置

5. 液压、电气系统

(1)液压系统

液压系统回路按盾构推进油缸系统、刀盘系统、管片安装机系统等各系统分别构成。其动力源既可按系统分别配备,也可一起共用,液压选型、质量、密封性能应可靠。液压设备属高压大容量型设备,工作环境差,液压回路应能使各设备可靠地工作,一旦停机,应能使各工作部分安全地保持停止位置。液压系统按适合使用条件的原则加以选择。

(2)电气系统

电气系统包括供配电系统、可编程控制系统、计算机控制及数据采集分析系统。隧道内湿度大,可能会有漏水,所以要求采用的电气设备具有良好的防水、防湿、防尘和防振性能,或采用能对这些影响进行防护的结构,尽量做到结构紧凑,并设置在便于操作、检修、保养的地方。

对各电气设备,根据使用环境采用 IP55 或 IP67 防护等。如果存在甲烷等可燃性气体时,则根据隧道内危险地段的条件,采取防爆措施。

6. 导向系统

为了能控制盾构的姿态与管片安装,盾构机上需配备自动导向系统,其性能应可靠,即使在高温、潮湿、压气施工等环境条件恶劣的隧道内也应有足够的精度。

自动导向系统(SL-T、PPS)一般由自动全站仪、测斜仪、前后视棱镜、计算机(自动测量软件)及数据传输电缆组成,如图 7-28 所示。自动全站仪、测斜仪等设备根据测量精度选用。

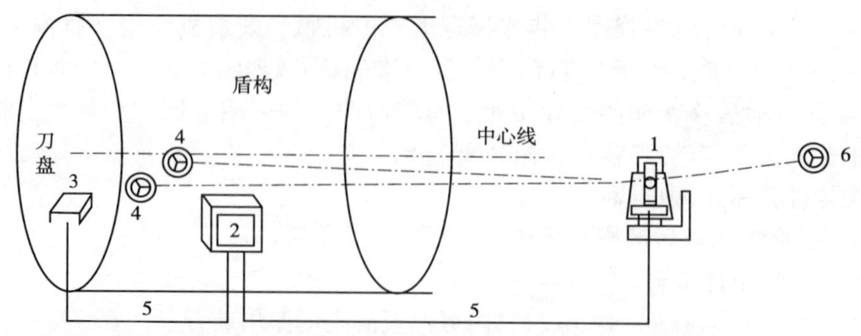

图 7-28　自动导向系统组成与工作原理

1-自动全站仪；2-计算机；3-测斜仪（滚动与倾斜）；4-前视棱镜；5-数据传输电缆；6-后视棱镜

首先通过人工测量的方法确定全站仪与后视棱镜的坐标，然后自动全站仪自动测量前视棱镜（相对于盾构轴线位置是确定的）的位置。由于前视棱镜与盾构机轴线相对位置关系是确定的，即可确定盾构轴线的位置。隧道中线在坐标系统中也是已知的，并已经被输入到计算机中，因此，盾构机相对于中线的位置及方位就可以很容易地计算出来。在掘进过程中，由于盾构机的滚动和倾斜发生变化，由安装在盾构机内部的两轴向倾斜仪测量。

7. 壁后注浆系统

同步注浆设备采用能够连续向盾尾间隙注浆的机械装置。根据注浆材料、注浆方法、注浆量等，选用能够将注浆材料充分填充到盾尾建筑间隙，并且容易维护管理的设备。壁后注浆设备配置在盾构机的后配套拖车上，在盾构机推进的同时向管片背后进行同步注浆。对于大直径隧道，需要有大容量的注浆设备，需考虑围岩条件、注浆时间、注浆地点，计划好注浆泵的数量、拌和设备、传送泵等，使之能够提高注浆效率。

(1)注浆管。注浆管有内置式、外置式。考虑采用一种不破坏地层，同时在盾构机出发时，其入口处的止水密封带性能又不会遭到破坏的结构。

(2)注浆泵。注浆泵有活塞式、螺旋式、挤压式。运输砂浆多用活塞式，有时也选用适合定压注浆、注浆量和注浆压力无级变更的脉动少的螺旋式注浆泵。注浆作业时，为了防止土砂、水从注浆材料的排出口倒流，应设法连续注浆。如果注浆管路内注浆材料凝固，应及时疏通。

(3)注浆材料运输。随着注浆长度的增加，从设置在竖井附近或隧道外的拌和设备向隧道内注浆装置输送浆液，多数采用管道压送的方法，从而避开与管片运输等的相互干扰。从提高安全性和施工效率方面考虑，也很少采用材料运输车进行砂浆运送。

(4)砂浆拌和设备。砂浆拌和设备设置在隧道外或竖井口附近，为管片壁后注浆设备提供同步注浆浆液。拌和装置包括各种集料、水泥、添加剂、水等的储存槽及计量器，搅拌机和防止分离沉淀的旋转搅拌罐等，这些装置应避免雨淋。此外，注浆设计还需考虑便于注浆材料的投放、维护、管理等操作。

8. 润滑系统

润滑系统应确保刀盘轴承、轴承密封、减速机、螺旋输送机、铰接装置等维持正常功能。采取适合其用途的润滑方法。润滑设备按规定的方法定期、定量加注指定质量的润滑油脂，使各部分的机构、装置能保持正常功能，其运行方法应编入通常的操作规程中。

9. 排渣系统

盾构机排渣设备应适合围岩条件，具有将渣土顺利排出的能力。

(1)土压平衡盾构机上的排土装置是能够保持渣土和土压力、地下水压力的平衡，并具有按盾构推进量调节排土量的控制设备。考虑排土装置时，应根据地层性质、砾石直径、地下水等围岩条件和盾构机直径、隧道内外条件，选择最为合适的设备。

螺旋输送机的形式大致分为有轴螺旋输送机和无轴螺旋输送机。开挖砾石地层时，须按排土能力研究输送机的类型和尺寸大小，尤其在透水性好的地层条件下使用无轴螺旋输送机时，需要认真研究止水性等压力保持能力。

(2)泥水盾构机排渣系统应具有足够的能力，以满足开挖面的稳定控制和渣土的流体输送。泥水盾构机排渣系统应根据盾构机推进速度、地层条件等确定。

泥水盾构机排渣设备包括送、排泥管，旁通管线，送、排泥泵，各种闸阀与控制系统，以及出泥口搅拌装置与砾石处理设备等。

10. 配套系统

1)后配套拖车

后配套拖车是设置主控室、液压、电气、注浆设备等(由于盾构机直径、形式、容量等原因无法设置在盾构内)的台车，具备装备盾构机各系统设备用的机械装置、放置材料和进行各种场所作业的能力。

隧道断面和后配套拖车的配备根据下列因素考虑：

(1)设备的维护管理；

(2)满足材料运输；

(3)轨道铺设、管线延伸等各种作业场所施工。

应制订计划以确保各项作业顺利进行。在小断面盾构机中，由于难以保证设置避车道，需要采取相应的安全管理措施。在大断面盾构机中，需要设置防止坠落的扶手等设施。后配套拖车根据形状可分为门形拖车、单侧配置拖车等，可根据隧道直径、工程特点适当选择。

一般都铺设后配套拖车专用轨道或在管片上安装托架，使后配套拖车在上面行驶。拖车行驶方式有两种：一种是用连杆等将后配套拖车与盾构本体连接在一起，在推进盾构机的同时进行牵引的方式；另一种是台车自身跟随盾构机械的自行式。制订后配套拖车结构计划时，应根据急曲线施工区间后配套拖车行驶需确保拖车与隧道间的间隙，牵引时需防止拖车倾覆、脱轨，陡坡施工区段需防止拖车失控等需求，采取足够的安全措施。

2)泥水处理设备

由排泥管输送到地面的泥水中混有大量的土颗粒或砾石时，需经水土分离处理后才能循环使用。将泥水中的水和土渣分离的过程称为泥水处理。调节泥浆特性的制浆设备属于泥水处理设备的一部分。泥水处理设备能有效地分离排出泥浆中的渣土，具有与掘进速度相适应的处理能力，满足使用环境要求，且经济合理。

泥水处理设备一般分为一级处理设备、二级处理设备和三级处理设备。通常砂性土主要采用一级处理，用于分离泥水中 75μm 以上的砂和砾石；黏性土一般采用二级处理，用于分离 75μm 以下的微小土颗粒。

3）空压设备

（1）可呼吸空气压气设备

采用气压辅助工法进行作业时，需要设置达到容量要求的空压机，并配置气闸设备、驱动电力设备、冷却设备、储气罐、送气管道，以提供满足带压作业所需要的清洁的、温度和湿度适中的可呼吸空气。

（2）工业气体压缩空气设备

在开挖面、泥水盾构气垫舱或其他地方［如气动设备、气动工具、铰接（盾尾）紧急充气密封、密封注脂、气垫等］需要使用压缩气体，设置所需容量的空压机及其他附属设备提供工业气体。

（3）设备容量

一般来说，采用压气施工法的气体消耗量为从隧道开挖面的漏气和开关气闸时的消耗量等的总和，主要受地层的透气性、盾构机直径、压气压力、覆土情况等影响。

（4）气闸设备

气闸设备应根据《劳动安全卫生条例》。《劳动安全卫生管理制度》《高压气体容器作业安全卫生工作守则》《锅炉压力容器安全管理制度》进行设置和管理。气闸是承受高压的设备，应使用经规定手续检验合格的产品，在设计、制造、检查时遵守国家安全生产法关于压力容器的有关规定。根据用途，气闸分为人员出入闸、材料闸、应急事故闸、医疗闸等几类。人员出入闸和材料闸应尽可能分开设置。两者共用时，应遵守《高压作业安全卫生条例》。

4）材料与渣土运输设备

材料与渣土运输设备配置需考虑作业循环和施工场地的布局条件，并满足工程进度要求。

（1）材料运输设备

材料运输设备是在不影响弃渣的同时，及时运送施工所需材料的设备。

①隧道内运输设备。隧道内材料的运输一般采用有轨运输方式，大直径隧道也有采用无轨运输的。运输车的选用应适合运送材料的重量、大小和形状，并且在运输中要有防止货物倒塌的措施。

②竖井运输设备。在竖井内运输施工材料的设备，一般采用门吊和塔吊。

（2）渣土运输设备

根据弃渣的性质、向隧道外出渣的方法、向弃渣场运渣的方法，以及向隧道内运送材料的方法，来选择满足运送能力的出渣设备。

隧道内渣土水平运输设备有轨道运输方式、输送带运输方式、自卸汽车运输方式和流体管道运输方式等。

①轨道运输方式

a. 牵引机车。宜使用电瓶车。

b. 渣车。渣车的尺寸及数量由隧道断面的大小、每循环掘进长度、地质条件（开挖后的松散系数）、隧道内运输循环及竖井设备等决定；渣车的形状根据隧道外卸渣的方法而定，一般有箱型、活底型和侧卸型。

c. 轨道铺设方式。轨道的铺设和布置应确保隧道内运输循环畅通和重型车辆的行驶安全，一般采用单线制、局部双线制、复线制或四轨三线制，采用四轨三线制时，一般设置浮动道岔。当隧道内空间狭小、难以满足变更运输轨道时，可使用回转台、转车台等设备。

d. 安全运行保护装置。采用有轨运输时，为防止发生溜车等交通事故，应设置车辆制动装置及运行所需安全装置、挂钩防脱装置、失控停车装置、驾驶室、确保人员与车辆安全的设备、安全通道、躲避场所、信号装置等各种设备。当车辆运行时，应遵守隧道内的运行速度，确保安全停车。不得已倒车时，应准备好安全装置。施工人员应熟悉运行信号、指挥信号等。

e. 充电设备。为满足隧道内水平运输牵引机车的充电需要，设置充电设备。在隧道内进行充电时，需加强通风。

②皮带运输

隧道断面小使用有轨运输困难时，使用皮带运输更有利。

竖井出渣设备有门吊式、抓斗式、吊斗提升塔架式、垂直输送带式以及管道等。应根据运输作业的循环时间、周围环境和环保要求进行选择。

③连续出渣设备

连续出渣设备采用皮带运输方式、管道运输方式，有流体输送式、泵压送式、空气输送式、筒体集尘输送式等。连续出渣设备可与掘进进程并行运出废渣，隧道内运输和竖井运输可同时进行，有利于提高工作效率，并且减少隧道内运输车辆，安全性高，实现运输自动化。

流体输送式连续出渣设备适用于泥水盾构机，通过泥浆泵将隧道内的渣土通过管道输送到地面上的泥水处理设备。

泵压送式连续出渣设备用于土压平衡盾构开挖软质地基时较为有效。采用泵压送时，需认真研究高压泵的能力、配管阻力、压送距离等因素，由于管道振动较大，需注意管道的固定和接头的强度。

土压平衡盾构机施工时，在地面上应设置料斗或弃渣坑；其容量应能储存不会影响施工进度的弃渣量。在城市作业时，一般只能在夜间进行渣土外运，料斗或弃渣坑的容量应相应加大。

5）电力设备

根据盾构机及后配套设备的用电负荷及施工辅助设备的用电负荷，再考虑一定的备用量来确定变电设备的容量。电力设备中的变电设备应设置于大容量的机械设备较集中的始发竖井附近。根据所使用的电气机械的输出及各种类别的负荷算出最大负荷容量，来决定变电设备的容量。确定供电设备计划时，向电力公司、消防部门申请办理设置自用电气设备手续。采用压气施工法时，电气设备故障会引发重大事故。除应进行细心的维护管理外，还必须进行大部分设备的防护和必要的维护检查，做到万无一失。有条件时可采用双电源。

6）通风设备

为了给隧道内作业区创造安全、卫生、舒适的作业环境，设置通风设备，提供隧道内所需的空气，一般要求施工区域的风速不低于0.3m/s。

7）给排水设备

给排水设备应具有足够的处理给水及涌水的能力，在施工期间，应能够保证设备正常运行及维持正常给、排水处理。

(1)给水设备

给水泵、管线等设备的能力应满足设备冷却、清扫用水等所需水量。对于各种用途水的质量也应充分注意。在计划配管时,采取防止回流的措施。

盾构机的冷却水用软水,冷却水池大小与冷却塔能力应满足要求,保证水温不超过30℃,必要时可设置冷却设备。

(2)排水设备

排水设备包括隧道内排水、竖井排水、排水处理及防洪备用设备。配置时应满足以下要求:

①隧道内排水。隧道内排水是将隧道内漏水、作业用水排出。隧道内排水设备的能力应能满足隧道内漏水和作业用水的排出。

②竖井排水。排水设备的能力除应满足从隧道内排出的水量外,还应考虑周围漏水等水量。

③备用设备。为防止意外灾害,特别是在水底隧道施工中,为确保排水能力,应备配足够容量的排水设备。

④排水处理。在城市中施工时,废水应经沉淀池沉淀后排入污水管道,排水标准遵守环境保护法的相关规定。排到污水管道的水,根据排水标准,多数需要进行化学处理。因此,在排水时应遵守相关法律的规定。

⑤排水能力。制订排水计划时,需要研究排水前方的容纳能力。

8)照明设施

照明设备与电力设备一样按相应的技术标准和规范进行设置。开挖面的照明应与盾构机内装配的设备一样,局部需要照明时,可采用投光器。隧道内作业区照明亮度需要达到70lx,其他地方需要20lx左右。隧道内有阶梯的地方不能使用亮度大的照明器具。这些固定式照明设备由于需要长期使用,还应经常进行维修检查。

当隧道内停电时,作业人员应能够安全退到安全地段,因此在通道出入口、阶梯等必要处设置应急照明设备。

9)通信联络设施

为了掌握隧道内施工进度,确保隧道内作业安全、各作业场所及各种设备间的紧密联系,设置通信设备和发生紧急事故时可立即通知的报警装置。

在遵守《劳动安全法规》《高压作业安全法规》及考虑操作安全性能的基础上选定合适的通信设备。

隧道外与隧道内的联系:在隧道内与隧道外之间设置可通话的电话机、对讲机等通话装置。竖井升降设备通信联系:门吊驾驶员与井下挂钩员采用无线对讲机进行联系。门吊操作室内装有监视器,竖井下安装固定式摄像头,以便驾驶员监视摘挂钩情况。

报警装置:在预料可能会发生危险的隧道中,在必要之处设置能通知发生紧急事态的汽笛、紧急响铃等报警装置。当报警装置、通话装置的电源发生异常时,可紧急使用备用电源。

采用压气工法的设备,在高压区作业人员和空压机操作人员之间设置通话装置。考虑到这些装置会发生故障,所以需设置双系统。

10)消防设施

遵照《劳动安全条例》《消防法》《高气压作业规程》等相关条例法规,进行消防设备的配置和管理。在施工期间,为防止火灾,配置消防、防火设施和设备。

三、盾构施工的准备工作、开挖和推进

(一)盾构竖井的修建

盾构工法属地下水平掘进工法,所以在盾构机始发前必须先用开挖法挖出一个地下空间,以备盾构机组装、始发作业对场地的需求,该地下空间称为始发基地。盾构机从始发基地出发,一直掘进到用同样开挖法构筑的用于检修盾构或盾构解体运出的作业基地,称为到达基地。通常,这些地下空间(作业基地)是由地表竖直伸延到地中的筒形构造物构成的。该竖直筒形构造物通常称为竖井。

竖井在盾构工法中有两个功能。第一个功能是作为施工作业基地使用,即盾构机的搬入或搬出、组装或解体、始发或到达,管片等隧道构筑原材料、施工设备等物资的运入运出,掘削下来的土砂的运出等作业,均在竖井空间内完成。第二个功能是隧道构筑施工结束后,可把竖井空间作为通风井、排水井使用。

竖井的开挖是盾构隧道工法中必不可少的关键施工环节,其构筑通常采用开挖法。但这里应当指出,隧道竖井的开挖与一般方法的差异较大。竖井的开挖深度相当于隧道的深度,一般情况下属深层开挖,开挖时间较长,作业较为集中。竖井的设计原则应在满足各项技术指标的前提下,尽量考虑对盾构隧道施工方便、有利的原则。

近年来,伴随城市地下铁路、上下水道、电力电缆、通信电缆、气体管道、地下雨水蓄水池、地下油罐等多种地下设施发展的需求,使竖井在技术上向着大深度、大规模、多样化、高精度、高可靠性的方向发展。此外,由于绝大多数隧道的路线是沿着道路下方布设的,所以就竖井的施工而言,通常是在地表交通拥挤、地下埋设物密集的不利条件下进行的。这对竖井施工来说是一个苛刻的条件。因此,竖井的施工不仅要保证竖井的大深度、大规模、多样化、高精度、高可靠性等技术要求,同时还要满足客观要求。如施工中不能过多地封道中断交通,即场地受限;施工中排放的污水或地下水不能污染公用水源,不能危害周围的动植物;施工中开挖土层或抽取地下水时,不能给周围地层带来大的沉降,影响周围构造物的安全,不能对周围井水的水位有影响,更不允许使井水干涸;施工产生的噪声、振动不能超过规范标准。

就竖井的施工技术而言,近年来涌现了多种新的施工方法,如SMW工法、钢制地下连续墙工法、地锚反力压入工法、自动化开口沉井工法、自动回收挖土机械的无人压气沉箱工法、球体盾构竖井构筑工法等。

近年来,推出了盾构刀具直接切削井壁的进井、出井的新技术。这一新技术的关键是竖井井壁上的盾构进、出部位,必须在保证正常井壁功能及不损伤刀具寿命的前提下,可以直接切削。实现上述目的的方法有两种:一是进、出井部位的井壁用可以直接掘削的新材料制作;二是利用电蚀效应溶解井壁中的钢筋芯材,使其芯材劣化达到可用盾构机刀具直接掘削的程度,即电蚀直接进、出洞工法。

1. 竖井分类

竖井按其使用目的可分为始发竖井(也称进洞竖井)、到达竖井(出洞竖井)、中间竖井(包括变向竖井、换刀检修竖井等)。

(1)始发竖井。始发竖井即始发盾构机的竖井,从地表把盾构机的分解件及附属设备搬

入始发竖井，然后在井内组装盾构，设置反力装置和盾构始发导口。始发竖井的另一个功能是运输存放盾构在始发掘削中需要的各种器械及材料的基地。也可以说，始发竖井及其周围的场地是一个停放出土设备、起吊设备、管片编组、各种机电设备、背后注浆设备、原材料等的场地。

在用地无限制的情况下，从功能上讲，始发竖井越大越好。而竖井越大，其成本也越高，故通常以满足所需最小功能为条件确定其内空尺寸。但是，也不能机械地按上述功能条件的计算结果确定尺寸，还必须考虑作业人员的作业空间的余度和作业安全、盾构隧道覆盖土层的厚度、始发方法等多种因素。

(2)到达竖井。两条盾构隧道的连接方式，有到达竖井连接方式和两台盾构机彼此地中对接两种。其中，地下对接方式仅在对接部位处于水中(水中筑造竖井难度大)或地表无法安排竖井用地的特殊情形下选用，通常是采用到达竖井的连接方式。

通常竖井的布设间隔多定在 1 000m 左右，该距离不仅适用于盾构的掘削能力(刀具寿命)，同时，隧道和地表的沟通(例如人孔、通风孔、阀箱、站等的设置距离)也多选用该距离。因此，盾构的到达竖井不仅起盾构洞道的连接作用，同时还可在该竖井中设置上述设施，这种一井多用的情况很多。由上述讨论不难发现，对于决定到达竖井大小的因素来说，不仅要考虑接收盾构机的场地的大小，还应考虑安装上述各种设施的空间，必须选取两者中较大的数据。另外，还必须满足到达竖井的内空宽度(即与盾构轴线垂直的方向)比盾构机的外径大的条件。

(3)中间竖井。对路线中途改变掘进方向的竖井称为中间竖井或旋转竖井，其功能是用来改变隧道的方向。随着近年来小曲率半径急弯施工技术的进步，需求中间竖井的情形正在减少。

由于盾构机要在旋转竖井内实现到达、始发，所以到达方向的内空尺寸及始发方向的内空尺寸均应满足要求。当不能用吊车旋转大口径盾构机的方向时，因为需在竖井内用千斤顶旋转盾构机的方向，所以必须充分考虑确保机械旋转的空间。

2. 竖井构筑方法

1)竖井的构筑工法

其大致上可分为挡土墙开挖工法、沉井沉箱工法和球体盾构工法三大类。

(1)先筑挡土墙后开挖工法。又可细分为钢板桩法、钢管桩法和 SMW 挡土墙法。

(2)井筒分节浇筑边挖边下沉工法。又可分为沉井法和沉箱法两类。

(3)球体盾构工法。

2)挡土墙开挖工法竖井的构筑

(1)挡土墙。作为竖井的挡土墙而言，因竖井属深开挖大型构造物，故多数情况下使用地下连续墙和钢管桩等刚性高的墙体。近年来 SMW 墙因成本较低，其应用实例也在逐步增加。因地层状况、地下水的有无等因素的不同，通常按地下 30m 处确定其止水性的要求选用挡土墙。

另外，竖井属深开挖工程，所以必须确保预定竖直精度问题。与此同时，市区施工时往往作业用地受到限制。为此，施工前必须充分研讨使用的机械、施工顺序，选定满足施工条件的挡土墙。

(2)支承。为了确保作业空间，挡土墙支撑的水平、竖直间隔都较大。支承构造的配置必须同时满足施工性和安全性的要求。

(3)开挖。竖井的开挖与一般的开挖工程不同,它是在狭窄筒形空间内的独立的深开挖。因此,周围的地下水向井内集中是必然的,所以开挖前必须制定好防止涌水的措施。

(4)井筒构筑。在把竖井作为盾构水平推进的作业基地利用时,作为永久构造物而必需的隔板和承柱,必须在盾构始发后构筑。构筑时也必须把作业空间控制到最小,其余构件应在盾构掘进的同时进行构筑。

(二)盾构机的始发与到达

1.盾构机的始发

1)始发工法的分类

根据拆除临时挡土墙方法和防止掘削面地层坍塌方法的不同,始发工法有以下几种类型,如图 7-29 所示。

- 始发工法
  - 掘削面自稳法
    - 注浆加固地层法
    - 高压喷射加固法
    - 冻结法
  - 直接掘削法
    - NOMST 工法
    - EW 工法

图 7-29 始发工法类型

掘削面自稳法,是采取加固措施使掘削地层自稳,随后将盾构机贯入加固过的自稳地层中掘进。加固方法采用较多的有注浆加固法、高压喷射法、冻结法。

NOMST 工法和 EW 工法,是可以用盾构刀具直接掘削始发的工法。NOMST 工法的特点是始发井墙体材料特殊,可用刀具直接掘削,但不损破刀具。NOMST 工法始发作业简单,无需辅助工法,安全性、可靠性好。EW 工法的原理是盾构始发前,通过电蚀手段,把挡土墙中的芯材工字钢腐蚀掉,给盾构直接始发掘削带来方便,优点与 NOMST 工法相同。始发作业,可以单独选用图 7-30 中的任何一种工法,也可选用其组合工法。具体选用哪种工法,取决于地质、地下水、覆盖层、盾构机直径、盾构机型、施工环境等因素,同时还应考虑安全性、施工性、成本、进度等要求。

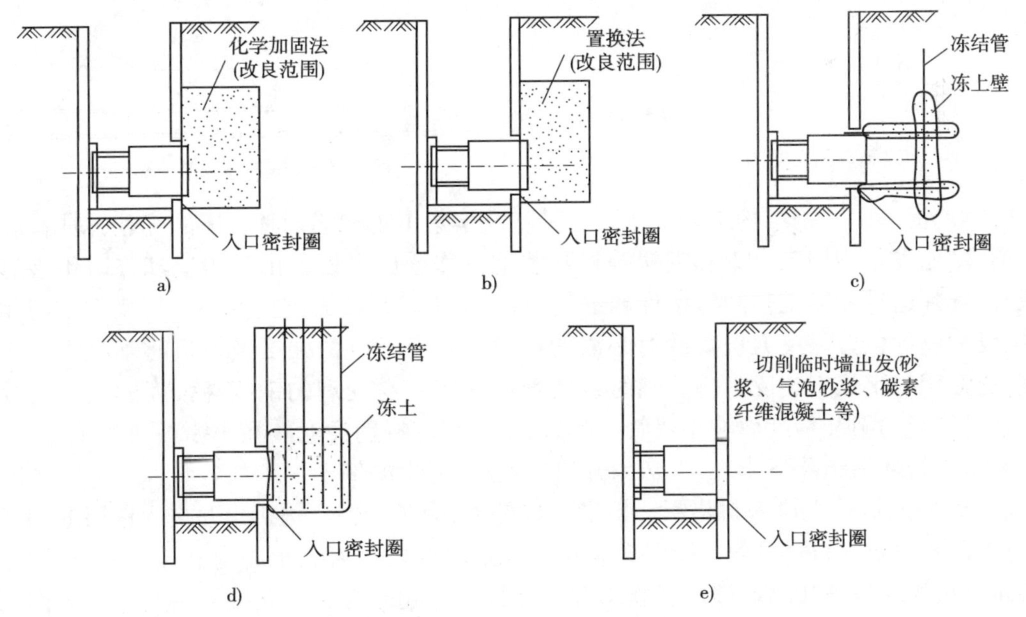

图 7-30 始发工法分类

a)化学加固法;b)置换法;c)冻结法(水平法);d)冻结法(垂直钻孔);e)切削临时墙法

2)始发设备

盾构机的始发设备，包括始发基座、反力座、临时组装管环、入口及密封圈垫，如图7-31所示。下面对其功能和构成作简单的介绍。

(1)始发基座、反力座、临时组装管环。始发基座的任务是可在其上组装盾构机和支承组装好的盾构机，并且可使盾构机处于理想的预定始发位置（高度、方向）上，且可确保盾构机的始发掘进稳定。所以要求基座的结构合理（可以确保组装作业的施工性）；构件刚度好、强度高、不易损坏（承托几百吨重的盾构机）；与竖井底板固定要牢靠、晃动变位小（确保盾构机位置稳定、确保推进轴线始终与设计轴线重合）。

盾构基座有如下三种形式：

①钢筋混凝土盾构基座。这种基座的断面示意图如图7-32所示。通常是多块钢筋混凝土构造物的组合体，有现浇式和预制件拼接式两种，其优点是结构稳定、抗压性能好。

②钢结构基座。钢结构始发基座有现场拼接式和平底整体安装式（图7-33）两种，其优点是加工周期短、适应性强。

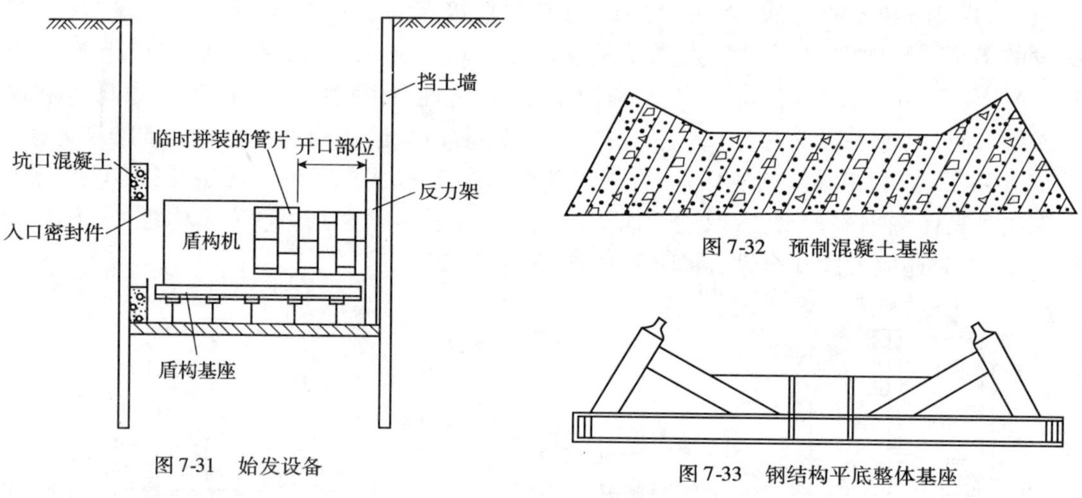

图7-31 始发设备

图7-32 预制混凝土基座

图7-33 钢结构平底整体基座

③钢筋混凝土与钢结构组合基座。这种基座聚集了①和②两种基座的优点，使用较多。

通常，始发基座用工字钢和钢轨等材料装配制作。反力设备由反力座和临时组装管环构成，由管片运进和排土空间等条件确定其形状，由正式管片衬砌的起始位置确定临时组装管环、反力座的位置。反力设备针对必需的推力应具有足够的强度及推进时基本无变形的刚度，通常用工字钢安装反力座。临时组装管环使用容易处理的钢或高强度的铸钢管片拼接。临时管片的组装精度影响正式管片的真圆度，故应特别注意。在小断面盾构工程中，也有临时组装管环只组装下半环，上部为开口，不设反力座的例子。

(2)始发入口及入口密封垫圈。始发入口是指，为了确保盾构机出井贯入地层的轴线精度，通常在井内始发口处构筑一个一定宽度、一定厚度、内径略大于盾构机外径的，与盾构机纵断面形状相同的筒状物。该筒状物与井壁连接在一起即为始发导口。始发导口的作用是限制盾构机的掘削摆动，确保盾构机的位置精度。

导口密封垫圈是填充在导口与盾构机或导口与管环间隙中的垫圈，其作用是止水，以便确保施工的可靠性和安全性。盾构机开始推进后，可对掘削面加压，盾构机尾部通过之后，即可进行背后注浆，尽早稳定导口。特别是泥水盾构始发后，必须保持泥水压力。为了不使导口密封垫圈发生破损和反转，必须要周密地考虑盾构机始发口的净空和垫圈的质材、形状及尺寸。

3）始发作业

（1）始发准备作业。采用泥水式盾构机时，需配备泥水处理设备、泥水输送设备、背后注浆设备、器材搬运设备等。若为土压式盾构机，需配备出土设备、背后注浆设备、器材搬运设备等。在进行这些作业的同时，还要进行始发准备作业。

始发准备作业，包括始发基座的设置、盾构机的组装、导口密封垫圈的安装、反力座的设置、后续设备的设置、盾构机试运转等。若采用拆除临时挡土墙随后盾构掘进的始发方式，则需对地层加固。通常把出口、背后注浆等设备设置，始发准备作业及地层加固集中在同一时期内进行。作业内容将视具体情况而定，并应注意作业规划和进度管理。

（2）拆除临时挡土墙。因为始发口的开口作业易造成地层坍塌、地下水涌入，故拆除临时挡土墙前要确认地层自稳、止水等状况，应本着对土体扰动小的原则，把挡土墙分成多个小块，从上往下逐个依次拆除。拆除时应注意在盾构机前面进行及时支护，拆除作业要迅速、连续。

（3）掘进。挡土墙始发口拆除后，应立即推进盾构机。若采用泥水盾构机，由于临时墙残渣会堵塞泥水循环，故必须在确认障碍物已清除干净后才能推进。

盾构机进入地层后，对掘削面加压，监视导口密封垫圈状况的同时缓慢提高压力，直到预定压力值。盾构机尾部通过导口密封垫圈时，因密封垫圈易成反转状态，所以应密切监视。同时盾构应低速推进，盾构机通过导口后，进行壁后注浆，稳定洞口。

2. 盾构机的到达

1）需事前考虑的有关事项

（1）是否需要事前加固到达部位近旁地层及设置出口密封圈。

（2）为了确保盾构机按规定计划路线顺利到达预定位置，需要认真讨论测定盾构机位置的方法和隧道内外的联络方法。

（3）讨论低速推进的起始位置、慢速推进的范围。

（4）讨论泥水盾构泥水减压的起始位置。

（5）讨论盾构推进到位时，由于推力的影响是否需要在竖井内侧井壁到达口处采取支护等措施。

（6）讨论掘削到达面的方法及其起始时间。

（7）认真考虑防止从盾构机外壳板和到达面间的间隙涌水、涌砂的措施。

（8）盾构机停止推进的位置的讨论。

（9）讨论到达部位周围的背后注浆工法。

（10）应周密地考虑拉出盾构机到井内时的盾构承台等临时设备的配备及设置状况。

2）到达工法

盾构机的到达工法有两种，一种是盾构机到达后拆除到达竖井的挡土墙再推进；另一种是事先拆除挡土墙，再推进到指定位置。

（1）盾构机到达后拆除挡土墙再推进的工法。该方法是将盾构机推进到到达竖井的挡土墙外，利用地层加固使地层自稳，同时拆除挡土墙，再将盾构机推进到指定位置。

该方法拆除挡土墙时，盾构机刀盘与到达竖井间的间隙小，故自稳性强，但由于工序少，施工性好，而被广泛采用。因盾构机再推进时地层易发生坍塌，所以多用于地层稳定性好的中小断面盾构工程。

(2)盾构机到达前拆除挡土墙再到达的工法。该工法事先要拆除挡土墙，所以要在拆除前进行高强度的地层加固，在井内构筑易拆除的钢制隔墙；然后从下至上拆除挡土墙，用水泥土或贫配比砂浆顺次充填地层及加固体与隔墙间的空隙，完全换成水泥土或贫配比砂浆后，将盾构机推进到隔墙前，拆除隔墙，完成到达。

因该工法不让盾构机再次推进，有防止地层坍塌的效果，洞口防渗性地也很强，但地层加固的规模增大，而且必须设置隔墙，故扩大了到达准备作业的规模。这种方法多在大断面盾构工程中使用。

3)到达作业

(1)到达竖井前的掘进。到达之前，要充分地进行基线测量，以确保盾构机的准确到位。由于必须在到达口的允许范围内贯入，所以应精确测量各管环，保证线形无误。

盾构机至到达口跟前时，挡土墙易发生形变，对于特别容易变形的板桩之类的挡土墙，应事先进行加固防止对盾构机推力的影响。加固方法一般采用从竖井内用工字钢支承，或构筑埋入临时支承梁。假如盾构机的掘削面靠近到达竖井，对竖井挡土墙的状态要经常进行观测，控制盾构机的推进，特别是掘削面压力急剧下降时易导致坍塌，故需综合考虑盾构机的位置、地层加固的范围、挡土墙的位移、地表面沉陷等因素，来确定掘削面的压力。

(2)盾构机的到达。由于刀具不能旋转或推力上升等机械操作方面的变化，虽然能察觉已到达临时墙，仍应从到达竖井的临时墙钻孔和测量来确定盾构机的位置，再确定是否停止推进。停止推进后，为防止临时墙拆除后漏水，应仔细进行壁后注浆施工。

(3)临时墙的拆除。拆除临时墙前，在临时墙上开几个检查口，以确认地层状况和盾构机到达位置。临时墙的拆除与始发相同，地层的自稳性可随着时间而变化，故作业必须迅速进行，力求稳定地层。特别是在拆去了临时墙将盾构机向竖井内推进时，应仔细监视地层状况，谨慎施工。

4)声波盾构机到达定位系统

盾构工法施工中，有时必须要确定盾构的现场位置。这里介绍一种新的定位方法，即声波定位法。

声波定位法，即利用声波(AE)传感器检测接近到达地点时盾构机刀盘的掘削声音，解析该掘削声音的变化状况，正确地掌握盾构机的现场位置。具体方法是在盾构机预定到达位置的地中设置上、下、左、右4条内藏AE传感器的探测管，当盾构机到达时，若位置不发生偏离，则4个声音传感器检测到的输出波形(振幅)相同；若位置发生偏离，4个声音传感器的检测波形(振幅)不同，靠近盾构机的传感器的波形振幅大，进而可由振幅的差异推断盾构机的现场位置。

(三)开挖与推进

1. 盾构开挖

盾构法开挖分为挤压式开挖、敞胸式开挖和封闭切削式开挖三种方式。这里重点介绍封闭切削式开挖。

这类盾构有泥水加压盾构和土压平衡式盾构。近年来用泥水加压盾构代替气压盾构施工，克服了气压施工的弊病，如地下水流动引起的地面沉降、作业人员的减压病，覆土深、气压太高无法施工；覆土浅则要漏气、地表隆起等。特别是开挖、出泥土可以全部实现机械化，用管道水力输送方式送往地面处理，改善了施工条件，加快了施工速度，故获得世界各国的广泛应用。

泥水加压盾构是将具有一定压力的泥水，压入密封舱内，使其压力始终高于地下水压力，这样就保持了开挖面稳定的基本条件。另外开挖面的大刀盘，当其不能转动切土时，成为一个大型的正面支撑板，和泥浆膜一起增加了开挖面的稳定性。

泥水加压盾构泥水处理系统可以采用泥水循环系统和自然沉淀或自然沉淀与药品沉淀相结合的方式对泥水进行处理。泥水从泥水池用泥浆泵通过进浆管送至密封舱内。刀盘切削下来的泥土经刀盘本身及搅拌器与工作泥水混合，使泥水比重从 γ_1 增大至 γ_2。变稠了的泥水用泥浆泵排出，随着隧道长度增加，中间设立中继泵接力送至地面进行泥水处理。其处理过程为：首先经过分粒器，分离出尽可能多的土砂，然后进入一次沉淀池自然沉淀；对漫过一次沉淀池的泥水添加药品进入二次沉淀池进行药品沉淀。分粒器分出的泥土直接用输送带运走，一次沉淀池用挖泥机排出，二次沉淀池的絮凝物用特制网眼的戽斗运输机运走。剩水可再循环使用，可节约大量的用水费用等。

封闭切削开挖方式，主要靠安装在盾构前端的刀盘的转动在隧道全断面连续切削土体，形成开挖面。封闭切削开挖是在对开挖面进行全封闭状态下进行的，其刀盘在不转动切土时正面支护开挖面而防止坍塌。封闭切削开挖适合自稳性较差的土层，但在弯道施工或纠偏时不如敞口式盾构便于超挖，清除障碍物也较困难。但密封切削开挖施工速度较快，机械化程度较高。

2. 盾构推进

盾构机脱离始发井的导轨进入地层后，随着工作面的不断开挖，盾构机也不断向前推进。盾构推进过程中应保证其中轴线与隧道设计中心线的偏差控制在规定范围内。而导致盾构机偏离隧道中线的因素有很多，如土质不均匀，地层中有孤石等障碍物造成开挖面四周阻力不一致，盾构机伸出的千斤顶的顶力不一致，盾构机重心偏于一侧；还有因衬砌环缝的防水材料压密度不一致，累积起来会导致后座面不平整等。这些因素会使盾构机推进轨迹变成蛇行一样左右偏差或时起时伏等。因此，在盾构机推进过程中要随时精确测量，了解偏差量并及时纠偏。由于盾构机是一个很笨重的机具，所以纠偏盾构机的位置是一个较复杂的问题。目前，盾构机操纵与纠偏主要通过采取以下几个方面的措施来综合控制。

(1)正确调整盾构机千斤顶工作组合。每个盾构机的四周均匀布置有几十个千斤顶承担盾构推进，一般应对这些千斤顶给予分组编号，进行工作组合。在施工中，每次推进后应测量盾构轴线在地下空间的位置(方位)，再根据每次纠偏量的要求，决定下次推进时启动哪些编号的千斤顶和要停开哪些编号千斤顶，一般停开偏离方向相反的千斤顶。如果盾构机已右偏，则应向左纠偏，故停开左边千斤顶、开启右边的千斤顶。停开的千斤顶应尽量少，以利提高推进速度，减少液压设备的超负荷而损坏。由于纠偏常常是平面位置与高程均需要纠偏，因此重点要确定停开偏离方位处的几只千斤顶。如盾构机叩头就应将盾构先予以抬高，抬高的数量应是很有限的，一般是抬高 2 ~ 3cm，以免引起衬砌拼装的困难和对地层过大的扰动。

(2)盾构推进纵坡和睦线控制。盾构推进时的纵坡和曲线段施工，是靠调整千斤顶的工作组合来控制。纵坡控制的目的是纠正其高程与隧道设计高程的偏差。一般要求每次推进结束时，盾构纵坡也尽量接近隧道设计纵坡及设计高程和方位。其中，在稳坡推进时，能保证每环推进中盾构纵坡最好始终不变；变坡推进，盾构每推进一环时，先压后抬和先抬后压分别适用于高程偏高和偏低的情况，但应尽量少采用为宜。

(3)调整开挖面的阻力。调整开挖面的阻力也能获得较好的纠偏效果。调整方法应根据开挖方式的不同而不同：如敞胸式开挖，可用超挖或欠挖来调整；挤压盾构，可用调整进土孔位置及开孔率来实现；封闭切削式开挖，可通过切削刀盘上的超挖刀与伸出盾构机外壳的翼状阻力板来改变阻力，达到纠偏目的。

(4)控制盾构机自转。盾构机在施工过程中，由于受各种因素的影响，将会产生绕盾构机本身轴线的自转（旋转）现象。严重时会对液压系统的运转、对盾构机的操纵与推进及拼装衬砌、对隧道施工测量及各种设备的正常运转带来严重的影响。盾构机产生旋转的主要原因有盾构机重心不通过轴线；施工时对某一方位的超挖环数过多；大型旋转设备（如举重臂、切削刀盘和转盘旋转等）旋转而引起的。控制盾构机自转的方法是在盾构旋转方向的反方向一侧增加压重，可从十几吨到几十吨，乃至上百吨重压。此外，在盾构机两侧安装水平阻力板和稳定器，控制盾构机自转；还可常改变大设备的转向及调换拼装衬砌左右程序，也有一定效果。

盾构达到隧道终点进入竖井（到达井）时，应注意的问题与加固地层的方法与始发井（拼装井）相同，并应在盾构机尚距离终点一定距离处，检查盾构机的方向、平面位置、纵向位置及高程等，并慎重加以修正后，再小心推进直至拆卸竖井挡土墙为止。否则，会产生盾构中心线与隧道中心线偏差过多等，引起严重的错位现象。

另外，用挤压式盾构机开挖时，会产生盾构机后退现象而导致地表沉降，因此施工时务必采取有效措施防止盾构机后退。根据实践经验，在每环推进结束后采取维持顶力方法，使盾构机不前进的屏压保持 5 ~ 10min，一般可以有效地防止盾构机发生后退。在盾构机尾部拼装衬砌管片时，要使一定数量千斤顶轴对称地轮流维持顶力，也可以获得防止盾构机后退的效果。

四、盾构衬砌施工

（一）衬砌施工

盾构法修建隧道常用的衬砌有预制装配式衬砌、挤压混凝土衬砌、预制装配式衬砌和模筑钢筋混凝土整体式衬砌相结合的复合式衬砌，其中以预制装配式衬砌采用得最多。因此，这里只介绍预制装配式衬砌的施工。

隧道预制装配式衬砌是采用预制管片，随着盾构推进，在盾构尾部盾壳保护下的空间内进行管片衬砌拼装，即在盾尾依次拼装衬砌环，由衬砌环纵向依次连接而成隧道的衬砌结构。预制管片的种类和形式很多，按预制材料分有铸铁管片、钢管片、钢筋混凝土管片、钢与钢筋混凝土组合管片；按结构形式分有平板形管片（图 7-34）、箱形管片（图 7-35）。

通常根据衬砌结构受力及使用要求确定盾构衬砌形式及拼装方法，可区分为举重臂

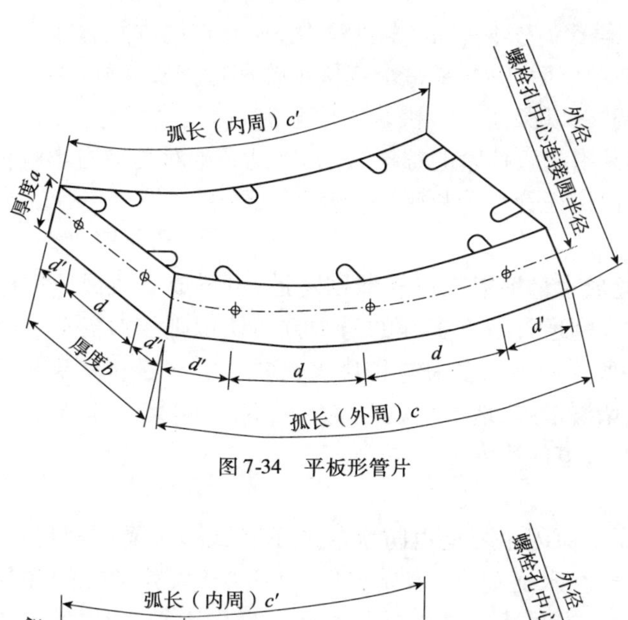

图 7-34 平板形管片

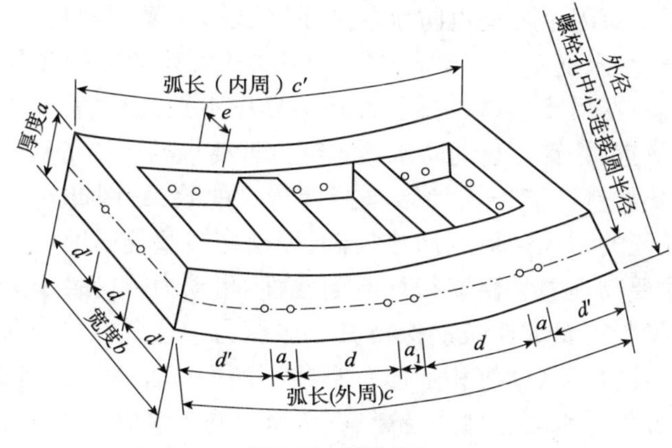

图 7-35 箱形管片

拼装或拱托架拼装。拱托架比隧道衬砌内径略小，呈半圆或稍大于半圆的弧形钢制构架，上有一些滑轮，千斤顶、钢丝绳和卷扬机将管片牵引运到架子上面，再用千斤顶顶到设计位置。上述两种拼装又分别有通缝拼装（管片的纵缝环环对整齐）或错缝拼装（利用衬砌本身来传递圆环内力，一般环间错开 1/3 ~ 1/2 管片宽度）。管片接头一般可用螺栓连接。但有的平板型管片不用螺栓连接，而采用榫槽式接头或球铰式接头。这种不采用螺栓连接的管片也称砌块。管片衬砌环一般分标准管片、封顶管片和邻接管片三种，转弯处加楔形管片。

管片通缝拼装施工方便，但受力较差；错缝拼装较麻烦，但受力较好。管片拼装主要应解决管片或砌块的运送、就位、成环及作好衬砌防水等。为此，首先应做好准备工作和检查工作，如举重臂的安全检查、管片质量检查（检查外观、形状、裂纹、破损、止水槽有无异物、尺寸误差是否符合要求等）、拼装车架的配合、盾构底部的清洗、防止盾构拼装时的后退、有关材料（如螺栓、螺帽、垫圈及扳手）的准备等，并按预定位置放好，以提高拼装衬砌施工速度。

管片拼装方法按其程序可分为“先纵后环”和“先环后纵”两种。先纵后环程序是，管片按先底部、后两侧、再封顶的次序拼装，逐次安装成环，每装一块管片，对应千斤顶就伸缩一次。先环后纵程序是，管片依次安装成环后，盾构千斤顶一齐伸出，将衬砌环推向已完成的隧道衬砌，进行纵向连接。先环后纵法较少采用，尤其在推进阻力较大盾构后退的情况下更不宜采用。管片拼装结束后，应拧紧每个连接螺栓和检查安装好的衬砌环是否保圆，必要时用真圆保持器进行调整，以保证下一拼装工序顺利进行。盾构推进时的推力反复作用在临近几个衬砌环上，容易引起已拧紧的螺栓松动，因此必须对受推力影响消失的衬砌环进行第二次螺栓拧紧工作，以保证管片的紧密连接及防水要求。

（二）衬砌防水

虽然国内外已建成大量地下工程和地铁隧道，也形成了较成熟的结构设计计算理论与工程实践体系，但是在隧道及地下工程的防水方面认识则相对落后。隧道经过含水率较高的地层（如上海地铁所处地层大多为饱和含水软黏土层），必将受到地下水的有害作用。如果没有可靠的防水、堵漏措施，地下水就会侵入隧道，影响其内部结构与附属管线，甚至危害到地铁的运营和降低隧道使用寿命。

1. 漏水的原因

引起隧道渗漏水的原因主要是由防水材质不良或违反操作规程造成的，如在制作管片选定的混凝土的配合比、水泥用量、入模温度、浇捣顺序、养护时间和条件等环节上出现失误，表面出现收缩开裂；在吊装、运输、拼装过程中操作不当，造成管片丢角、损边，甚至出现贯穿性裂缝；拼装成隧道后，管片自动防水达不到设计要求的抗渗等级等。

实践证明，密封垫材料性能极大地影响接缝防水的效果，因此对它要有严格的控制要求。尤其是对防水功能的耐久性更应严格控制，要使密封垫能长时间保持接触面应力不松弛。密封垫材料的主要物理力学性能指标有耐水性、耐动力疲劳性、耐干湿疲劳性、耐化学腐蚀性等，对水膨胀橡胶还要求能长期保持其膨胀压力。这些性能指标要与隧道施工和运营的情况、沉降变形、接缝开张度等相适应。有些厂商的产品性能不稳定，在施工过程中过早地受到水的浸泡，致使遇水膨胀性能受影响，从而影响止水效果。止水带制作安装误差和粘贴密合程度也影响材料的防水性能。

在施工中操作不当引起管片间缝隙产生渗漏的原因有多种，其结果都导致了止水带之间以及止水带与管片之间的黏结性和压应力不够，从而引起漏水。归纳为以下几点：

（1）在推进过程中，盾构与管片姿态不好会造成管片拼装困难，影响管片的拼装质量，致使管片间错位、有台阶差，相邻管片不在同一圆弧面上，因此减少了止水橡胶的有效止水面积。

（2）盾构与管片相对位置不好常常会使管片发生碎裂，发生止水带掉落现象，由于盾构推进的特殊性，不能很好地进行及时处理，使得相邻止水带不能正常吻合压紧，从而引起漏水。

（3）盾尾与管片之间间隙过大，盾尾密封失效引起漏浆，在处理过程中未能将管片上的泥浆清理干净，致使管片、止水带间夹有泥沙。

（4）管片间的对拉螺栓在拼装后，出于进度考虑，没有拧紧就向前推进，在一定程度上引起环缝的扩张（尤其在纠偏时），使得管片间呈松弛状态。

（5）在竖曲线推进或纠偏时加贴石棉楔子，相应地增加了环缝间隙。

（6）管片的制作精度误差，导致拼装环、纵缝间隙超过设计标准。

（7）压浆量不足引起隧道后期产生较大的沉降变形而漏水。

(8)手孔、螺栓孔、注浆孔等薄弱部位未加防水垫片,封孔施工质量差。

2. 防水处理原则

在饱和含水软土地层中隧道的防水原则:以防为主,多道防线,综合治理。所谓的综合治理是指不但要从防水的设计、施工着手,还要从衬砌的结构设计、管片拼装质量和控制隧道后期不均匀沉降等多方面进行综合治理。其中包括:

(1)衬砌接缝防水。

(2)管片自防水、管片外防水、螺栓密封、嵌缝止水的处理。

(3)管片制作的强度、精度、盾构施工拼装质量及其他现场管理等方面的综合治理。

3. 一次衬砌的止水措施

盾构法隧道渗漏水容易出现在管片自身小裂缝、管片的接缝、注浆孔和手孔等处,其中以管片自身小裂缝和管片的接缝处渗漏水较多。因此,盾构法隧道防水主要是解决管片本身的防水和管片接缝的防水问题。

1)管片结构的自防水

盾构法区间隧道在含水地层内,要防止地下水的渗入。首先要做到结构自防水。其主要方法是管片材料采用防水混凝土。防水混凝土是一种通过调整配合比,或者是掺入少量防水剂、减水剂、加气剂、密实剂、早强剂、膨胀剂等外加剂的途径来改善混凝土本身的密实性,补偿混凝土的收缩,增加抗裂性和抗渗性的混凝土。实际上,混凝土强度等级越高,抗渗号越高,单位水泥用量越多,其结果是水化热增高,收缩量加大,从而导致裂缝的产生。因此必须合理地选择混凝土的强度等级、抗渗号和外加剂。

2)提高管片的制作精度

对于装配式钢筋混凝土管片防水,根据国内外隧道施工实践,采用高精度钢模来提高管片精度是很重要的环节。如果衬砌管片制作精度差,加上衬砌拼装的累计误差,将会导致衬砌接缝不密贴而出现较大的初始缝隙,此时如果接缝防水材料的弹性变形量不能适应缝隙要求就会出现漏水。另外,衬砌制作精度不够时,衬砌容易在盾构推进时被顶碎和崩落,从而导致漏水。要生产出高精度的钢筋混凝土管片,就必须有一个高精度的钢模。

3)管片外防水涂层

影响钢筋混凝土结构寿命的主要因素是钢筋的锈蚀。钢筋在混凝土的碱性环境中一般是不会生锈的,除非混凝土表面的碳化程度已达到保护层的厚度。埋设于地下的钢筋混凝土结构物,由于地下水中富含硫酸根或氯离子,会使混凝土本身受到损坏。所以管片的外防水涂层在很大程度上是必要的。

4)管片接缝防水堵漏

管片接缝防水包括管片间的弹性密封垫防水、隧道内侧相邻管片间的嵌缝防水以及必要时向接缝内注浆等。其中弹性密封垫防水是最重要也是最可靠的,是接缝防水的重点。此时要考虑管片制作精度对接缝防水的影响,一般要求缝宽度不大于1.5cm。

(1)弹性密封垫防水。

①弹性密封垫的功能要求。要求弹性密封垫能承受实际最大水压的3倍。衬砌环缝的密封垫还应在衬砌产生纵向变形时,保持在规定水压力作用下不渗漏水,即密封垫在设计水压力下的允许张开值应大于衬砌在产生纵向挠曲时环缝的张开值。

同时，还要求密封垫传给密封槽接触面的应力大于设计水压力。接触面应力是由扭紧连接螺栓、盾构千斤顶推力、密封垫膨胀等因素产生的。另外，当密封垫一侧受压力作用时也会产生一定的接触面应力，即所谓的“自封作用”。

②密封垫材料要求。实践证明，密封垫的材料性能极大地影响接缝防水的短期或长期效果，尤其是对防水功能的耐久性，即要求密封垫能长时间保持接触面应力不松弛。其他耐久性要求则包括耐水性、耐疲劳性、耐干湿疲劳性、耐化学腐蚀性等。对水膨胀橡胶还要求能长期保持其膨胀压力。密封垫材料之间以及密封材料与管片之间应有足够的黏结性，而且不能影响管片的拼装精度，施工还要方便。

(2)嵌缝防水堵漏。嵌缝防水即在管片内侧嵌缝槽内设置嵌缝材料，构成接缝防水的第二道防线。

嵌缝槽的形状要考虑拱顶嵌缝时，不致使填料坠落、流淌，因而通常设计为口窄肚宽。嵌缝材料应具有良好的水密性、耐侵蚀性、伸缩复原性、硬化时间短、收缩小、便于施工等特性。满足上述要求的材料有环氧类、聚硫橡胶类、尿素树脂类为主的材料。下面是几种嵌缝槽形式，如图 7-36 所示。

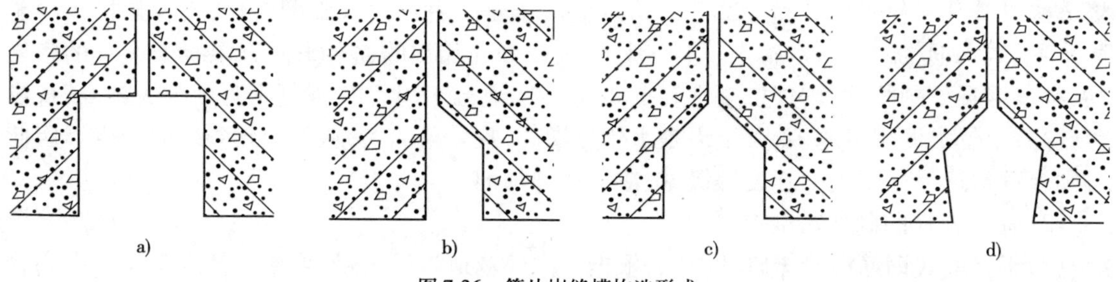

图 7-36　管片嵌缝槽构造形式

变形缝的嵌缝槽形状和填料必须满足在变形情况下，也能够止水的要求。嵌缝作业应在衬砌变形稳定后，在无千斤顶推力影响的范围内进行。嵌缝前要将嵌缝槽内的油、锈、水清除干净，必要时用喷灯烘干，不得在渗水情况下进行，应在涂刷底层涂料后再进行填塞填料和捣实。嵌缝要特别注意拱顶 90°范围内的嵌填质量，因为此处在运营后无法补救。

(3)接缝处注浆堵漏。接缝处的防水堵漏应遵循先易后难、先上下后两边的原则，尽量用嵌缝法堵漏。对于渗漏严重的地方，仅用嵌缝不够时，就要进行注浆。即在渗漏严重的接缝处先用电钻打一直径为 5mm 的小孔，插入塑料细导管引排渗漏水，同时插入另一根注浆管，通过注浆管向外注浆，当确认不渗漏水时剪除注浆管。注浆深度一般为 15cm，渗漏严重时可达 35cm，也就是把管片打穿。注浆材料可采用聚氨酯浆材、丙烯酰胺（或丙烯酸盐）超细水泥浆材或者两者的复合材料以及水泥、水玻璃为其化学注浆材料。

(4)螺栓孔和压浆孔堵漏。螺栓与螺栓孔或压浆孔之间的装配间隙也是渗漏多发处，所采用的堵漏措施就是用塑性（合成树脂类、石棉沥青或铅）和弹性（橡胶或聚氨酯水膨胀橡胶等）密封圈垫，在拧紧螺栓时，密封圈受挤压变形充填在螺栓和孔壁之间，达到止水效果。另一种方法是采用一种塑料螺栓孔套管，浇筑混凝土预埋在管片内，与密封垫圈结合起来使用，防水效果更佳。密封圈应具有良好的伸缩性、水密性、耐螺栓拧紧力、耐老化等。为提高止水效果，螺栓孔口可做成喇叭状。由于螺栓垫圈会产生蠕变而松弛，为提高止水效果，可对螺栓进行二次拧紧。施工时若有必要也可对螺栓孔进行注浆。

(5)管片表面裂纹的堵漏。当管片表面有裂纹渗漏时,常常先用环氧树脂粘牢裂纹,再外涂防水砂浆。

4. 二次衬砌的止水措施

在管片的上述接缝防水措施不能完全满足止水要求时,可在外层装配式衬砌已趋于基本稳定时,在其内侧再浇筑一层素混凝土或钢筋混凝土二次衬砌,构成双层(或称复合式)衬砌。双层衬砌的防水等级应较第一层衬砌的防水等级提高 1 ~2 级。二衬混凝土应是满足抗渗大于 0. 8MPa 的防水混凝土。

二次衬砌做法各异,主要有直接在环片内侧浇筑混凝土内衬砌;为使盾构完全不漏水,可以在管片内表面先喷一层 15 ~20mm 厚的找平层后,粘贴油毡、橡胶沥青、合成橡胶或塑料类防水卷材,再在防水卷材内侧浇筑混凝土内衬。混凝土内衬的厚度根据防水及施工的需要确定,一般为 150 ~300mm。

对要求排水畅通、水中杂质可滤除、使用寿命长的疏水型盾构隧道,宜采用 PVC、PE 等齿形、瓦楞形薄板与土工织物配合制成复合排水板,敷贴在二衬砂浆内表面。

双层衬砌的混凝土二衬,沿隧道结构纵向,每隔 10m 左右需设置收缩缝,此二衬伸缩必须设置防水带。防水带可以用三种形式:嵌缝式、贴附式和埋入式。嵌缝式于二衬收缩缝内侧设嵌缝槽,选用弹性密封胶嵌填。贴附式将橡胶止水带固定于衬砌结构上再浇二衬混凝土(收缩缝中设防水垫片)。埋入式将特制橡胶或塑料止水带设在二衬混凝土中间,以适应二衬收缩缝收缩时的防水。

目前,大多数国家都致力于研究解决单层衬砌防水技术,逐步以单层衬砌防水取代二次衬砌防水,从而提高盾构法隧道建造的经济效益。

(三)衬砌背后注浆

盾构推进盾尾脱离管片后,管片背面出现超挖的空隙。若不及时回填该空隙,势必造成地层变形,进而对邻近的地中构造物产生破坏性影响。如建筑物的基础倾斜开裂,地中的各种管道发生裂口或断裂,地表路面坍陷、交通中断等。通常把及时向盾尾脱离后管片背面的空隙中填充固结性浆液的工序称为背后注浆,它是盾构工法中必不可少的一道施工工序。背后注浆(实际上属辅助工法)不仅对抑制地层沉降有效,而且对防止管片接头和尾隙的渗水更有效。背后注浆可使管片和土体形成稳定的整体,故可防止压气工法从管片的漏气现象。小曲率半径施工时,背后注浆可以防止管片向圆周外侧的移动、变形。这些均说明背后注浆在盾构工法中的必要性和重要性。

1. 背后注浆浆液的选择

背后注浆浆液的选择受土质条件、盾构工法的种类、施工条件、价格等条件的影响。关键是应在掌握浆液特性的基础上,按实际条件选用最适合条件的浆液。

通常,如果土体稳定,则无须要求背后注浆一定与掘进同时进行,这种情形使用的浆液多数为单液型。但是,在地层是难于稳定的淤泥层和易塌方的砂层的场合下,采用掘进的同时即向尾隙中注入背后浆液的方法是成功的关键。为此,应选用可以同步注入的浆液。另外,在泥水盾构中还应加上浆液对切削泥水无影响的条件,故使用双液瞬凝型背后注入浆液的场合较多。再则,对于砂砾层地下水含量大的围岩来说,选定不易被水稀释的背后注入浆液也至关重要。

2. 注入时机

背后注浆的最佳注入时机，应在盾构推进的同时进行注入或者推进后立即注入。注入的宗旨是必须完全填充尾隙。地层的土质条件是确定注入工法的先决条件，对易坍塌的均粒系数小的砂质土，含黏性土少的砂、砂砾及软黏土的情形而言，必须在尾隙产生的同时对其进行背后注浆。在地层土质坚固、尾隙的维持时间较长的情形下，并不一定非得在产生尾隙的同时进行背后注浆。

注入时机有以下几种：

(1)后方注入式：从数环后方的管片上注入浆液。

(2)即时注入式：掘进一环后立即注入一环。

(3)半同步注入式：注浆孔从尾封层处伸出，在推进的同时进行跟踪注入。

(4)同步注入式：在盾构推进过程中进行跟踪注入（从盾尾直接向尾隙注入）。

3. 注入量和注入压力

盾构工法中的回填注浆，即向尾隙中充填足够的浆液。因此必须以一定的压力压送浆液，才能使浆液很好地遍及于管片的外侧。其压力的大小为地层阻力强度（压力）加上0.1～0.2MPa。另外，与先期注入压力相比，后期注入压力要比先期注入压力大0.05～0.1MPa，并以此作为压力管理基准。

上述阻力强度是地层的固有值，它是浆液可以注入地层的压力的最小值。地层阻力强度，因土层条件（土质的种类、土压、承压、水压等）及掘削条件（泥水或泥浆压力）的不同而不同。

注入量可以通过空隙率和注入率进行估算。

4. 泄漏防止

背后注入时必须采取防止背后注入浆液从尾部、工作面、管片接头等部位泄漏到其他部位（无需注浆的部位）的措施。近年来开发了尾封，特别是泥水盾构中还设置了三层钢丝刷，所以尾部泄漏、泥水的劣化极少。尾封材料可以使用橡胶、钢、不锈钢、聚氨酯橡胶或者这4种材料的任何一种组合。

另外，作为盾尾密封辅助手段的盾尾填料法，即把聚氨酯橡胶、海绵橡胶、稻草、木刨花、碎纱等塞入尾板与管片的外缝中。另一方面，管片上贴附的密封材料可以使用丙烯类、硅酮树脂类、聚氨酯类等各种材料，应根据现场条件选择。

5. 二次注入

以下三种场合需要进行二次注入：一次注入中未填充到的部位的补充注入；一次注入浆液的体积缩减部分的补充注入；为了提高抗渗透效果等进行的注入。

6. 背后注入设备

背后注浆设备基本上由材料储藏设备、计量设备、拌浆机、储浆槽（料仓、搅拌器）、注浆泵、注入管、注入控制装置、记录装置等构成。不过注入方式不同，其构成也不同。

7. 施工管理（作业中的注意事项）

(1)制浆时的注意事项

①材料投入顺序要正确，不能投入凝固的水泥、膨润土。

②拌和时间要连续，不能间断。

③使用材料要合适，杜绝使用风化固结水泥及混有杂物的砂。

④搅拌的时间、速度。

(2)运输、注入时的注意事项

①使用搅拌装置，保证浆液在运输过程中不出现分离。

②需要运输时应使用固结延迟剂。

③检测从注入孔到泵的输浆管接头的好坏。

④注意注入孔位置的阀门和泵的工作状况。

⑤注意观察注入压力、注入量。

⑥应注意注入结束时从注入孔阀门的关闭到移动输浆管的工作顺序。

⑦取下注入孔的阀门时，应装上柱塞。

⑧管片出现破损、上浮等现象时不能注浆。

⑨当浆液从管片外漏时，应停止注浆，待采取措施后再行注入。

⑩作业结束后，作业员必须对制浆设备、泵等进行彻底的清洗。

(3)注浆过程中的注意事项

①必须严格遵循材料的混合顺序。

②材料的准确计量。

总之，其宗旨是要求背后注入的浆液能迅速、完好地充填到尾隙中去。

思考题

1. 简述掘进机隧道施工的工艺流程和关键技术。
2. 开敞式掘进机主要由哪几部分组成?
3. 简述盾构隧道施工的工艺流程和关键技术。
4. 盾构机由哪些部分组成?
5. 盾构隧道的衬砌拼装有哪几种方式? 它们的优缺点是什么?
6. 分析掘进机与盾构机的优劣，以及各自的适用范围。
7. 土压平衡盾构和泥水盾构有什么不同? 各自的适用范围是什么?
8. 盾构隧道衬砌背后注浆的原因是什么?

第八章 浅埋隧道施工

学习目标

掌握浅埋隧道施工的常用方法;熟悉暗挖法施工隧道的深度分界;掌握明挖法和盖挖法施工各自的工艺、流程、优缺点、适用场合及技术要求;熟悉浅埋暗挖法施工的技术特点及施工方法的选择依据。

能力目标

能判断暗挖法隧道属于深埋还是属于浅埋隧道;能识读浅埋隧道施工图,掌握明挖法、盖挖法与浅埋暗挖法施工技术要点及施工的可行性;能根据施工规范选择合理的施工方案;能够合理处理施工中的关键技术和施工事故,提交事故处理方案。

浅埋隧道是一种特定条件下的隧道工程,其施工不仅受覆盖层地质因素的制约,而且还受地面环境的影响。

浅埋隧道有整座隧道浅埋和部分地段隧道浅埋两种情况。常用的施工方法有明挖法、地下连续墙法、盖挖法、浅埋暗挖法及盾构法等。

明挖法指挖开地面时,由上向下开挖土石方至设计高程后,自基地由下向上顺作施工,完成隧道主体结构,最后回填基坑或恢复地面的施工方法。盖挖法是由地面向下开挖至一定深度后,将顶部封闭,其余的下部工程在封闭的顶盖下进行施工,主体结构可以顺作,也可逆作。浅埋暗挖法则是在特定条件下,不挖开地面,在地下进行开挖和修筑衬砌结构的隧道施工方法。在软弱地质条件下进行暗挖法施工已很普遍,当然也可应用于浅埋隧道的施工。本任务重点介绍明挖法、盖挖法与浅埋暗挖法施工的要点。

第一节 明挖法施工

明挖法也称基坑法,包括敞口明挖法、基坑支护开挖法等。其施工方法为:首先从地面向下挖出基坑,在基坑内进行结构施工,然后回填恢复地面。

明挖法的优点是方法简单易行,施工作业面宽敞,施工速度快,主体结构受力条件较好,在覆盖层薄、人口稀少、车辆不多的地区采用是最经济的。

明挖法的最大缺点是破坏地面、中断交通、拆迁工作量大。同时,施工产生的噪声、振动等公害极大地干扰附近居民的生活和工作。

按照对边坡维护方式的不同，浅埋明挖可分为放坡明挖、悬臂支护明挖法、围护结构加支撑明挖法。

一、放坡明挖法

放坡明挖法是指根据隧道侧向土体边坡的稳定能力，由上而下分层放坡开挖隧道所在位置及其上方的土体至隧道基底高程后，再由下而上顺作隧道衬砌结构和防水层，最后施作结构外回填土并恢复地表状态的施工方法。放坡明挖法施工的隧道有时称为明洞，其主体结构的施工与地面上工程相似，故不再叙述。

1. 放坡明挖法的优缺点

此法虽然开挖方量大，但机械化程度高，施工速度快，质量也易于保证。遇到受地下水影响的工程时，可采用井点降水的方法，以便提高边坡的稳定性及改善基坑内施工环境。

2. 放坡明挖法的适用条件

放坡明挖主要适用于埋深较浅，边坡土体稳定性较好，且地表没有过多限制性条件的隧道工程。放坡开挖是明挖法施工的首选方案。边坡稳定性较差时，可采用喷射混凝土进行坡面防护或采用锚杆加固边坡土体。

二、悬臂支护开挖法

悬臂支护开挖法是将基坑围护结构插入基坑底部以下一定深度，然后在围护结构的保护下开挖基坑内的土体至设计隧道基底高程，再由下向上顺作隧道主体结构和防水层，最后施作结构外回填土并恢复地表状态的施工方法。如图 8-1 所示。

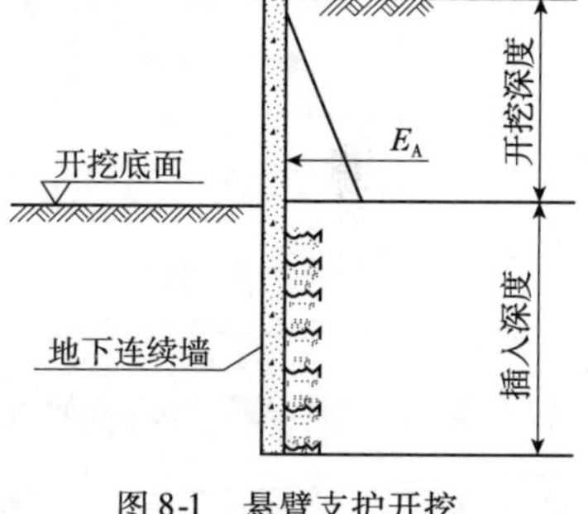

图 8-1 悬臂支护开挖

1. 悬臂支护开挖法的优缺点

悬臂支护开挖法的优点是由于有围护结构的保护，开挖土方量小，且基坑内无支撑，便于基础开挖和主体结构施工的机械化，也易保证工程质量。缺点是围护结构较复杂，增加了造价及施工难度，此法有时也用在有支撑开挖基坑的上部。

2. 悬臂支护开挖法的适用条件

悬臂支护开挖法主要适于埋置较浅，边坡土体稳定性较差，且地表有一定限制性要求的隧道工程中。

3. 悬臂支护开挖法的围护结构

围护结构常由木桩、钢桩、挖孔桩、灌注桩、钢筋混凝土预制桩或连续墙等组成。为加强围护结构的强度与刚度，减少其变形和位移，常采用下列工程措施：

(1) 围护结构设计成刚度较大的截面形式。

(2) 在围护结构顶部设圈梁等，以改善其整体受力状况，提高整体刚度。

(3) 基坑外一定范围内挖去表层覆盖土，以减少侧压力。

(4) 基坑外进行井点降水，采用压密注浆、搅拌桩或粉喷桩等方法加固。

(5) 土体，以减少侧压力。

(6)基坑内用井点降水和加固土体方法，使坑底土体固结，增加土体抗力。

(7)基坑内设置护脚，即预留一定高度和宽度的原状土台，以减少开挖时围护结构的暴露高度。支撑坑中间部分土体挖至设计高程，将中间底板灌完后，用跳槽方法开挖护脚土台，逐块浇灌这部分底板。

(8)施工中应经常检查支撑状态，必要时对其应力进行监控。

以上各种措施也可以联合采用。

三、围护结构加支撑开挖法

当基坑深度较大，开挖时除采用围护结构外，还常采用支撑加强围护结构以抵抗较大的侧压力。支撑分为水平支撑、斜支撑，也可采用锚杆加固围护结构。支撑的设置应考虑施工工艺的要求，支撑的强度、刚度、间距、层数及层位等应根据力学分析计算确定。

1. 水平支撑

水平支撑如图 8-2 所示，常用的形式有横撑和角撑，在基坑拐角或断面变化处用角撑，其他一般用横撑。除环形围护结构采用环梁支撑外，其余是受轴向压力的直线形支撑。在基层可用木材、钢筋混凝土构件、钢管、型钢及型钢组合构件等。使用钢管、型钢及型钢组合构件作为支撑时，拆装方便，占据空间较小，回收率高，还可以做成工具式支撑，故在实际工程中应用较多。

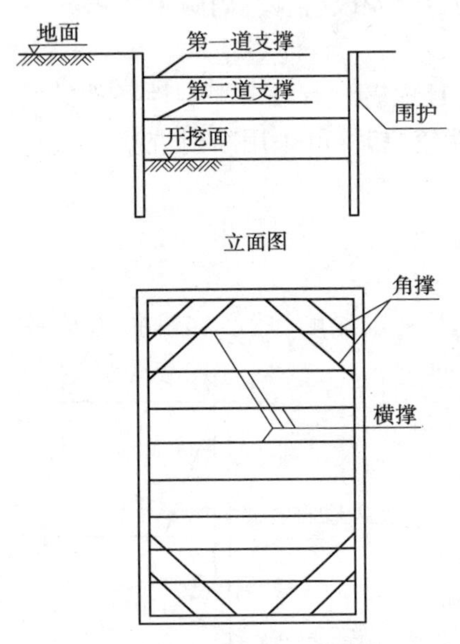

图 8-2　水平支撑开挖支护简图

围护结构施工完毕后，一般情况下可开挖至第一道支撑所需的高程，及时安装支撑并施加预应力。再采用挖槽法，先开挖支撑设计位置处土体（保留其两侧土体），挖至第二道支撑高程时，安装第二道支撑并施加预应力，然后由上向下开挖土体至适当高度，继续用挖槽法安装下道支撑。

重复以上方法，最后开挖至基底高程，再依次浇筑板底→下层侧墙→中板→上层侧墙→顶板。按要求的时序拆除支撑，完成结构体系转换。

采用水平支撑的优点：墙体水平位移小；安全可靠，开挖深度不受限制。但要求围护结构的平面形状比较规则，以矩形为最佳。开挖基坑宽度较大时，支撑应加设中间支柱来保持其稳定性。中间支柱应在开挖前按设计位置做好。

2. 斜支撑

斜支撑如图 8-3 所示的施工常采用中心挖槽法开挖基坑内土体至斜支撑基础底部高程，浇筑基础，及时安装支撑，使支撑一端支撑在围护结构上，另一端支撑在已浇筑的基础上，并施加预应力，然后开挖其余土体。设有两道或多道斜支撑时，先安装外侧的长支撑，后安装内侧的支撑，并把所有斜支撑基础连为整体，形成结构板底。最后依次浇筑下层侧墙→中板→上层侧墙→顶板，并按要求的时序拆除支撑，完成结构体系转换。

采用斜支撑时，围护结构上部水平位移比较大，易引起基坑外地面及附近建筑下沉，对沉降要求严格的地段应慎重使用,基坑开挖深度也受到一定限制。斜支撑基础及结构底板需分批施工,工序交错复杂,施工难度大。

3. 锚杆

锚杆如图8-4所示,锚杆是一种设在基坑外的支撑。一般由锚头、拉杆和锚固体三个基本部分组成。锚头在围护结构上。锚固体在岩石中的为岩石锚杆,在土层中的为土层锚杆。基坑开挖时,作用在围护结构上的侧应力可由锚杆与岩土之间产生的作用力来平衡。锚杆是受拉杆件,可采用高强度钢索,充分发挥其抗拉性能。由于锚杆设置在基坑外,可提供宽敞的施工空间,有利于机械开挖和组织结构主体施工。锚杆易于施加预应力,更好地控制围护结构的水平位移,减少地面及建筑物的沉降量,并能适用于各种形状的围护结构。锚杆可设成单层或多层,开挖深度不受限制。在大面积的基坑中,应用锚杆的经济效益更为显著。

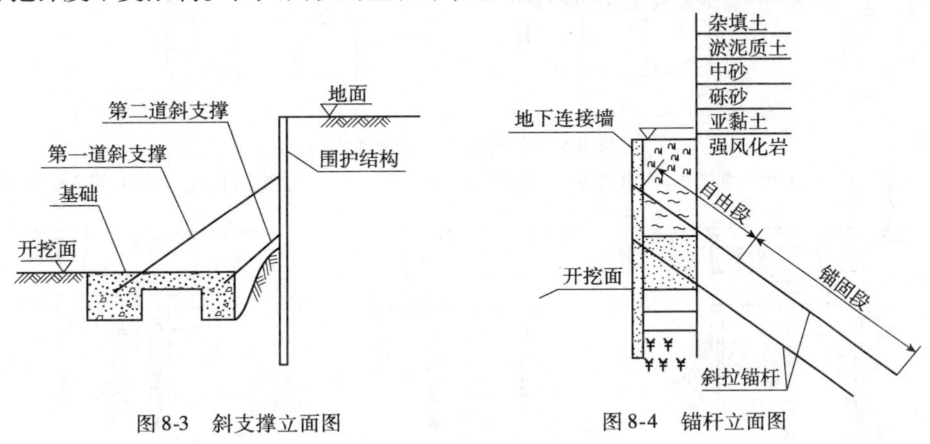

图8-3　斜支撑立面图　　图8-4　锚杆立面图

其缺点是工艺复杂,锚杆不易回收,造价较高。当围护结构四周建筑物有密集的深基础时,不宜采用。锚杆的蠕变会降低其承载力。在流沙底层中若锚头预留孔口与锚杆套筒之间的空隙过大,易发生涌水涌砂,引起坑外地面和建筑物沉降。

锚杆的施工方法是:先开挖至锚杆的设计高程,钻孔插入钢索后注浆,7~10d后对锚杆施加预应力。

第二节 盖挖法施工

一、概述

盖挖法是一种先做钻孔灌注桩(挖孔桩)或连续墙作为维护结构和支撑结构(如钢横撑、长锚索等组成支挡结构),在该结构保护下再做桩顶纵梁、盖顶板,恢复路面,然后,在桩及盖板的支护下再从上往下施工主体结构的方法。为了最大限度地减少施工对地面交通和附近居民的干扰,产生了盖挖法。为了减少对路面交通的干扰,盖板前可采用夜间施工、白天恢复路面交通等措施,是一种较快速、经济、安全的施工方法。但在主要交通干道上修建地下工程时,不能彻底解决问题。

1. 盖挖法的施工方法

盖挖法的施工方法主要有盖挖顺作法、盖挖逆作法(图8-5)、盖挖半逆作法、盖挖顺作法与盖挖逆作法的组合(图 8-6)、盖挖法与暗挖法的组合(图 8-7)以及盖挖法与盾构法的组合(图 8-8)。

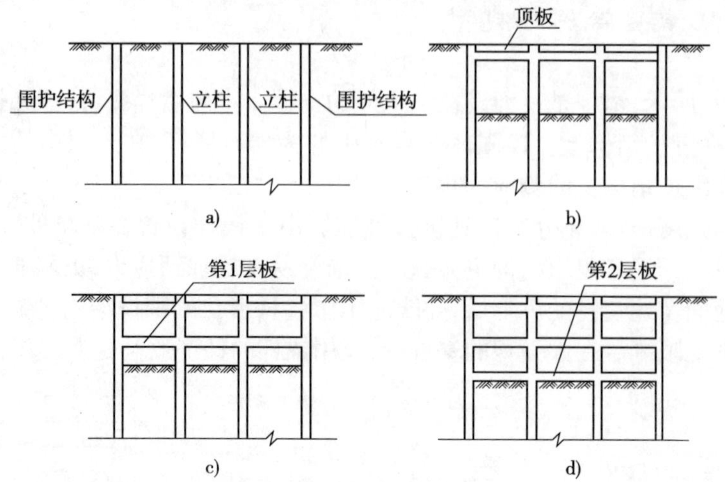

图 8-5　盖挖逆作法施工程序图

a)施工围护结构,中间支撑柱;b)浇筑顶板,向下挖土;c)浇筑第 1 层板、边墙,后挖土;d)浇筑第 2 层板、边墙

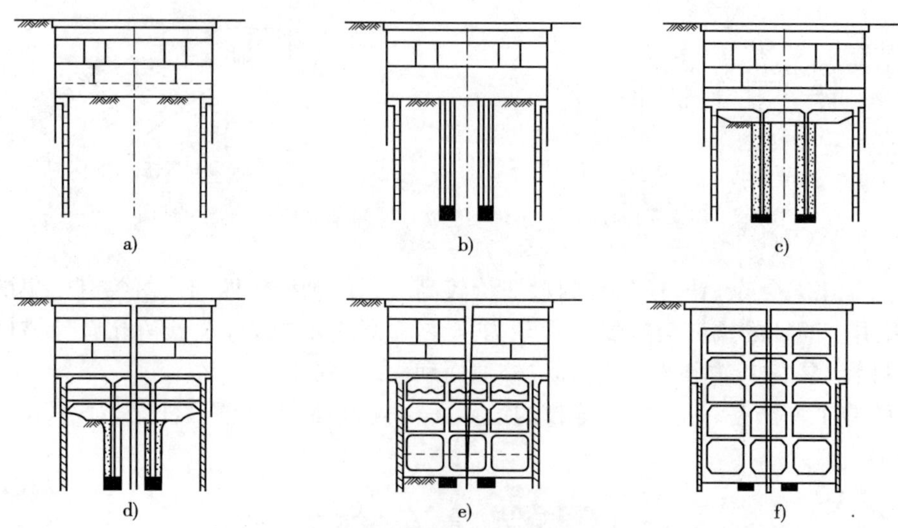

图 8-6　盖挖顺作法与盖挖逆作法组合施工程序图

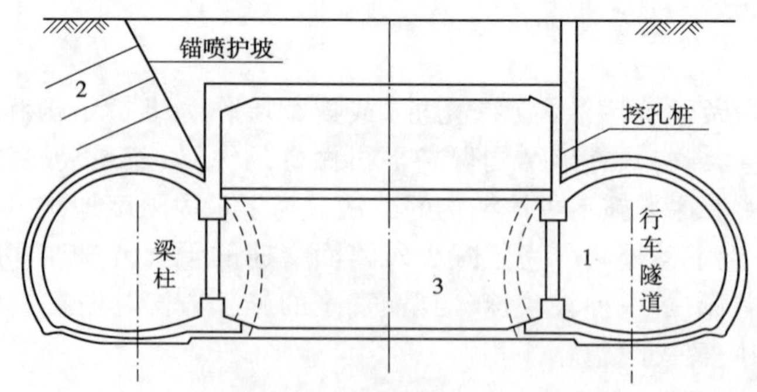

图 8-7　盖挖法与暗挖法组合施工程序图

1-用暗挖法修建行车隧道及梁柱;2-锚喷护坡;3-用盖挖法完成其余部分

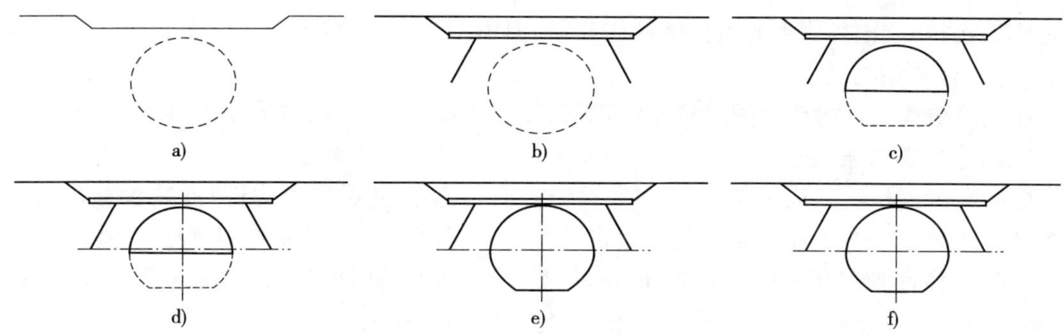

图 8-8　盖挖法与盾构法组合施工程序图

a)开挖覆盖层;b)架设混凝土盖板及回填;c)盾构法上半部开挖;d)架设上半部支撑;e)盾构法下半部开挖;f)架设下半部支撑

早期多使用盖挖顺作法,即在支护基坑的钢桩上架设钢梁,铺设临时路面维持地面交通,开挖到基坑后,先浇筑底板,然后浇筑侧墙,最后浇筑顶板。后来多使用盖挖逆作法,即用刚度更大的围护结构取代了钢桩,用结构顶板作为路面系统和支撑,结构施作顺序是自上而下,挖土后先浇筑顶板然后浇筑侧墙,最后浇筑底板。也有采用盖挖半逆作法的,施工顺序如下:围护结构→浇筑顶板→挖土到基坑底→浇筑底板及其侧墙→浇筑中板及其侧墙。

2. 盖挖法施工的优缺点

盖挖法施工的优点是:结构的水平位移小;结构板作为基坑开挖的支撑,节省了临时支撑;缩短占道时间,减少对地面干扰;受外界气候影响小。其缺点是:出土不方便;板墙柱施工接头需进行防水处理;功效低,速度慢;结构框架形成之前,中间立柱能够支撑的上部荷载有限。

3. 盖挖法施工的适用条件

盖挖法施工主要适用于城市地铁特浅埋隧道及地下工程中,尤其适用于地铁车站等地下洞室建筑物的施工。

二、盖挖法施工措施

(一)施工期间地面的处理

(1)部分或全部占用地面。

(2)分条施工临时路面和结构顶板,维持部分交通。

(3)夜间施工,白天恢复交通。

(二)围护结构

盖挖法施工的地下工程围护结构形式基本可分为两大类:

①由桩(钻孔桩、挖孔桩和预制桩)和内衬墙组成的柱墙结构。

②由地下连续墙或地下连续墙与内衬墙组合的结构。

在软弱土层中,多采用刚度和防水性较好的地下连续墙。

围护结构与内衬墙之间的构造视传力方式不同可分为以下两种:

(1)分离式结构

当围护结构与内衬墙之间需设防水层时,为保证防水效果,在围护结构与内衬墙(板)之间一般不用钢筋拉结。施工中为保证板的强度和刚度,有时需在上下板之间设置拉杆或临时立柱。软弱土层中,分离式内衬墙往往较厚,但由于防水性能好,采用较多。

(2)复合式结构

在围护结构与内衬墙之间设置拉结钢筋,使二者结合为整体,共同受力,但防水效果差。

(三)中间临时支柱

中间临时支柱在结构框架形成前是承受竖向荷载的主要受力构件,能减少板内应力。盖挖顺作法大多在永久柱两侧单独设置临时柱。而盖挖法逆作法多使临时柱与永久柱合二为一。临时柱通常采用钢管柱或H形钢柱,柱下基础可采用桩基或条基,桩基多采用灌注桩;条基用于地质条件较好的地段,可通过暗挖小隧道来完成。

(四)土方挖运

土方挖运是控制逆作法施工进度的关键工序,开挖方案还直接影响模板形式及侧墙水平位移的大小,根据基坑的空间和地质条件,可选择人工挖运或小型挖掘机挖运。

盖挖法施工的土方,由明、暗挖两部分组成。条件许可时,从改善施工条件和缩短工期考虑应尽可能增加明挖土方量。一般是以顶板底部面作为明、暗挖土方的分界线,这样可利用土模浇筑顶板。而在软弱土层,难以利用土模时,明挖土方可延续到顶板下,按要求架设支撑,立模浇筑顶板。

暗挖土方时应充分利用土台护脚支撑效应,采用中心挖槽法,即先挖出支撑设计位置土体,架设支撑,再挖两侧土体。

暗挖时,材料机具运送、挖运的土方均通过临时出口。临时出口可单独设置或利用隧道的出入口和风道。

(五)混凝土施工缝处理

逆作法施工时,结构的内衬墙及立柱是由上而下分段施作的,施工缝一般多在立柱上设V形接头、在内衬墙上设L形接头进行处理,如图8-9所示。施工缝根据结构对强度及防水的要求,有3种处理方法可供选择。

1. 直接法

在先浇混凝土的上面继续浇筑,浇筑口高出施工缝,利用混凝土的自重使其密实,对接缝处实行二次振捣,尽可能排除混凝土中的气体,增加其密实性。

2. 注入法

在先浇和后浇混凝土之间的缝隙压入水泥浆或环氧树脂使其密实,如图8-10所示。

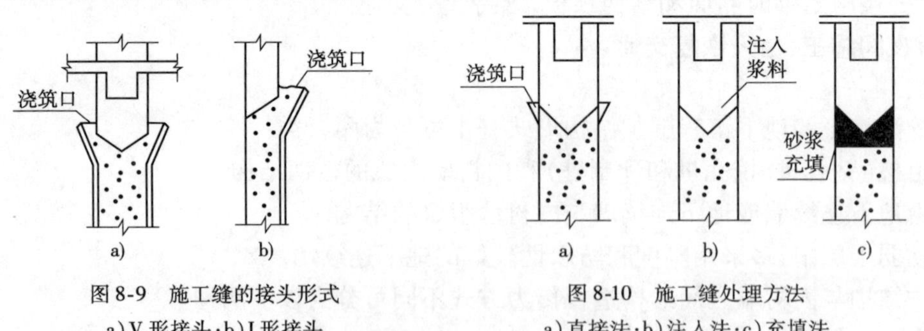

图8-9　施工缝的接头形式

a)V形接头;b)I形接头

图8-10　施工缝处理方法

a)直接法;b)注入法;c)充填法

3. 充填法

在先浇和后浇混凝土之间留一个充填接头带,清除浮浆后再用膨胀的混凝土或砂浆填充。

第三节 浅埋暗挖法施工

一、概述

修建浅埋地段隧道有时因周围环境等要求必须采用暗挖法施工,称为浅埋暗挖法。

浅埋暗挖法是参考新奥法的基本原理,在开挖中采用多种辅助施工措施加固围岩,充分调动围岩的自承能力,开挖后及时支护,封闭成环,使其与围岩共同作用形成联合支护体系,有效地抑制围岩过大变形的一种综合施工技术。

浅埋地下工程施工方法主要有明挖法(盖挖法)和暗挖法两大类。其中浅埋地下工程暗挖法主要有盾构法、浅埋暗挖法等。

所谓盾构机是指在有水地层、软弱不稳定围岩中修建地铁区间隧道和其他地下工程时,进行开挖支护和衬砌的一种专用机械设备,盾构机的种类很多,具体内容在前文已作介绍。

二、暗挖法施工隧道的深度分界

隧道根据覆盖厚度不同而分为深埋隧道和浅埋隧道。浅埋隧道因埋置深度较浅,覆盖厚度薄,一般情况下暗挖法开挖的影响将波及地表,使地面建筑物及埋设在地层里的管网线遭受破坏。根据坑道开挖引起的应力重分布是否波及地表的原则,在矿山法施工条件下,确定深、浅埋隧道覆盖厚度分界值 h_p 的经验公式为:

$$h_p = (2.0 \sim 2.5)h_a \tag{8-1}$$

式中:h_a——深埋隧道垂直荷载计算高度(m),$h_p = (0.225 + 0.45B)2^{6-S}$(公式适用于 $B \geqslant 5$m);

S——围岩类制,如Ⅲ类围岩即 $S = 3$;

B——坑道宽度(m)。

当隧道覆盖厚度 h 小于 h_p 时为浅埋隧道,反之则为深埋隧道。

计算 h_p 时,Ⅰ ~ Ⅲ类围岩取高值;当有不利于山体稳定的地质构造时,应适当加大 h_p 值;采用非爆破法开挖及采用喷锚支护时,h_p 可适当减小;隧道开挖宽度大时采用高值。

对于软弱围岩地段,为了较准确地判别隧道埋深的性质,可以通过试验段进行荷载实测,应用实测压力(P)与垂直土柱重(γ_h)之比来确定隧道处于何种埋深。其判别标准可参考如下经验值:

当 $P/\gamma_h \leqslant 0.4$ 时,为深埋隧道;

当 $P/\gamma_h > 0.4$ 时,为浅埋隧道。

有时还进一步将 $P/\gamma_h > 0.6$ 者,称为超浅埋隧道。超浅埋隧道在初期支护作用下,其围岩塑性区,在一般情况下将达到地表,覆盖层发生整体位移下沉。

三、浅埋暗挖法的优缺点

(一)浅埋暗挖法施工的优点

1. 支护及时

由于钢架 + 钢筋网 + 喷射混凝土支护施工的及时性,能使围岩不因开挖暴露过多而使强度降低,且能迅速给围岩提供支护抗力,从而改善围岩应力状态。由于注浆加固地层,提

高了围岩的 C、φ 值，增加了围岩的稳定性。

2. 密贴性

喷射混凝土同围岩能全面密贴地黏结，由于喷射混凝土与围岩紧密黏结，不仅提高了围岩强度，而且减少了围岩应力集中。

3. 柔性

由于喷射混凝土与围岩密贴黏结，且喷得较薄，故呈现一定柔性，因而易于调节围岩的变形，能有效地控制围岩在允许塑性区有适度的发展，以便发挥围岩的自承能力。

4. 灵活性

由于喷射混凝土施工工艺可随时调整且可分次完成，因而具有相当大的灵活性，这对于加固围岩、提高其承载力非常有利。

5. 封闭性

由于喷射混凝土能及时施作，而且是全面密贴支护，因而能及时阻止地下水的渗流，抑制围岩的潮解和强度损失，对于保持围岩稳定极为有利。

6. 适应性

浅埋暗挖法对断面结构的适应性强，不但可以轻易地做成圆形、马蹄形、矩形、多跨联拱等形状，而且对不同的结构断面转化、衔接都比较容易。

（二）浅埋暗挖法施工的缺点

1. 对地层的适应性有限

浅埋暗挖法对地层有一定的要求，对开挖面土层自稳时间短、大面积淤泥、含水砂层降水有困难时，不宜采用浅埋暗挖法施工。

2. 安全性差

浅埋暗挖法施工，虽然拱顶有管棚护顶，但开挖面是敞开的，开挖面的稳定关系到隧道本身和地面的安全。

3. 质量不易控制

浅埋暗挖法支护主要由人工完成，施工质量易受人为因素的影响，喷射混凝土质量离散性较大，二次衬砌施工缝、变形缝质量不易保证。

4. 施工速度慢

浅埋暗挖法日平均进尺两个循环，月平均进尺 50m 左右。

四、浅埋暗挖法施工技术特点

1. 围岩变形波及地表

浅埋隧道施工中开挖的影响将波及地表，为了避免对地面建筑物及地层内埋设的线路管网等的破坏，保护地面自然景观，克服对地上交通的影响，更好地适应周围环境的要求，必须严格控制地中及地表的沉降变形。

在变形量方面，不仅计算由于开挖直接引起围岩的沉降变形，还应计入由于围岩的作用引起支护体系的柔性变形及施工各阶段中基础下沉变位而引起的结构整体位移。

与变形量相对应而存在的地层塑性区的发展，除了对周围环境的影响外，还削弱了围岩的稳定能力，使施工更加困难。

2. 要求刚性支护或地层改良

与深埋隧道允许支护时有适量变形不同，浅埋隧道施工时，其支护时间要尽可能提前，使其变形尽可能小。支护的刚度也要适度地加大，以便抑制地中及地表的变形沉陷。除必须选用适当的开挖方法、支护方式及施工工艺外，还经常采用对前方围岩条件进行改良及超前支护等措施，以便控制地层沉降变形的基本措施。

3. 通过试验段来指导设计及施工

由于周围环境及隧道所处地段地质的复杂性，往往需要选取地质条件和结构情况有代表性的一段工程作为试验段，在做出包括结构设计、施工方案、试验及量测计划的设计后，先期开工。对施工过程中引起地中及地表沉陷变形、支护结构及围岩应力状态、对地面环境的影响程度等情况进行观察、量测、分析和研究。试验阶段施工中所取得的数据，还可以用分析法获得更符合实际的围岩力学参数，并在此基础上进行力学分析计算。

通过对试验段施工的研究分析，除优化设计及施工方案外，还对量测数据管理标准进行验证。

五、浅埋暗挖法施工方法

浅埋暗挖法的施工方法主要有全断面开挖、台阶法开挖、分部开挖法等，具体内容详见山岭隧道矿山法施工中隧道基本开挖法。

在浅埋地段修建隧道时，往往受到周围环境等因素制约，必须采用暗挖法施工。浅埋暗挖法是一种综合施工技术，其特点是在开挖过程中采用多种支护施工措施加固围岩，合理调动围岩的自承能力，开挖后及时支护，封闭成环，使其与围岩共同作用形成联合支护体系，有效地抑制围岩过大变形。

采用浅埋暗挖法施工时，常见的典型施工方法是正台阶法以及适用于特殊地层条件的其他施工方法，如全断面法、单侧壁导坑法、超前正台阶法、双侧壁导坑法（眼镜工法）、中隔墙法等。施工方法详见表 8-1。

浅埋暗挖方法比较 表 8-1

施工方法	示意图	重要指标比较					
		适用条件	沉降	工期	防水	一次支护拆除	造价
全断面法	1	地层好，跨度≤8m	一般	最短	好	无	低
正台阶法	1 2	地层较差，跨度≤12m	一般	短	好	无	低
上半断面临时封闭正台阶法	1 2	地层差，跨度≤12m	一般	短	好	小	低

续上表

施工方法	示意图	重要指标比较					
		适用条件	沉降	工期	防水	一次支护拆除	造价
正台阶环形开挖法	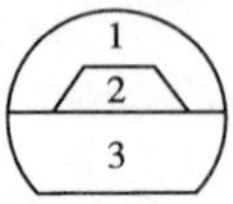 1 2 3	地层差，跨度≤14m	一般	短	好	无	低
单侧壁导坑正台价法	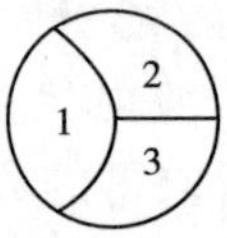 1 2 3	地层差，跨度≤18m	较大	较短	好	小	低
中隔墙法（CD法）	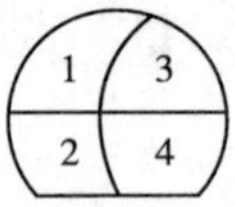 1 3 2 4	地层差，跨度≤20m	较大	较短	好	小	偏高
交叉中隔墙法（CRD法）	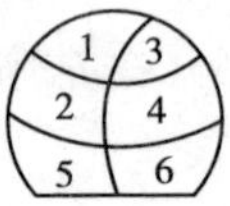 1 3 2 4 5 6	中跨度，连续墙使用可扩大跨度	较小	长	好	大	高
双侧壁导坑法（眼睛法）	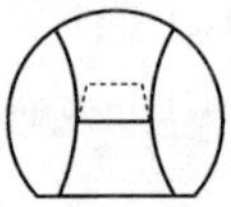	小跨度，连续使用可扩大跨度	大	长	差	大	高
中洞法	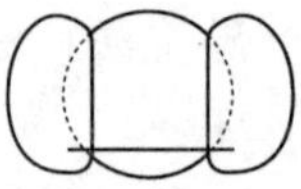	小跨度，连续使用可扩大跨度	小	长	差	大	较高
侧洞法	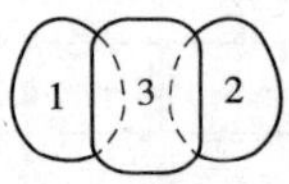 1 3 2	小跨度，连续使用可扩大跨度	大	长	差	大	高
柱洞法	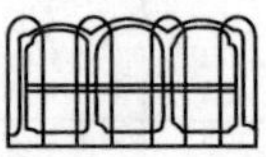	多层多跨	大	长	差	大	高
盖挖逆筑法	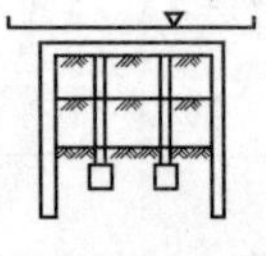	多跨	小	短	好	小	低

相对其他施工方法，浅埋暗挖法应用于自稳性差的围岩中，具有许多优点，但今后应拓宽其应用范围、加快施工进度，进一步在稳定工程质量等方面下功夫。

浅埋暗挖法经过多年的完善，在工程中已经开发出一系列预支护施工措施，使其应用范围进一步扩大，但随着我国基建规模的扩大，地下工程建设项目将进一步增多，因此，仍须进一步研究新的预支护工法和施工工艺，以适应各种地层条件。

选择适宜的支护施工措施。预支护施工措施的选择直接影响工程施工速度和造价，在安全条件得到保证的前提下，应优先选择简单的方法或同时采用几种方法综合处理。

应注意选择合理的支护参数和施工方法，以降低工程风险。支护要求及时，早支护不仅能减少支护结构的荷载，还能避免地层过分变形；对于浅埋软弱地层，采用短而密布的超前小导管支护是一种行而有效的超前支护形式；同时，在实施过程中应根据地质条件、断面大小、地面环境条件等因素，综合考虑采用正确的施工方法，一般情况下，当开挖断面宽度大于10m 时，应优先采用 CRD 工法或 CD 工法；当开挖断面宽度小于 10m 时，应优先采用正台阶法。

浅埋暗挖施工过程中，应根据不同的围岩工程地质条件、水文地质条件、工程建筑要求、机具设备、施工技术条件、施工技术水平、施工经验等多种因素，选择一种或多种行之有效的施工方法。当围岩较稳定且岩体较坚硬时，施工往往先开挖隧道坑道断面，然后修筑支护结构，并且在有条件时可以争取一次把全断面挖成。衬砌建筑也可以先修筑边墙，之后再修筑拱圈，即采用先墙后拱法施工；当围岩稳定性较差时，则需要随开挖随支撑，防止围岩变形及产生坍塌；开挖坑道后，及时修筑永久性结构，尤其坑道开挖的顶部，一般在上部断面挖成后先修筑拱圈，在拱圈的保护下再开挖坑道下部断墙即称为先拱后墙法。总之，要根据各种因素并结合地质条件变化的实际情况，采取有效的施工方法。

六、控制沉陷变形及防止坍塌

1. 现场监控量测

在浅埋暗挖法施工中应将现场监控量测作为一道重要的工序来进行，使施工现场每时每刻均处于监控之中，以确保工程安全及控制沉陷变形。

现场量测数据应及时绘制成位移——时间曲线（或散点图）。曲线的时间横坐标下注明施工工序和开挖工作面距量测断面的距离。当曲线趋于平缓时，应进行数据处理或回归分析，以推算基本稳定时间、最终位移值，掌握位移变化规律。根据量测管理基准及隧道施工各阶段沉陷变形控制标准进行施工管理。

当量测值超过标准时，应研究超标原因。必要时对已作支护体系进行补强及改进施工工艺。当曲线出现反弯点，即位移数据出现反常的急剧增长现象时，表明围岩与支护呈不稳定状态。应加强量测并立即对支护体系补强，必要时应立即停止向前开挖及采取稳定工作面的措施以确保施工安全。经妥善处理后，才能继续向前施工。

2. 量测管理基准及施工各阶段沉陷变形控制标准的建立

施工中主要采用位移量测数据作为信息化管理目标。管理基准值应根据现场的特定条件来制定。控制变形总量可参考表 8-2。

当地面建筑对底层沉陷敏感，采用控制沉陷的多种措施（包括改善围岩条件等）不易达到要求或极不经济时，可以同时采取结构加固的措施，并建立相应的基准值。

量测数据管理基准值 表 8-2

指标内容	日本、法国、德国规范综合值	推荐基准值	
		城市地铁	山岭隧道
地面最大沉陷(mm)	50	30	60
地面沉陷槽拐点曲率	1/300	1/500	1/300
地层损失系数(%)	5	5	5
洞内边墙水平收敛(mm)	20~40	20	(0.1-0.2)D%
洞内拱顶下沉(mm)	75~229	50	(0.3-0.4)D%

隧道施工量测数据管理基准值应细化为各施工阶段控制标准。控制标准数值一般应分为三个控制水平。Ⅰ级为安全值(相应安全系数为2.0以上)，Ⅱ级为警戒值(安全系数为1.2~1.5)，Ⅲ级为危险值(安全系数1.1左右)。施工中量测数值处于Ⅲ级时，一般应立即停止向前掘进，补强已有支护体系使已施工地段迅速稳定，并研究改进向前施工的方案。

思考题

1. 浅埋隧道施工采用明挖法施工时，常用的开挖方法有哪些？各自的优缺点是什么？
2. 盖挖法施工中，采用的顺作法、逆作法和半逆作法时各自的施工顺序是什么？
3. 简述浅埋隧道采用暗挖法施工的技术特点、施工顺序。
4. 浅埋隧道和深埋隧道是如何划分的？

第九章 隧道施工辅助作业

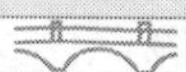

学习目标

了解隧道施工作业区应符合的卫生标准;熟悉常用的通风方式类型、各自的优缺点及适用场合;掌握施工通风与防尘方法、设备与管理;掌握隧道施工排水组织;熟悉施工用风、水电供应、照明方式及设备、管线布置、安装;掌握隧道施工辅助坑道类型及其特点。

能力目标

能根据隧道施工现场情况,选择合理的通风、照明方案;能识读隧道防水排水施工图;能处理隧道施工涌水现象。

在隧道施工中,将开挖、出渣、支护及衬砌等称为基本作业。为基本作业提供必要的施工条件,并直接为基本作业服务的作业,称为隧道施工辅助作业。其内容包括:施工通风与防尘、压缩空气的供应、施工供水与排水、施工供电与照明、施工用辅助坑道等。

第一节 施工通风与防尘

一、施工通风

在隧道施工中,洞内氧气大大减少,且混杂各种有害气体与岩尘,造成洞内空气污浊。随着坑道不断开挖,不断向山体深处延伸,洞内温度和湿度相应提高,会对人体产生有害的影响。

隧道施工通风与除尘的目的是,为了更换和净化坑道内的空气,供给洞内足够的新鲜空气,稀释、冲淡和排除有害气体,降低粉尘浓度,以改善劳动条件,保障施工作业人员身体健康,保证正常的安全生产,并提高劳动生产率等。

(一)隧道施工作业区应符合的卫生标准

隧道施工中,由于钻眼、炸药爆破、装渣、喷射混凝土、内燃机械和运输汽车的排气等作业会放出大量的 CO、CO_2、NO_2、SO_2、H_2S 等有害气体;隧道穿经煤层或某些地层时,还会释放瓦斯、硫化氢等有害气体;洞内施工人员要消耗氧气,呼出 CO_2 等。这些都会使洞内狭窄空间的空气污浊,使洞内工作环境的空气恶化,降低洞内施工效率,甚至会造成安全事故。

因此，必须向洞内供给新鲜空气、排除有害气体及降低粉尘浓度，同时也应尽量控制不利于施工的因素，如地热、噪声等。

1. 基本任务

隧道施工通风的基本任务包括：

(1)向施工区域的工作人员提供足够数量的新鲜空气。

(2)稀释和排除各种有毒、有害气体和矿岩粉尘，使其含量符合国家标准。

(3)改善施工地点的空气质量，使之能保持一定的温度和湿度，为施工人员创造良好的劳动气候条件。

2. 卫生标准

按照《公路隧道施工技术规程》规定，隧道施工作业环境应符合下列卫生标准：

(1)洞内空气中含氧量

按体积计不应小于20%，并保证洞内施工人员每人有$3m^3/min$的新鲜空气；当洞内采用内燃机作业时，供风量不宜小于$3m^3/(min \cdot kW)$。

(2)粉尘最高容许浓度

$1m^3$空气中含有10%以上游离SiO_2的粉尘为2mg。

(3)瓦斯浓度

瓦斯隧道装药爆破时，爆破地点20m内，风流中瓦斯浓度必须小于1.0%；总回风道风流中瓦斯浓度应小于0.75%；开挖面瓦斯浓度大于1.5%时，所有人员必须撤到安全地点。

(4)有害气体最高容许浓度

①一氧化碳(CO)，一般情况下不大于$30mg/m^3$，特殊情况下，施工人员必须进入工作面时，可为$100mg/m^3$，但工作时间不得超过30min。

②二氧化碳(CO_2)，按体积计不得大于0.5%。

③氮氧化物(NO_2)，即二氧化氮，氧化物换算成二氧化氮应在$5 \sim 8mg/m^3$以下。

④甲烷(CH_4)，即瓦斯浓度按体积计不得大于0.5%，否则必须按煤炭工业部现行的《煤矿安全规程》有关规定办理。

⑤洞内气温不得超过28℃；噪声不得超过90dB。

(二)施工通风方式

隧道施工基本上是独头施工的巷道，独头巷道是指只有一个出入口的巷道。隧道一般都是从两端洞口向中间开挖，即使使用斜井或竖井将长隧道分割短打的情况，各工区在没有贯通前都是独头巷道施工。因独头巷道不可能形成贯通风流，所以，其施工通风的特点是必须用风管等设备，将污风与新风分开，构成通风回路，进行送风或排风。

隧道施工的开挖工作面，是随着开挖进尺经常移动的。为向工作面提供新鲜空气，风管必须不断地接长，因而动力消耗逐渐增加，直至隧道贯通时，风管长度、动力消耗达到最大。

隧道施工受许多因素的影响，施工方法、施工进度、机具和人员等是经常变化的。施工条件变化，通风就要及时调整，这也是施工通风的特点之一。

因此施工通风方式应根据隧道的长度、掘进坑道的断面大小、施工方法和设备条件等诸多因素来确定。在施工中，有自然通风和机械通风两类，其中自然通风是利用洞室内外的温差或高差来实现通风的一种方式，受洞外气候条件的影响极大，一般仅限于短直隧道，因而完全依赖于自然通风是较少的,绝大多数隧道均应采用强制机械通风。

隧道长度不足300m或离洞口100m范围地段或坑道贯通后的施工,一般无需通风设备,依靠洞内外温差(或高差)产生的空气对流形成自然通风,即可满足施工需要。

但对于长隧道或离洞口100m以上的施工面,依靠自然通风不能满足施工需要时必须采取机械通风。

机械通风方式,按照通风类型,通风机安装位置的不同,可分为风管式、巷道式两大类。而风管式通风根据隧道内空气流向的不同,又可分为压入式、吸出式和混合式三种。

1. 风管式通风

风管式通风方式的风流经由管道输送,又可分为三种形式。

(1)压入式通风

压入式通风如图9-1a)所示。这种通风方式的特点为:风机将洞外新鲜空气通过风管压送到工作面,而工作面的污浊空气沿巷道排出洞外,以达到通风的目的。这种通风方式若采用大功率、大管径,其适用范围更广。

(2)吸出式通风

吸出式通风如图9-1b)所示。这种通风方式的特点为:风机将工作面的污浊空气吸入风管而排出洞外,巷道内空气新鲜而工作面附近空气污浊;风机离工作面距离较近时,易被爆破废弃的石块砸坏。这种通风方式一般不宜单独使用,常与压入式风机配合组成混合式通风。

(3)混合式通风

混合式通风如图9-1c)所示。这种通风方式的特点为:设置两套风机与风管,一套为吸出式,将洞内污浊空气排出洞外。另一套为压入式,向工作面输送新鲜空气。既保持了前述两种通风方式的优点,又避免了它们的不足,因此是施工现场常采用的通风方式。它适用于长度为800~1 000m的独头巷道。

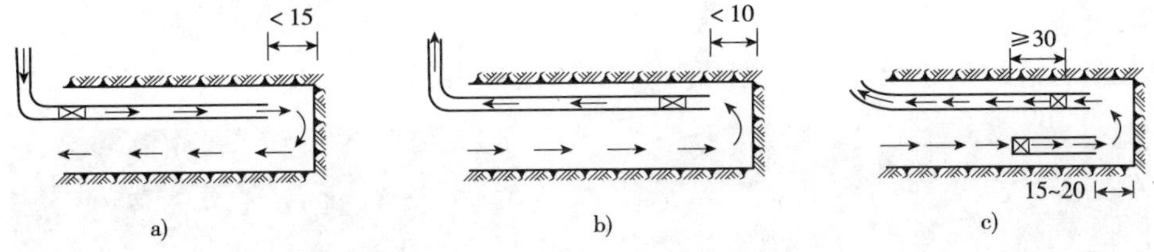

图9-1 风管式通风的三种方式(尺寸单位:m)

a)压入式通风;b)吸出式通风;c)混合式通风

由于混合式通风的管路、风机设施增多,所以在管径较小时可以采用,但在采用大管径、大功率风机时,其经济性不如压入式好。

为了提高混合式通风效果,必须注意以下几个问题:

①压入和压出两台风机必须同时启动。

②压出风机的通风能力应比压入风机的大20%~30%,以免污浊空气不能全部排出洞外。

③两个风机的位置布置最小要搭接30m,以免在洞内形成风流短路。

④压入风机的风管端部与工作面间的距离应在风流有效射程之内,一般为15~20m。

⑤压出风管出口端必须伸出洞口并弯向上侧,以免污浊空气回流进洞。

这些通风方式，根据通风风机的台数及其设置位置、风管的连接方法又分为集中式和串联（或分散）式；还根据风管内的压力来分为正压型和负压型。

2. 巷道式通风

巷道式通风方式利用隧道本身（包括成洞、导坑及扩大地段）和辅助坑道（如平行导坑）组成主风流和局部风流两个系统互相配合而达到通风的目的。现以设有平行导坑的隧道为例说明巷道式通风如图 9-2 所示。

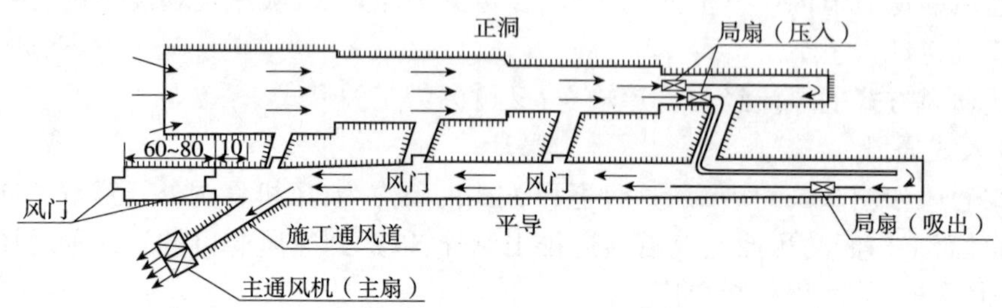

图 9-2　巷道式通风（尺寸单位：m）

（1）主风流循环系统

利用平行导坑与正洞的横向联络通道作为风道，在平行导坑口侧面的风道口处设置主风机（主扇），通风时把平行导坑设置的两道挡风门关闭如图 9-3 所示。当主扇向外吸风时，平行导坑内空气产生负压，正洞外面把新鲜空气即通过正洞向洞内补充，污浊空气经由最前端横通道进入平行导坑，在经施工通风道排出洞外，从而形成以坑道为通风道的主风流循环系统，使主风流范围内的污浊空气很快被排出洞外。

挡风门是巷道通风的关键之一，为此必须做到以下几点：

①平行导坑口设置两道风门，其间距为 1.2 ~1.5 倍出渣列车长度，一般为 60 ~80m。

设置两道风门，是为保证当列车通过平行导坑口时，始终有一道风门处于关闭状态，而不出现风流短路。

②不作运输的横通道应及时关闭，以减少风流损失，如图 9-4 所示。

图 9-3　平行导坑的挡风门

图 9-4　横通道挡风门关闭

③挡风门应做到顺风关、逆风开，要做到严密不漏风，应派专人看守和维修。

（2）局部风流循环系统

正洞及平行导坑开挖作业区，必须配置风扇，已形成局部风流循环系统，在图 9-2 中，正洞开挖作业区布置一台压入式风机，压入新鲜空气，工作面的污浊气体即随主风流系统经横通道、平行导坑排出洞外。为了提高平行导坑开挖作业区通风效果，可布置成以吸出式为主、压入式为辅的混合式通风。主风流只能够把部分新鲜空气由压入式风机压送到平行导坑工作面，而污浊气体则由吸出风机吸出到平行导坑中排出洞外。

另外，港道通风还有风墙式、通风竖井、通风斜井、横洞等。但随着我国独头掘进技术的提高，开挖断面大，通风方式更趋向于采用大功率、大管径的压入式通风。

(三)通风方式的选择

通风方式应针对污染源的特性，尽量避免成洞地段的二次污染，且应有利于快速施工。因而在选择时应注意以下几个问题：

(1)自然通风因其影响因素较多，通风效果不稳定且不易控制，故除短直隧道外，应尽量避免采用。

(2)压入式通风能将新鲜空气直接输送至工作面，有利于工作面施工，但污浊空气将流经整个坑道。若采用大功率、大管径，其适用范围较广。

(3)吸出式通风的风流方向与压入式相反，但其排烟速度慢，且易在工作面形成炮烟停滞区，故一般很少单独使用。

(4)混合式通风集压入式和吸出式的优点于一身，但管路、风机等设施增多，在管径较小时可采用，若有大管径、大功率风机时，其经济性不如压入式。

(5)利用平行导坑作巷道通风，是解决长隧道施工通风的方案之一，其通风效果主要取决于通风管理的好坏。若无平行导坑，如断面较大，可采用风墙式通风。

(6)选择通风方式时，一定要选用合适的通风机和风管，同时要解决好风管的连接，尽量减少漏风率。

(7)搞好施工中的通风管理，对设备要定期检查，及时维修，加强环境监测，使通风效果更加经济合理。

二、通风计算

通风计算的目的是选择风机，而确定通风机型号和轴功率的主要依据是风量和风压。

(一)风量计算

隧道施工的通风计算，因施工方法、隧道断面、爆破器材、炸药种类、施工设备等不同而变化。目前所用的通风计算公式，大都是从矿井通风及铁路运营通风的计算公式类比或直接引用，一般按以下几个方面计算并取其中最大的数值，再考虑漏风因素进行调整，并加备用系数后，作为选择风机的依据。

1. 按洞内同时工作的最多人数所需的风量 Q 计算

$$Q = kmq \tag{9-1}$$

式中：Q——所需风量(m^3/min)；

k——风量备用系数，常取1.1～1.2；

m——洞内同时工作的最多人数；

q——洞内每人每分钟需要新鲜空气量，通常按$3m^3/min$计算。

2. 按同时爆破的最多炸药量计算所产生的有害气体需要的风量计算

由于通风方式不同,计算方法也各不相同,以下分别介绍。

(1)巷道式通风

$$Q=5Ab/t \tag{9-2}$$

式中:Q——所需风量(m^3/min);

A——同时爆破的炸药量(kg);

b——1kg 炸药折合成一氧化碳的体积,一般采用 $b=40L/kg$;

t——爆破后的通风时间(min)。

(2)管道通风

①压入式通风

$$Q=7.8\sqrt[3]{A\cdot S^2\cdot L^2/t} \tag{9-3}$$

式中:S——坑道断面面积(m^2);

L——坑道长度(m);

其他符号意义同前。

②吸出式通风

$$Q=15\sqrt{A\cdot S\cdot L_{散}/t} \tag{9-4}$$

式中:$L_{散}$——爆破后炮烟的扩散长度(m);非电起爆,$L_{散}=15+A$;电雷管起爆,$L_{散}=15+A/5$;

其他符号意义同前。

③混合式通风

$$\begin{aligned}Q_{混压}&=7.8\sqrt[3]{A\cdot S^2\cdot L_{入口}^2/t}\\Q_{混吸}&=1.3Q_{混压}\end{aligned} \tag{9-5}$$

式中:$Q_{混压}$——压入风量(m^3/min);

$Q_{混吸}$——吸出风量(m^3/min);

$L_{入口}$——压入风口至工作面的距离(m),一般采用25m 计算;

其他符号意义同前。

3. 按内燃机作业废气稀释的需要计算

$$Q=n_iB \tag{9-6}$$

式中:n_i——洞内同时使用内燃机作业的总千瓦数(kW);

B——洞内同时使用内燃机每1kW 所需的风量(m^3/min),一般用$3m^3/(min\cdot kW)$计算。

4. 按洞内允许最小风速计算

$$Q=60\cdot V_{min}\cdot S_{max} \tag{9-7}$$

式中:V_{min}——洞内允许最小风速(m/s);全断面开挖时为0.15m/s;其他坑道为0.25(m/s);

S_{max}——坑道最大断面面积(m^2)。

(二)漏风计算

通风机的供风量($Q_{供}$)除满足上述计算的需要风量外,还应考虑漏失的风量。一般考虑漏风系数来计算,即:

$$Q_{供}=P\cdot Q \tag{9-8}$$

式中：Q——前述计算结果的最大值，称计算风量（m^3/min）；

P——漏风系数，是一个大于1的系数，管道通风时，根据风管材料不同可分别由表9-1、9-2、9-3中查得。

巷道式通风则常采用1.2~1.3。

胶皮风管漏风系数 表9-1

风管延长(m)	50	100	150	200	250	300	400	500
漏风系数 P	1.04	1.08	1.11	1.14	1.16	1.19	1.25	1.30

金属风管漏风系数 表9-2

风管延长(m)	风管每节为3m及下列直径(m)时的漏风系数			风管每节为4m及下列直径(m)时的漏风系数		
	0.5	0.7	0.8	0.5	0.7	0.8
100	1.02 1.09	1.01 1.04	1.01 1.03	1.02 1.06	1.01 1.03	1.008 1.02
200	1.08 1.27	1.05 1.16	1.03 1.16	1.06 1.19	1.02 1.11	1.02 1.06
300	1.16 1.51	1.09 1.29	1.06 1.18	1.10 1.37	1.06 1.22	1.04 1.12
400	1.25 1.82	1.15 1.46	1.10 1.32	1.16 1.61	1.10 1.34	1.06 1.23
500	1.36 2.25	1.21 1.62	1.14 1.45	1.25 1.88	1.14 1.51	1.08 1.32
600	1.49 2.76	1.28 1.93	1.19 1.57	1.27 2.22	1.18 1.66	1.12 1.45
700	1.63 3.44	1.36 2.20	1.27 1.79	1.48 2.60	1.28 1.85	1.16 1.56
800		1.45 2.63	1.33 2.05		1.30 2.13	1.22 1.74
900		1.54 2.89	1.36 2.25		1.39 2.28	1.25 1.87
1 000		1.65 3.42	1.50 2.52		1.46 2.62	1.28 2.07

注：表中同格内上行值为风管接头用橡皮或油封衬垫密封，螺栓完全拧紧。下行值为风管接头用马粪纸或麻绳密封，螺栓完全拧紧。

聚氯乙稀塑料风管漏风系数 表9-3

风管直径(m) \ 风管延长(m)	100	200	300	400	500	600	700	800	900	1 000
0.5	1.019	1.045	1.091	1.145	1.157	1.230	1.280			
0.6	1.014	1.036	1.071	1.112	1.130	1.180	1.201	1.330		
0.7	1.010	1.028	1.053	1.080	1.108	1.145	1.188	1.237	1.288	1.345
0.8	1.008	1.022	1.040	1.067	1.090	1.126	1.153	1.195	1.229	1.251

对于长距离大风量供风，目前一般采用 PVC 塑料、拉链式软管如图 9-5 所示，管路直径大于 1m。由于采用长管节（20～50m），从而大大降低了接头漏风，漏风以管壁为主。如选用优质管路，在良好管理的条件下，每百米漏风率一般可控制在 2% 以下，其漏风系数可由送风距离及每百米漏风率计算而得。

图 9-5　PVC 塑料、拉链式软管

若处于高山地区，由于大气压强降低，供风量尚需进行风量修正，即：

$$Q_{高} = \frac{100Q_{正}}{P_{高}} \tag{9-9}$$

式中：$Q_{高}$——高山修正后的供风量（m^3/min）；

$P_{高}$——高山地区大气压（kPa），见表 9-4；

$Q_{正}$——正常条件下的供风量，即上述 $Q_{供}$（m^3/min）。

海拔高度与大气压（$P_{高}$）的关系　　表 9-4

海拔高度（m）	1 500	2 000	2 500	3 000	3 500	4 000	4 500	5 000
大气压强（kPa）	82.9	77.9	73.2	68.8	64.6	60.8	57.0	53.6

（三）风压计算

在通风过程中，要克服风流沿途所受阻力，保证将所需风量送到洞内，并达到规定的风速，则必须要有一定的风压。因此，风压计算的目的就是要确定通风机本身应具备多大的压力才能满足通风需要。

气流所受到的阻力有摩擦阻力和局部阻力（包括断面变化处阻力、分岔阻力、拐弯阻力）及正面阻力，其计算可用式（9-10）表示：

$$h_{机} \geqslant h_{总阻}$$

$$h_{总阻} = \sum h_{摩} + \sum h_{局} + \sum h_{正} \tag{9-10}$$

式中：$h_{机}$——通风机的风压；

$h_{总阻}$——风流受到的总阻力；

$h_{摩}$——气流经过各种断面的管（巷）道时产生的摩擦阻力；

$h_{局}$——气流经过断面变化、拐弯、分岔等处分别产生的阻力；

$h_{正}$——巷道通风时受运输车辆阻塞而产生的阻力。

1. 摩擦阻力（$h_{摩}$）

摩擦阻力是管道（巷道）周壁与风流互相摩擦以及风流中空气分子间的挠动和摩擦而产生的阻力，也称沿程阻力。

根据流体力学的达西公式可以导出隧道通风的摩擦阻力公式：

$$h_{摩} = \lambda \frac{LV^2}{d \cdot 2g}\gamma \tag{9-11}$$

式中：$h_{摩}$——摩擦阻力(Pa)；

λ——达西系数；

L——风管长度(m)；

V——风流速度(m/s)；

d——风管直径(m)；

g——重力加速度(m/s^2)；

γ——空气重度(N/m^3)。

对于任意形状时，将 $d=4S/U$，(U 为风道周边长度，S 为风管面积)代入式(9-11)得：

$$h_{摩} = \frac{\lambda \cdot \gamma}{8g} \cdot \frac{LU}{S} \cdot V^2 \tag{9-12}$$

若风道流量为 Q(m^3/s)，则 $V=Q/S$，再令 $\alpha = \frac{\lambda \cdot \gamma}{8g}$，称为摩擦阻力系数(单位为N·s^2/m^4)，其值见表9-5、表9-6。

将 α、V 代入式(9-12)得：

$$h_{摩} = \frac{\alpha LUQ^2}{S^3} \tag{9-13}$$

管道摩阻力系数表 表9-5

风管	直径(mm)	α	浸胶风管			
			雷诺数 R_e	α	雷诺数 R_e	α
金属管	500	0.0035	1×10^5	0.0096	6×10^5	0.0035
	600	0.0032	2×10^5	0.0063	7×10^5	0.0032
	700	0.0030	3×10^5	0.0051	8×10^5	0.0030
	800	0.0025	4×10^5	0.0042	9×10^5	0.0029
塑料管	500	0.0016	5×10^5	0.0038	10×10^5	0.0029
	600	0.0015	备注	$R_e = Q\times10^5/1.2d$ 式中：Q——风量(m^3/s)； d——风管直径(m)		
	700	0.0013				
	800	0.0013				

巷道摩阻力系数表 表9-6

巷道特征	α值	巷道特征	α值
混凝土衬砌成洞地段	0.004~0.005	拱部扩大已完成，无支撑地段	0.012~0.016
块石砌筑成洞地段	0.006~0.008	导坑，无支撑地段	0.016~0.020
砌拱已完成马口开挖地段	0.010~0.012	导坑，有支撑无中间立柱地段	0.020~0.025
拱部扩大已完成，有扇形支撑地段	0.020~0.030	导坑，有支撑，有中间立柱地段	0.030~0.040

2. 局部阻力($h_局$)

风流经过风管的某些局部地点(如断面扩大、断面减小、拐弯、分岔等)时,由于速度或方向发生突然变化而导致风流本身产生剧烈的冲击,由此产生风流阻力称局部阻力。

$$h_局 = 0.612\xi \frac{Q^2}{S^2} \tag{9-14}$$

式中:ξ——局部阻力系数,见表9-7;

其他符号意义同前。

局部阻力系数表 表9-7

<table>
<tr><th>管(巷)道形式</th><th colspan="5">阻力系数(ξ)</th></tr>
<tr><td rowspan="3">圆弧形</td><td>α值
R/d</td><td>30°</td><td>45°</td><td>60°</td><td>90°</td><td>120°</td></tr>
<tr><td>1.5</td><td>0.08</td><td>0.11</td><td>0.14</td><td>0.175</td><td>0.20</td></tr>
<tr><td>2.0</td><td>0.07</td><td>0.10</td><td>0.12</td><td>0.15</td><td>0.17</td></tr>
<tr><td rowspan="8">折角形</td><td>α</td><td>10°</td><td>20°</td><td>30°</td><td>40°</td><td>50°</td></tr>
<tr><td>ξ</td><td>0.018</td><td>0.070</td><td>0.164</td><td>0.359</td><td>0.494</td></tr>
<tr><td>α</td><td>60°</td><td>70°</td><td>80°</td><td>90°</td><td>100°</td></tr>
<tr><td>ξ</td><td>0.654</td><td>0.818</td><td>1.145</td><td>1.471</td><td>1.800</td></tr>
<tr><td>α</td><td>110°</td><td>120°</td><td>130°</td><td>150°</td><td>170°</td></tr>
<tr><td>ξ</td><td>2.130</td><td>2.620</td><td>2.845</td><td>3.600</td><td>5.070</td></tr>
<tr><td colspan="6">如为圆形则需除以1.22</td></tr>
<tr style="display:none"></tr>
<tr><td>直角三通</td><td colspan="6">ξ=1.5</td></tr>
<tr><td>锐角三通</td><td colspan="6">α=45°~60°
ξ=1.5</td></tr>
<tr><td>直通</td><td colspan="6">ξ=1.0</td></tr>
<tr><td rowspan="2">变径直通</td><td>f/F面积比</td><td colspan="2">0.2</td><td>0.4</td><td>0.5</td><td>0.8</td></tr>
<tr><td>ξ</td><td colspan="2">0.64</td><td>0.36</td><td>0.25</td><td>0.04</td></tr>
<tr><td colspan="3">断面变化地点</td><td colspan="4">ξ</td></tr>
<tr><td colspan="3">由洞口进入成洞</td><td colspan="4">0.60</td></tr>
<tr><td colspan="3">由成洞进入扩大及下导坑,扩大至上导坑</td><td colspan="4">0.46</td></tr>
<tr><td colspan="3">由上导坑进入漏斗机</td><td colspan="4">0.77</td></tr>
<tr><td colspan="3">由漏斗孔进入导坑</td><td colspan="4">2.00</td></tr>
<tr><td colspan="3">由导坑单道断面进入双道断面</td><td colspan="4">1.70</td></tr>
<tr><td colspan="3">由导坑双道断面进入单道断面</td><td colspan="4">1.00</td></tr>
<tr><td colspan="3">由平导进入通风洞</td><td colspan="4">0.50</td></tr>
</table>

3. 正面阻力($h_正$)

当通风面积受阻时,会在受阻区域出现过风断面减小后再增大这一现象,相应地会增加风流阻力,一般可用式(9-15)计算:

$$h_正 = 0.612\varphi \frac{S_m}{(S-S_m)^3}Q^2 \tag{9-15}$$

式中：$h_{正}$——风流所遇到的正面阻力，它是由坑道中的斗车等阻塞物引起的，只有在计算巷道式风压时才需考虑；

φ——正面阻力系数。当列车行走时，$\varphi=1.5$；当列车停放时 $\varphi=0.5$，如两列车（或斗车）停放间距超过 1m 时则逐辆相加；

S_m——阻塞物最大迎风面积（m^2）；

其他符号意义同前。

（四）通风机的选择、安装与使用

通风机有轴流式和离心式两类，如图 9-6 和 9-7 所示。在隧道施工通风中主要采用轴流式通风机，隧道机械通风中要求压头不高，所需风量大，轴流式通风机具有此种特点。轴流式通风机一般要和通风管一起使用，射流式通风机则不用通风管。选择时，按 $Q_{机}\geqslant 1.1Q_{供}$（1.1 是风量储备系数，$Q_{供}$则为前述计算结果）及 $h_{机}\geqslant P\sum h$（P 为漏风系数，$\sum h=\sum h_{摩}+\sum h_{局}+\sum h_{正}$），在通风机性能表中选择风机。对于风管式通风，当管道较长，需要较高风压时，可将数台风机串联使用。对于巷道式通风，当需要较大风量时，可将数台风机并联使用。此外，根据具体情况，还可以选用具有吸尘、防爆和低噪声等特性的风机。

图 9-6 轴流式通风机

图 9-7 射流式通风机

设置风机时，其安装基础要能充分承受机体重量和运营时产生的振动，或者水平架设道台架吸入口注意不要吸入液体和固体，而且要安装喇叭口以及提高吸入、排出效率。要注意以下几点：

（1）按照通风设计要求安装主机，洞内辅助风机应安装在新鲜风流中。

（2）通风机应装有保险装置，当发生故障时能自动停机。

（3）通风机应有适当的备用量，一般为计算能力的 50%。

（五）风管的布置、选择及安装

（1）放置在隧道内的风管，应设在不妨碍出渣运输作业、衬砌作业的空间处，同时要牢固地安装以免受到振动，冲击而发生移动、掉落。风管可挂设在隧道拱顶中央、隧道中部或靠边墙墙角等处，一般在拱顶中央处通风效果较佳。在衬砌模板台车附近，不要使风管急剧弯曲，以减少风压损失。风管一般均用夹具等安装在支撑构件上，若不使用支撑，只有喷混凝土和锚杆时，可在锚杆上装特殊夹具挂承力索，而后通过吊钩安装风管。

(2)风管的连接应密贴,以减少漏风,一般硬管用密封带或垫圈,软管则用紧固件连接。

(3)吸入式的进风管口或集中排风管口处应设在洞外,并做成烟囱式,防止污染空气回流进洞。

(4)通风管开挖处面的距离应根据具体情况决定,压入式通风管的送风口距开挖面不宜大于15m,排风式风管吸风口不宜大于5m。

(5)采用混合式通风方式时,当一组风机向前移动时,另一组风机的管路应相应接长,并始终保持两组管道相邻端交错20~30m。局部通风时,排风式风管的出风口应引入主风流循环的回流中。

(6)通风管的安装应做到平顺、接头严密、弯管半径不小于风管直径的3倍。

(7)通风管如有损坏,必须及时修理或更换。

(8)风压管采用软质橡胶管,吸入管采用硬质金属管或玻璃钢管。

(六)通风管理

隧道施工通风要取得良好的效果,除合理选择通风设备外,还必须加强通风管理,并要求做到以下几点:

(1)定期测试通风量、风速、风压,检查通风设备的供应能力和动力消耗。

(2)发现风管、风门、封闭的通道等处漏风时,必须立即堵塞。

(3)通风巷道中,避免停放闲置的车辆、堆积料具和废渣。

(4)利用平行导坑作通风巷道时,除最后一个横通道外,其余均应设置风门,通风及时关闭风门。

三、防尘措施

在隧道施工中,由于钻眼、爆破、装渣、喷混凝土等原因,在洞内浮游着大量的粉尘,这些粉尘对施工人员的身体健康危害极大。特别是粒径小于10μm的粉尘,极易被人吸入,或沉附于支气管中,或吸入肺泡,隧道施工人员常见的矽肺病就是因此而形成的,此病极难治愈,病情严重发展会使肺功能完全丧失而死亡。因而,防尘工作是十分重要的。

目前,在隧道施工中采取湿式凿岩、机械通风、喷雾洒水和个人防护相结合的综合防尘措施。

1. 湿式凿岩

湿式凿岩,就是在钻眼过程中利用高压水湿润粉尘,使其成为岩浆流出炮眼,这就防止了岩粉的飞扬。根据现场测定,这种方法可降低粉尘量80%。目前,我国生产并使用的各类风钻都有给水装置,使用方便。

对于缺水、易冻害或岩石不适于湿式钻眼的地区,可采用干式凿岩孔口捕尘,其效果也较好。

2. 机械通风

施工通风可以稀释隧道内的有害气体浓度,给施工人员提供足够的新鲜空气,同时也是防尘的基本方法。因此,除爆破后需要通风外,还应保持通风的经常性,这对于消除装渣运输中产生的粉尘是十分必要的。

3. 喷雾洒水

喷雾一般是爆破时实施的,主要是防止爆破中产生粉尘过大。喷雾器分两大类:一种是风水混合喷雾器,另一种是单一水力作用喷雾器。前者是利用高压风将流入喷雾器中的水吹散而形成雾粒,更适合于爆破作业时使用。后者则无需高压风,只需一定的水压即可喷雾,且这种喷雾器便于安装,使用方便,可安装于装渣机上,故适合于装渣作业时使用。

洒水是降低粉尘浓度的简单而有效的措施,即使在通风较好的情况下,洒水降尘仍然需要。因为单纯加强通风,还会吹干湿润的粉尘而重新飞扬。对渣堆洒水必须分层洒透,一般每吨岩石洒水的耗水量大致为 10 ~20L,如果岩石湿度较大,水量可适当减少。

4. 个人防护

对于防尘而言,个人防护主要是指配戴防护口罩,在凿岩、喷混凝土等作业时还要配戴防噪声的耳塞及防护眼镜等。

第二节 压缩空气的供应

在隧道施工中的开挖、支护和衬砌三条主要作业线所采用的机械设备,均应向电气化、液压化、自动化方向发展,但目前,以压缩空气为动力的风动机械(具)仍广泛地使用,常用的有凿岩机、装渣机、喷混凝土机、锻钎机、压浆机等。这些风动机具所需的压缩空气是由空气压缩机(以下简称空压机)生产,并通过高压风管输送给风动机具的。

压缩空气俗称高风压,它是经空气压缩机压缩后的具有一定压力的空气。要保证风动机械设备正常运转,压缩空气必须具有一定的风量和风压。因此,压缩空气的供应主要应考虑供应足够的风量以及必需的工作风压,同时还应尽量减少压缩空气在管路输送过程中的风量和风压损失,从而达到节约能源、降低消耗的目的。

一、供风量的计算

空气压缩机一般简称空压机,空压机站应提供能满足各种风动机械设备正常运转及输送损耗所需要的风量。如图 9-8 和图 9-9 所示。

图 9-8 小型内燃式空气压缩机

图 9-9 大型电动式空气压缩机

供风量可根据式(9-16)计算:

$$Q = (1 + K_{设备}) \cdot (\sum qK + q_{漏}) \cdot k_{m} \tag{9-16}$$

式中:$K_{设备}$——空压机的备用系数,一般取 75% ~90%;

$\sum q$——风动机具所需的风量(m^3/min);

$q_{漏}$——管路及附件的漏耗损失，$q_{漏}=\alpha\sum L$；

α——每公里漏风量，平均为 1.5～2.0m^3/(min·km)；

$\sum L$——管路总长(km)；

K——同时工作系数，见表 9-8；

k_m——空压机所处海拔高度对空压机工作效率的影响系数，见表 9-9。

同时工作系数 表 9-8

机具类型	凿岩机		装渣机		锻钎机	
同时工作系数	1～10	11～30	1～2	3～4	1～2	3～4
K	0.85～1.00	0.75～0.85	0.75～1.0	0.50～0.70	0.75～1.0	0.50～0.65

海拔高度对空压机工作效率的影响系数 表 9-9

海拔(m)	0	305	610	914	1 219	1 524	1 829
k_m	1.00	1.03	1.07	1.10	1.14	1.17	1.20

根据计算的风量选择合适的储风罐。多台空压机同时工作时，一般采用相同的机器型号，以方便操作和维修。

二、空压机站

空压机站主要由空压机、配电设备、储风罐（俗称风包）、送风管及配件、循环水池（用于冷却风压机）等组成。

空压机按动力源可分为电动和内燃两种。短隧道可采用移动式内燃空压机，长隧道可采用固定式大型电动空压机。当施工初期电力缺乏时，长隧道也采用内燃空压机过渡。空压机站应设在空气洁净，通风良好，地基稳固且便于设备搬运之处，并尽量靠近洞口，以缩短管路，减少管道漏风损耗。当有多个洞口需集中供风时，应选择在适当位置，使管路损耗尽量减少。

空压机站一般应靠近洞口，与铺设的高压风管同侧，并注意防洪、防火、防爆破。机房要求地形宽敞，通风良好，地基坚固。两空压机之间的净距不小于 1.5m。此外，还应考虑空压机出入、调换、加油、加水等方便。

三、高压风管的设置

（一）高压风管管径的选择

高压风管管径应根据可能出现的最大风量和容许的最大风压损失来确定。

压风管道的选择，应满足工作风压不小于 0.5MPa 的要求。空压机生产的压缩空气的压力一般在 0.7～0.8MPa，为保证工作风压，钢管终端的风压不得小于 0.6MPa，通过胶皮管输送至风动机具的工作风压不小于 0.5MPa。

压缩空气在输送过程中，由于管壁摩擦、接头、阀门等产生阻力，其压力会减少，一般称压力损失。根据达西公式，钢管的风压损失 ΔP 可按式(9-17)进行计算：

$$\Delta P = \lambda \frac{L}{d} \cdot \frac{V^2}{2g} \cdot \gamma \times 10^{-6}(\text{MPa}) \tag{9-17}$$

式中：λ——摩阻系数，见表9-10；

L——送风管路长度（m），包括配件当量长度，见表9-11；

d——送风管内径（m）；

g——重力加速度，采用9.81m/s^2；

γ——压缩空气的重度（N/m^3）；大气压强下，温度为0℃时，空气重度为12.9N/m^3，温度为t℃时，其重度则为$\gamma_t = 12.9 \times \frac{273}{273+t}$，此时，压力为$P$的压缩空气的重度$\gamma = \frac{\gamma_t(P+0.1)}{0.1}$，$P$为空压机生产的压缩空气的压力，由空压机性能可知，单位为MPa；

V——压缩空气在风管中的速度（m/s），根据风量和风管面积可得。

风管摩阻系数λ值 表9-10

风管内径（mm）	λ	风管内径（mm）	λ
50	0.037 1	150	0.026 4
75	0.032 4	200	0.024 5
100	0.029 8	300	0.023 4
125	0.028 2	300	0.022 1

配件折合成管路长度 表9-11

配件名称 \ 钢管内径（mm）	25	50	75	100	150	200	300
球心阀	6.0	15.0	25.0	35.0	60.0	85.0	
闸门阀	0.3	0.7	1.1	1.5	2.5	3.5	6.0
丁字管	2.0	4.0	7.0	10.0	17.0	24.0	40.0
异径管	0.5	1.0	1.7	2.5	4.0	6.0	10.0
45°弯头	0.2	0.4	0.7	1.0	1.7	2.4	4.0
90°弯头	0.9	1.8	3.2	4.5	7.7	10.8	18.0
135°弯头	1.4	2.8	4.9	7.0	12.0	16.8	28.0
逆止阀		3.2		7.5	12.5	18.0	30.0

以上计算的压力损失值若过大，则需选用较大管径的风管，从而减少压力损失值，使钢管末端风压不得小于6MPa。

胶皮风管是连接钢管与风动机具的，由于其压力损失较大，一般应尽量缩短其使用的长度，从而保证压缩空气的工作压力不小于0.5MPa。胶皮风管的风压损失值见表9-12。

压缩空气通过胶皮风管的风压损失(MPa)　　表 9-12

通过风量 (m^3/min)	胶管内径 (mm)	胶管长度(m)					
		5	10	15	20	25	30
2.5	19	17.2	34.4	51.6	68.8	86.0	103.0
	25	4.19	8.37	12.56	16.74	20.93	25.1
3.0	19	24.3	48.6	72.9	97.2	121.5	145.8
	25	5.92	11.84	17.76	23.68	29.0	35.52
4.0	19	37.5	75.0	112.5	450.0	187.5	225.0
	25	9.14	18.28	27.42	36.56	45.7	54.84

(二)管道安装注意事项

(1)管道敷设要求平顺、接头密封、防止漏风,凡有裂纹、创伤、凹陷等现象的钢管不能使用,如图 9-10 和图 9-11 所示。

图 9-10　高压风管

图 9-11　连接高压风管的法兰盘接头

(2)在洞外地段,风管长度超过 500m、温度变化较大时,宜安装伸缩器;靠近空压机 150m 以内,风管的法兰盘接头宜用耐热材料制成垫片,如石棉衬垫等。

(3)压风管道在总输出管道上,必须安装总闸阀以便控制和维修管道;主管上每隔300 ~ 500m 应分装闸阀;按施工要求,在适当地段(一般每隔 60m)加设一个三通接头备用;管道前端至开挖面距离宜保持在 30m 左右,并用高压软管接分风器;分部开挖法通往各工作面的软管长度不宜大于 50m,与分风器连接的胶皮软管长度不宜大于 10m。

(4)主管长度大于 1 000m 时,应在管道最低处设置油水分离器,定期放出管中聚积的油水,以保持管内清洁与干燥。

(5)管道安装前应进行检查,钢管内不得留有残杂物和其他脏物;各种闸阀在安装前应拆开清洗,并进行水压强度试验,合格者方能使用。

(6)管道在洞内应敷设在电缆、电线的另一侧,并与运输轨道有一定距离,管道高度一般不应超过运输轨道的轨面,若管径较大而超过轨面,应适当增大距离。如与水沟同侧时不应影响水沟排水。

(7)管道使用时,应有专人负责检查、养护。

第三节 施工供水与排水

由于凿岩、防尘、灌筑衬砌及混凝土养护、洞外空压机冷却等工作都需要大量用水,施工人员的生活也需要用水,因此要设置相应的供水设施。施工供水主要应考虑水质要求,水量的大小,水压及供水设施等几个方面的问题。另外坑道内出现地下水会软化围岩,引起落石塌方;坑道底部积水不及时排除,则有碍钻眼、爆破和清底接轨;坑道顶部淋水对工人健康也不利;水量过大时甚至会淹没工作面,迫使工作停顿,这是水对施工不利的一面。因此,隧道施工既要有供水又要有排水措施,才能保证工程安全顺利进行。

一、施工供水

(一)水质要求

凡无臭味、不含有害矿物质的洁净天然水,都可以作为施工用水,饮用水的水质则要求更为新鲜清洁。无论生活用水还是施工用水,均应做好水质化验工作。参照国家水质标准,施工用水水质要求见表9-13,生活饮用水卫生标准见表9-14。

施工用水水质要求表 表9-13

用水范围	水质项目	允许最大值
混凝土作业	硫酸盐(SO_4^{2-})含量	不大于1 000mg/L
	pH值	不得小于4
	其他杂质	不含油、糖、酸等
湿式凿岩与防尘	细菌总数	在37℃培养24h,每毫升不超过100个
	大肠菌总数	每升水中不超过3个
	浑浊度	不大于5mg/L,特殊情况不大于5mg/L

生活饮用水卫生标准表 表9-14

项　目	允许最大值	项　目	允许最大值
色度	不大于20°,应保证透明和无沉淀	砷含量	不大于0.05mg/L
浑浊度	不大于5mg/L,特殊情况(暴雨洪水)不大于10mg/L	氧化物含量	不大于1.5mg/L
悬浮物	不得有用肉眼可见水生物及令人厌恶的物质	铜含量	不大于3.0mg/L
嗅和味	在原水或煮沸后饮用时不得有异嗅和异味	锌含量	不大于5.0mg/L
细菌总数	在37℃培养24h,每毫升水中不超过100个	铁总含量	不大于0.3mg/L
大肠菌总数	每升水中不得超过3个	pH值	6.5~9.5
总硬度	不大于8.9mg/L,当量/L(25°)	酚类化合物	加氯消毒时,水中不得产生氯酚臭
铅含量	不大于0.1mg/L	氯含量	水池附近游离,氯含量不大于0.3mg/L,管路末端不大于0.05mg/L

(二)用水量估算

1. 施工用水

施工用水与工程规模、机械化程度、施工进度、人员数量和气候条件等有关,因而用水量的变化幅度较大,很难估计准确,一般根据经验估计。在初步概略估算时,可参考表9-15来估算一天的用水量。

隧道施工用水量估算表　　表9-15

用　途	单　位	耗水量	说　明
凿岩机用水	t/(h·台)	0.20	
喷雾洒水车用水	t/(分·台)	0.03	按每次放炮后喷雾30min
衬砌用水	t/h	1.50	包括洗石、拌和、养护
空压机用水	t/(天·台)	5.00	按其循环水使用考虑
浴池用水	t/次	15.00	
生活用水	t/(天·人)	0.02	

2. 生活用水

随着隧道施工工地卫生要求的提高,生活设施(如洗衣机等)配置的增多,耗水量也相应增多。因而生活用水量也有一定的变化,但幅度不大,一般可按下列参考指标估算:

生产工人平均:(0.10~0.15)m^3/d。

非生产工人平均:(0.08~0.12)m^3/d。

3. 消防用水

由于施工工地住房均为临时住房,相应标准较低,除按消防要求在设计、施工及临时房布置等方面做好防火工作外,还应按临时建筑房屋每3 000m^2消防耗水量(15~20)L/s、灭火时间为0.5~1.0h计算消防用水储备量,以防不测。

(三)供水方式及供水设备

1. 供水方式

供水方式主要根据水源情况而定。常用水源有:山上泉水;河水;钻井取水。上述水源通过自流引导或机械提升到储水池储存,并通过管路送达使用地点。针对个别缺水地区,则用汽车运水或长距离管路供水。

2. 储水池

储水池一般修建在洞口附近山上,并应避免设在隧道顶上或其他可能危及隧道安全的部位,其高差应能保证最高用水点的水压要求。当采用机械或部分机械提升时,应备有抽水机。

(1)水池位置

水池位置至配水点的高差H,可按下式进行计算:

$$H \geq 1.2h + \alpha \cdot h_f \tag{9-18}$$

式中:h——配水点要求水头(m);如湿式凿岩需要水压为0.3MPa,则$h=30$m;

α——水头损失系数(按管道水头损失5%~10%计算),$\alpha=1.05\sim1.10$;

h_f——管道内水头损失(m);确定出用水量(一般按 m^3/h 计)后,选择钢管直径,按钢管水力计算而得。钢管水力计算表可参考相关手册。

(2)水池构造

水池构造力求简单、不漏水,基础应置于坚实地层上,一般可采用石砌,根据地形条件用埋置式或半埋置式见图9-12所示,当地形条件受限制,不能埋置时,也可采用修建水塔或用钢板焊接水箱等方式。

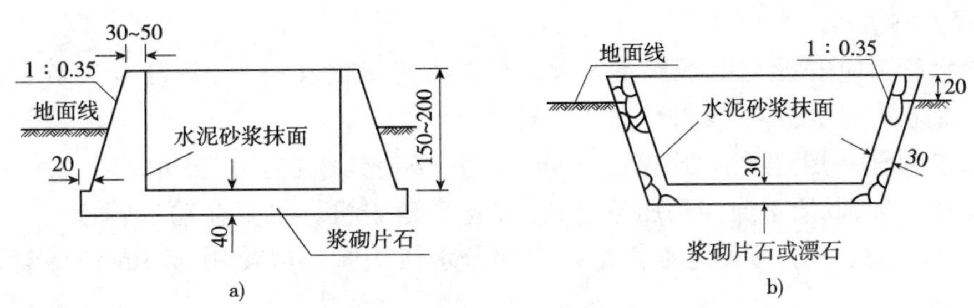

图9-12 储水池(尺寸单位:m)

a)石砌半埋置式;b)石砌埋置式

(3)水池容积

①利用高山自流水供水,水源流量大于用水高峰流量时,水池存水能得到及时补充,水池容积一般为20~30m^3。

②若水源流量小于用水量时,则需根据每台班最大用水量,并考虑必要储备来计算水池容积。

$$V=24aC(Q_c+Q_s) \tag{9-19}$$

式中:V——水池容积(m^3);

a——调节系数,一般用1.10~1.20;

C——储水系数(为水池容量/昼夜用水量),昼夜用水量小于1 000m^3时,采用1/4~1/6;昼夜用水量在1 000~2 000m^3时,采用1/6~1/8;

Q_c——生产用水量(m^3/h);

Q_s——生活用水量(m^3/h)。

3. 水泵与泵房

(1)扬程 H 的计算

$$H=h'+\alpha h_f \tag{9-20}$$

式中: h'——水池与水源之间的高差(m);

α、h_f——意义同式(9-18)。

根据扬程及选用的钢管直径可选择合适的水泵。常用水泵有单级悬臂式离心水泵和分段式多级离心水泵,其规格、性能可查阅有关的技术手册。

(2)泵房

临时抽水泵房的要求,可按临时房屋的有关规定办理。在安装水泵前,应按图纸检查基础的位置,预留管道孔洞等各部分尺寸是否符合要求,水泵底座位置经校核后,方能灌注水泥砂浆并固定脚螺栓等。

（四）供水管道布置

(1)管道敷设要求平顺、短直且弯头少，干路管径尽可能一致，接头严密不漏水。

(2)管道沿山顺坡敷设悬空跨距大时，应根据计算来设立支柱承托，支撑点与水管之间加木垫；严寒地区应采用埋置或包扎等防冻措施，以防水管冻裂。

(3)水池的输出管应设总闸阀，干路管道每隔300~500m应安装闸阀一个，以便维修和控制管道。管道闸阀布置还应考虑一旦发生管道故障（如断管），能够暂时由水池或水泵房供水的布置方案。

(4)给水管道应安设在电线路的异侧，不应妨碍运输和行人，并设专人负责检查养护（可与压风管道共同组织一个维修、养护工班）。

(5)输水钢管一般送至距开挖面30m处，并安装分水器。在分水器上安设多个直径50mm的分水接头，以便于连接高压软管，将水送至凿岩机。也要在输水管道中间适当位置预留分水接头，以便于中间其他工作用。中间分水接头管一般使用ϕ13mm球形阀门，间距不宜超过50m。

(6)如利用高山水池，其自然压头超过所需水压时，应进行减压，一般是在管路中段设中间水池作过渡站，也可直接利用减压阀来降低管道中水流的压力。

二、施工排水

施工期间的排水包括洞外排水和洞内排水两部分。

（一）洞外排水

施工期间的洞外排水，主要是做好洞口的防洪和排水设施，防止雨季到来时山洪或地面水倒流入洞，对于斜井、竖井尤应多加注意。其次是将与地下水有补给关系的洼地、勾缝用黏土回填密实，并施作截水沟截流导排。

（二）洞内排水

洞内水主要来源于地下水和施工用水。对于有污染性的施工用水，还应按环境保护要求经净化处理后方能排入河流。

洞内排水方式应根据线路坡度大小和水量大小而定。按隧道开挖方向和线路坡度情况，施工期间的洞内排水可分为顺坡排水和反坡排水两种方式。

1. 顺坡施工排水

向洞内开挖为上坡，叫顺坡施工。一般只需按路线设计坡度（不小于0.5%），在坑道一侧挖出纵向排水沟，水就可以沿沟顺坡排出洞外。若利用平行导坑排水时，则平导应较正洞低0.2~0.6m，使正洞内的水引入平行导坑排出洞外。此种排水不需要抽水机排水。

2. 反坡排水

向洞内开挖为下坡，叫反坡施工。此时水向工作面汇集，需用抽水机排水。

反坡排水又有如下两种方式：

(1)分段开挖反坡水沟（反坡不小于2%）。

在分段处挖集水坑，每个集水坑处设一抽水机，把水抽到后一段反坡，最后由一个抽水机把水抽出外，如图9-13所示。反水沟最大深度不宜超过0.7m。

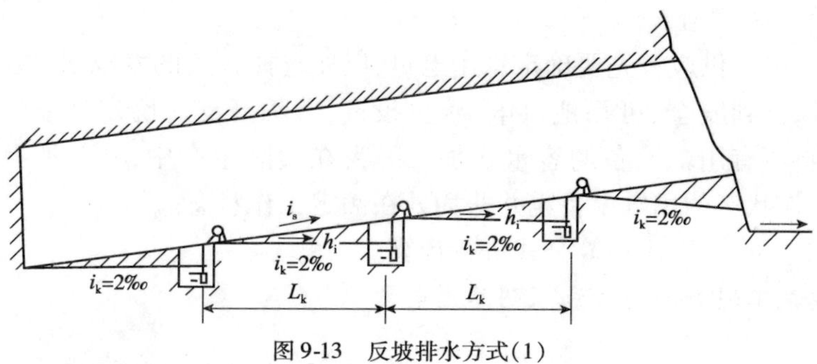

图 9-13 反坡排水方式(1)

集水坑间距 L_k 用式(9-21)计算:

$$L_k = \frac{h}{i_x + i_s}(\mathrm{m}) \tag{9-21}$$

式中:h——水沟最大开挖深度,一般不超过 0.7m;

i_x——线路坡度;

i_s——水沟底坡度,不小于 0.3%。

这种排水方式的优点是工作面无积水,抽水机位置固定,无需水管。缺点是用抽水机多,而且要开挖反坡水沟。一般在隧道较短、线路坡度较小时采用。

(2)隔开较长距离开挖积水坑,开挖面的积水用小泵抽到最近的集水坑内,再用主抽水机将水抽出洞外,如图(9-14)所示。

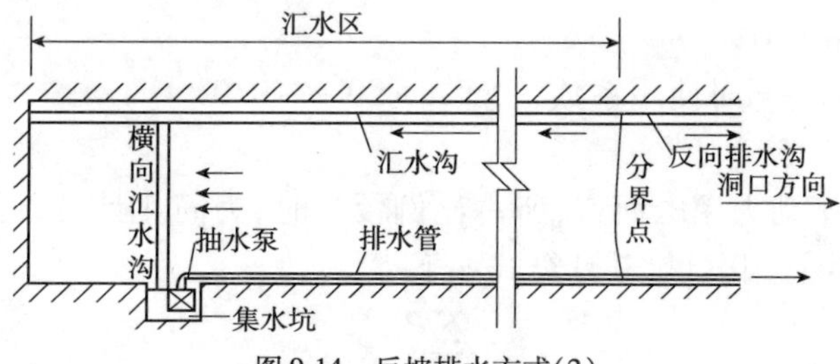

图 9-14 反坡排水方式(2)

这种排水方式的优点是所需抽水机的数量较少。缺点是要安装水管,抽水机需随坑道掘进而拆迁前移。在隧道较长、涌水量较大时采用。

反坡施工的隧道,应对地下水涌水量有足够的估计,排水设施要有后备。必要时,应在坑道掌子面上钻较深的探水眼,防止突然遇到地下水囊、暗河等大量涌水进入坑道内造成事故。另外,施工排水的一个特殊方面是要防止洞外的洪水突然倒灌洞内,尤其在反坡施工及斜井施工时,洪水倒灌往往会造成重大安全事故,因此,做好洞口地表水排水、截水设施。

第四节 供电及照明

一、供电

随着隧道施工机械化程度的提高,隧道施工的耗电量也越来越大,且负荷集中。同时为保证施工质量和施工安全,对隧道施工供电的可靠性要求也越来越高,因而施工供电显得越来越重要。

(一)施工总用电量估算

在施工现场,电力供应首先要确定总用电量,以便选择合适的发电机、变压器、各类开关设备和线路导线,做到安全、可靠地供电,减少投资,节约开支。确定现场供电负荷的大小时,不能简单地将所有用电设备的容量相加。因为在实际生产中,并非所有设备都同时工作,另外,处于工作状态的用电设备也并非均处在额定工作状态。

工地施工用电量,常采用估算公式进行计算。

1. 同时考虑施工现场的动力和照明总用电量

$$S_{总}=K\left(\frac{\sum P_1K_1}{\eta\cos\varphi}K_2+\sum P_2K_3\right) \tag{9-22}$$

式中：$S_{总}$——隧道施工总用电量(kVA);

K——备用系数,一般取1.05~1.10;

$\sum P_1$——整个工地动力设备的额定输出功率总和(kW);

$\sum P_2$——整个工地照明用电量总和(kW);

η——动力设备的平均效率,采用0.83~0.88,通常取0.85进行计算;

$\cos\varphi$——平均功率因数,采用0.5~0.7;

K_1——动力设备同时使用系数(通风机的$K_1=0.8\sim0.9$,施工电动机械的$K_1=0.65\sim0.75$);

K_2——动力负荷系数,主要考虑不同类型设备带负荷工作时的情况,一般取0.75~1.0;

K_3——照明设备同时使用系数,一般可取0.6~0.9。

2. 只考虑动力用电量

当照明用电相对于动力用电而言,所占比例较少时,为简化计算,可在动力用电量之外再加10%~20%,作为总用电量,其计算式如下:

$$S_{动}=\frac{\sum P_1}{\eta\cos\varphi}K_1K_2 \tag{9-23}$$

$$S_{总}=(1.1\sim1.2)S_{动} \tag{9-24}$$

式中:$S_{动}$——现场动力设备所需的用电量(kVA);

其他符号意义同前,但当使用大型用电设备(如掘进机)时,K_1可取1.0进行计算。

(二)供电方式

隧道施工供电方式有自设发电站供电和地方电网供电两种。

1. 自设发电站供应

一般应尽量采用地方电网供电,只有在地方供电不能满足施工用电需要或距离地方电网太远时,才自设发电站。此外,自发电还可作为备用,当地方电网供电不稳定时采用,在有些重要施工场所还应设置双回路供电网,以保证供电的稳定性。

2. 采用地方电网供电

一般应尽量采用地方电网供电,既方便又安全。

(1)变压器选择

一般根据估算的施工总用电量来选择变压器,其容量应等于或略大于施工总用电量,且在使用过程中，一般使变压器承受的用电负荷达到额定容量的60%左右为佳。具体可按下述方法确定：

①配属电动机械的单台最大容量占总用电量的1/5及以下时，变压器最大容量S_e为：

$$S_e=\frac{\sum P_1\cdot K_1}{\eta\cdot\cos\varphi}(\mathrm{kW}) \tag{9-25}$$

②配属电动机械的单台最大容量占总用电量的1/5以上时，变压器最大容量S_e为：

$$S_e=\frac{\sum P_1\cdot K_1\cdot\mu}{\eta\cdot\cos\varphi}(\mathrm{kW}) \tag{9-26}$$

式中：μ——配属机械中最大一台的容量与总用量的比值；

其他符号意义同前。

根据上述计算，从变压器产品目录中选择适当型号和规格的配电变压器。

(2)变压器位置的确定

变压器的位置应考虑便于运输、运行和检修，同时应选择安全可靠的地方，因此应满足以下几个方面：

①变压器应选择在高压进线方便处，且应尽量接近高压线。

②变压器必须安设在其供电范围的负荷中心，使其投入运行时线路损耗最小，且能满足电压要求。一般情况下还应安设在大负荷的附近。当配电电压在380V时，供电半径不应大于700m，一般以500m为宜。高压变电站之间的距离，一般在1 000m左右。

③洞内变压器应安设在干燥的避车洞或不用的横通道处，变压器与周围及上下洞壁的距离不得小于30cm，同时按规定要求设置安全防护措施。

④隧道洞外变电站，宜设在洞口附近，并应靠近负荷集中地点和设在电源线同一侧。

(三)供电线路布置及导线选择

1. 线路电压等级

隧道供电电压，一般是三相四线400/230(V)。长大隧道可用6~10kV，动力机械的电压标准是380V；成洞地段照明可采用220V，工作地段照明和手持电动工具按规定选用安全电压供电。

2. 导线选择

当供电线路中有电流时，由于导线具有阻抗，会产生电压降，使线路末端电压低于首端电压。线路始末两端电压的差称为线路电压损失，俗称电压降。根据施工规则规定，选用的导线断面应使末端电压降不超过额定电压的10%及国家对经济电流密度的规定：铜导线为1.40，铝导线为0.9。

线路电压降可按式(9-26)、式(9-27)计算：

$$\Delta U_1=\frac{54lI}{1\,000I_iS} \tag{9-27}$$

$$\Delta U_3=\frac{934lI}{1\,000I_iS} \tag{9-28}$$

式中：ΔU_1——按单相电路计算的电压降(V)；

ΔU_3——按三相电路计算的电压降(V)；

l——送电距离(m)；

I——线路通过电流强度(A)；

I_i——经济电流密度(A/mm^2)，铜导线取1.40，铝导线取0.9；

S——导线截面积(mm^2)。

根据上述公式可以计算出所需导线截面，选择各种不同规格的导线。但一般不宜采用加大导线截面减少电压降以增加送电线路距离。

3.供电线路布置

在成洞地段用400/230V供电线路，一般采用塑料绝缘铝绞线或橡皮绝缘铝芯线架设；开挖、未衬砌地段以及手提灯应使用铜芯橡皮绝缘电缆。

布置线路时应注意以下几点：

(1)输电干线或动力、照明线路安装在同一侧时，必须分层架设。其原则是：高压在上，低压在下；干线在上，支线在下；动力线在上，照明线在下，且应在风、水管路相对的一侧。

(2)隧道内配电线路分低压进洞和高压进洞两种。一般隧道在1 000m以下(独头掘进时)，采用低压进洞，电压为400V，配电变压器设在洞外；当隧道在1 000m以上则采用高压进洞，以保证线路终端电压不致过低。高压进洞电压一般为10kV，配电变压器设在洞内。

(3)根据隧道作业特点，电线路架设分两次进行。在进洞初期，先用橡套电缆装设临时电路，随着工作面的推进，在成洞地段用胶皮绝缘线架设固定线路，换下电缆供继续前进的工作面使用。

(4)洞内敷设的高压电缆，在洞外与架空高压线连接时，应安装相同电压等级的阀型避雷器一组及开关设备。架设低压线路进洞，在洞口的电杆上，应安装一组低压阀型避雷器。

(5)不允许将通电的多余电缆盘绕堆放，以免引起电缆过热发生燃烧和增加线路电压降。

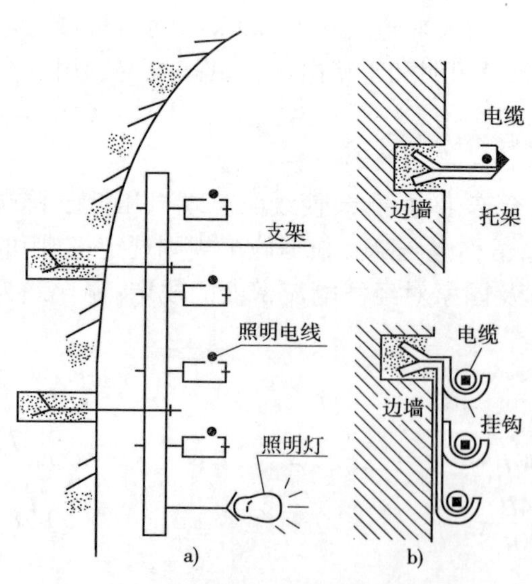

图9-15　低压导线敷设及高压电缆悬挂方法

a)低压导线垂直敷设；b)高压电缆悬挂

(6)低压进路导线敷设方式分垂直、水平两种如图9-15a)所示。水平排列占空间较大，影响大型施工机械通过，故一般采用垂直排列。垂直排列时，采用针式绝缘子固定，线间距为0.2m，下部导线离地面不小于3m，横担间距一般为10m。高压进洞电缆一般采用明敷设，明敷设是将电缆架设在明处，根据不同地段的具体条件，可分别用金属托架、挂钩、木耳子或帆布带等固定，如图9-15b)所示。电缆线离地面应不小于3.5m，横担间距一般为3~5m。

(7)线路需分支时，分支至所接设备的连接应使用橡套电缆，且每一分支接线应在接头与所接设备之间，安装开关和熔断器；照明线路则仅在总分支接头处设置开关和熔断器。分支接头处应按规定搭接，并用绝缘胶布包缠。

二、照明

(一)普通光源施工照明

1. 照明安全变压器

作业地段照明必须使用安全变压器,其容量不宜过大,输入电压为220V,输出电压最好有36V、32V、24V、12V四个等级,以便按工作面的安全因素要求选用照明电压,并应装有按电源电压下降而能调整的插头。

2. 不同地段的照明布置

根据隧道施工规范要求,隧道施工洞内照明要求如表9-16所示。

隧道施工洞内照明要求 表9-16

工作地段		灯头距离(m)	悬挂高度(m)	灯泡容量(W)
施工作业面		不少于15W/m²(断面较大可适当采用投光灯)		
开挖地段和作业地段		4	2~2.5	60
运输巷道		5	2.5~3	40~60
特殊作业地段或不安全因素较多地段		2~3	3~5	100
成洞地段	用白炽灯照明时	8~10	4~5	60
	用日光灯照明时	20~30	4~5	40
竖井内		3		60

注:1. 在直线段,灯头距离采用表中大数,曲线段采用较小数。

2. 在有水地段,应用胶皮电线,工作面附近应用防水灯头。

3. 按照法定计量单位规定,照明应用"光照度",其计量符号为勒克斯(lx);光通量 Φ,其计量符号为流明(lm)。

4. 本表根据隧道施工规范采用灯泡额定功率采用瓦(W)为单位。

3. 事故照明设施

在主要交通道、竖井、斜井、涌水较大的抽水站、高压变电站等重要地点,应设事故照明装置以保安全,事故照明自动线路如图9-16所示。

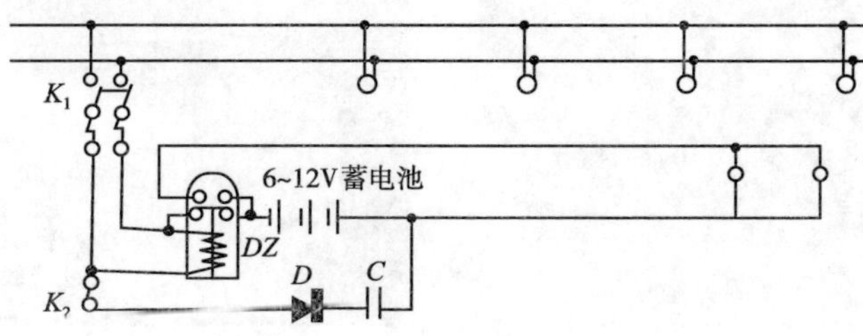

图9-16 事故照明自动线路

注:图中 K_1 为检查事故照明系统状态的开关,一般每天应检查一次,K_2 为充电电路开关,D 为整流器,C 为电容器,DZ 为继电器。

(二)新光源照明

普通光源一般使用的是白炽灯或荧光灯管,优点是价格低,使用方便,但其耗电量较大且亮度较弱。而采用新光源,如低压卤钨灯、高压钠灯、钪钠灯、钠铊铟灯、镝灯等。

1. 新光源的优点

(1)大幅度地增加了施工工作面和场地的照度，为施工人员创造了一个明亮的作业环境。可保证操作质量。

(2)安全性能好。

(3)节电效果明显。

(4)使用寿命长，维修方便，减少电工的劳动程度。

新光源洞内外照明布置要求见表9-17。

新光源洞内外照明布置　　表9-17

工作地段	照明布置
开挖面后40m以内作业段	两侧用36V 500W卤钨灯各2盏(或300W卤钨灯7盏，以不少于2 000W为准)，灯泡距离隧道底面高4m
开挖面后40~100m区段	安设2盏400W高压钠灯和2盏400W钠铊铟灯，间距约15m，灯泡距隧道底面高5m
开挖面后的100m至成洞末端	每隔40m，左右侧各设计400W高压钠灯1盏
模板台车衬砌作业段	台车前台10~15m，曾设400W高压钠灯各1盏，台车上亮度不足时，增设36V 300W或500W卤钨灯
成洞地段	每隔40m安装400W高压钠灯1盏
斜井、竖井井身掌子面及喷混凝土作业面	使用36V 500W或36V 300W卤钨灯，已施工井身部分选用小功率110V高压钠灯，间距：混合井30m安装1盏，主副井每25m安装1盏
洞外场地	每隔200m安装高压钠灯1盏

另外，在隧道内还应设置紧急照明用灯，采用电池供电，如图9-17和9-18所示。

图9-17　隧道内照明

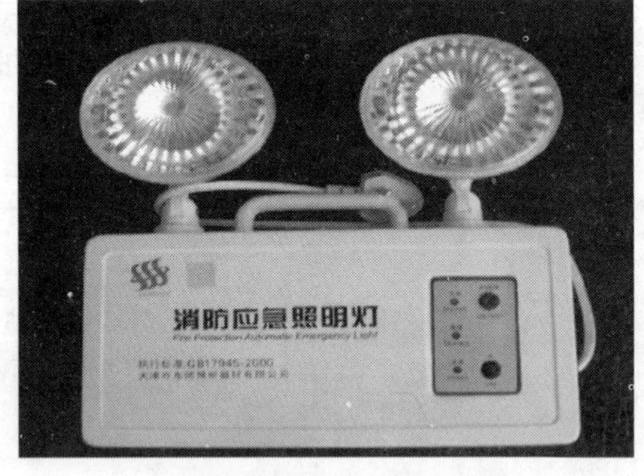

图9-18　隧道内应急照明灯

2. 常见的新光源

(1)高压钠灯

此种灯的发光效率为20~30lm/W，透雾性能好，没有眩光。尽管洞内放炮后烟雾弥漫，但灯下物体仍清晰可见，此灯能经受爆破冲击波的振动，诱虫少，使用寿命长，可达2 000~5 000h，是洞内施工较理想的照明光源。

(2)低压卤钨灯

这种灯的发光效率为20～30lm/W,通常使用的有两种:一种为36V、300W或36V、500W卤钨灯,寿命大于600h,亮度为白炽灯的2倍;另一种是36V、500W溴钨灯,使用寿命大于500h,亮度为白炽灯的3倍,适用于作业面的照明。

(3)钠铊铟灯

它是一种新型气体放电灯,发光效率为60～80lm/W,光色好,适用于大面积照明,灯的使用寿命为1 000～2 000h。但在洞内使用时透烟雾性能差,悬挂高度在15m以下时有眩光。

(4)镝灯

镝灯是一种高强度气体放电灯,发光效率在70lm/W,显色性能好,光色洁白,清晰宜人,灯的使用寿命大于500h,适用于洞外场地照明。

随着新型照明灯具的出现,隧道内应该积极采用照明效果更为理想的光源。

三、安全用电

安全用电是保证人身安全和高速度、高质量完成施工任务的重要措施之一。防止触电事故,主要依靠健全的规章制度和完善的技术措施。一般采用的技术措施除使用安全电压外,还需采取绝缘、屏护、遮拦、隔离、接地等安全技术措施。

1. 安全作业要求

有关安全作业,除应遵守电工安全作业规程外,重点应注意以下几点:

(1)线路及接头不允许有裸露,要经常检查,发现裸露应立即包扎。

(2)各种过电流保护装置不得随意加大其容量,不得用任何金属丝代替熔丝。

(3)电工人员操作时,必须戴绝缘手套和穿绝缘胶靴。

(4)在需要触及导电部分时,必须先用测电器检查,确认无电后,才能开始工作,并事先将有关的开关切断封锁,以防误合闸。

(5)一切电器设备的金属外壳或构架都必须进行妥善接地。

2. 接地

在隧道施工中需要接地的设施有:与电机连接的金属构架、变压器外壳、配电箱外壳、起动器外壳、高压电缆的金属外皮、低压橡套电缆的接地芯线(即连接变压器中性点的中性线)、风水管路、轨道及洞内临时装设的金属支架等。

接地是由高压电缆外皮和低压电缆的接地芯线以及所有明线架设的中性线连接成一个总的接地网路,在网路上分别连接上述需要接地的设施,构成一个具有多处接地装置的接地系统。不用高压供电的隧道,应在400/230V进线端设置中心接地装置。

第五节 施工用辅助导坑

当隧道较长时,为了增加施工工作面、加快施工进度、改善施工条件(出渣、进料运输、通风、排水等),往往需要选择设置一些适宜的、辅助性的坑道,如横洞、斜井、竖井或平行导坑等。辅助坑道的设置,可能使隧道工程造价提高;辅助坑道选择适当与否,将会影响其作用的发挥。因此,应根据隧道长度、施工期限、施工组织、地形、地质、水文、设备,并结合通风、排水及是否用作为永久通风通道、出渣及进料运输的需要等因素综合考虑，并通过经济技术比较和论证确定选择辅助坑道。

辅助坑道的断面尺寸应根据运输要求、地形和地质条件、支护类型、设备情况、通风和排水要求，行人安全及管、线、路的布置等因素确定；一般断面尺寸不宜过大，为了减少工程总造价等。若无特殊要求时，辅助坑道的支护一般只要求能够保证施工期的稳定和安全即可。辅助坑道的洞口、岔洞处及与正洞连接处应加强支护以保证安全。

辅助坑道的施工与正洞相同；对于洞口工程的整治处理应十分重视，稍有不慎，将有可能发生事故。坑道口是坑道的咽喉，要求在施工前应做好坑道口的截水、排水工程，防护冲刷的设施以及做好洞（井）口的锁口圈后才能进行掘进等，其目的在于防止洞（井）口的坍塌、落石，保证施工安全。

辅助坑道是否设永久支护应由设计单位决定，但在施工中根据地质情况需设支护时，开挖与支护应配合进行，以保证顺利施工。采用锚喷支护不仅安全可靠、快速，而且可减少开挖工程数量。

在辅助坑道的岔洞及与正洞连接处，因开挖断面及形状变化较大，结构受力条件复杂，故支护应特别加强并应紧跟开挖，以保证安全。

当辅助坑道有水时，对作业的效率和施工安全都有影响，尤其是斜井或竖井施工更是如此。为提高工效，保证安全，应做好防排水工作，如及时做好排水沟（地质松软地段，水沟应铺砌）、设置集水坑、配备足够数量的抽水设备等。

施工单位为解决提前进洞、缩短独头巷道通风距离，实现长隧短作，解决施工排水，缩短运距加快施工进度或利用进行地质预报等目的而设置辅助坑道时，应符合交通部现行《公路隧道设计规范》（JTG D70—2014）的有关规定。

一、横洞

横洞是在隧道侧面修筑的与之相交的坑道。傍山、沿河或山体侧向覆盖层较薄的隧道，设置辅助坑道时宜优先考虑采用横洞，设置的位置依地形条件和施工需要而定。横洞与正洞中线交角一般以40°～45°为宜，并应有向洞外不小于3‰的下坡，以便于出渣运输和排水。横洞的布置如图9-19所示。

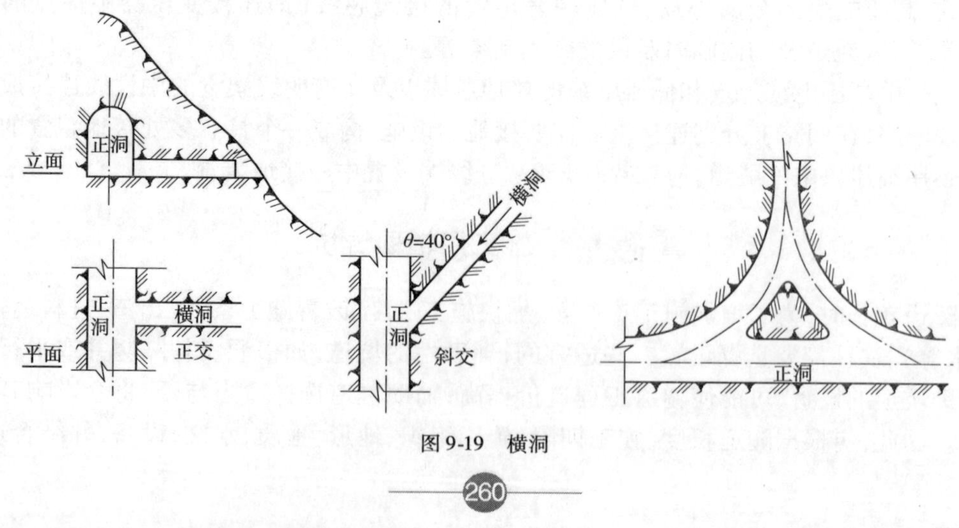

图9-19 横洞

横洞一般不会很长，所以不至于使隧道工程的造价增加很多，且横洞能增加新的工作面、出渣或进料运输更方便，横洞施工也较简单和快速。当隧道洞口路堑土石方工程数量较大，一时不能进洞时，可考虑用开辟横洞的方法抢前进洞，使隧道洞内施工与洞外路堑工程同时进行，互不干扰，可以大大加快施工的进度。

当横洞采用锚喷混凝土作支护时，横洞开挖断面宜采用拱形，能充分发挥围岩自承作用。

二、平行导坑

平行导坑是与隧道平行修筑的坑道。对于长大越岭隧道，由于地形限制，或因机具设备、运输道路等条件的限制，无法选用横洞、竖井等辅助坑道时，为加快施工速度及超前地质勘察，可采用平行导坑方案。但由于多开挖一个导坑使工程造价提高，因此在长度3 000m以上的隧道，无其他辅助导坑可设时才考虑平行导坑方案。大断面开挖的隧道，采用大型机具施工，干扰小，施工条件也好（如通风、排水、运输等），因此一般不需采用平行导坑。

1. 平行导坑在隧道施工中的作用

（1）平行导坑可比正洞超前掘进，可进行地质勘察及地质预报，充分掌握正洞开挖前方地质状况，便于及时变更设计和改变施工方法。

（2）平行导坑通过横向通道与正洞连接，可增加正洞工作面掘进，加快施工速度，并可用作通风巷道、排水、降低水位、进料出渣运输，可将洞内作业分区段施工，减少互相干扰。

（3）平行导坑可以构成洞内施工测量导线网，可提高施工测量精度等。

2. 平行导坑的位置选择

平行导坑位置选择应符合下列要求：

（1）平行导坑应设在有地下水来源的一侧。

（2）与正洞的最小净距应根据地质条件、施工方法等因素确定。如果将来有可能扩大为第二线或第三线隧道时，两相邻隧道最小净距视围岩级别、断面尺寸、施工方法、爆破震动影响因素确定。

（3）其底面高程应低于正洞底面0.2～0.6m。

（4）平行导坑中每隔120～180m需要设置一个斜的横向通道与正洞连接，但应避开地质不良地段。平行导坑的平面布置如图9-20所示。

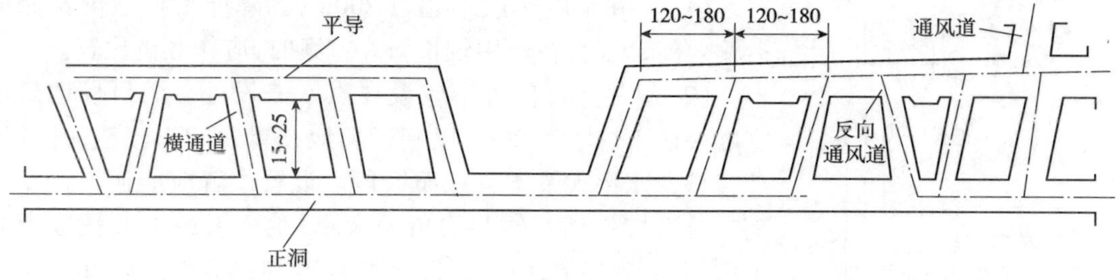

图9-20 平行导坑平面布置图（尺寸单位：m）

3. 平行导坑设计与施工要点

（1）平行导坑平面布置时，一般设于有地下水来源的一侧，但宜与隧道正洞尽量平行，以利于使平行导坑工程量减少及利用其排水，可使正洞施工较干燥，但同时应结合地质条件及弃渣场地等条件综合考虑确定。平行导坑基本上应与隧道正洞纵坡一致，或出洞3‰的下坡。

(2)平行导坑洞口约500m左右可不设横向通道。再往里掘进，每隔120～180m设一个横通道，以便于出渣进料运输。亦可在适当位置设反向横通道，以方便调车。横通道与隧道中线交角，一般以40°～45°为宜。若夹角过小，则夹角为锐角处的围岩容易坍落，并增加横通道长度；若夹角过大则运输线路的运行条件较差、运输车调转较为困难。横通道的坡度则可由正洞与平行导坑的高差而定，一般此坡度不会过大。

(3)平行导坑的断面形式，当采用木构件或金属构件支撑时，一般多为矩形或梯形；如采用锚喷支护时，为能充分发挥围岩自承能力，宜采用拱形断面。

(4)平行导坑是否衬砌，视地质条件而定，一般可以不修筑永久衬砌。当考虑作为永久通风道或泄水洞时，则应修筑永久衬砌。

(5)为增加正洞工作面，以及利用平行导坑超前预测正洞的地质情况和通风及排水的作用，平行导坑应超前于正洞，超前的距离越长越好。通常需超前正洞导坑两个横通道的距离，但也不宜过长，以减少平行导坑施工通风等的困难，超前距离一般不小于120m。

(6)当洞内施工运输量大时，可以每隔5～6个横通道设置一个反向横通道，便于增加运输回路，利于运输车辆调度。连接平行导坑和正洞的横通道交叉口处的开挖，在平行导坑和正洞开挖至其位置时，应将该处一次挖好，以有利于通风、出渣，不影响平行导坑和正洞的掘进速度。

(7)平行导坑一般采用有轨运输，应及时铺好道岔，接通轨道。正洞的各项作业应分区段进行，以减少互相干扰。分区分段的长度应根据横通道及运输组织管理来划分。大断面开挖的隧道，采用大型机具施工，干扰小，通风排水运输施工条件好，因此一般可不需用平行导坑。

三、斜井

斜井是在隧道侧面上方开挖的与之相连的倾斜坑道。当隧道在埋置不太深、地质条件较好的地段，或当隧道洞身一侧有较开阔的山谷低凹处可作为弃渣场地，且覆盖层不太厚时，可以考虑采用斜井作为辅助坑道。斜井的平面、剖面如图9-21所示。

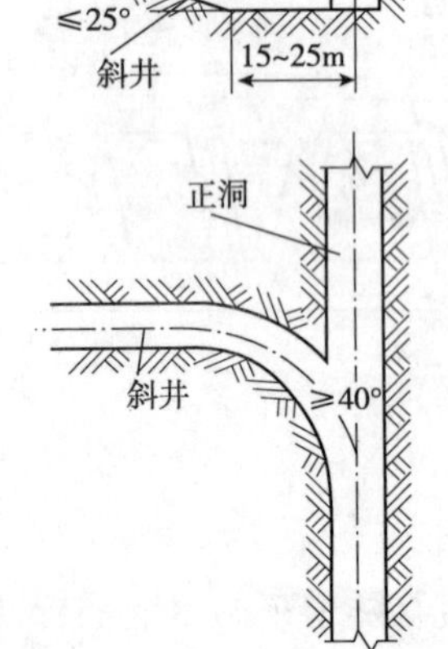

图9-21　斜井布置示意图

斜井设计与施工的主要技术要求如下：

(1)斜井长度一般不超过200m，以降低工程造价及保证运输效能，因此，在选用较长斜井方案时，应作经济比较。

(2)斜井井口位置不应设在洪水淹没处。洞口场地最小宽度一般不应小于20m，以利于场地布置及卸料出渣，井身避免穿越含水率大及不良地质区段。设置位置应能使增辟工作面充分发挥作用。斜井仰角的大小，主要考虑斜井长度及施工方便，一般不宜大于25°，且井身不宜设变坡。斜井与隧道中线的夹角不宜小于40°，并在与隧道连接处宜用15～25m的水平道相连，以便于运输作业和保证运输安全。井口场地通常设有向洞外的不小于3‰的下坡，以防止车辆溜向洞内造成事故，且有利于排水。

(3)斜井与隧道正洞的平面连接形式有单联式、斜交双联式和正交双联式三种。采用单联式时,斜井与正洞中线的正面交角不宜小于40°,这种连接方式施工比较简单,多在用皮带运输机或梭式矿车出渣时采用。图9-22为斜交双联式,特点是在对着斜井的井底车站前方,有一段安全岔线。一旦斜井中发生溜车事故时,不会影响正洞施工的安全,其技术数据为:斜井井底边坡点与正洞中线的距离应不小于25m;车站长度不小于8m;连接曲线半径为7~10倍的车辆轴距;双通道与正洞交角为30~35°。正交双联式的特点及基本数据与斜交双联式相同,不同的是安全岔线设于两通道中间的岩体之中,开挖爆破时容易引起坍塌,故必须加强支护。

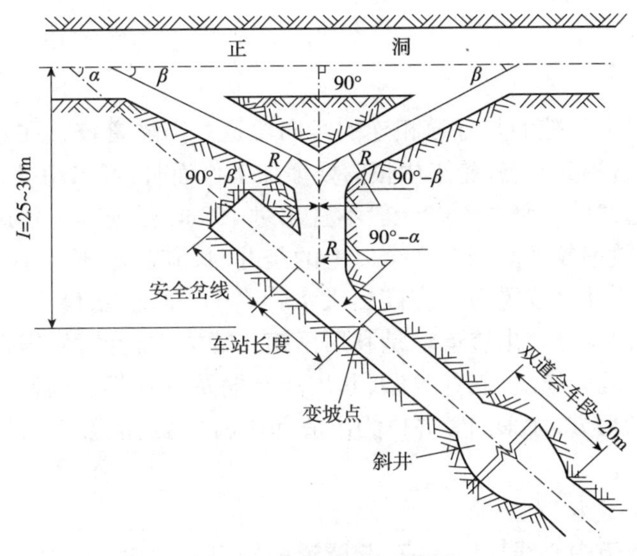

图9-22 斜交双联式示意图

(4)提升机械一般用卷扬机牵引斗车,坡度很小时可采用皮带输送或无轨运输,斜井内的轨道数视出渣量而定。坑道大小在单线行车道时,一般底宽为2.6m;三轨双线行车道时,底宽为3.4m;双线行车道时,底宽为4.1m(以上均包括单侧设宽70cm的人行道),高度通常大于或等于2.6m。其中,以单线或三轨双线较为常用,并在斜井中部设有20~30m的四轨双线作错车道,这样可以减少断面及节约运输器材。在斜井需作为通风道时,其断面大小应满足通风要求。

(5)井口段应修筑衬砌,对于其他部分,根据地质条件及是否作为永久通风道等条件决定是否修筑永久衬砌。

(6)施工期间应做好井口防排水工程,严防被洪水淹没。卷扬机牵引斗车需防止钢丝绳中断或脱钩等事故。为此应严格控制牵引速度。斜井长小于200m时,车速不大于3.5m/s斜井长超过200m时,可适当提高车速。井口应设置安全闸(图9-23),在斗车出洞后即时安好安全闸以防溜车,为防止斗车在坡道上因脱钩或钢丝绳断裂而下滑,可在斗车上或坡道上设置止溜钩,以阻止斗车继续下滑。也可以在斜井坡道终点或坡道中间适当位置设置安全缆绳,由专人负责看守,在斗车经过以后,即在坑道的两边拦以钢丝绳,万一斗车脱钩,也不致因冲入井底车场而发生严重事故。此外,在井底调车场及井身每隔30~50m宜设避险洞,以保证作业人员安全。

(7)为保证施工安全,还应注意井底车场需加支撑,或修筑衬砌。为提高运输效率,可在井底调车场加设储渣仓,并尽量不在斜井口处进行摘挂作业。

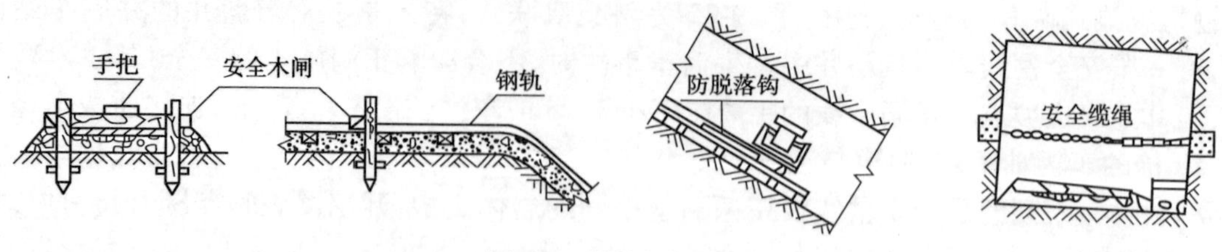

图 9-23　斜井安全设施

四、竖井

竖井是在隧道上方开挖的与隧道相连的竖向坑道。当隧道较长在覆盖层较薄的地段,或不宜设置斜井、具备提升设备、施工中很需要增加工作面时,可采用设置竖井增加工作面、增加出渣与进料运输线路。竖井深度一般不宜超过 150m,否则其工程造价过高,施工更复杂,并且施工与运输效率较低。当有两个以上的竖井时,其间距不宜小于 300m。其井口也不能设在洪水淹没处,井口位置高程应高出洪水频率 1/100 的水位至少 0.5m,并要加井口的防洪、防冻措施。由于竖井出渣运输是利用吊罐式罐笼进行的,所需提升机具设备较多,施工操作及技术要求均较横洞、斜井复杂,其出渣运输及排水都受到很大限制。所以,在隧道中间覆盖层不厚的地方,才采用竖井作为出渣和进料(运送混凝土的进料孔)或作为施工及运营阶段的通风道。

(一)竖井的位置选择

竖井位置以设隧道中心线一侧为宜,与隧道的距离一般为 15 ~ 25m,如图 9-24a)所示,其间采用通道连通,施工安全、干扰少,但通风效果差。竖井也可设在隧道正上方直接连通,如图 9-24b)所示,此方法出渣与进料运输方面快速,不需另设水平通道,通风效果较好,造价较低,但施工干扰大,施工不太安全。

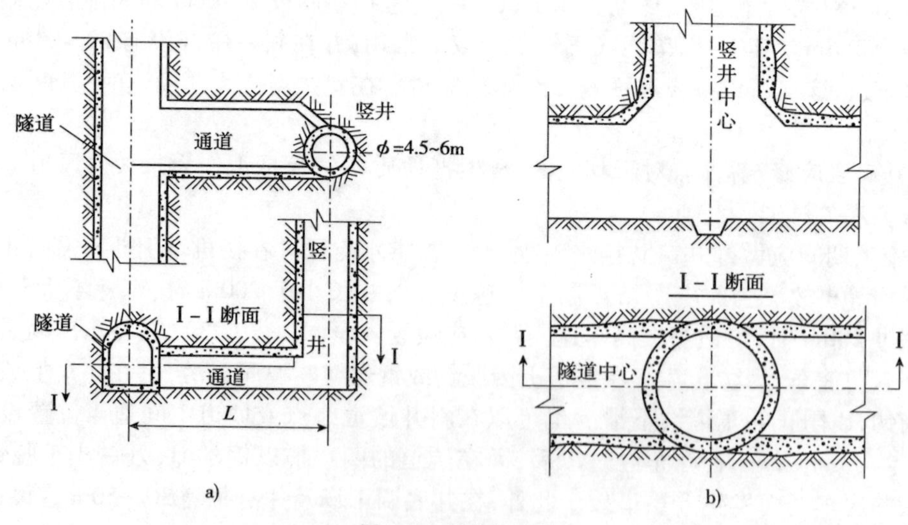

图 9-24　竖井布置形

竖井断面形状有长方形和圆形两种。圆形断面可以承受较大的地层压力,受力条件较好,施工较方便,并可留作隧道永久通风道。

竖井的位置、断面形状与尺寸,应根据施工要求、所使用的提升机具大小、通风管道、排水管道设备的尺寸、是否作永久通风道及制作等因素综合考虑确定。多采用直径为 4 ~ 6m 圆形断面。

(二)竖井的施工方法

竖井施工方法,最常用的是自上而下单行作业法施工,并采用分段作业,完成一段后再进行下段作业,而自下往上的开挖方法必须以正洞已超前竖井位置为前提才能使用。两种施工方法比较,前者较后者安全,但需要提升出渣,因而施工速度较慢,造价较高;后者施工方法的优点是可利用自由落体出渣,无需提升石渣,施工进度较快,造价较低。但后者向上钻炮眼、装药、爆破等均有一定的难度,施工安全措施也应加强。

(三)竖井构造

竖井构造包括井口圈、井壁、壁座、井筒与隧道间的连接段、井下集水坑等部分,如图 9-25 所示。井口段常处于松软土壤中,从地面往下 1 ~ 2m(严寒地区至冻结线以下 0.25m)应设置钢筋混凝土锁口圈,以承受土压力和经土壤传来的井口建筑物的重力、机具设备所产生的荷载,并承受施工时挂钩所悬吊的荷重。当围岩较破碎时需修永久衬砌,开挖面与衬砌之间的距离不宜超过 30m,衬砌厚度由设计计算确定,并不小于 20cm。壁座是为防止井壁下滑而设置的,视地质情况及衬砌结构确定壁座间距,一般为 30 ~ 40m。施工中井口与井底间应设置联系用的通信信号设备。

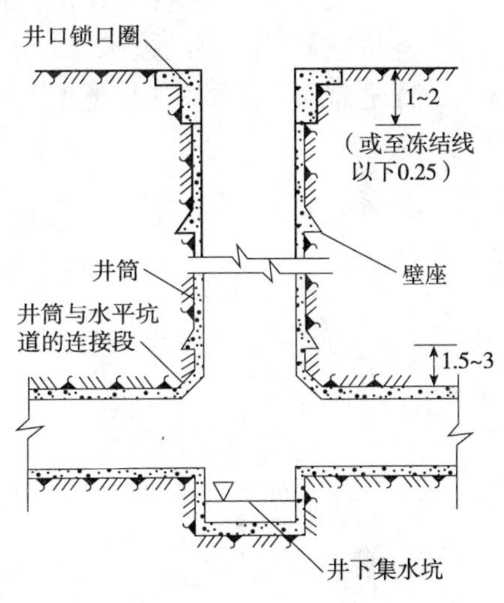

图 9-25 竖井立体构造(尺寸单位:m)

(四)竖井的施工要点

根据工程地质和水文条件,竖井可采用人工开挖或下沉沉井的方法进行施工。竖井开挖应符合下列技术要求。

(1)为了能用多台钻机打眼和降低爆破抛掷高度,减少对设备的损坏,开挖宜采用直眼掏槽。为使开挖底面平坦,炮眼深度要求一致。有地下水时,应采用立式梯台超前掏槽法开挖。钻好的炮眼,为防止流沙流入应将眼口临时堵塞。此外,爆破时应需将水泵提起,就会暂时积水,为防止漏电应对连线绝缘加以保护。

(2)每次爆破后应检查断面,不得欠挖。每掘进 5 ~ 10m 应核对中线及时纠正偏斜。若采用自下往上的开挖方法,一般先在地表竖井中央钻一个直径 13cm 的中心孔到井底,称为主孔。该主孔可与地质孔相结合,主孔壁要求光滑且坚固。另距主孔 1m 范围内再钻一个直径为 10cm 的副孔,作为通风和设置通信电缆及时喷射混凝土输料管。

(3)竖井开挖装渣宜采用抓岩机,其操作高度宜保持距开挖面 3 ~ 6m 范围内。抓岩顺序为:有水时,先抓出水窝,及时排水,以便使石渣露出水面,然后抓筒窝,放置吊桶,以降低吊桶高度,缩小抓起落高度,达到减少装渣时间,加快吊桶出渣速度的目的。

（4）竖井采用锚喷支护时，每次支护高度视围岩稳定程度而定。在井口段及地质较差的井身地段，采用混凝土衬砌时，应按需要设置壁座或打设锚杆，以增强井筒稳定性。

（5）竖井内应设安全梯和提升罐道，提升罐应有防坠设备。竖井提升设施的使用能力、安全装置的种类和组装、使用、保养过程应做到的事项，应按有关规定及结合实际工作中的提升方式和各种设备，制定出实施性的操作、维修细则，才能达到安全的目的。

思考题

1. 隧道施工应符合的卫生标准是什么？
2. 高压风管路安装使用的注意事项有哪些？
3. 采用新光源作隧道施工照明有哪些优点？
4. 辅助坑道断面尺寸的选择应考虑哪些因素？
5. 平行坑道位置的选择应符合哪些要求？
6. 竖井施工时主要的技术要求有哪些？
7. 简述辅助坑道的作用、类型及各自的适用条件。

第十章 不良和特殊地质地段隧道施工

学习目标

了解隧道通过特殊地质地段施工时应注意的关键技术；熟悉膨胀性岩土的基本特征；掌握膨胀性围岩地段隧道施工要点；了解黄土、溶洞的分类及其对隧道施工的影响；掌握黄土地段隧道施工方法及注意事项；掌握溶洞、松散地层、流沙、高地温地段隧道的处理措施及注意事项；掌握塌方、瓦斯事故的预防与处理措施；熟悉隧道内岩爆的特点、产生条件、防治措施及施工注意事项。

能力目标

能判断各种不良和特殊地质地段；能够在充分调查研究的基础上，根据围岩级别结合施工单位的具体情况，综合考虑各方面的因素，拟定施工方案，制定相应的施工方法和技术措施。

第一节 概　　述

在修建隧道及地下工程的过程中，工程地质状况及水文地质情况是人们面临的首要问题，一般情况下，隧道的修建速度和质量的好坏取决于对地质状况的认识和掌握情况程度。当地质状况较好时，工程进展就顺利，工程的工期、质量、造价等都能按计划正常进行；当地质条件较差，遇到不良和特殊地质地段时，如膨胀土围岩、黄土、溶洞、断层、松散地层、流沙、岩爆、高地应力等，工程就会受阻，主要表现为工期延长、质量下降、造价剧增，同时还可能出现大的安全事故，如设备损坏、人员伤亡等。特别是在开挖、支护和衬砌过程中，由于各种因素的影响都可能发生土石坍塌，坑道受压支撑变形，衬砌结构断裂和各种特殊施工问题，严重影响施工进度、安全和质量。如果隧道穿越含有瓦斯的地层，将更加严重地威胁着施工安全。

一、不良和特殊地质地段

（一）不良地质地段

不良地质地段是指滑坡、崩塌、岩堆、偏压地层、岩溶、高应力、高强度地层、松散地层、软土地层等不利于隧道工程的不良地质环境。

不良地质地段的变异条件是非常复杂的，设计文件提供的地质资料、施工前所制定的施工方法和防范措施及对策，不可能自始至终完全符合实际情况，在施工过程中，应经常观察地层与地质条件的变化，检查支护与衬砌的受力状态，及时排险，防止突然事故发生。

（二）特殊地质地段

特殊地质地段是指膨胀地层、软弱黄土地层、含水未固结围岩、溶洞、断层、岩爆、流沙等地段以及瓦斯溢出地层等。

特殊地质地段隧道，由于岩层的地质成因复杂，地质条件具有突变性，事故具有突发性，对隧道施工的危害极大，如果仅靠常规的隧道施工技术和施工方法是很难克服的。因此，在特殊地质地段进行隧道施工时，除了应遵守一般技术要求外，还应遵守一些特殊规定，采取针对性的辅助方法施工。

二、不良和特殊地质地段隧道施工应注意的事项

（1）施工前应对隧道工程设计文件、图纸、资料，尤其是对工程地质和水文地质资料应进行详细调查分析，特别应查明隧道影响范围内的各种不良地质、特殊地质地段的围岩级别。超前钻探和超前弹性波探测是预测复杂、多变地段重大不良地质情况的有效手段。在充分调查研究的基础上，根据围岩级别结合施工单位的具体情况，综合考虑各方面因素，制订相应的施工方法和措施，备足有关机具材料，认真编制和实施施工组织设计，使工程达到安全、优质、高效的目的。反之，即便地质条件良好，也会因准备不足，施工方法不当或措施不力导致施工事故，延误施工进度。

（2）特殊地质地段隧道施工，以“先治水、短开挖、弱爆破、强支护、早衬砌、勤检查、稳步前进”为指导原则。隧道选择施工方法（包括开挖及支护）时，应以安全为前提，综合考虑隧道工程地质及水文地质条件、断面形式、尺寸、埋置深度、施工机械装备、工期和经济的可行性等因素而定。同时应考虑围岩变化时施工方法的适应性及其变更的可能性，以免造成工程失误和增加投资。

（3）特殊地质地段隧道施工时，不宜采用全断面开挖。隧道开挖方式，无论是采用钻爆开挖法、机械开挖法，还是采用人工和机械混合开挖法，应视地质、环境、安全等条件合理选用。如用钻爆法施工时，光面爆破和预裂爆破技术，既能使开挖轮廓线符合设计要求，又能减少对围岩的扰动破坏。爆破应严格按照钻爆设计进行施工，如遇地质变化，应及时修改完善设计。

（4）隧道通过自稳时间短的软弱破碎岩体、浅埋软岩和严重偏压、岩溶流泥地段、砂层、砂卵（砾）石层、断层破碎带以及大面积淋水或涌水地段时，为保证洞体稳定可采用超前锚杆、超前小钢管、管棚、地表预加固地层和围岩预注浆等辅助施工措施，对地层进行预加固、超前支护或止水。

（5）采用新奥法施工的隧道，为了掌握施工中围岩和支护的力学动态及稳定程度，以及确定施工工序，保证施工安全，应实施现场监控量测，充分利用监控量测指导施工。对软岩浅埋隧道须进行地表下沉观测，这对及时预报洞体稳定状态，修正施工都十分重要。

（6）特殊地质地段隧道，除大面积淋水地段、流沙地段，穿过未胶结松散地层和严寒地区的冻胀地层等，施工时应采取相应的措施外，均可采用锚喷支护施工。爆破后如开挖工作面

有坍塌可能时，应在清除危石后及时喷射混凝土护面。如围岩自稳性很差，开挖难以成形，可沿设计开挖轮廓线预打设超前锚杆。锚喷支护后仍不能提供足够的支护能力时，应及早装设钢架支撑加强支护。

(7)当采用构件支撑作临时支护时，支撑要有足够的强度和刚度，能承受开挖后的围岩压力。围岩出现底部压力，产生底膨现象或可能产生沉陷时应加设底梁。当围岩极为松软破碎时，应采用先护后挖，暴露面应用支撑封闭严密。根据现场条件，可结合管棚或超前锚杆等支护，形成联合支撑。支撑作业应迅速、及时，以充分发挥构件支撑的作用。

(8)围岩压力过大，支撑受力下沉侵入衬砌设计断面，必须挑顶(即将隧道顶部提高)时，其处理方法是：拱部扩挖前发现顶部下沉，应先挑顶后扩挖；当扩挖后发现顶部下沉，应立好拱架和模板，先灌注满足设计断面部分的拱圈，使混凝土达到所需强度并加强拱架支撑后，再行挑顶灌注其余部分；挑挖作业宜先护后挖，暴露面应用支撑封闭严密。

(9)对于极松散的未固结围岩和自稳性极差的围岩，当采用先护后挖法仍不能开挖成形时，宜采用压注水泥砂浆或化学浆液的方法，以固结围岩，提高其自稳性。

(10)特殊地质地段隧道衬砌，为防止围岩松弛，地压力作用在衬砌结构上，致使衬砌出现开裂、下沉等不良现象。因此，采用模筑衬砌施工时，除遵守隧道施工技术规范的有关规定施工外，还应注意：当拱脚、墙基松软时，灌注混凝土前应采取措施加固基底。衬砌混凝土应采用高强度等级或早强水泥，提高混凝土等级，或采用掺速凝剂、早强剂等措施，提高衬砌的早期承载能力；仰拱施工，应在边墙完成后抓紧进行，或根据需要在初期支护完成后立即施作仰拱，使衬砌结构尽早封闭，构成环形改善受力状态，以确保衬砌结构的长期稳定坚固。

第二节 膨胀土围岩地段隧道施工

黏土矿物中的蒙脱石和伊利石类矿物，有很强的亲水性，当含水率变化时，能发生显著的体积变化，许多黏性土及泥质岩中含有大量的蒙脱石和伊利石类矿物颗粒，由于这些矿物颗粒的体积变化，引起岩土的体积变化，发生膨胀或收缩，这类岩土称作膨胀岩土。

我国是世界上膨胀土分布面积最广的国家之一。现已发现有膨胀土发育的地区达20余个省、市、自治区，遍及西南、西北、东北、长江与黄河中下游及东南沿海地区。其中，主要有云南、贵州、四川、湖北、安徽、广东、广西、陕西、山西、河南、山东和河北等省区，分布十分广泛。

一、膨胀土围岩的特性

隧道穿过膨胀土地层，隧道开挖后不久，常常可以见到围岩因开挖而产生变形，或者因浸水而膨胀，或因风化而开裂等现象。使坑道的顶部及两侧向内挤入，底部鼓起，随着时间的增长导致围岩失稳，支撑、衬砌变形和破坏。这些现象说明膨胀土围岩性质是极其复杂的。它与一般土质的围岩性质有着根本的区别。

二、膨胀土围岩对隧道施工的危害

由于膨胀土围岩的特殊工程地质性质及其围岩压力特性，使膨胀土的隧道围岩具有普遍开裂、内挤、坍塌、膨胀和底部隆起等变形现象。膨胀土隧道围岩变形常具有速度快、破坏性大、延续时间长和整治困难等特点。膨胀土围岩对隧道施工的影响如下。

1. 围岩开裂

隧道开挖后，由于开挖面上土体原始应力释放产生胀裂；另外，因为表层土体风干而脱水，产生收缩裂缝。同时，两种因素都可以使土中原生隐裂隙张开扩大。沿围岩周边产生裂缝，尤其在拱部围岩容易产生张拉裂缝与上述裂缝贯通，形成局部变形区——脱离区。

2. 坑道下沉

由于坑道下部膨胀土体的承载力较低，加之上部围岩压力过大，坑道下沉变形明显。另外，隧道只能采用部分开挖，后续工序开挖暴露的围岩出现风化膨胀，产生较大的收缩压力，加上坑道的下沉，往往造成支撑变形、失效，进而引起土体坍塌、挤压和膨胀变形等现象。

3. 围岩膨胀突出和坍塌

膨胀土开挖过程中或开挖后，围岩产生膨胀土变形，周边土体向洞内膨胀突出，开挖断面缩小。在土体丧失支撑或支撑力不够的状态下，由于围岩压力和膨胀压力的综合作用，使土体产生局部破坏，由裂缝发展到出现溜塌，然后逐渐牵引周围土体连续破坏，形成坍塌。

4. 底部隆起

隧道底部开挖后，洞底围岩的上部压力解除，又无支护体约束的条件下，由于应力释放，洞底围岩产生卸荷膨胀，加之坑道积水，使洞底围岩产生浸水膨胀，因而造成洞底围岩隆起变形。

5. 衬砌变形和破坏

在整体式(模筑混凝土)衬砌中，常发生下列现象：

(1)在先拱后墙法施工中，拱部衬砌完成后至开挖马口的这段时间，由于围岩和膨胀压力，常常产生拱脚内移，同时发生不均匀下沉，拱脚支撑受力大，发生扭曲、变形或折断。

(2)拱顶受挤压下沉，也有向上凸起。拱顶外缘经常出现纵向贯通拉裂缝，而拱顶内缘出现挤裂、脱皮、掉块现象。

(3)在拱腰部位出现纵向裂缝，这些裂缝有时可发展到张开、错台。

(4)当采用直墙时，边墙常受膨胀侧压而开裂，甚至张开、错台，少数曲墙也有出现水平裂缝的情况。

(5)当底部未做仰拱或仅做一般铺底时，有时会出现底部鼓起，铺底被破坏。

三、膨胀土围岩隧道的施工要点

(一)加强调查、量测围岩的压力和流变

在膨胀土地层中开挖隧道，除了认真实施设计文件所提出的技术要求外，在施工过程中应对围岩压力及其流变情况进行充分的调查和量测，分析其变化规律。对地下水亦应探明分布范围及规律，了解水对施工的影响程度，以便根据围岩动态采取相应的施工措施。如原设计难以适应围岩动态情况，也可据此作适当修正。

(二)合理选择施工方法

膨胀土隧道围岩压力的施工效应，是导致隧道变形病害的主要原因。采用合理的施工方法，对隧道的稳定性有着十分重要的作用。因此，在施工中应以尽量减少对围岩产生扰动和防止水的浸湿为原则，宜采用无爆破掘进法。如采用掘进机、风镐、液压镐等开挖。在开

挖过程中尽可能缩短围岩暴露时间，并及时衬砌，以尽快恢复洞壁因土体开挖而解除的部分围岩应力，减少围岩膨胀变形。

开挖方法宜不分部或少分部，多采用正台阶法、侧壁导坑法和“眼镜法”。正台阶法适用于跨度小的隧道，它分部少，相互干扰小，且能较早地使支护（衬砌）闭合。侧壁导坑法和“眼镜法”较适用于跨度较大的隧道，它具有防止上半断面支护（衬砌）下沉的优点，但全断面闭合时间较迟，必须注意防止边墙混凝土受压向隧道内挤。

（三）防止围岩湿度变化

水是膨胀性围岩隧道工程产生病害的主要根源，对膨胀性围岩强度和体积有较大影响。隧道开挖后，膨胀土围岩风干脱水或浸水，都将引起围岩体积变化，产生胀缩效应。因此，隧道开挖后及时喷射混凝土，封闭和支护围岩，防止施工用水和水气进入岩体。在有地下水渗流的隧道，应采取切断水源并加强洞壁与坑道防、排水措施，防止施工积水对围岩的浸湿等。地下水可通过衬砌背后的引水管或盲沟引入洞内排水沟排出，防止地下水渗流道隧道底部，造成底部隆起。对于局部渗流，可采用注浆堵水阻止地下水进入坑道或浸湿围岩。

（四）合理进行围岩支护

膨胀土围岩隧道采用先柔后刚、先让后顶、分层支护的方法。围岩支护关键是如何确定二次衬砌的最佳时间。如果围岩变形不充分，过早施作二次衬砌，则可能被围岩膨胀压力破坏；若施作过晚，则变形过大，围岩松弛，造成塌方，所以宜通过现场试验、量测来确定二次衬砌施作时间。据相关资料，一般围岩变形基本稳定（变形基本速率为 0.2 ~ 0.5mm/d）后施作二次衬砌较好。

膨胀土围岩支护必须适应围岩的膨胀特性，在施工时应注意以下几点：

1. 喷锚支护，稳定围岩

喷锚初期支护具有及时、柔性和密贴等优点，在开挖后能及时施作，迅速有效地支护封闭围岩，加强围岩的自承能力，防止围岩变形过大而松弛、坍塌，阻止水汽侵入岩体，减少围岩风化、吸水软化和膨胀。

初期支护刚度较小，最大厚度不超过 25cm，允许围岩有一定的变形，能发挥和利用围岩的自承作用，特别是长锚杆能加固围岩，随围岩变形而产生一定位移后，仍可起到加固围岩的作用。当膨胀压力大时，为提高初期支护的强度，可采用钢纤维混凝土，或在喷层中加钢筋、型钢、钢管等钢架。当膨胀压力很大时，可用锚喷及格栅联合支护，在隧道底部打设锚杆，也可以在隧道顶部打入超前锚杆或小导管支护。膨胀土围岩隧道的支护，尽可能使其在开挖面周壁上迅速闭合。如果是台阶开挖，可在上半部开挖后尽快施作上半部闭合，使围岩尽早受到约束。总之，不论采用哪一种类型的支护，都必须根据工程实际情况及围岩变形状态而定。

2. 预留变形缝

在膨胀压力引起大变形的情况下，喷射混凝土层会出现剥落、掉块和破坏，或钢架扭曲、锚杆拉断等现象。为适应大变形的要求，初期支护可采用预留纵向变形缝的喷射混凝土支护，变形缝宽 10 ~ 30cm；采用可缩式钢架，每榀钢架可设 2 ~ 5 个可缩接头，每个接头可缩 10 ~ 20cm；同时加密高强度锚杆，以抵御膨胀压力。

3. 衬砌结构及早闭合

二次衬砌主要承受后期继续增加的膨胀围岩压力，使隧道衬砌长期稳定。一般情况下，由初期支护传给二次衬砌的荷载分布比较均匀，故二次衬砌宜采用等厚、圆顺断面，一般衬砌厚度小于50cm；若围岩压力大时，可采用钢筋混凝土衬砌。

膨胀性围岩隧道开挖后，围岩向内挤压变形一般是在四周同时发生，所以施工时要求隧道衬砌及早封闭。从理论上讲，拱部、边墙及仰拱宜整体完成，衬砌受力条件最好。但受施工条件的限制往往难以实现。因此，在灌筑拱圈部分时，应在上台阶的底部先设置临时混凝土仰拱或喷射混凝土作临时仰拱，以使拱圈在边墙、仰拱未完成前，自身形成临时封闭结构。然后当进行下部台阶施工时，再拆除临时仰拱，并尽快灌筑永久性仰拱。

4. 及时施作仰拱

隧道未作底部支护时，隧道底部便成为应力释放的集中部位，如果经常积水，使围岩浸泡软化，吸水膨胀，将可能产生底鼓现象。如不及时加以控制，便会产生墙脚内移，边墙剪断，拱圈破损、坍塌而导致整个支护衬砌破坏。初期支护的仰拱不宜过厚，允许围岩有一定的变形，以便发挥围岩的自承作用。仰拱的曲率尽量大一些，并要求与边墙连接圆顺，防止应力集中。在大的膨胀压力作用下，为适应膨胀围岩压力，应适当加强仰拱的强度和刚度，仰拱宜做成钢筋混凝土结构，以承受较大的拉应力。

底部隆起现象严重的层状岩层，宜采用长锚杆加固底部围岩，尤其在应力集中、塑性区大的墙脚附近，可提高节理裂隙面上的抗剪强度和岩体的整体刚度，在松散破碎围岩段可采用注浆加固地层，以增加岩体的强度和整体性、减小膨胀压力和底鼓。

第三节 黄土地段隧道施工

一、黄土的分类及其对隧道施工的影响

1. 黄土的特征、分类

黄土是指在干燥气候条件下形成的一种具有褐黄、灰黄或黄褐等颜色，并有针状大孔、垂直节理发育的特殊性土。颜色多呈黄色、淡灰黄色或黄褐色。

黄土按其遇水是否沉陷分为湿陷性黄土和非湿陷性黄土，黄土在天然含水率时一般呈坚硬或硬塑状态，具有较高的强度和低的或中等偏低的压缩性，但遇水浸湿后，有的即使在其自重作用下也会发生剧烈而大量的沉陷（称为湿陷性），强度也随之迅速降低；而有些地区的黄土却并不发生湿陷。凡天然黄土在上覆土的自重压力作用下，或在上覆土的自重压力与附加压力共同作用下，受水浸湿后土的结构迅速破坏而发生显著附加下沉的，称为湿陷性黄土，否则称为非湿陷性黄土。

2. 黄土的分布

黄土在我国分布很广，面积约63万km^2，其中湿陷性黄土约占3/4。黄河中游的河南西部、山西南部、陕西和甘肃的大部分地区为我国黄土和湿陷性黄土的主要分布区，这些地区的黄土地层分布连续、厚度较大，发育较典型。其他地区如河北、山东、内蒙古和东北各地以及青海、新疆等地亦有所分布。由于各地的地理、地质和气候条件的差别，湿陷性黄土的组成成分、分布地带、沉积厚度、湿陷特征和物理性质也因地而异，其湿陷性由西北向东南逐渐减弱，厚度变薄。同时由于黄土形成的地质年代和所处的自然地理环境不同，其外貌特征和工程特性又有明显的不同。

二、黄土地层对隧道施工的影响

1.黄土节理的影响

在红棕色或深褐色的古土壤黄土层,常具有各方向的构造节理,有的原生节理呈X形,成对出现,并有一定延续性。在隧道开挖时,土体容易顺着节理张开或剪断。如果这种地层位于坑道顶部,则极易产生"塌顶"。如果位于侧壁,则普遍出现侧壁掉土,若施工时处理不当,常会引起较大的坍塌。

2.黄土冲沟的影响

隧道在黄土冲沟或塬边地段施工时,当隧道在较长的范围内沿着冲沟或塬边平行走向,而覆盖较薄或偏压很大的情况下,容易发生较大的坍塌或滑坡现象。

3.黄土溶洞与陷穴的影响

黄土溶洞与陷穴,是黄土地区经常见到的不良地质现象,隧道若修建在其上方,则有基础下沉的危害。隧道若修建在其下方,常有发生冒顶的危险。隧道若修建在其邻侧,则有可能承受偏压,使围岩与衬砌处于不利的受力状态。

4.水对黄土隧道施工的影响

在含有地下水的黄土层中修建隧道,由于黄土在干燥时很坚固,承压力也较高,施工可顺利进行。当其受水浸湿后,呈不同程度的湿陷性,会突然发生下沉现象,使开挖后的围岩迅速丧失自稳能力,如果支护措施满足不了变化后的情况,极容易造成坍塌。

施工中洞内排水不良,洞内道路会变得泥泞难行,不论是无轨还是有轨运输都会给道路的维护、机械的使用与保养、隧道的铺底或仰拱施工作业等方面带来很大的困难。

三、黄土隧道的施工方法

(1)黄土围岩隧道,由于构造节理切割,将降低围岩的稳定性,施工时应做好黄土中构造节理的产状与分布状况的调查,对因构造节理切割而形成的不稳定部位进行加强支护,防止坍塌。如果隧道覆盖层浅、地表有下沉时,应采用相应辅助工程措施以防止地表下沉。

(2)施工中应遵循"短开挖、少扰动、强支护、实回填、严治水、勤量测"的施工原则,紧凑施工工序,精心组织施工。黄土隧道施工一次开挖进尺不能过大,且支护必须紧跟,并注意现场监控量测,在初期支护基本稳定后,及时施作二次衬砌及仰拱,尽早形成封闭结构。

黄土隧道衬砌背后尤其是拱顶回填要密实。回填时不宜采用压浆,以免水对黄土围岩面和黄土裂隙中黄土的侵蚀、软化,影响掌子面的稳定和围岩的压力,并影响其与衬砌的密贴性。

(3)宜采用短台阶法或分部开挖法(留核心土法),初期支护应紧跟开挖面施作。洞口段施工应尽量保持山体稳定、切勿大削乱挖。做好洞口段衬砌后,及时修筑洞门端墙与翼墙。

(4)黄土围岩开挖后暴露时间过长,围岩周壁风化至内部,围岩体松弛加快,进而发生塌方。因此,黄土隧道应根据黄土物理力学性质指标和隧道断面大小采用复合式衬砌,开挖时应少扰动，开挖后以喷射混凝土、锚杆、钢筋网和钢支撑初期支护，形成严密的支护体系。必要时可采用超前锚杆、管棚支护加固围岩。

(5)做好洞顶、洞门及洞口的防排水系统工程。由于黄土的多孔性、湿陷性，遇水软化、坍塌，黄土的抗剪强度和抗压强度随含水率的增加而显著降低，因此，水对黄土地层的危害性极大，对黄土围岩的稳定性、围岩的压力有直接影响，且反应灵敏。对位于隧道附近地表冲沟、陷穴、裂缝，应予以回填、铺砌，并做好地表水的引排设施，将水引至隧道范围以外，以免地面积水侵蚀洞体周围，造成土体坍塌，影响结构安全。

在含有地下水的黄土层中施工时，洞内应作良好的排水设施；地下水量较大时应在洞内采用井点降水法或在洞外设深井降水，将地下水位降至隧道衬砌底部以下，以改善施工条件，加快施工速度；在干燥无水的黄土层中施工，则应管理好施工用水，不使废水浸流。

四、黄土隧道施工的注意事项

(1)首先做好洞口、洞门及洞顶的排水系统，并妥善处理好陷穴、裂缝，以免地面积水侵蚀洞体四周，造成土体坍塌。

(2)施工中如发现工作面有失稳现象，应及时喷射混凝土封闭、加设锚杆、架立钢支撑等加强支护。试验表明，在黄土隧道中喷射混凝土和砂浆锚杆作为施工临时支护，效果良好，喷射机的压力不宜超过 0.2MPa。

(3)施工时特别注意拱脚与墙脚处断面，如超挖过大，应用浆砌片石回填。如发现该处土体承载力不够，应立即加设锚杆或采取其他措施进行加固。钻锚杆孔时，宜采用干钻。

(4)黄土隧道施工宜先作仰拱，如果不能先作仰拱时，可在开挖与灌筑仰拱前，为防止边墙向内位移，应加设横向支撑。

(5)锚杆宜采用药包式或早强砂浆锚杆。若拱部位于砂层时，为防止喷射混凝土塌落，可用 ϕ4 ~ 6mm 的密钢筋网，紧贴开挖面作为初喷混凝土层用。

(6)施工中如发现不安全因素，应暂停开挖，加强临时支护，采取适应性的工艺措施。

第四节 岩溶地段隧道施工

我国是碳酸盐分布非常广泛的国家，覆盖及出露的碳酸盐总面积约占我国领土的 1/5，特别是西南地区岩溶现象比较普遍，其中桂、黔、滇及川东、鄂西、湘西、粤北连成一片，面积达 56 万 km^2。岩溶地质地区形成的各种溶蚀形式，对隧道工程影响最为严重的主要是溶洞和暗河。

溶洞是以岩溶水的溶蚀作用为主，间有潜蚀和机械塌陷作用而造成的基本水平方向延伸的通道。溶洞是岩溶现象的一种。

一、岩溶的类型及对隧道施工的影响

(一)岩溶的类型

岩溶一般有死、活、干、湿、大、小几种。死、干、小的溶洞比较容易处理，而活、湿、大的溶洞，处理方法则较为复杂。具体分类如图 10-1 所示。

(二)岩溶对隧道施工的影响

隧道在穿越岩溶地区时主要表现为隧道突然涌水、突泥、突石(砂)、隧道遇地下洞穴时的悬空、隧道顶部溶洞充填物的塌陷、隧道侧部溶洞产生隧道偏压以及隧道基底洞穴顶板塌陷等突发性灾害,将严重危及施工安全及运营安全,影响工程施工工期,工程投资,而且涉及隧道修建以后的水文地质环境和生态平衡。

岩溶对隧道工程的影响主要有四个方面:洞害、水害、洞穴充填物的坍塌、洞顶地表沉陷等。

(1)有的岩溶洞穴深或基底充填物松软,有的顶板高悬不稳,有严重崩坠的后果;有的岩溶发育情况复杂,洞穴、暗河上下迂回交错,通道重叠;有的溶蚀大且长、宽上百米,高达几十米。当隧道通过这种地段时,工程艰巨,结构处理复杂,施工困难。

(2)在岩溶地区修建隧道,施工中常遇水囊或暗河岩溶水的突然袭击,往往泥沙涌流堵塞坑道,给施工安全造成威胁。

(3)由于洞穴围岩节理、裂隙发育,岩石破碎或充填物松软,在施工中极易发生坍塌,危害施工安全。

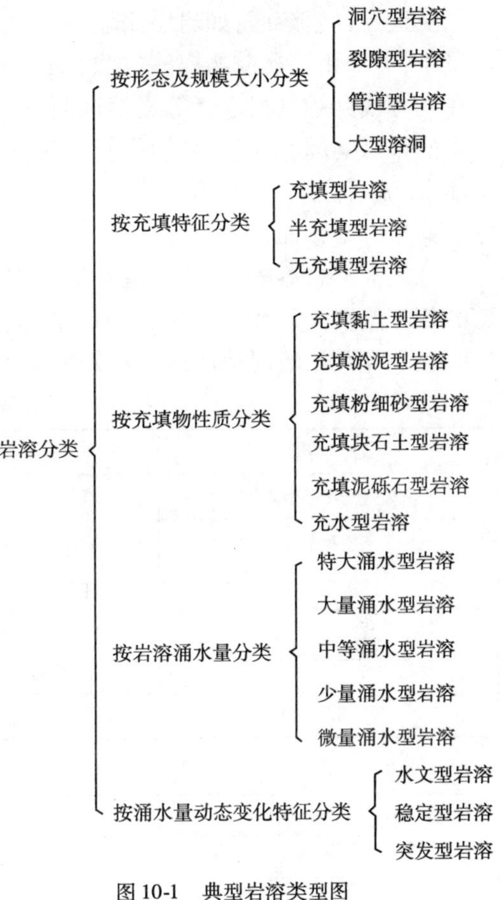

图 10-1 典型岩溶类型图

二、隧道溶洞的处理措施

当隧道穿过可溶性岩层时,有的溶洞岩质破碎,容易发生坍塌。有的溶洞位于隧道底部,充填物松软且深,使隧道基底难于处理。有时遇到填满饱含水分的充填物溶槽,当坑道掘进至其边缘时,含水充填物不断涌入坑道,难以遏止,甚至使地表开裂下沉,山体压力剧增。有时遇到大的水囊或暗河,岩溶水或泥沙夹水大量涌入隧道。有的溶洞、暗河迂回交错、分支错综复杂、范围宽广,处理十分困难。

当隧道穿越岩溶地段时,处理措施应根据溶洞的实际情况和隧道在其中所处的位置灵活确定,溶洞情况包括空穴大小、围岩壁稳定与否、水量大小和充填状况等。一般情况下,可根据岩溶对隧道的影响情况及施工条件,采取跨越、加固洞穴、引排截流岩溶水、清除充填物、注浆等不同措施对软弱土地基进行加固、回填夯实、封闭地表沉陷、疏排地表水等工程综合治理设计方案。

隧道通过岩溶区,应查明溶洞分布范围和类型,岩层的完整稳定程度、填充物和地下水情况,据以确定施工方法。对尚在发育或穿越暗河水囊等地质条件复杂的岩溶区,应查明情况审慎选定施工方案。对有可能发生突然大量涌水、流石流泥、崩坍落石等,必须事先制定措施,确保施工安全。

隧道穿过岩溶区，如岩层比较完整、稳定，溶洞已停止发育，有比较坚实的填充，且地下水量小，可采用探孔或物探等方法，探明地质情况，如有变化便于采取相应的措施。如溶洞尚在发育或穿越暗河水囊等岩溶区时，则必须探明地下水量大小、水流方向等，先要解决施工中的排水问题，一般可采用平行导坑的施工方案，以超前钻探方法，向前掘进。当出现大量涌水、流石流泥、崩坍落石等情况时，平导可作为泄水通道，正洞堵塞时也可利用平导在前方开辟掘进工作面，不致正洞停工。

总之根据岩溶的特征，隧道岩溶洞穴采取的处理技术方案参见表 10-1。根据溶洞与隧道的相对位置关系，溶洞地段加固方法及其适用范围参见表 10-2。根据溶洞、暗河与隧道的空间关系，溶洞、暗河地段地下水处理原则和措施参见表 10-3。

岩溶隧道处理技术方案 表 10-1

岩溶类型	技术方案
洞穴型、管道型岩溶	回填
充填型岩溶	注浆加固 + 大管棚方案
过水型岩溶	引排方案
大型干溶洞	托梁 + 板跨护顶方案、型钢混凝土 + 板跨方案、钢管桩方案、护墙 + 桩基 + 承台方案、路基填筑方案、梁跨方案、拱跨 + 护罩方案
岩溶水治理	注浆堵水方案、泄水洞方案、堆积体加固堵水方案、释能降压、绕避方案

溶洞地段隧道加固方法 表 10-2

溶洞位置	加固方法	适用范围
溶洞位于拱部	回填	溶洞向拱顶以上发育规模较小，无水（少水）的空腔、半充填型溶洞
	护拱	溶洞向拱顶以上发育规模较小或溶洞尽管向上发育较高但宽度很窄
	喷锚网防护	溶洞纵、横向发育范围较广，溶洞顶板稳定性较好
	立柱支顶	溶洞纵、横向发育范围均较广，溶洞顶板发育在隧道拱顶以上 10mm 以内
	拱罩防护	溶洞纵、横向发育范围均较广，溶洞顶板发育在隧道拱顶以上 10m 以上，顶板整体稳定性较好，仅存在小块落石的可能，且清除危石难度较大
溶洞位于底部	回填	发育在隧底附近的小型空腔或半充填溶洞
	注浆（钢管桩）	隧底 10 ~ 15m 的溶洞充填物，通过注浆（可注性较好）或钢管桩注浆（可注性较差），形成具有足够承载力的注浆改良复合地基
	板（梁）跨越	发育至隧底以下深度较大的充填型溶洞，充填物具有一定的密实度及承载力，但均匀性较差，通过板（梁）调整地基的整体均匀性，控制差异沉降
	拱桥跨越	发育至隧底以下深度较大且纵向发育范围有限的空腔
	桩基承台（托梁）	发育至隧底以下深度较大的空腔，溶洞充填物承载力很低，注浆效果难以保证的充填型溶洞、不易封堵的过水通道
	路基填筑	发育至隧底以下深度较大的空腔，纵、横向发育规模较大，通过复合地基及隧道内预趴沉降空间解决工后沉降问题
溶洞位于侧部	护墙防护	侵入隧道开挖轮廓线范围有限的溶洞
	护墙支顶	溶洞发育范围较宽广，溶洞侵入隧道范围较大或横穿隧道

溶洞、暗河地段地下水处理措施 表 10-3

溶洞、暗河与隧道空间关系	处理原则	推荐措施
隧道下穿溶洞、暗河	疏导为主、结构承压	扩宽水路,增大过水断面,隧道周边注浆加固,隧道采用加强型衬砌结构
隧道上跨溶洞、暗河	疏导为主	在溶洞、暗河内设置支墩、拱涵、护墙、连续墙、跨越等构筑物,同时疏通水路
隧道穿越溶洞、暗河	排堵结合、因地制宜	根据具体情况采用调整水路、设置泄水洞或注浆堵水限量排放等措施

岩溶地段隧道常用处理溶洞的方法,有“引、堵、越、绕”四种。

1. 引——引排水

遇到暗河或溶洞有水流时,宜排不宜堵。应在查明水源流向及其与隧道位置的关系后,用暗管、涵洞、小桥等设施渲泄水流或开凿泄水洞将水排出洞外,如图 10-2a)所示,或开凿泄水洞,将水排出洞外,如图 10-2b)所示。当岩溶水流的位置在隧道顶部或高于隧道顶部时,应在适当距离处,开凿引水斜洞(或引水槽)将水位降低到隧底高程以下,再行引排,如图 10-2c)所示。当隧道设有平行导坑时,可将水引入平行导坑排出。

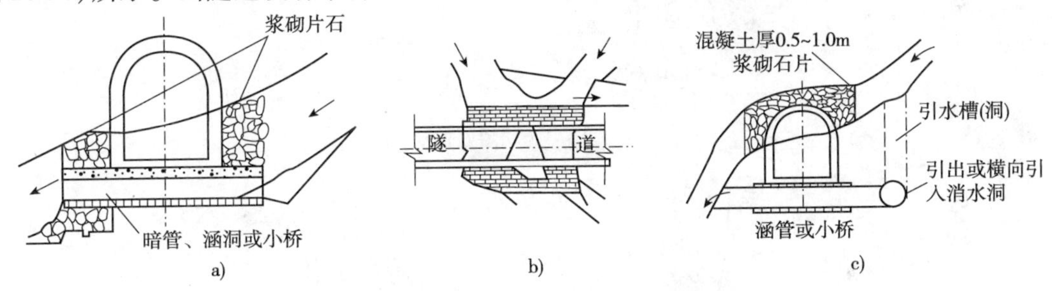

图 10-2 岩溶隧道引排水处理示意图

a)桥涵宣泄水流;b)开凿泄水洞引水;c)引水槽

2. 堵——堵填

对已停止发育、跨径较小,无水的溶洞,可根据其与隧道相交的位置及其充填情况,采用混凝土、浆砌片石或干砌片石予以回填封闭,如图 10-3a)~c)所示;根据地质情况决定是否需要加深边墙基础。

当隧道拱顶部有空溶洞时,可视溶洞的岩石破碎程度在溶洞顶部采用锚杆或锚喷网加固,必要时可考虑注浆加固并加设隧道护拱及拱顶回填进行处理,如图 10-3d)、e)所示。

3. 越——跨越

当溶洞较大较深,不宜采用封堵封闭的方法,或充填物松软不能承载的隧道结构时,可采用梁、拱跨越。跨越的梁端或拱座应置于稳固可靠的岩层上,必要时灌注混凝土进行加固。遇到特大溶洞时,采用明洞结构形式。

当隧道一侧遇到狭长而较深的溶洞,可加深该侧的边墙基础通过,如图 10-4a)所示。隧道底部遇有较大溶洞并有流水时,可在隧道底部以下砌筑圬工支墙,支承隧道结构,并在支墙内套设涵管引排溶洞水,如图 10-4b)所示。隧道边墙部位遇到较大、较深的溶洞,不宜加深边墙基础时,可在边墙部位或隧底以下筑拱跨过,如图 10-4c)所示。

当隧道中部及底部遇有深狭的溶洞时，可加强两边墙基础，并根据情况设置桥台架梁通过，如图 10-4d）所示。隧道穿过大溶洞，情况较为复杂时，可根据情况，采用边墙梁、行车梁等，由设计单位负责特殊设计后施工。

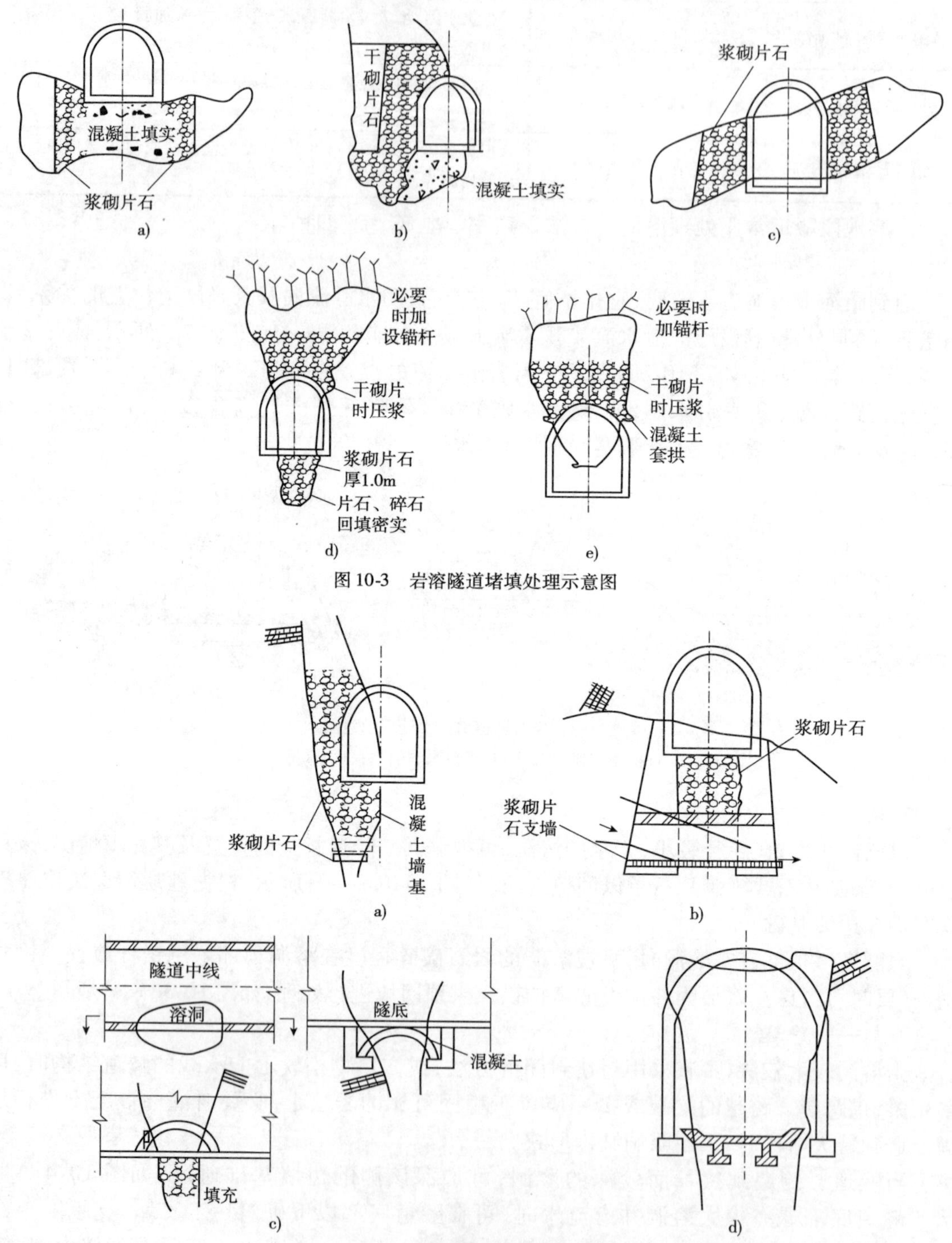

图 10-3　岩溶隧道堵填处理示意图

图 10-4　岩溶隧道跨越处理示意图

a）加深边墙基础；b）支墙内套设涵管；c）筑拱跨越；d）架梁跨越

4. 绕——绕行施工

在岩溶区施工，个别溶洞处理耗时且困难时，可采取迂回导坑绕过溶洞，继续进行隧道前方施工，并同时处理溶洞，以节省时间，加快施工进度。绕行开挖时，应防止洞壁失稳。

三、溶洞地段隧道施工的注意事项

(1)施工前应对地表进行详细勘察，注意研究岩溶状态，估计可能遇到的岩溶地段；了解地表水、出水地点的情况，并对地表进行必要的处理，以防止地表水湿透。

(2)当施工达到溶洞边缘，各工序应紧密衔接，支护和衬砌超前。同时应利用探孔或物探作超前预报，设法探明溶洞的形状、范围、大小、充填物及地下水等情况，据以制定施工处理方案及安全措施。

(3)施工中注意检查溶洞顶部，及时处理危石。当溶洞较大较高且顶部破碎时，应先喷射混凝土加固，再在靠近溶洞顶部附近打入锚杆，并应设置施工防护架或钢筋防护网。

(4)在溶蚀地段的爆破作业应尽量做到多打眼、打浅眼，并控制爆破药量减少对围岩的扰动。防止在一次爆破后溶洞内的填充物突然大量涌入隧道，或溶洞水突然袭击隧道，造成严重失。

(5)在溶洞充填体中掘进，如充填物松软，可用超前支护施工。如充填物为极松散的砾石、块石堆积或流塑状黏土及砂黏土等可于开挖前采用地表注浆、洞内注浆或地表和洞内注浆相结合加固。如遇颗粒细、含水率大的流塑状土壤，可采用劈裂注浆技术，注入水泥浆或水泥水玻璃双液浆进行加固。

(6)溶洞未做出处理方案前，不要将弃渣随意倾填于溶洞中。因弃渣覆盖了溶洞，不但不能了解其真实情况，反而会造成更多困难。

(7)当在下坡地段遇到溶洞时，应准备足够的排水设备。

第五节 隧道施工塌方

由于地质状态、施工开挖方式、地下水变化等因素，使隧道实际开挖截面大于隧道设计截面，称为“超挖”或“塌方”。隧道开挖时，导致塌方的原因有多种，但大部分原因包括：一是自然因素，即地质状态、受力状态、地下水变化等；二是人为因素，即不适当的设计，或不适当的施工作业方法等。由于塌方往往会给施工带来很大困难和很大经济损失。因此，需要尽量注意排除会导致塌方的各种因素，尽可能避免塌方的发生。

一、塌方发生的主要因素

1. 不良地质及水文地质条件

(1)隧道穿过断层及其破碎带，或在薄层岩体的小曲褶、错动发育地段，一经开挖，潜在应力释放快、围岩失稳，小则引起围岩掉块、坍落，大则引起塌方。当通过各种堆积体时，由于结构松散，颗粒间无胶结或胶结差，开挖后引起坍塌。在软弱结构面发育或泥质充填物过多，均易产生较大的坍塌。

(2)隧道穿越地层覆盖过薄地段，如在沿河傍山、偏压地段、沟谷凹地浅埋和丘陵浅埋地段极易发生塌方。

(3)水是造成塌方的重要原因之一。当隧道处于地下水位以下时，隧道开挖后，在隧道开挖面上有时会产生较大的静水压力，引起地下水向洞内涌入。地下水的软化、浸泡、冲蚀、溶解等作用加剧岩体的失稳和坍落。岩层软硬相间或有软弱夹层的岩体，在地下水的作用下，软弱面的强度大为降低，加剧岩体的失稳和塌方。

2. 受力状态的影响

受力状态对塌方的影响包括两个方面的内容：一是地质构造应力；二是开挖后产生的应力重分布和松动变形。地质构造应力的影响通常只发生在有地质构造运动的地区，而应力重分布及松动变形影响往往与人为因素联系在一起，比如当施工作业时间太长而引起岩体失去自承能力并产生松动，或由于支护及承重结构强度偏低，或共同受力差等引起岩体产生较大的位移变形、松动等。由于应力重分布及松动引起的塌方有时开挖后很长时间才发生，而且塌方分多次发生，即在后继的应力重分布过程中不断发生新的松动和塌方。

3. 隧道设计考虑不周

(1)隧道选定位置时，地质调查不细，未能作详细的分析，或未能查明可能塌方的因素，没有绕开可以绕避的不良地质地段。

(2)缺乏较详细的隧道所处位置的地质及水文地质资料，引起施工指导或施工方案的失误。

4. 施工方法和措施不当

(1)施工方法与地质条件不相适应；地质条件发生变化，没有及时改变施工方法；工序间距安排不当；施工支护不及时，支撑架立不合要求，或抽换不当“先拆后支”；地层暴露过久，引起围岩松动、风化、导致塌方。

(2)喷锚支护不及时，喷射混凝土的质量、厚度不符合要求。

(3)按新奥法施工的隧道，没有按规定进行量测，或信息反馈不及时，决策失误、措施不力。

(4)围岩爆破用药量过多，因震动引起坍塌。

(5)对危石检查不重视、不及时，处理危石措施不当，引起岩层坍塌。

由于人为因素而引起的塌方通常是“可避免的多余开挖”，为了避免人为因素而引起的塌方，因此应注意在设计方面尽可能与地质构造相适应的纵断面和横截面形状，横截面应光滑无尖角，支护结构与承重结构的形式应合理；在施工方面需注意作业方式，比如当采用机械开挖时，开挖刀具应适当，在碰到软弱大裂缝的岩体时，需采用局部手工开挖及局部支撑措施，防止由于机械开挖而引起的振动；当采用爆破开挖时，炸药的用量、炮眼布置、数量及深度要适当，施工作业时间需要按计划有节奏地进行。

二、预防塌方的措施

(一)隧道塌方预测

1. 塌方前征兆

(1)量测信息所反映的围岩变形速度或数值超过允许值。

(2)喷射混凝土产生的纵横向的裂纹和龟裂。

(3)在坑顶或坑壁发现不断掉下土块、小石块或构件支撑间隙不断漏出砂、石屑。

(4)岩层层理、节理缝或裂隙变大、张开。

(5)支撑梁、柱变形或折断,楔子压扁或压劈,填塞木弯曲折断,扒钉受力变形,木支撑发生"噼啪"破裂声。

(6)坑道内渗水、滴水突然加剧或变浑。

2. 塌方的预测方法

为了保证施工作业安全,及时发现塌方的可能性及征兆,并根据不同的情况采用相应的施工方式及控制塌方的措施,需要在施工阶段进行塌方的预测。目前在隧道施工中预测塌方常采用的方法如下。

(1)观察法

在掘进工作面采用探孔对地质情况或水文情况进行观察,对掘进工作面进行地质素描,分析判断掘进前方有无发生塌方的可能;定期仔细观察洞内隧道结构的受力及变形状态,检查支护结构是否发生了较大的弯曲变形;观察岩层的层理、节理裂隙是否变大,坑道或坑壁是否松动掉块,喷射混凝土是否发生脱落;观察是否有围岩局部塌入洞内的情况,以及地表是否下沉等,通常当隧道覆盖表面出现有类似盘状下沉时则为塌方征兆。

(2)一般测量法

按时量测观测点的位移、应力,对观测数据进行分析研究,并通过绘制曲线等方式建立施工作业档案,及时发现不正常的受力、位移状态以及有可能导致塌方的情况。

(3)微地震学测量法和声学测量法

前者采用地震测量原理制成的灵敏的专用仪器;后者通过测量岩石的声波分析确定岩石的受力状态,并预测塌方。

通过上述预测塌方的方法,发现征兆应高度重视及时分析,采取有力措施处理隐患,防患于未然。

(二)预防塌方的施工措施

(1)隧道施工预防塌方,选择安全合理的施工方法和措施至关重要。在掘进到地质不良围岩破碎地段,应采取"先排水、短开挖、弱爆破、强支护、早衬砌、勤量测"的施工方法。必须制订出切实可行的施工方案及安全措施。

(2)加强塌方的预测。为了保证施工作业安全,及时发现塌方的可能性及征兆,并根据不同情况采用不同的施工方法及控制塌方的措施,需要在施工阶段进行塌方预测。

(3)加强初期支护,控制塌方。当开挖出工作面后,应及时有效地完成喷锚支护或喷锚网联合支护,并应考虑采用早强喷射混凝土、早强锚杆和钢支撑支护措施等。

三、隧道塌方的处理措施

(1)隧道发生塌方,应及时迅速处理。处理时必须详细观测塌方范围、形状、坍穴的地质构造,查明塌方发生的原因和地下水活动情况,经认真分析,制定处理方案。

(2)处理塌方应先加固未坍塌地段,防止继续发展。并可按下列方法进行处理。

①小塌方,纵向延伸不长、坍穴不高,首先加固坍体两端洞身,并抓紧喷射混凝土或采用锚喷联合支护封闭坍穴顶部和侧部,再进行清渣。在确保安全的前提下,也可在坍渣上架设临时支架,稳定顶部,然后清渣。临时支架待灌筑衬砌混凝土达到要求强度后方可

拆除。

②大塌方，坍穴高、坍渣数量大，坍渣体完全堵住洞身时，宜采取先护后挖的方法。在查清坍穴规模大小和穴顶位置后，可采用管棚法和注浆固结法稳固围岩体和渣体，待其基本稳定后，按先上部后下部的顺序清除渣体，采取短进尺、弱爆破、早封闭的原则挖坍体，并尽快完成衬砌，如图 10-5 所示。

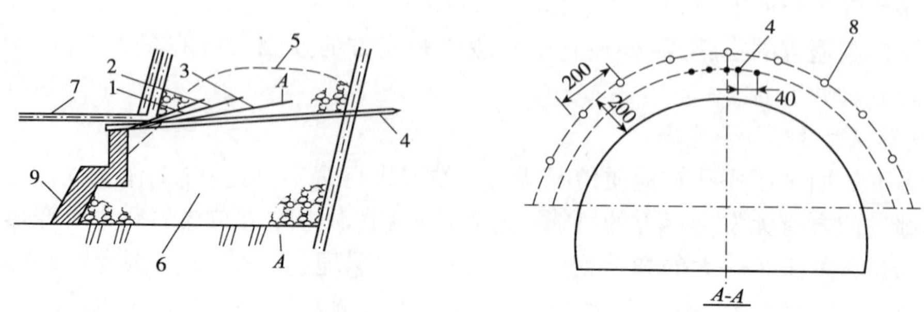

图 10-5　塌方处理实例示意图

1-一次注浆；2-二次注浆；3-三次注浆；4-管棚；5-坍塌线；6-坍塌体；7-初期支护；8 – 注浆孔；9-混凝土封堵墙

③塌方冒顶，在清渣前应支护陷穴口，地层极差时，在陷穴口附近地面打设地面锚杆，洞内可采用管棚支护和钢架支撑。

④洞口塌方，一般易坍至地表，可采取暗洞明作的办法。

(3)加强防排水工作。塌方往往与地下水活动有关，治坍应先治水。防止地表水渗入坍体或地下，引截地下水防止渗入塌方地段，以免塌方扩大。具体措施：

①地表沉陷和裂缝，用不透水土壤夯填紧密，开挖截水沟，防止地表水渗入坍体。

②塌方通顶时，应在陷穴口地表四周挖沟排水，并设雨篷遮盖穴顶。陷穴口回填应高出地面并用黏土或污土封口，做好排水。

③坍体内有地下水活动时，用管槽引至排水沟排出，防止塌方扩大。

(4)塌方地段的衬砌与回填。视坍穴大小和地质情况加强塌方地段的衬砌，衬砌背后与坍穴洞孔周壁间必须紧密支撑。当坍穴较小时，可用浆砌片石或干砌片石将坍穴填满；当坍穴较大时，可先用浆砌片石回填一定厚度，其以上空间应采用钢支撑等顶住稳定围岩；特大坍穴应作特殊处理。

(5)采用新奥法施工的隧道或有条件的隧道，塌方后要加设量测点，增加量测频率，根据量测信息及时研究对策。浅埋隧道，要进行地表下沉测量。

第六节　松散地层隧道施工

松散地层结构松散，胶结性弱，稳定性差，在施工中极易发生坍塌。如极度风化破碎已失去岩性的松散体；漂卵石地层、砂夹砾石和含有少量黏土的土壤以及无胶结松散的干沙等。隧道穿过这类地层，应减少对围岩的扰动，一般采取先护后挖，密闭支撑，边挖边封闭的施工原则，必要时可采用超前注浆改良地层和控制地下水等措施。下面介绍几种主要施工方法。

一、超前支护施工方法

隧道开挖前，先向围岩内打入钎、管、板等构件，用以预先支护围岩，防止坑道掘进时岩体发生坍塌。

（一）超前锚杆或超前小钢管

1. 悬吊式超前锚杆

在爆破前，将超前锚杆或小钢管打入掘进前方稳定的岩层内，末端支撑在拱部围岩内的悬吊锚杆或格栅拱支撑上，使其起到支护掘进进尺范围内拱部上方，有效地约束围岩在爆破后的一定时间内不发生松弛坍塌，为断面开挖与喷锚支护创造条件。超前锚杆宜采用早强型砂浆锚杆，以尽早发挥超前支护作用。

2. 格栅拱支撑超前锚杆

如图 10-6 所示，超前锚杆或小钢管的末端支撑在格栅拱支撑上，格栅拱结构如图 10-7 所示。

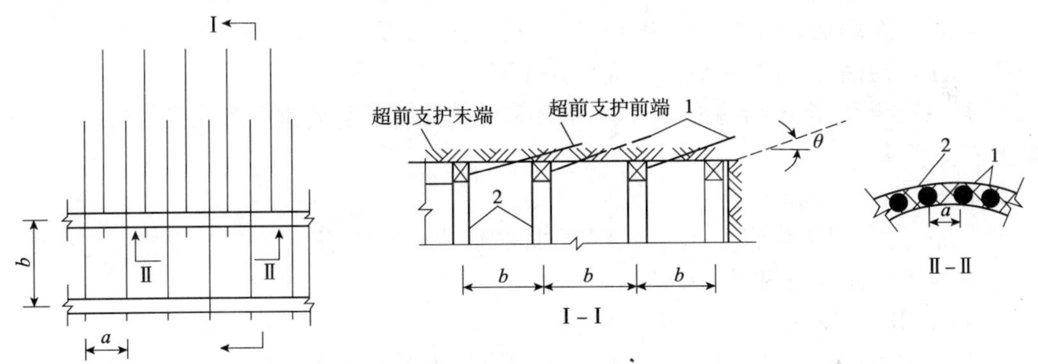

图 10-6 格栅拱超前锚杆或小钢管布置示意图

1-超前锚杆或小钢管；2-格栅拱

θ-超前倾角；*a*-超前锚杆或小钢管横向间距；*b*-格栅拱支撑间距

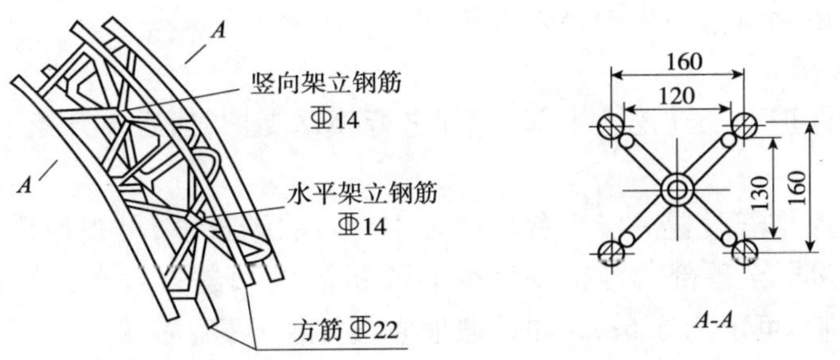

图 10-7 格栅拱结构示意图（尺寸单位：mm）

（二）超前管棚法

超前管棚法使用外径 ϕ40mm、ϕ80mm、ϕ108mm 或其他直径的无缝或普通焊接钢管插入围岩，插入的倾角较超前锚杆略为减小，一般在十分软弱的地层中可直接将管顶人，或借助于手动液压千斤顶、液压钻、凿岩机的冲击力，将钢管顶入末端开挖的地层中去。

钢管构造如图 10-8 所示，管壁上无需钻孔。

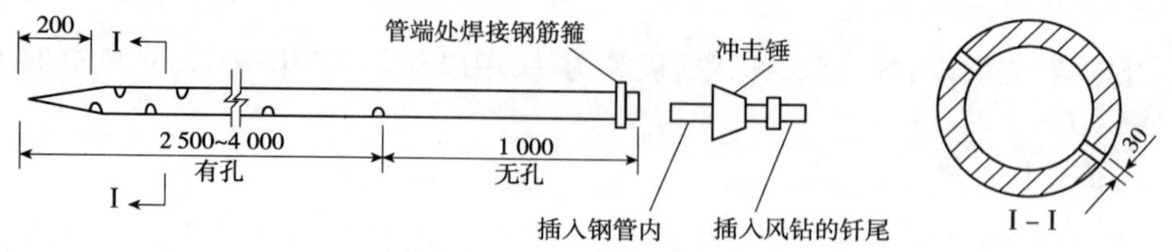

图 10-8　钢管构造及冲击锤示意图(尺寸单位:mm)

超前管棚法适用于围岩为砂黏土、黏砂土、亚黏土、粉砂、细砂、砂夹卵石夹黏土等非常散软、破碎的土壤，钻孔后极易塌孔的地层。在采用此法时，管棚长度应按地质情况选用，但应保证开挖后管棚有足够的超前长度。为增加管棚刚度，可在钢管内灌入混凝土或设置钢筋笼，注入水泥砂浆。于是在地层中建立起一个临时承载棚，在其防护下施工。

（三）超前支护法施工程序

由于支护类型及地质条件的不同，施工程序略有差异，其基本工序如下：

（1）对新开挖面结合出渣进行初次喷射混凝土，喷层厚度一般为 3 ~6cm。

（2）架立网构钢架支撑，并做好纵向连接支撑。

（3）第一次测量，标出结构锚杆、悬吊锚杆和超前锚杆或超前钢管等锚孔的位置，并核对巷道净空。

（4）钻孔，插锚杆或钢管。

（5）挂钢筋网，焊接钢筋网、锚杆或钢管外露端、横向短钢筋、网构钢架支撑之相接处。

（6）清除工作面底部附近的浮渣。

（7）第二次喷射混凝土，喷至设计厚度。

（8）第二次测量，在开挖面画出下次开挖轮廓线，并标出炮眼位置。

（9）钻炮眼，装药，堵炮眼且爆破。

（四）超前支护法开挖顺序选择

开挖顺序主要是根据地质条件，隧道断面大小，使用机械设备和施工期限等因素综合考虑确定。目前双车道隧道大多采用下列方法：

1. 先护顶，后做墙

在超前支护的保护下先开挖上半部，随即进行喷锚支护，然后再开挖下半部。

2. 分层开挖

无论分几层开挖均需设置一层主台阶层。主台阶层的长度，可视地质情况确定，一般选用 35 ~50m。主台阶层至顶部的开挖高度受装渣机高度和凿岩台车的长钻杆（5m）向上垂直钻孔的要求所限制，可定为 6.5m。如若遇地质条件很不好，需减小其开挖高度时，则可增加开挖层数。

3. 倒梯形开挖法

在极为软弱或破碎的地层，拱部采用环状开挖，留倒梯形核心土。

（五）超前支护法施工注意事项

（1）当遇砂土、软土等过于松软的地层时，应慎重选择支护方法及其参数，以免造成支护失效。

(2)悬吊锚杆和结构锚杆均应保证施工质量,并将各种锚杆(钢管)末端焊接牢固。

(3)应保证格栅拱的架设质量及拱脚处的地基有足够的承载能力。

(4)注浆锚杆的砂浆应达到设计强度后方可进行爆破。

(5)合理运用微振动爆破,以免引起围岩过大的扰动和破坏。

(6)喷锚支护既要及时,又要保证质量。

(7)当采用半断面掘进时,掘进长度不大于2倍洞径时就应施作临时仰拱。其构造可用16号工字钢加工成横向底梁,在钢架支撑拱脚处焊上∟ 100mm×100mm×10mm的角钢,使底梁与其顶紧;若地压大时采取焊接后,再喷射20cm厚的混凝土,施工顺序如图10-9所示。待下部开挖施作正式仰拱后再拆除,施工顺序如图10-10所示。

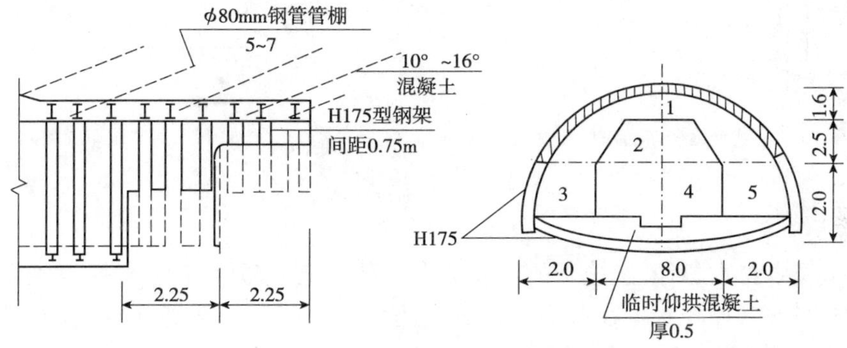

图10-9 临时仰拱示意图(尺寸单位:m)

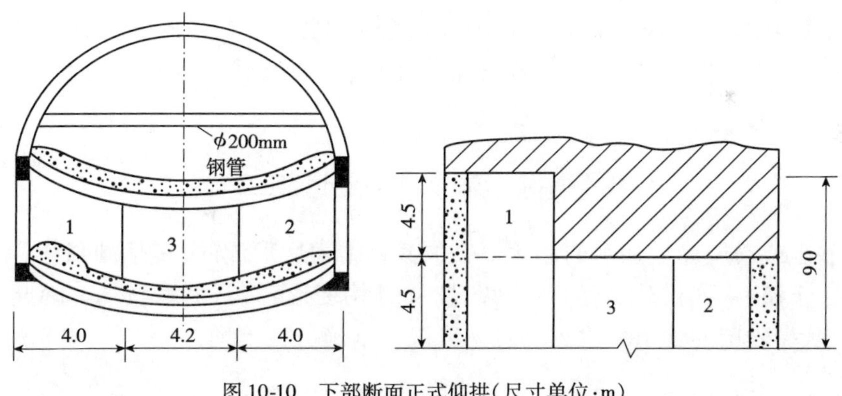

图10-10 下部断面正式仰拱(尺寸单位:m)

二、超前小导管预注浆法

超前小导管预注浆是沿开挖外轮廓线,以一定角度打入管壁带孔的小导管,并以一定压力向管内压注水泥或化学浆液的措施。它既能将洞周围岩体预加固,又能起超前预支护作用。此法适用于自稳时间很短的砂层、砂卵(砾)石层等松散地层施工。

钢管构造如图10-11所示,管前端做成尖楔状,在管前部2.5~4m范围内按梅花形布置,钻好ϕ6mm的注浆孔,以便钢管顶入地层后对围岩空隙注浆。

注浆加固是将松散地层固结为整体再进行开挖。它是在松散地层中施工使用较多的一种方法。在砂夹砾石、粗砂且有侵蚀性水的地层中，采用水泥砂浆压注；在粉、细砂地层或有侵蚀性水时，可压注化学浆液。

在处理极其松散、破碎、软塑地层，或有大量涌水的软弱地段，以及断层破碎带的隧道，通常采用注浆固结地层。先沿开挖断面周边布置压浆孔，其间距视围岩松散情况一般为0.6～0.8m，如图10-12所示，压浆后要求在开挖断面外要有约0.1m厚的加固层。

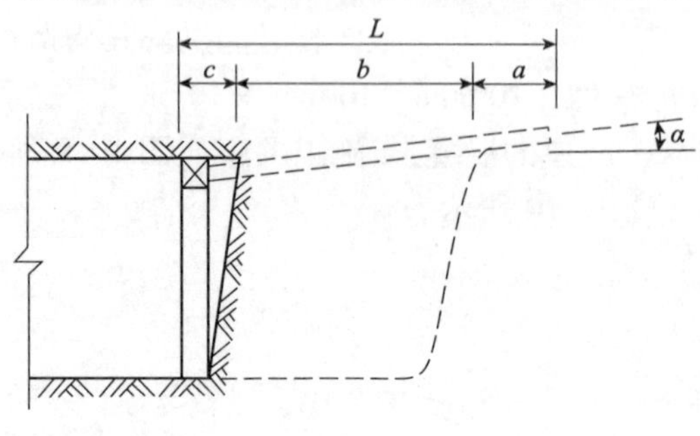

图10-11　超前锚杆（钢管）的长度示意图

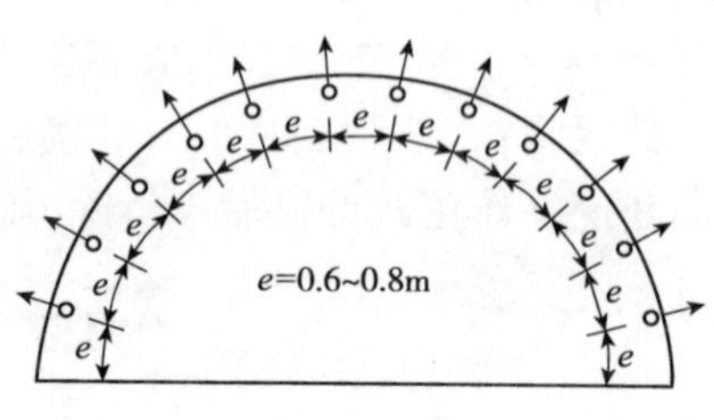

图10-12　压浆眼布置图

三、降水、堵水

在松散地层中含水，对隧道施工的危害极大。排除施工部位的地下水，有利于施工。降水、堵水的方法较多，如降水可在洞内或辅助坑道内井点降水。在埋深较浅的隧道中，可用深井泵降水，在洞外地面隧道两侧布点进行。

在地下水丰富，而且排水条件或排水费用太高，经过技术、经济比选，可采用注浆堵水措施。注浆堵水又分地面预注浆和洞内开挖工作面预注浆。二者采用哪种方法，应根据隧道埋深、工程地质和水文地质情况、钻孔和压浆设备能力，以及技术、经济、工期等方面进行综合分析后采用。

第七节　流砂地段隧道施工

流砂是砂土或粉质黏土在水的作用下丧失其黏聚力后形成的，多呈糊浆状，对隧道施工危害极大。由于流砂可引起围岩失稳坍塌，支护结构变形，甚至倒塌破坏。因此，治理流砂必先治水，以减少砂层的含水率为主。宜采取以下措施进行治理：

一、加强调查，制订方案

施工中应调查流沙特性、规模，了解地质构成、贯入度、相对密度、粒径分布、塑性指数、地层承载力、滞水层分布、地下水压力和透水系数等，并制订出切实可行的治理方案。

二、因地制宜，综合治水

隧道通过流砂地段，处理地下水的问题，是解决隧道流砂、流泥施工难题中的首要关键技术。施工时，因地制宜，采用“防、截、排、堵”的治理方法。

(1)防——建立地表沟槽导排系统及仰坡地表局部防渗处理，防止降雨和地表水下渗。

(2)截——在正洞之外水源一侧，采用深井降水，将储藏丰富构造裂隙水，通过深井抽水排走,减少正洞的静水和动水压力,对地下水起到拦截作用。

(3)排——有条件的隧道在正洞水源下游一侧开挖一条洞底低于正洞仰拱的泄水洞,用以降排正洞的地下水,或采用水平超前钻孔真空负压抽水的办法,排除正洞的地下水。

(4)堵——采用注浆方法充填裂隙,形成止水帷幕,减少或堵塞渗水通道。

以上几种施工方法,应根据工程地质、水文地质条件和地下水的性质、类型、储存部位以及工期要求和经济效益等因素综合分析,合理选用。

三、先护后挖,加强支护

开挖时必须采取自上而下分部进行,先护后挖,密闭支撑,边挖边封闭,遇缝必堵,严防沙粒从支撑缝隙中逸出。也可采用超前注浆,以改善围岩结构,用水泥浆或水泥水玻璃为主的注浆材料注入或用化学药液注浆加固地层,然后开挖。

在施工中应观测支撑和衬砌的实际沉落量的变化,及时调整预留量。架立支撑时应设底梁并纵横、上下连接牢固,以防箱架断裂倾倒。拱架应加强刚度,架立时设置底梁并垫平楔紧,拱脚下垫铺牢固。支撑背面用木板或槽型钢板遮挡,严防流沙从支撑间逸出。在流沙逸出口附近较干燥围岩处,应尽快打入锚杆或施作喷射混凝土,加固围岩,防止逸出扩大。

四、尽早衬砌,封闭成环

流沙地段,拱部和边墙衬砌混凝土的灌筑应尽量缩短时间,尽快与仰拱形成封闭环。这样,即使围岩中出现流沙也不会对洞身衬砌造成破坏。

第八节 岩爆隧道施工

埋藏较深的隧道工程,在高应力、脆性岩体中,由于施工爆破扰动原岩,岩体受到破坏,使掌子面附近的岩体突然释放出潜能,产生脆性破坏,这时围岩表面发生爆裂声,随之有大小不等的片状岩块弹射剥落出来。这种现象称为岩爆。岩爆有时频繁出现,有时甚至会延续一段时间后才逐渐消失。岩爆不仅直接威胁作业人员与施工设备的安全,而且严重地影响施工进度,增加工程造价。

一、隧道内岩爆的特点

(1)岩爆在未发生前并无明显的预兆(虽然经过仔细找顶并无空响声)。一般认为不会掉落石块的地方,也会突然发生岩石爆裂声响,石块有时应声而下,有时暂不坠落。这与塌顶和侧壁坍塌现象有明显的区别。

(2)岩爆时,岩块自洞壁围岩母体弹射出来,一般呈中厚边薄的不规则片状,块度大小多呈几厘米长宽的薄片,个别达几十厘米长宽。严重时,上吨重的岩石从拱部弹落,造成岩爆性塌方。

(3)岩爆发生的地点,多在新开挖工作面及其附近,个别的也有距新开挖工作面较远处。岩爆发生的频率随暴露后的时间延长而降低。一般岩爆发生在16d之内,但是也有滞后一个月甚至数月还有发生岩爆。

二、岩爆产生的主要条件

国内外的专家研究结果表明，地层的岩性条件和地应力的大小是产生岩爆与否的两个决定性因素。从能量的观点来看，岩爆的形成过程是岩体中的能量从储存到释放，直至最终使岩体破坏而脱离母岩的过程。因此，岩爆是否发生及其表现形式就主要取决于岩体中是否储存了足够的能量，是否具有释放能量的条件及能量释放的方式等。

三、岩爆的防治措施

岩爆产生的前提条件取决于围岩的应力状态与围岩的岩性条件。在施工中控制和改变这两个因素就可能防止或延缓岩爆的发生。因此，防治岩爆发生的措施主要有两项：一是强化围岩，二是弱化围岩。

1. 强化围岩的措施

强化围岩的措施很多，如喷射混凝土或喷钢纤维混凝土、锚杆加固、锚喷支护、锚喷网联合、钢支撑网喷联合，紧跟混凝土衬砌等。这些措施的出发点是给围岩一定的径向约束，使围岩的应力状态较快地从平面转向三维应力状态，以达到延缓或抑制岩爆发生的目的。

2. 弱化围岩的措施

弱化围岩的主要措施是注水、超前预裂爆破、排孔法、切缝法等。注水的目的是改变岩石的物理力学性质，降低岩石的脆性和储存能量的能力。后三者的目的是解除能量，使能量向有利的方向转化和释放。据文献介绍，切缝法和排孔法能将能量向深层转移。围岩内的应力，特别是在切缝或排孔附近周边的切向应力显著降低。同时，围岩内所积蓄的弹性应变能也得以大幅度地释放，因而，可有效地防治岩爆。

四、岩爆地段隧道施工的注意事项

(1)如设有平行导坑，则平导应掘进超前正洞一定距离，以了解地质，分析可能发生岩爆的地段，为正洞施工达到相应地段时加强防治，采取必要措施。

(2)爆破应选用预先释放部分能量的方法，如超前预裂爆破法、切缝法和排孔法等，先期将岩层的原始应力释放一些，以减少岩爆的发生。爆破应严格控制用药量，以尽可能减少爆破对围岩的影响。

(3)根据岩爆发生的频率和规模情况，必要时应考虑缩短爆破循环进尺。初期支护和衬砌要紧跟开挖面，以尽可能减少岩层的暴露面和暴露时间，防止岩爆的发生。

(4)岩爆引起塌方时，应迅速将人员和机械撤到安全地段；采用摩擦型锚杆进行支护，增大初锚固力；采用钢纤维喷射混凝土，抑制开挖面围岩的剥落；采取挂钢筋网或用钢支撑加固；充分作好岩爆现象观察记录；采用声波探测预报岩爆工作。

第九节 高地温隧道施工

隧道通过高温、高热地段，会给施工带来困难。一般在火山地带的地区修建隧道或地下工程会遇到比较高温高热的情况，如日本某地的发电厂工程的隧道，其围岩温度高达175℃。

更有甚者，在高温隧道中发生过施工人员由于地层喷出热水或硫化氢等有害气体，而烫伤或中毒的情况。

一、高地温的热源

地热的形成按热源分类，可分为三大类：即地球的地幔对流；火山岩浆集中处的热能；放射性元素的裂变热成为热源。其中，对隧道工程造成施工影响的，主要是火山的热源和放射性元素的裂变热源。

1. 火山热的热源

由于火山供给的热是地下的岩浆集中处的热能而产生热水，这种热水（泉水）成为热源又将热供给周围的岩层。当隧道或地下工程穿过这种岩层，就有发生高温、高热的现象。

2. 放射性元素的裂变热的热源

根据日本文献介绍，由于地壳内岩石中含有放射性物质，其裂变热产生地温，地下增温率以所处的深度不同而异，其平均值为3℃/100m。东京大学院内测定的实例表明，该处地下增温率为2.2℃/100m。假定地表温度为15℃，地下增温率以3℃/100m计，覆盖层厚1 000m深处的地温则成为45℃。日本某地质调查所对30处深层热水地区调查的结果，在平原地区认为不受火山热源的影响，其地下2 000m深处的地下温度为67～136℃。这说明如果覆盖层很厚，即使没有火山热源供给，也有发生高温、高热问题的可能性。

二、高地温地段隧道施工的措施

（一）制定安全生产的标准规定

为保证隧道施工人员进行正常的安全生产，我国有关部对隧道施工作业环境的卫生标准都有规定。如中国铁路总公司规定，隧道内气温不得超过28℃；交通运输部规定，隧道内气温不宜高于30℃。国外的资料介绍，日本规定隧道内温度应低于37℃。

（二）采取有效的降温措施

为达到规定的标准，在施工中一般采取通风和洒水及通风与洒水相结合的措施。地温较高时，可采用大型通风设备予以降温。地温很高时，在正洞开挖工作面前方的一段距离，利用平导超前钻探，如有热水涌出，可在平导内增建降水、排水设施和排水钻孔，以降低正洞的水位。如正洞施工中仍有热水涌出时，可采用水玻璃水泥系药液注浆，以发挥截水及稳定围岩的作用。

（三）高温地段的衬砌混凝土

在高温（如70℃高温）的岩体及喷混凝土上浇筑二次衬砌混凝土时，即使厚度再薄，水化热也不易逸出。由于混凝土里面和表面的温差，在早龄期有可能存在裂缝。因此，对二次混凝土衬砌防止裂缝，应采取下述措施：

（1）为了防止高温时的强度降低，应选定合适的水灰比，并考虑到对温泉水的耐久性，宜采用高炉矿渣水泥（分离粉碎型水泥）。混凝土配合比和掺和剂应做试验优选。

（2）在防水板和混凝土衬砌之间设置隔热材料，可隔断从岩体传播来的热量，使混凝土内的温度应力降低。

（3）把一般衬砌混凝土的浇筑长度适当缩短。

(4)用防水板和无纺布组合成缓冲材料，由于与喷混凝土隔离，因此，混凝土衬砌的收缩可不受到约束。

(5)适当设置裂缝诱发缝，一般在两拱角延长方向设置。

(四)中暑症的防治措施

在高温条件下施工除采用降温措施外，还应注意中暑症的防治工作。中暑症可分为热痉挛症、热虚脱症和热射症三种类型，其症状及处置如下。

1. 热痉挛

由于出汗过多，体内的水分、盐类丧失而引起。其症状为在作业中和作业后。发作性肌肉痉挛和疼痛。对此症应采取充分地摄取水和盐类予以缓解症状。

2. 热虚脱

由于循环系统失调而引起。其主要症状为血压降低、速脉、小脉、头晕、头痛、呕吐、皮肤苍白、体温轻度上升。采取的措施是，循环器官有异常的人员严禁参加施工。对有症状者增加补水次数，并在阴凉处静卧休息。

3. 热射症

由于体温调节中枢失调，体温上升。症状为：体温高、兴奋、乏力和皮肤干燥等。采取的措施，对高温不适应者应避免在洞内作重体力劳动。在高温施工地段采用冷水喷雾等方法降温，必要时对患者可采取医疗急救处置。

(1)合理安排高温作业时间

根据坑道内的高温程度、劳动强度和劳动效率，确定劳动工。

(2)加强健康管理

有高血压、心脏病的患者，由于高温作业有引起症状恶化之虞；疲劳、空腹、睡眠不足、酒醉等容易诱发中暑症，对此类人员应禁止参加劳动。在高温作业时，作业人员易发生维生素、水分、盐类的不足，对此需进行充分的补充。为减轻疲劳，应在适温适湿的环境下休息，或充分地进行卧床休息。

第十节 瓦斯地层隧道施工

瓦斯是地下坑道内有害气体的总称，其成分以沼气（甲烷 CH_4）为主，其他还有少量的氢气（H_2）、硫化氢（H_2S）等一般习惯称沼气为瓦斯。

当隧道穿过煤层、油页岩或含沥青等岩层，或从其附近通过而围岩破碎、节理发育时，可能会遇到瓦斯。如果洞内空气中瓦斯浓度已达到爆炸限度与火源接触，就会引起爆炸，对隧道施工会带来很大的危害和损失。所以，在有瓦斯的地层中修建隧道，必须采取相应措施，才能安全顺利施工。

一、瓦斯的性质

(1)瓦斯（沼气）为无色、无臭、无味的气体，与碳化氢或硫化氢混合在一起，发生类似苹果的香味，由于空气中瓦斯浓度增加，氧气相应减少，很容易使人窒息或发生死亡事故。

(2)瓦斯比重为0.554，仅占空气一半，所以在隧道内，瓦斯容易存在坑道顶部，其扩散速度比空气大1.6倍，很容易透过裂隙发达、结构松散的岩层。

(3)瓦斯不能自燃,但极易燃烧,其燃烧的火焰颜色,随瓦斯浓度的增大而变淡,空气中含有少量瓦斯时火焰呈蓝色,浓度达5%左右时,火焰呈淡青色。

二、瓦斯的燃烧和爆炸性

当坑道中的瓦斯,浓度小于5%遇到火源时,瓦斯只是在火源附近燃烧而不会爆炸;瓦斯浓度在5%~6%到14%~16%时,遇到火源具有爆炸性;瓦斯浓度大于14%~16%时,一般不爆炸,但遇火能平静地燃烧,瓦斯浓度爆炸界限见表10-4。

瓦斯浓度爆炸界限 表10-4

瓦斯浓度(%)	爆炸界限	瓦斯浓度(%)	爆炸界限
5~6	瓦斯爆炸下界限	8.0	最易点燃
14~16	瓦斯爆炸上界限	低于5.0	不爆炸,与火焰接触部分燃烧
9.5	爆炸最强烈	大于16	

瓦斯燃烧时,遇到障碍而受压缩,即能转燃烧为爆炸。爆炸时能发生高温,封闭状态的爆炸(即容积为常数),温度可达2 150~2 650℃,能向四周自由扩张时的爆炸(即压力为常数),温度可达1 850℃。坑道中发生瓦斯爆炸后,坑道中完全无氧,而充满氮气,二氧化碳及一氧化碳气。这些有害气体很快传播到邻近的坑道和工作面,凡是来不及躲避的人,都会遭到中毒窒息,甚至死亡。

瓦斯爆炸时,爆炸波运动造成暴风在前,火焰在后,暴风遇到积存瓦斯,使它先受到压力,然后火焰点燃发生爆炸。第二次瓦斯受到的压力比原来的压力大,因此爆炸后的破坏力也更剧烈。

三、瓦斯放出的类型

发生瓦斯放出有三个主要因素:地应力、瓦斯和围岩结构,而地应力和围岩中瓦斯的存在是引起瓦斯放出的主要因素。从岩层中放出瓦斯,可分为三种类型。

1.瓦斯的渗出

它是缓慢地、均匀地、不停地从煤层或岩层的暴露面的空隙中渗出,延续时间很久,有时带有一种嘶音。

2.瓦斯的喷出

比上述渗出强烈,从煤层或岩层裂缝或孔洞中放出,喷出的时间有长有短,通常有较大的响声和压力。

3.瓦斯的突出

在短时间内,从煤层或岩层中,突然猛烈地喷出大量瓦斯,喷出的时间,可能从几分钟到几小时,喷出时常有巨大轰响,并夹有煤块或岩石。

以上三种瓦斯放出形式,以第一种放出的瓦斯量为大。

四、防止瓦斯事故的措施

(1)隧道穿过瓦斯溢出地段,应预先确定瓦斯探测方法,并制订瓦斯稀释措施、防爆措施和紧急救援措施等。

(2)排放瓦斯。瓦斯含量不大时,使其自然排放,亦可用风筒将瓦斯引至回风流或距工作面20m以外的坑道中,以保证开挖面开挖放炮的安全;当瓦斯量大、喷出强度大、持续时间长时,则可插管排放;当开挖面瓦斯含量较大,而且裂隙多、分布广时,可暂停开挖,封闭坑道抽放瓦斯;在裂隙小、瓦斯含量小时,可用黏土、水泥或其他材料堵塞裂隙,防止瓦斯喷出。

(3)隧道通过瓦斯地区的施工方法,宜采用全断面开挖,因其工序简单、面积大、通风好,随掘进随衬砌,能够很快缩短煤层的瓦斯放出时间和缩小围岩暴露面,有利于排除瓦斯。

上下导坑法开挖,因工序多,岩层暴露的总面积多,成洞时间长,洞内各工序交错分散,易使瓦斯分布处积滞浓度不匀。采用这种施工方法,要求工序间距离尽量缩短,尽快衬砌封闭瓦斯地段,并保证混凝土的密实性,以防瓦斯溢出。

(4)加强通风是防止瓦斯爆炸最有效的办法。把空气中的瓦斯浓度吹淡到爆炸浓度以下的1/10~1/5,将其排出洞外,有瓦斯的坑道,决不允许用自然通风,必须采用机械通风。通风设备必须防止漏风,并配备备用的通风机,一旦原有通风机发生故障,备用机械能立即供风。保证工作面空气内的瓦斯浓度在允许限度内。当通风机发生故障或停止运转时,洞内工作人员应撤离到新鲜空气地区,直至通风恢复正常,才准许进入工作面继续工作。

瓦斯隧道必须加强通风,防止瓦斯积聚。由于停电或检修,使主要通风机停止运转,必须有恢复通风、排除瓦斯和送电的安全措施。恢复正常通风后,所有受到停风影响的地段,必须经过监测人员检查,确认无危险后方可恢复工作。所有安装电动机和开关地点的20m范围内,必须检查瓦斯,符合规定后才可启动机器。局部通风机停止运转,在恢复通风前,亦必须检查瓦斯,符合规定方可开动局部风机,恢复正常通风。

(5)洞内空气中允许的瓦斯浓度应控制在下述规定以下:

①洞内总回风风流中瓦斯浓度应小于0.75%。

②从其他工作面进来的风流中瓦斯浓度应小于0.5%。

③掘进工作面处瓦斯浓度应在2%以下。

④工作面装药爆破前瓦斯浓度应在1%以下。

如瓦斯浓度超过上述规定,工作人员必须立即撤到符合规定的地段,并切断电源。

(6)开挖工作面风流中和电动机附近20m以内风流中瓦斯浓度达到1.5%时,必须停工、停机,撤出人员,切断电源,进行处理。开挖工作面内,局部积聚的瓦斯浓度达到2%时,附近20m内,必须停止工作,切断电源,进行处理。

因瓦斯浓度超过规定而切断电源的电气设备,都必须在瓦斯浓度降到1%以下时,方可开动机器。

(7)如开挖进入煤层,瓦斯排放量较大,使用一般的通风手段难以稀释到安全标准时,可使用超前周边全封闭预注浆。在开挖前沿掌子面拱部、边墙、底部轮廓线轴向辐射状布孔注浆,形成一个全封闭截堵瓦斯的帷幕。特别对煤层垂直方向和断层地带进行阻截注浆,其效果会更佳。

开挖后要及时进行喷锚支护,并保证其厚度,以免漏气和防止围岩的失稳。

(8)防止瓦斯突出的措施。

因瓦斯喷出、突出造成瓦斯燃烧时,如果喷出和突出数量较小,而且瓦斯浓度在爆炸界限以下,应保持正常通风或加大供风量,以防瓦斯浓度上升,发生爆炸;如果瓦斯喷出和突出的数量很大,且为高浓度瓦斯时,应停止供风或隔断风流,对火区进行封闭。在瓦斯突出地区施工时,可采取如下措施防止瓦斯的突出。

①水力冲孔。在进行开挖之前,使用高压水射流,在突出危险煤层中,冲出若干直径较大的孔洞,使瓦斯排放,降低瓦斯含量和瓦斯压力。

②煤层注水。通过钻孔将压力水注入煤层,使煤体湿润以改变煤的物理机械性质,减小或消除突出的危险性。

③振动性放炮诱导突出。在工作面布置较多的炮眼并装较多的炸药,撤出人员后远距离起爆,利用爆破时强大的振动力一次揭开具有突出危险的煤层。

④深孔松动爆破。在开挖工作面向煤体深部的应力集中带内布置几个长炮眼进行爆破,其目的在于利用炸药的能量破坏煤体前沿的应力集中带,在工作面前方造成较长的卸压带,从而预防突出的发生。

⑤在开挖面前方接近煤层2m左右,向煤层打若干超前钻孔排放瓦斯,钻孔周围形成卸压带,使集中应力移向煤体深部,达到防止突出的目的。

(9)防止瓦斯燃烧和爆炸的措施。

①遵守电器设备及其他设备的保安规则,避免发生电火,瓦斯散发区段,使用防爆安全型的电器设备,洞内运转机械须具有防爆性能,避免运转时发生高温火花。

②凿岩时用湿式钻岩,防止钻头发生火花,洞内操作时,防止金属与坚石撞击、摩擦发生火花。

③爆破作业,使用安全炸药及毫秒电雷管,采用毫秒雷管时,最后一段的延期时间不得超过130ms。爆破电闸应安装在新鲜风流中,并与开挖面保持200m左右距离。

④洞内只准用电缆,不准使用皮线。使用防爆灯或蓄电池灯照明。

⑤铲装石渣前必须将石渣浇湿,防止金属器械摩擦和撞击发生火花。

五、瓦斯施工应严格遵守的有关制度

(1)瓦斯检查制度:指定专人、定时和经常进行检查,测量风流和瓦斯含量,严格执行瓦斯允许浓度的规定。瓦斯检查手段可采用瓦斯遥测装置、定点报警仪和手持式光波干涉仪。随时发现异常情况,应及时报告技术主管负责人,采取措施进行处理。

(2)洞内严禁使用明火,严禁将火柴、打火机、手电筒及其他易燃品带入洞内。

(3)进洞人员必须经过瓦斯知识和防止瓦斯爆炸的安全教育。抢救人员未经专门培训不准在瓦斯爆炸后进洞抢救。

(4)瓦斯检查人员必须挑选工作认真负责、有一定业务能力、经过专业培训、考试合格者,方可进行监测工作。

以上仅介绍了瓦斯隧道施工的几项主要制度,施工时要按照瓦斯防爆的技术安全规则与有关制度严格执行。

思考题

1. 简述隧道通过不良地质地段施工时应注意的问题。

2. 简述膨胀土围岩的施工要点。

3. 黄土对隧道施工有哪些影响？
4. 简述隧道遇到溶洞时的处理措施。
5. 简述塌方的预防措施及处理措施。
6. 简述松散地层的施工方法。
7. 简述流沙地段的治理措施。
8. 简述岩爆的防治措施及施工的注意事项。
9. 简述高地温地段的施工措施。
10. 防止瓦斯事故的措施有哪些？

附录A 山岭隧道工程实训任务安排

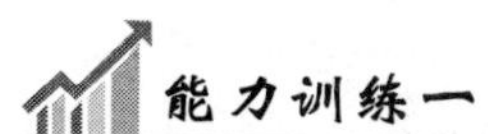

能力训练一

训练目的：按照提供的隧道施工设计图，编制隧道开挖施工作业工序。

1. 目的

通过训练掌握隧道的施工开挖方法及工序过程。

2. 实训内容

(1)判定围岩的稳定性；

(2)隧道开挖方法的选择；

(3)作业循环设计；

(4)开挖断面尺寸检查与质量评定。

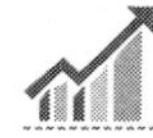

能力训练二

训练目的：按照提供的隧道施工设计图，编制钻眼爆破施工作业工序。

1. 目的

通过训练掌握隧道钻眼爆破的施工工序过程。

2. 实训内容

(1)岩体坚固性的判定；

(2)钻眼机械机具的配备；

(3)雷管及炸药品种的选择；

(4)炮眼的布置；

(5)选择出渣运输组织方式。

能力训练三

训练目的：按照提供的隧道施工设计图，编制初期支护施工作业工序。

1. 目的

通过训练掌握隧道初期支护的施工工序详细过程。

2. 实训内容

(1)锚杆类型的选择、布置和施工；

(2)喷射混凝土原材料的选择、配合比的计算，机械设备的选择，喷射混凝土施工工艺的选择；

(3)钢筋网的布置和施工；

(4)钢拱架的施工工序；

(5)超前支护稳定措施的选择(超前小导管、超前管棚、注浆加固等)；

(6)质量的检查与评定。

能力训练四

训练目的：按照提供的隧道施工设计图，编制二次衬砌施工工序。

1. 目的

通过训练掌握隧道二次衬砌的施工工序详细过程。

2. 实训内容

(1)移动式模板台车确定拱标准断面的方法；

(2)混凝土搅拌机、运输车、输送器、振捣器的选择；

(3)钢筋的绑扎，防水板的设置；

(4)二次衬砌的施工准备、施工方法和施工工序(包括仰拱、边墙和拱墙衬砌)；

(5)二次衬砌混凝土外观质量标准及检查方法，完工质量检测。

能力训练五

训练目的：按照提供的隧道施工设计图，编制辅助作业施工工序。

1. 目的

通过训练掌握隧道施工辅助作业施工。

2. 实训内容

(1)施工通风和防尘的设备和设置方式；

(2)施工供水与排水的设置及安装要求；

(3)施工水、电的管线布置；

(4)施工辅助坑道的设置。

附录B 参考教学大纲

一、课程性质

本课程是隧道工程或有关隧道工程技术专业的一门专业课。

二、课程目标和要求

1.知识目标

通过本课程中隧道设计、施工的项目实施来构建知识点、技能点,使学生掌握隧道勘测设计的原理与技能、认知隧道的结构构造,并熟悉隧道的各种施工方法,了解隧道施工的各种工艺,使学生获得专业领域的新知识、新材料、新技术、新工艺和新方法,服务于当地行业企业技术人才需求。

2.能力目标

通过本课程的学习,学生应提高如下职业能力:

(1)能进行隧道的初步勘察。

(2)能掌握一些隧道的总体设计方法。

(3)能看懂隧道施工图纸。

(4)能有组织地完成隧道的施工。

(5)会处理隧道施工中的关键技术点,能对施工事故提出处理方案。

(6)会填写施工中相关内业资料。

(7)会进行隧道施工现场监控量测,并会对量测数据进行分析及应用。

三、授课对象

三年制高职高专(大专)和五年制的专科生。

四、教学内容的组织与安排

教学内容的组织与安排见附表1。

教学内容的组织与安排

附表 1

课程内容	学时数			备注
	总学时	理论	实训	
第一篇　隧道的认知 第一章　隧道的常识	8	6	2	
第一篇　隧道的认知 第二章　隧道结构构造	6	4	2	
第二篇　公路隧道的勘察设计 第三章　隧道的勘察	2	2		
第二篇　公路隧道的勘察设计 第四章　隧道总体设计	2	2		
第三篇　隧道施工 第五章　山岭隧道矿山法施工	22	10	12	
第三篇　隧道施工 第六章　隧道施工监控量测	4	2	2	
第三篇　隧道施工 第七章　掘进机与盾构机	12	8	4	
第三篇　隧道施工 第八章　浅埋隧道施工	4	2	2	
第三篇　隧道施工 第九章　隧道施工辅助作业	8	4	4	
第三篇　隧道施工 第十章　不良和特殊地质地段隧道施工	2	2		
合计	70	42	28	

参考文献

[1] 中华人民共和国行业标准．JTG D70—2004　公路隧道设计规范[S]．北京：人民交通出版社，2004.

[2] 中华人民共和国行业标准．JTG F60—2009　公路隧道施工技术规范[S]．北京：人民交通出版社，2009.

[3] 中华人民共和国行业标准．JTG/T F60—2009　公路隧道施工技术细则[S]．北京：人民交通出版社，2009.

[4] 王梦恕．中国隧道及地下工程修建技术[M]．北京：人民交通出版社，2010.

[5] 中华人民共和国行业标准．TB 10204—2002　铁路隧道施工规范[S]．北京：中国铁道出版社，2002.

[6] 中华人民共和国行业标准．JTG/T D70/1-02—2014　公路隧道照明设计细则[S]．北京：人民交通出版社，2014.

[7] 中华人民共和国行业标准．JTG/T D70/2-02—2014　公路隧道通风设计细则[S]．北京：人民交通出版社，2014.

[8] 中华人民共和国行业标准．JTG B01—2014　公路工程技术标准[S]．北京：人民交通出版社，2014.

[9] 王东杰．公路隧道施工[M]．北京：中国电力出版社，2010.

[10] 王万德．隧道工程施工技术[M]．沈阳：东北大学出版社，2010.

[11] 王国庆．隧道[M]．北京：人民交通出版社，2011.

[12] 霍润科．隧道与地下工程[M]．北京：中国建筑工业出版社，2011.

[13] 李小青．隧道工程技术[M]．北京：中国建筑工业出版社，2011.

[14] 陈小雄．隧道施工技术[M]．北京：人民交通出版社，2011.

[15] 王成．隧道工程[M]．北京：人民交通出版社，2009.

[16] 覃仁辉．隧道工程[M]．重庆：重庆大学出版社，2005.

[17] 宋秀清．隧道施工[M]．北京：人民交通出版社，2009.

[18] 王东杰．公路隧道施工[M]．北京：中国电力出版社，2010.

[19] 张厚美．盾构隧道的理论研究与施工实践[M]．北京：中国建筑工业出版社，2010.

[20] 周爱国．隧道工程现场施工技术[M]．北京：人民交通出版社，2004.

[21] 朱永全，宋玉香．隧道工程[M]．北京：中国铁道出版社，2007.

[22] 关宝树．隧道施工要点集[M]．北京：人民交通出版社，2003.

[23] 张凤祥．盾构隧道施工手册[M]．北京：人民交通出版社，2002.

[24] 黄成光．公路隧道施工[M]．北京：人民交通出版社，2001.

[25] 李晓红．隧道新奥法及其量测技术[M]．北京：科学出版社，2002.

[26] 王毅才．隧道工程[M]．北京：人民交通出版社，2006.

[27] 覃仁辉,王成.隧道工程[M].重庆:重庆大学出版社,2013.
[28] 彭立敏,刘小兵.交通隧道工程[M].长沙:中南大学出版社,2005.
[29] 陈秋南.隧道工程[M].北京:机械工业出版社,2007.
[30] 高少强.隧道工程[M].北京:中国铁道出版社,2008.
[31] 周爱国.隧道工程现场施工技术[M].北京:人民交通出版社,2004.
[32] 刘钊.地铁工程设计与施工[M].北京:人民交通出版社,2004.
[33] 关宝树.隧道及地下工程[M].成都:西南交通大学出版社,2000.
[34] 中华人民共和国行业标准.JTG D20—2006 公路路线设计规范[S].北京:人民交通出版社,2006.